VERÖFFENTLICHUNGEN DER

HISTORISCHEN KOMMISSION ZU BERLIN

BAND 61

*BEITRÄGE ZU
INFLATION UND WIEDERAUFBAU
IN DEUTSCHLAND UND EUROPA
1914–1924*

Herausgeber

GERALD. D. FELDMAN
CARL-LUDWIG HOLTFRERICH
GERHARD A. RITTER
PETER-CHRISTIAN WITT

BAND 4

Walter de Gruyter · Berlin · New York

1985

DIETER LINDENLAUB

MASCHINENBAUUNTERNEHMEN IN DER DEUTSCHEN INFLATION

1919–1923

*Unternehmenshistorische Untersuchungen
zu einigen Inflationstheorien*

Walter de Gruyter · Berlin · New York

1985

Gedruckt mit Unterstützung der Deutschen Forschungsgemeinschaft,
Bonn-Bad Godesberg.
Die Schriftenreihe der Historischen Kommission zu Berlin erscheint
mit Unterstützung des Senators für Wissenschaft und Forschung, Berlin

Lektorat der Schriftenreihe
Christian Schädlich

CIP-Kurztitelaufnahme der Deutschen Bibliothek

Lindenlaub, Dieter:
Maschinenbauunternehmen in der deutschen Inflation 1919-1923 :
unternehmenshistor. Unters. zu einigen Inflationstheorien /
Dieter Lindenlaub. -
Berlin ; New York : de Gruyter, 1985.
 (Veröffentlichungen der Historischen Kommission zu Berlin ;
 Bd. 61 : Beiträge zu Inflation und Wiederaufbau in Deutschland
 und Europa 1914-1924 ; Bd. 4)
 ISBN 3-11-009934-9

NE: Historische Kommission < Berlin, West >: Veröffentlichungen
der Historischen Kommission zu Berlin / Beiträge zu Inflation und
Wiederaufbau in Deutschland und Europa 1914-1924

Gedruckt auf alterungsbeständigem Papier
(säurefrei – pH 7, neutral)

© 1985 by Walter de Gruyter & Co., Berlin 30
Printed in Germany
Alle Rechte des Nachdrucks, der photomechanischen Wiedergabe,
der Herstellung von Mikrofilmen – auch auszugsweise – vorbehalten.
Satz und Umbruch: Dörlemann-Satz GmbH & Co. KG, Lemförde
Druck: Werner Hildebrand, Berlin 65
Einband: Lüderitz & Bauer, Berlin 61

VORBEMERKUNG

Diese Untersuchung diskutiert anhand historischer Beispiele die Erklärungskraft, die einige Inflationstheorien für die Geschäftspolitik von Produktionsunternehmen besitzen. Diskutiert werden erstens einige Theorien, die üblicherweise zur Erklärung von Inflationswirkungen auf nichtfinanzielle Unternehmen herangezogen werden, und zweitens einige Themen der Inflationserklärung, die den Beitrag auch von Unternehmen zur Inflationsentwicklung zum Gegenstand haben. Empirischer Untersuchungsgegenstand ist die Geschäftspolitik einiger deutscher Produktionsunternehmen in der Inflation von 1919 bis 1923.

Inflationen können Wirkungen auf alle Positionen der Bilanzen und der Gewinn- und Verlustrechnungen von Produktionsunternehmen haben. Hier sollen die Inflationswirkungen auf die Investitionen in Sachanlagen erörtert werden: Der Zuwachs beziehungsweise die Verminderung an geldwertsicheren Sachanlagen sollen als entscheidendes Merkmal dafür gelten, welche Unternehmen zu den Inflationsgewinnern und welche zu den Inflationsverlierern zu zählen sind. Wenn in der Diskussion von überdurchschnittlich hohen Investitionen in Inflationen die Rede ist, wird dies unter anderem mit der Geldnachfragetheorie, der Gläubiger-Schuldner-Hypothese oder der Lohn-*lag*-Hypothese beziehungsweise mit deren Implikationen erklärt: Diese Hypothesen sollen daher der theoretische Ausgangspunkt der Untersuchung der Inflationswirkungen auf die Produktionsunternehmen sein.

Der Beitrag von Unternehmen zur Inflationsentwicklung, geht man von den in der Verkehrsgleichung des Geldes berücksichtigten Sachverhalten aus, ist in mehrfacher Weise denkbar: Unternehmen können die Inflation fördern, indem sie Preisspielräume nutzen, durch fallende Kassenhaltung die Umlaufgeschwindigkeit des Geldes erhöhen oder durch direkten oder indirekten Druck auf die Entscheidungsinstanzen die Ausweitung der Geldmenge erzwingen. Theoretischer Ausgangspunkt für die Behandlung der Frage, inwieweit sich Inflationen aus dem Verhalten von Unternehmen erklären lassen, sollen hier die Geldnachfragetheorie, die Nachfrage- und die Anbieterinflationstheorien und die ökonomische Theorie der Politik sein.

Indem die Arbeit die Frage stellt, inwieweit die genannten Theorien die Geschäftspolitik der Produktionsunternehmen in der deutschen Inflation 1919 bis 1923 erklären, will sie umgekehrt einige der Möglichkeiten nennen, welche die Unternehmensgeschichte hat, wenn sie zur Prüfung und Bildung ökonomischer Theorien beitragen will. Diese theoretische Absicht verfolgt die Arbeit allerdings mit erheblichen Vorbehalten. Diese Vorbehalte schränken die theoretische Relevanz der empirischen Beobachtungen stark ein. Erstens werden in den meisten Fällen Beobachtungen nicht zu den genannten Theorien als Ganzes, sondern nur zu Teilen von ihnen gemacht. Dies gilt vor allem für die Geldnachfragetheorie, die Nachfrage- und Anbieterinflationstheorien und die ökonomische Theorie der Politik. So wird etwa bei der Untersuchung der Inflationswirkungen die Geldnachfragetheorie nur daraufhin befragt, inwieweit sie die Investitionen in Sachanlagen, nicht auch daraufhin, inwieweit sie die Wahl alternativer Vermögensgegenstände (Wertpapiere, Vorräte) zur Kassenhaltung erklärt. Zweitens schränkt der außergewöhnliche Verlauf der deutschen Inflation die Repräsentativität der Beobachtungen ein: Die deutsche Inflation von 1919 bis 1923 war eine unterbrochene Inflation; zwischen zwei Perioden heftiger Preissteigerungen von Herbst 1919 bis zum Frühjahr 1920 und ab Herbst 1921 und insbesondere ab Mitte 1922 lag mehr als ein Jahr Preisstabilität. Für die betroffenen Unternehmen gab es keine inflationäre Vorerfahrung und Gewöhnung. Darüber hinaus wurde die Inflation von einem anderen Sonderproblem, dem Wiederaufbau nach dem Kriege, begleitet. Drittens schließlich schmälern die geringe Zahl der Beobachtungsfälle und die Art ihrer Auswahl die theoretische Relevanz der Untersuchung. Es wird die Geschäftspolitik von nur sechs Unternehmen erörtert. Und diese Unternehmen gehören ausschließlich der Maschinenindustrie an, einem Industriezweig also, der sich in der Inflationszeit vielleicht in einer außergewöhnlichen Wettbewerbssituation befand. – Alle diese Einschränkungen nehmen den hier gemachten empirischen Beobachtungen den Wert als strenge Prüfungsinstanz für die genannten Theorien. Sie machen die Untersuchung indessen nicht theoretisch wertlos. Untersuchungen wie die vorliegende können vielmehr zeigen, wo umfassendere und strengere Theorieprüfungen ansetzen müssen, wenn sie (wie hier der Fall) entweder erstmals unternommen werden oder bisher zu widersprüchlichen Ergebnissen führten.

Vorbemerkung VII

Die Untersuchung ist wie folgt gegliedert: Im ERSTEN KAPITEL werden die genannten Theorien kurz vorgestellt, einige Probleme ausgewählt, die sie bisher aufgeworfen haben, und der Weg genannt, auf dem hier ein Beitrag zur Lösung dieser Probleme versucht werden soll. Das ZWEITE und DRITTE KAPITEL sind eine empirische Untersuchung der theoretisch wichtigen Sachverhalte in einigen Industrieunternehmen in den Jahren 1919 bis 1923; hier werden auch die singulären geschichtswissenschaftlichen Thesen zur Entwicklung der Industrieunternehmen in der deutschen Inflation erörtert. Im abschließenden VIERTEN KAPITEL werden aus den empirischen Beobachtungen des ZWEITEN und DRITTEN KAPITELS Schlüsse für die im ERSTEN KAPITEL vorgestellte theoretische Diskussion gezogen.

Die vorliegende Untersuchung ist das Ergebnis eines ursprünglich und in der Quellensammlung umfassender angelegten Arbeitsvorhabens über die Geschäftspolitik deutscher Maschinenbauunternehmen 1919 bis 1935.[1] Sie wurde im Sommersemester 1982 von der Wirtschaftswissenschaftlichen Fakultät der Universität Tübingen als Habilitationsschrift angenommen. Für den Druck habe ich sie leicht überarbeitet. Ich hätte die Arbeit nicht fertigstellen können ohne die große Unterstützung, die ich von vielen Seiten erfahren habe. Für diese Unterstützung habe ich zu danken. Mein Dank gilt an erster Stelle Herrn Professor Dr. Karl Erich Born, dem akademischen Lehrer seit vielen Jahren. Herrn Borns andauernde Gesprächsbereitschaft, sein ständiger Rat, seine stetige Ermunterung und Bestärkung auf einem Weg eigentlich ununterbrochenen Zweifelns und auch seine anhaltende Hilfe bei der Lösung der materiellen Probleme waren für mich – auch in diesem fortgeschritteneren Stadium des akademischen Berufsweges – von unschätzbarem Wert. Herrn Professor Dr. Josef Molsberger danke ich, daß er die gutachtliche Lektüre der Arbeit zu einer eingehenden Kritik benutzt hat, die mir die Präzisierung der Thesen in einigen wesentlichen Punkten ermöglichte. Für hilfreiche Hinweise danke ich Frau Dipl.-Volkswirt Ingrid Größl und den Herren Prof. Dr. Carl-Ludwig Holtfrerich, Dr. Jürgen Lindenlaub und Professor Dr. Steven B. Webb, die einen Teil der Arbeit in einem frü-

---

[1] Aus diesem Arbeitsvorhaben ist ebenfalls hervorgegangen: Dieter Lindenlaub, *Die Anpassung der Kosten an die Beschäftigungsentwicklung bei deutschen Maschinenbauunternehmen in der Weltwirtschaftskrise 1928–1932. Unternehmenshistorische Untersuchungen zu Schmalenbachs Theorie der Fixkostenwirkungen*, in: Hermann Kellenbenz (Hrsg.), *Wachstumsschwankungen. Wirtschaftliche und soziale Auswirkungen (Spätmittelalter bis 20. Jahrhundert)*, Stuttgart 1981, S. 273–311.

heren Stadium gelesen haben. Von hohem anregenden und positionsklärenden Wert war für mich die Mitarbeit an dem von der Stiftung Volkswagenwerk finanzierten internationalen Forschungsprojekt „Inflation und Wiederaufbau in Deutschland und Europa 1914 bis 1924". Die vorliegende Untersuchung ist zu einem guten Teil auch eine Auseinandersetzung mit Auffassungen, die auf den Tagungen der Projektteilnehmer in Berlin (1980 und 1981) und Berkely, Cal. (1982) diskutiert worden sind. Den Mitgliedern des Lenkungsausschusses des Projekts, den Herren Professoren Dr. Gerald D. Feldman, Carl-Ludwig Holtfrerich, Gerhard A. Ritter und Peter-Christian Witt danke ich für die Gelegenheit, an dem Projekt mitzuarbeiten.[2] Und ich danke ihnen wie auch Herrn Prof. Dr. Otto Büsch für die Möglichkeit, diese Arbeit in der Publikationsreihe des Projekts im Rahmen der Veröffentlichungen der Historischen Kommission zu Berlin herauszubringen.

Die Arbeit konfrontiert theoretische Interpretationsideen mit neuen empirischen Beobachtungen. Wenn sie theoretische interessante Aufschlüsse gibt, dann nur mit Hilfe neuer empirischer Beobachtungen. Diesen Beobachtungen liegen zum überwiegenden Teil verbands- und unternehmensinterne Dokumente zugrunde. Ich danke den Geschäftsführern, Vorständen und Archivaren der betreffenden Verbände und Unternehmen, daß sie mir ihre Archive geöffnet und die Durcharbeitung der Archivalien in aller erdenklicher Weise erleichtert haben. Für ihr großzügiges Entgegenkommen danke ich Herrn Dr. Justus Fürstenau und Frau Guck vom Verband Deutscher Maschinen- und Anlagenbau, Herrn Bodo Herzog vom Gutehoffnungshütte Aktienverein, Herrn Dipl.-Ing. Klaus Luther und Herrn Kurt Werkmann von der Maschinenfabrik Augsburg-Nürnberg, Frau Dr. Sibylle Grube-Bannasch und Herrn Dr. Otto Nübel von der Daimler-Benz AG, Herrn Peter-Christian Henle und Frau Hildegunde Nuth von Klöckner & Co., Herrn Hans Joachim Schriewer, Herrn Obering. Hans-Jürgen Reuss und Herrn Werner Matthes von der Klöckner-Humboldt-Deutz AG, Frau Dr. Renate Köhne-Lindenlaub von der

---

[2] In einem der Sammelbände des Projekts ist die gekürzte Fassung des ersten Teils dieser Arbeit erschienen: Dieter Lindenlaub, *Maschinenbauunternehmen in der Inflation 1919–1923: Unternehmenshistorische Überlegungen zu einigen Inflationstheorien*, in: Gerald D. Feldman/Carl-Ludwig Holtfrerich/Gerhard A. Ritter/Peter-Christian Witt (Hrsg.), *Die deutsche Inflation. Eine Zwischenbilanz/The German Inflation Reconsidered. A Preliminary Balance*, Berlin–New York 1982, S. 49–106.

Friedr. Krupp GmbH und Herrn Dr. Hans Albers von der Carl Schenck AG.

Die Arbeit wäre nicht begonnen und nicht zuende geführt worden, wenn die Deutsche Forschungsgemeinschaft sie nicht zweieinhalb Jahre durch ein Habilitandenstipendium gefördert hätte. Ich danke der Deutschen Forschungsgemeinschaft für diese großzügige Hilfe ebenso wie für den Druckkostenzuschuß, durch den sie die Veröffentlichung der Arbeit ermöglicht hat.

Tübingen,
im September 1984

Dieter Lindenlaub

INHALT

Vorbemerkung V

ERSTES KAPITEL
Einige unternehmensbezogene Theorien über Inflationswirkungen und Inflationsursachen

I. Einige Theorien über die Wirkung von Inflationen auf die Investitionen . . . 1
   1. Die Geldnachfragetheorie 1
   2. Die Gläubiger-Schuldner-Hypothese 8
   3. Die Lohn-lag-Hypothese 10
II. Einige Theorien über die Ursache von Inflationen 11
   1. Die Geldnachfragetheorie 11
   2. Die Nachfrage- und Anbieterinflationstheorien 12
   3. Die ökonomische Theorie der Politik 15
III. Zum Gang der Untersuchung 18

ZWEITES KAPITEL
Die Investitionen der Unternehmen in der Inflation 1919 bis 1923

I. Die Höhe und zeitliche Verteilung der Investitionen 24
   1. Sachwertbesitz und Investitionen 24
   2. Die Höhe der Investitionen 30
   3. Die zeitliche Verteilung der Investitionen 45
II. Investitionsbedingungen 48
   1. Die Geldnachfrage der Unternehmen 48
   2. Die Preis- und Gewinnerwartungen 51
   3. Die Gewinne 57
   4. Schuldnergewinne und Einnahmen aus Kapitalerhöhungen 67
      a) Die Höhe der langfristigen Kredit- und Kapitalaufnahme 67
      b) Bedingungen der Kredit- und Kapitalaufnahme 69
      c) Die Wirkung der Kredit- und Kapitalaufnahme auf Gewinne und Investitionen 81

5. Inlandspreisbildung und Gewinnentwicklung 85
   a) Kosten und Erlöse 85
   b) Die Anpassung der Preise an die Kosten 90
   c) Kostenorientierte Preise und Nachfrageschwankungen 101
6. Ausfuhrpreise und Ausfuhrgewinne 103

DRITTES KAPITEL

Inflationsbewertung und Inflationsförderung durch die Unternehmen

I. Waren die Unternehmen an der Inflation interessiert? 121
II. Haben die Unternehmen die Inflation gefördert und warum? 132
   1. Die subjektive Handlungsabhängigkeit der Preisstabilität 132
   2. Die inflationstheoretischen Vorstellungen in der Industrie 137
   3. Inflationsfördernde Unternehmensentscheidungen 153
      a) Reparations-Sachlieferungen 153
      b) Devisenpolitik 161
      c) Preiserhöhungen 182
      d) Handelswechselkredite und Notgeldausgabe 190

VIERTES KAPITEL

Inflationstheorien und empirischer Befund

I. Vorbemerkungen 197
II. Die Theorien über Inflationswirkungen und der empirische Befund 198
III. Die Theorien über Inflationsursachen und der empirische Befund 202
   1. Die Geldnachfragetheorie 202
   2. Die Nachfrage- und Anbieterinflationstheorien 205
   3. Die ökonomische Theorie der Politik 207
IV. Wiederkehrende Theorieprobleme 218

ANHANG

TABELLE 1:
   Die Entwicklung des Aktienkapitals bei fünf Maschinenbauunternehmen 1914
   bis 1924 224
TABELLE 2:
   Investitionen in Sachanlagen bei fünf Maschinenbauunternehmen 1909/10 bis
   1928/29 226
TABELLE 3:
   Abschreibungen, Gewinne und Dividenden bei sechs Maschinenbauunternehmen 1913/14, 1918/19 bis 1922/23 228
TABELLE 4:
   Kapitalerhöhungen bei fünf Maschinenbauunternehmen 1919 bis 1923 232

TABELLE 5:
Die Entwicklung der Obligationsschulden bei fünf Maschinenbauunternehmen 1918/19 bis 1923/24 234
TABELLE 6:
Reallohnentwicklung bei drei Maschinenbauunternehmen 1919 bis 1923 . . . 235
SCHAUBILD 1:
Index der Konjunkturentwicklung in der deutschen Maschinenindustrie 1921 bis 1923 237

QUELLEN- UND LITERATURVERZEICHNIS 239
Unveröffentlichtes Schriftgut 239
    Benutzte Archivbestände 239
    Unveröffentlichte Monographien 239
Veröffentlichte Literatur 239
    Periodika 239
    Selbständig erschienene Schriften, Aufsätze: Maschinenbau-Literatur 240
    Selbständig erschienene Schriften, Aufsätze: Allgemeine Literatur 242

SACH-, VERBANDS- UND FIRMENREGISTER 254

PERSONENREGISTER 259

VERZEICHNIS DER ABKÜRZUNGEN

a. o.	außerordentlich
AR	Aufsichtsrat
BIZ	Bank für Internationalen Zahlungsausgleich
FAH	Familien-Archiv Hügel (Historisches Archiv der Fried. Krupp GmbH)
GEB	Goldmark-Eröffnungsbilanz
Gfk	Gußstahlfabrik Essen (der Fried. Krupp AG)
GHH	Gutehoffnungshütte
GM	Goldmark
HA	Historisches Archiv (der Fried. Krupp GmbH)
hfl	Holländischer Gulden
HV	Hauptversammlung
KHD	Klöckner-Humboldt-Deutz
M	Mark
M.A.N.	Maschinenfabrik Augsburg-Nürnberg
ME	Maschinenfabrik Esslingen
MV	Mitgliederversammlung
o.	ordentlich
PM	Papiermark
PV	Prüfmaschinen-Verband
RdI	Reichsverband der deutschen Industrie
RM	Reichsmark
VDESt	Verein Deutscher Eisen- und Stahlindustrieller
VDMA	Verein Deutscher Maschinenbau-Anstalten
WA	Werkarchiv

ERSTES KAPITEL
Einige unternehmensbezogene Theorien über Inflationswirkungen und Inflationsursachen

I
Einige Theorien über die Wirkung von Inflationen auf die Investitionen

1. Die Geldnachfragetheorie

Eine Erklärung der Entwicklung der Investitionen in Sachvermögen unter den Bedingungen der Geldentwertung bietet die Geldnachfragetheorie an: In der Inflation verliert das als Kasse (auch Sichteinlagen, eventuell auch Termineinlagen) gehaltene Geld an Kaufkraft. In Erwartung allgemeiner Preissteigerungsraten werden die Wirtschaftssubjekte daher ihre reale Kasse (nominaler Geldbestand dividiert durch den Preisindex) – und damit ihren Verlust – vermindern, indem sie wertbeständigere Sachwerte kaufen. Die Wirtschaftssubjekte fliehen in Sachwerte, darunter auch in Sachanlagen.

Diese Form der Geldnachfragetheorie ist nicht die einzige, aber die augenblicklich meist diskutierte Form der Erklärung der Wahl der Vermögensgegenstände unter Inflationsbedingungen. Eine Geldnachfragetheorie speziell für Produktionsunternehmen und dies unter Inflationsbedingungen ist bisher nur in Umrissen entworfen und noch gar nicht empirisch geprüft worden. Dies gilt für die postkeynesianische *Portfolio-Selection*-Theorie James Tobins wie für die monetaristische Erklärung der Geldnachfrage durch Milton Friedman. Tobin hat in den letzten zwanzig Jahren seine vermögenstheoretischen Überlegungen in entscheidender Weise erweitert und spezifiziert:[1] Waren für

---

[1] Zu Tobins früheren Überlegungen vgl. James Tobin, *The Interest Elasticity of Transactions Demand for Cash*, in: *The Review of Economics and Statistics,* 38 (1956), S. 241–247. Peter J. Kracht, *Die Geldnachfrage der Produktionsunternehmung,* Meisenheim 1975, S. 20, 125 ff.

Tobin früher die Anlagenalternativen zur Kassenhaltung auf finanzielle Vermögensgegenstände beschränkt, so tritt nun das Sachkapital hinzu; spielte früher der Zins auf festverzinsliche Wertpapiere die entscheidende Rolle für die Geldnachfrage, so sind nun die spezifischen Gewinnerwartungen gegenüber den verschiedenen Vermögensgegenständen dafür maßgebend. Die Investitionen der Unternehmen sieht Tobin vor allem in Abhängigkeit von der Größe „q", die – in einer der beiden von Tobin verwendeten Ausdrucksweisen – das Verhältnis des Marktwertes des vorhandenen Sachkapitalbestandes zu den augenblicklichen Wiederbeschaffungskosten dieses Sachkapitalbestandes wiedergibt. Die Unternehmen werden über die Erhaltungsinvestitionen hinausgehende Investitionen tätigen, sobald (und je mehr) der Quotient aus Marktwert und Wiederbeschaffungskosten des vorhandenen Sachkapitalbestandes den Wert 1 übersteigt. Der – vor allem an der Höhe der Aktienkurse gemessene – Marktwert ist für Tobin ein brauchbarer Indikator für die erwartete Ertragsfähigkeit des Sachkapitalbestandes der Unternehmen. In den Marktwert gehen die tatsächlichen und erwarteten Kosten und Erträge des Sachkapitalbestandes einschließlich der Unsicherheitserwägungen für die Zukunft und im Vergleich zu den tatsächlichen und erwarteten Kosten und Erträgen anderer Vermögensanlageformen ein. Diese Sachverhalte können ihrerseits durch eine Reihe von Faktoren, zum Beispiel durch die staatliche Schuldenpolitik, beeinflußt werden: So hat zum Beispiel eine (durch Notenbankkredite an den Staat hervorgerufene) Geldmengenexpansion (bei konstanten Preisen) eine positive Wirkung auf die Größe „q" und damit auf die Investitionen, da sie die Zinskosten senkt und – ebenfalls über die sinkenden Zinsen – die Attraktivität alternativer Vermögensanlagen mindert.[2] Der Frage der Inflationswir-

---

[2] Tobins Überlegungen zu Definition und Bestimmungsfaktoren von „q" und zu den Wirkungen dieser Größe auf die Investitionen finden sich u. a. in: James Tobin, *A General Equilibrium Approach to Monetary Theory*, in: *Journal of Money, Credit, and Banking*, 1 (1969), S. 15–29; wiederabgedruckt in: James Tobin, *Essays in Economics*, Vol. 1: *Macroeconomics*, Amsterdam–London 1971, S. 322–338. James Tobin/William C. Brainard, *Asset Markets and the Cost of Capital*, in: Bela Balassa/Richard Nelson (Hrsg.), *Economic Progress, Private Values, and Public Policy. Essays in Honor of William Fellner*, Amsterdam–New York–Oxford 1977, S. 235–262. James Tobin, *Monetary Policies and the Economy: The Transmission Mechanism*, in: *Southern Economic Journal*, 44 (1977/78), S. 421–431. James Tobin, *Grundsätze der Geld- und Staatsschuldenpolitik*, Baden-Baden 1978, insbesondere S. 29–55. – Eine Interpretation der Tobinschen Überlegungen zur Größe „q" geben: Dieter Duwendag/Karl-Heinz Ketterer/Wim Kösters/Rüdiger Pohl/Diethard B. Simmert, *Geldtheorie und Geldpolitik*, 2. Aufl., Köln 1977, insbeson-

kungen auf das Verhältnis von Marktwert zu Wiederbeschaffungskosten des Sachkapitalbestandes und damit auf die Investitionen hat Tobin indessen bisher nur wenig Beachtung geschenkt. Seine diesbezüglichen Bemerkungen beschränken sich vielmehr auf eine knappe und kursorische Gegenüberstellung verschiedener Wirkungsmöglichkeiten der Inflation: Die Inflation habe keinen Einfluß auf die Größe „q", wenn sie erwartet und Erträge und Zinsen der Preissteigerung angepaßt würden. Diese Anpassung gelinge allerdings häufig nicht (vollkommen): So könnten zum Beispiel die Zinsen hinter der Steigerung des Preisniveaus zurückbleiben und die Erwartungen von Gewinnen aus Sachkapital erhöhen. Andererseits sei zum Beispiel nicht sicher, daß Kreditnehmer immer Erlössteigerungen in Höhe der Inflationsrate oder über diese hinaus erwarteten; und auch die Erwartung einer bald einsetzenden Anti-Inflationspolitik könne sich negativ auf die Gewinnerwartungen schon während der Inflation auswirken.[3] In einer empirischen Untersuchung, die Tobin und Brainard über die Bestimmungsfaktoren des Marktwertes des Sachkapitals und deren Verhältnis zu den Wiederbeschaffungskosten bei amerikanischen Unternehmen für die Jahre 1960 bis 1974 anstellten, ist die Rolle von Preisniveausteigerungen und Preiserwartungen nicht explizit erörtert.[4]

Milton Friedman und andere nennen einen ganzen Katalog von Faktoren, die für die Geldnachfrage der Unternehmen von Bedeutung sein können: die zeitliche Verteilung von Einnahmen und Ausgaben, Preise und Preiserwartungen, Erwartungen von wirtschaftlicher und politischer Stabilität, Ertragsgrößen (zum Beispiel das Nettoeinkommen); Vorräte und Sachanlagen werden ausdrücklich als alternative Anlageformen zur Kassenhaltung genannt.[5] Empirisch geprüft wurde

---

dere S. 79–82, 206–212, 323–330. Vgl. auch Dieter Duwendag, *Einführung in James Tobins „Grundsätze der Geld- und Staatsschuldenpolitik"*, in: J. Tobin, *Grundsätze...*, S. 5–17.

[3] Die Bemerkungen zu den Inflationswirkungen auf das Verhältnis des Marktwerts zu den Wiederbeschaffungskosten des vorhandenen Sachkapitals finden sich in: J. Tobin, *A General Equilibrium...*, S. 328. J. Tobin, *Monetary Policies...*, S. 425 f. J. Tobin/W. C. Brainard, *Asset Markets...*, S. 241 f.

[4] Vgl. J. Tobin/W. C. Brainard, *Asset Markets...*, S. 248–262.

[5] Vgl. Milton Friedman, *Money: Quantity Theory*, in: *International Encyclopedia of Social Sciences*, 10 (1968), S. 440. Ders., *The Quantity Theory of Money – A Restatement*, in: M. Friedman (Hrsg.), *Studies in the Quantity Theory of Money*, Chicago 1956, S. 3–21. Allen H. Meltzer, *The Demand for Money: A Cross-Section Study of Business Firms*, in: *The Quarterly Journal of Economics*, 77 (1963), S. 405–422. William J. Frazer,

aber bisher nur die Abhängigkeit der Geldnachfrage von der Unternehmensgröße.[6]

Von den Theorien zur Erklärung der gesamtwirtschaftlichen Geldnachfrage ist eine (ältere) Theoriengruppe in den Hintergrund getreten, welche die Geldnachfrage bei allgemeinen Preisänderungen nicht durch unsichere Erwartungen über die Währungsentwicklung und durch die Kosten alternativer Vermögensanlagen, sondern durch feste Vorstellungen der Wirtschaftssubjekte über die Höhe ihrer realen Kassenhaltung oder ihrer realen Ausgaben erklärt. Aus diesen Grundannahmen folgen einander entgegengesetzte Geldnachfrage-Verhaltensweisen: Wirtschaftssubjekte, die eine konstante reale Kassenhaltung anstreben, vermindern bei Geldknappheit hervorrufender Preissteigerung ihre realen Ausgaben und erhöhen ihre reale Kasse. Wirtschaftssubjekte hingegen, die stets in konstanter Höhe reale Ausgaben tätigen wollen, verringern zu diesem Zweck bei Geldknappheit hervorrufender Preissteigerung ihre reale Kasse.[7] Zu beiden Spielarten der älteren Kassenhaltungstheorien fehlen empirische Untersuchungen.

In den Vordergrund der Diskussion trat in den letzten zwanzig Jahren die eingangs genannte Gruppe von Theorien, welche die gesamtwirtschaftliche Geldnachfrage zumindest in Hyperinflationen durch

---

Jr., *The Demand for Money*, Cleveland, N.J. 1967, S. 199. P. J. Kracht, *Die Geldnachfrage...*, S. 156–159, 175–179, 355–360. Auch die betriebswirtschaftliche Literatur zur Finanzplanung der Unternehmen weist auf Vorräte und Sachanlagen als alternative Anlageformen zur Kassenhaltung hin; vgl. dazu zusammenfassend P. J. Kracht, a.a.O., S. 210–236. Für die Hinzuziehung aller in den Unternehmen anfallenden Finanzierungsvorgänge zur Erklärung der Geldnachfrage der Unternehmen plädiert auch Alois Oberhauser, *Liquiditätstheorie des Geldes als Gegenkonzept zum Monetarismus*, in: Jürgen Badura/Otmar Issing (Hrsg.), *Geldtheorie*, Stuttgart 1979, S. 72 f.

[6] Vgl. die Übersicht über die bisherigen empirischen Forschungen bei P. J. Kracht, *Die Geldnachfrage...*, S. 179–187, 194–197.

[7] Die erste Version wurde etwa von dem jüngeren Knut Wicksell (*Geldzins und Güterpreise*, Jena 1898), die zweite von Ladislaus von Bortkiewicz (*Die Ursachen einer potenzierten Wirkung des vermehrten Geldumlaufs auf das Preisniveau* [= Schriften des Vereins für Sozialpolitik, Bd. 170], München–Leipzig 1924, S. 256–274) und dem älteren Wicksell (*The Monetary Problem of the Scandinavian Countries*, in: *Ekonomisk Tidskrift*, [1925], S. 205–222) vertreten. Die Unterschiede zwischen diesen Versionen und den Unterschied beider Versionen zu den Geldnachfragetheorien, in denen Preiserwartungen und Kosten der Geldhaltung die hauptsächlichen Erklärungsfaktoren sind, hat in einer interessanten dogmenhistorischen Studie Gerald Merkin (*Towards a Theory of the German Inflation: Some Preliminary Observations*, in: G. D. Feldman/C.-L. Holtfrerich/G. A. Ritter/P.-Ch. Witt [Hrsg.], *Die deutsche Inflation...*) herausgearbeitet.

„adaptiv" oder „rational" gebildete Preiserwartungen der Wirtschaftssubjekte erklären. Ausgangspunkt dieser Arbeiten ist die Untersuchung Phillip Cagans (1956) über Hyperinflationen.[8] Cagan stellte die These auf, daß in Hyperinflationen (Preissteigerungsrate mehr als 50 % je Monat) die Geldnachfrage vor allem von den Preiserwartungen der Wirtschaftssubjekte abhänge; die Geldnachfrage sinke mit zunehmenden Preiserwartungen. Cagan nahm an, daß die Wirtschaftssubjekte ihre Preiserwartungen adaptiv, mit einer gewissen Verzögerung, aus den Erfahrungen der Preisentwicklung der Vergangenheit bilden. Indikator für die Preiserwartungen sind die Preisänderungsraten der Vergangenheit, wobei die letzten Veränderungen stärker gewichtet werden als die früheren: Cagan ging davon aus, daß die Wirtschaftssubjekte ihre früheren Erwartungen in dem Ausmaß korrigieren, in dem diese sich angesichts der tatsächlichen jüngstvergangenen Preisentwicklung als falsch herausgestellt haben. Er prüfte seine Hypothesen an verschiedenen Hyperinflationen und fand für die deutsche Inflation 1920 bis 1923,[9] daß die Anpassung der Erwartungen und (da ein weiterer *lag* zwischen Preiserwartung und Anpassung der Kassenhaltung als nicht existent unterstellt wird) der Geldnachfrage an die tatsächliche Preisentwicklung durchschnittlich fünf Monate gedauert habe. Cagans Verfahren wirft jedoch verschiedene Probleme auf: Das Hauptproblem ist, daß die Preiserwartungen nicht direkt und unabhängig beobachtet sind. Die Caganschen Preiserwartungswerte hängen von Zahl und Gewichtung der zugrunde gelegten Vergangenheitswerte ab, die beide frei wählbar sind; eine Anpassung der Preiserwartungs- an die Geldnachfrageentwicklung läßt sich auf diese Weise weitgehend konstruieren. Darüber hinaus können scharfe und plötzliche Rückgänge der Geldnachfrage (wie sie 1919–1923 mehrfach auftraten) kaum durch verzögerte adaptive Preiserwartungen erklärt werden, denn sie setzen, wenn man an der Erklärung der Geldnachfrage durch Preiserwartungen überhaupt festhält, rasche Preiserwartungsänderungen voraus.[10]

---

[8] Phillip Cagan, *The Monetary Dynamics of Hyperinflation*, in: M. Friedman (Hrsg.), Studies..., S. 25–117.
[9] Cagan dehnte seine empirische Untersuchung auf den gesamten Inflationszeitraum aus, obwohl die Merkmale der Hyperinflation nur auf die Zeit ab Mitte 1922 zutreffen und obwohl Cagan selber (*a.a.O.*, S. 25) betont, daß in gewöhnlichen Inflationen die reale Kassenhaltung oft steige.
[10] Diesen Kritikpunkt betont Carl-Ludwig Holtfrerich, *Die deutsche Inflation 1914–1923*, Berlin–New York 1980, S. 183f. Ders., *Erwartungen des In- und Auslandes*

Dies letztere Problem könnte dadurch gelöst werden, daß, wie in letzter Zeit verstärkt geschehen, die Annahme einer „adaptiven" durch die einer „rationalen" Preiserwartungsbildung ersetzt wird.[11] Die von J. F. Muth[12] begründete Theorie der rationalen Erwartungen[13] geht im Unterschied zur Theorie der adaptiven Erwartungen von der Annahme aus, daß in den Preiserwartungen nicht stets gleiche Preisbedingungen unterstellt, sondern wechselnde Bedingungen der Preisbildung verarbeitet werden. Sie besagt in ihrer weiteren Form, daß die Wirtschaftssubjekte alle verfügbaren Informationen effizient zur Bildung ihrer Preiserwartungen verwenden. Sie besagt in ihrer strengeren Form, daß die Wirtschaftssubjekte stets – mit kurzen Verzögerungen – volle Informationen über die maßgeblichen wirtschaftlichen Sachverhalte gewinnen und zutreffende theoretische Vorstellungen von der Wirkung dieser Sachverhalte (zum Beispiel der Geldmengenpolitik, des Güterangebots) auf die Preisentwicklung haben; darüber hinaus unterstellt sie, daß die Wirtschaftssubjekte ihr Verhalten unverzüglich den Preiserwartungen anpassen, künftig erwartete Preissteigerungen (in ihrer Preis-, Lohn- und Zinspolitik, Geldnachfrage) also voll antizipieren. Die empirische Prüfung dieser Hypothe-

und die Geldnachfrage während der Inflation in Deutschland 1920–1923, in: *Bankhistorisches Archiv*, 6 (1980), S. 3–5.

[11] Vgl. zuletzt z. B. Jacob A. Frenkel, *Further Evidence on Expectations and the Demand for Money during the German Hyperinflation*, in: *Journal of Monetary Economics*, 5 (1979), S. 81–96. Michael K. Salemi/Thomas J. Sargent, *The Demand for Money during Hyperinflation under Rational Expectations: II.*, in: *International Economic Review*, 20 (1979), S. 741–758. Michael K. Salemi, *Adaptive Expectations, Rational Expectations, and Money Demand in Hyperinflation Germany*, in: *Journal of Monetary Economics*, 5 (1979), S. 593–604. Andrew Abel/Rüdiger Dornbusch/John Huizinga/Alan Marcus, *Money Demand during Hyperinflation*, in: *Journal of Monetary Economics*, 5 (1979), S. 97–104.

[12] John F. Muth, *Rational Expectations and the Theory of Price Movements*, in: *Econometrica*, 29 (1961), S. 315–335.

[13] Zur Theorie der rationalen Erwartungen vgl. etwa: Manfred Willms, *Ende der Konjunkturpolitik*, in: *Wirtschaftsdienst*, 57 (1977), S. 65–67. Hans J. Ramser, *Rationale Erwartungen und Wirtschaftspolitik*, in: *Zeitschrift für die gesamte Staatswissenschaft*, 134 (1978), S. 57–72. Bruno Kühn, *Rationale Erwartungen in der Wirtschaftspolitik*, Baden-Baden 1979. Bernd Faulwasser, *Zur Bedeutung von Erwartungen bei Preis- und Mengenreaktionen*, Berlin 1979. Manfred J. Neumann, *Rationale Erwartungen in Makromodellen. Ein kritischer Überblick*, in: *Zeitschrift für Sozialwissenschaft*, (1979), S. 370–401. Die Theorie der rationalen Erwartungen hat in der Wirtschaftswissenschaft und -politik deshalb ein so großes Interesse gefunden, weil die Existenz rationaler Erwartungen Beschäftigungswirkungen staatlicher Konjunkturprogramme ausschließen würde; dieser Gesichtspunkt wird hier aber nicht diskutiert.

sen steht aber vor erheblichen Problemen: So macht die Bedingung der Nutzung „aller verfügbaren Informationen" die weitere Fassung der Theorie mit sehr vielen Preiserwartungswerten vereinbar und daher kaum widerlegbar. Bei der Prüfung beider Fassungen stellt sich aber vor allem – wie schon bei Cagan – das Problem, direkt und unabhängig beobachtbare Preiserwartungswerte zu finden, anhand derer man die Theorie hätte prüfen können. Eine Lösung des Problems besteht darin, einfach rationale Erwartungen zu unterstellen und stellvertretend für die Preisänderungserwartungen die tatsächlichen Preisänderungswerte zu verwenden.[14] Die Geldnachfrage gilt dann als durch Preiserwartungen plausibel erklärt, wenn ihre Entwicklung eine stabile gegenläufige Beziehung zu der tatsächlichen Preisentwicklung aufweist.[15] Diese Prüfungspraxis ist jedoch problematisch: Auch wenn stabile gegenläufige Beziehungen zwischen Preis- und Geldnachfrageentwicklung beobachtet werden, ist offen, ob diese durch Preiserwartungen oder durch andere Faktoren, wie zum Beispiel das im Mittelpunkt der oben erwähnten Theorie des Realkasseneffekts stehende konstante Ausgabenverhalten, verursacht sind.

Die Suche nach Preiserwartungswerten, die unabhängig von der tatsächlichen Preisentwicklung beobachtbar sind, führte zur Verwendung von Devisenterminkursen als Preiserwartungswerten.[16] Aber auch dieser Lösungsversuch ist problematisch; denn es ist fraglich, ob Devisenterminkurse die Preiserwartungen von Inländern, und dazu noch von investierenden Produktionsunternehmen, zutreffend wiedergeben.[17]

---

[14] So z.B. A. Abel/R. Dornbusch/J. Huizinga/A. Marcus, *Money Demand...*, passim.

[15] Einige Theoretiker betonen ausdrücklich, daß die Theorie zur Erklärung wirtschaftlichen Verhaltens aus Preiserwartungen nicht durch ihr widersprechende Preiserwartungsbeobachtungen, sondern nur durch eine ihr widersprechende Preisentwicklung widerlegt werden könne. Vgl. dazu B. Kühn, *Rationale Erwartungen...*, S. 32f., 74.

[16] Vgl. vor allem Jacob A. Frenkel, *The Forward Exchange Rate, Expectations, and the Demand for Money: The German Hyperinflation*, in: American Economic Review, 67 (1977), S. 653–670.

[17] Frenkel selber betont in einem späteren Aufsatz (*Further Evidence...*, in: Journal of Monetary Economics, 5 [1979], S.85), daß die Nachfrage nach Geld von den erwarteten Kosten der Geldhaltung abhänge. Diese erwarteten Kosten würden aber durch die erwartete Devisenkursänderung nur insofern wiedergegeben, als inländisches Geld als Substitut für ausländische Währung gehalten werde; soweit Geld aber z.B. als Substitut für das Eigentum an Sachwerten gehalten werde, drücke die erwartete Inflationsrate die erwarteten Kosten der Geldhaltung aus.

Der vorstehende Problemüberblick hat gezeigt, daß die Wirtschaftswissenschaft augenblicklich bestenfalls erste, ungeprüfte Hypothesen über die Beziehungen zwischen Geldnachfrage, Investitionen, Gewinnerwartungen, Kosten und Erträgen sowie allgemeiner Preissteigerung bei Produktionsunternehmen besitzt. Die theoretisch-empirischen Untersuchungen der gesamtwirtschaftlichen Geldnachfrage bei Preissteigerungen füllen diese Erklärungslücke nicht: Vor allem der Verzicht auf die direkte Beobachtung von Preiserwartungswerten hat zur Folge, daß offen ist, welche Rolle Preiserwartungen überhaupt und welche Rolle andere Faktoren neben ihnen bei der Wahl zwischen alternativen Vermögensgegenständen spielen. Es ist insbesondere offen, ob tatsächlich Inflationen eine gleichmäßige inverse (das heißt gegenläufige) Bewegung von Investitionen und Geldnachfrage der Unternehmen zur Folge haben.

2. Die Gläubiger-Schuldner-Hypothese

Meist werden Investitions- und damit wachstumsfördernde Wirkungen der Inflation für den Fall angenommen, daß die realen Zinsen sinken. Dieser Annahme liegen die Gläubiger-Schuldner-Hypothese und die Vermutung zugrunde, daß für die Wirtschaftssubjekte die sich nach dieser Hypothese bei Schuldenaufnahme ergebenden Gewinne ein Anreiz zu Investitionen sind. Die Gläubiger-Schuldner-Hypothese besagt, daß Preissteigerungen zu einer Verringerung des Realwerts von Geldschulden führen, sofern die Geldgläubiger – zum Beispiel mangels zutreffender Inflationserwartungen oder mangels Durchsetzungsvermögens – die Preissteigerungen weder in den Zinssätzen noch in den Tilgungsraten an den Schuldner weitergeben. Nun ist es eine logische Wahrheit, daß Schuldner in einer Inflation, deren Preissteigerungsraten in den Zinssätzen und Tilgungsraten nicht antizipiert sind, immer „Schuldnergewinne" in der Höhe erzielen, in der andernfalls Mehrzinsen und -tilgungsbeträge angefallen wären. Die empirische Frage ist aber, welche Gesellschaftsgruppen in Inflationen Nettoschuldner sind und inwieweit eine Nettoschuldnerposition tatsächlich – im Vergleich zu Nicht-Inflationsperioden – einen Erfolgs- oder Vermögenszuwachs zur Folge hat.

Die Frage, inwieweit die Gläubiger-Schuldner-Hypothese (einschließlich ihrer Implikationen für das wirtschaftliche Wachstum) das Investitionsverhalten der Unternehmen erklären kann, muß in drei Fragen unterteilt werden:

Theorien über die Wirkung von Inflationen auf die Investitionen 9

1. Sinkt der Realzins in der Inflation?
2. Führt ein sinkender Realzins zu vermehrter Schuldenaufnahme durch die Unternehmen? Wenn nicht, warum nicht?
3. Steigen mit sinkendem Realzins und zunehmender Verschuldung die Gewinne beziehungsweise die Investitionen der Unternehmen? Wenn nicht, warum nicht?

Die empirische Behandlung dieser Fragen ist bisher sehr unbefriedigend verlaufen: Unbefriedigend ist einmal, daß in der Literatur häufig der Eindruck erweckt wird, als stehe die Vermögensumverteilungswirkung zugunsten einer Gesellschaftsgruppe fest, wenn nur deren Nettoschuldnerposition nachgewiesen sei und eine plausible Annahme über nicht voll antizipierte Zinssätze und Tilgungsraten gemacht werden könne;[18] die Unternehmen zählen meist zu den Nettoschuldnern, also zu den Inflationsgewinnern. Unbefriedigend sind aber auch die in den USA und in England angestellten empirischen Untersuchungen anhand veröffentlichter einzelwirtschaftlicher Daten, in denen die Wirkung der monetären Nettoposition auf die Nettovermögensentwicklung der Unternehmen gemessen werden sollte. Problematisch war – neben anderem – die Wahl des Erfolgsmaßstabes: Es wurde nie gemessen, ob eine direkte Beziehung zwischen monetärer Nettoposition und Investitionen besteht. Vielmehr wurde stets die monetäre Nettoposition mit den Aktienkursveränderungen der Unternehmen korreliert. Auf die Aktienkurse haben aber, wie die Kritik zutreffend hervorhob, auch nicht-monetäre Faktoren, zum Beispiel die Erträge (die ihrerseits erst eine zunehmende Nettoverschuldung ermöglicht haben mögen) Einfluß.[19] Darüber hinaus waren die Tests nicht durchweg im Sinne der Gläubiger-Schuldner-Hypothese erfolgreich: Es ergaben sich nicht immer positive Korrelationen zwischen der Rang-

---

[18] Den Eindruck, daß das Problem auf diese Weise reduziert werden kann, erwecken z. B. Manfred Ziercke, *Die redistributiven Wirkungen von Inflationen*, Göttingen 1970. Albert Jeck, *Wer gewinnt, wer verliert bei einer Inflation?*, in: Johannes Schlemmer (Hrsg.), *Enteignung durch Inflation? Fragen der Geldwertstabilität*, München 1972, S. 96 ff. Anton Burghardt, *Soziologie des Geldes und der Inflation*, Wien–Köln–Graz 1977, S. 88 ff. Harald Scherf, *Inflation*, in: *Handwörterbuch der Wirtschaftswissenschaft*, Bd. 4, Stuttgart usw. 1977, S. 179.

[19] Einen kritischen Überblick über die empirischen Untersuchungen zur Gläubiger-Schuldner-Hypothese bieten: M. Ziercke, *Die redistributiven Wirkungen...*, S. 110–127. Wolfgang J. Mückl, *Die Wirkungen der Inflation auf die Einkommens- und Vermögensverteilung*, in: Wolfgang J. Mückl/Richard Hauser, *Die Wirkungen der Inflation auf die Einkommens- und Vermögensverteilung. Zwei Literaturstudien*, Göttingen 1975, S. 103–163.

folge der Aktienpreisentwicklung und der Rangfolge der monetären Nettoposition bei den untersuchten Unternehmen. Zuweilen werden mögliche Ursachen für diese Erscheinung genannt: Die mangelnde Fähigkeit der Unternehmen, die Steigerung der Beschaffungskosten in den Absatzpreisen weiterzugeben, die Besteuerung von Scheingewinnen und anderes kompensieren die Vermögensübertragungen von den Gläubigern auf die Schuldner.[20] Aber diese Zusammenhänge sind empirisch nicht weiter verfolgt worden.

3. Die Lohn-lag-Hypothese

Hin und wieder werden positive Wirkungen der Inflation auf die Investitionen aus – positive Gewinnerwartungen erzeugenden – hohen Gewinnen in der Inflation gefolgert.[21] Hohe Inflationsgewinne könnten mit Hilfe der Lohn-*lag*-Hypothese erklärt werden: Inflationsbedingte Nachfragesteigerung oder autonomes Preissetzungsverhalten der Unternehmen führen zu Preissteigerungen, denen sich die Löhne nur mit Verzögerung anpassen; dadurch erzielen die Produzenten Einkommenszuwächse zu Lasten der Lohnempfänger. Im Unterschied zur Gläubiger-Schuldner-Hypothese, aber aufgrund ähnlicher Probleme bei der empirischen Überprüfung wie diese, ist die Lohn-*lag*-Hypothese indessen in der Literatur auf wenig Zustimmung gestoßen: Gegen Gegenüberstellungen von Lohn- und Preiszeitreihen sowie von Lohnquoten- und Preiszeitreihen wurde eingewandt, daß das Ergebnis weitgehend von der Wahl der Preisindices, der Basisjahre und der Untersuchungszeiträume und daß sowohl die Lohn- als auch die Preisentwicklung auch von nicht-monetären Faktoren abhängig seien. Und die aufgrund veröffentlichter Firmendaten angestellten zwischenbetrieblichen Vergleiche von Quotient aus Lohnsumme und Grundkapital und Aktienkursveränderungen verliefen einmal negativ für die Lohn-*lag*-Hypothese; so wurde zum Beispiel festgestellt, daß in Preissteigerungsperioden die Aktienkurse bei Unternehmen mit einem niedrigen Quotienten aus Lohnsumme und Grundkapital stärker stiegen als bei Unternehmen mit einem hohen Quotienten aus Lohn-

---

[20] Vgl. etwa: G. L. Bach/James B. Stephenson, *Inflation and the Redistribution of Wealth*, in: The Review of Economics and Statistics, 56 (1974), S. 1–13. Hans F. Büschgen, *Investition und Finanzierung im Zeichen der Geldwertverschlechterung*, in: Die Wirtschaftsprüfung, 27 (1974), S. 14–17.

[21] Vgl. z. B. Hans Georg Koblitz, *Einkommensverteilung und Inflation in kurzfristiger Analyse*, Berlin–New York 1971, S. 190 f.

summe und Grundkapital. Zum anderen ist auch hier die Erklärung der Aktienkurs- aus der Gewinnentwicklung und beider aus einem Zurückbleiben der Geldlöhne generell problematisch, da der Einfluß nicht-monetärer Faktoren (der ja zum Beispiel den Einfluß eines Lohn-*lags* überkompensieren kann) unberücksichtigt bleibt.[22] In der genaueren Erhebung der Gewinne und ihrer Einflußfaktoren liegen aber die Kenntniserweiterungsmöglichkeiten detaillierterer einzelwirtschaftlicher Untersuchungen: So könnte die Kenntnis des Preisbildungsverhaltens der Unternehmen die Wahrscheinlichkeit, daß Lohn-*lag*-bedingte Gewinne vorliegen, erheblich verstärken oder abschwächen.

II

Einige Theorien über die Ursachen von Inflationen

1. Die Geldnachfragetheorie

Wird die Geldnachfrage und damit die Umlaufgeschwindigkeit des Geldes durch die Geschäftspolitik der Unternehmen beeinflußt? Die – oben in ihrer Bedeutung für die Investitionserklärung unter Inflationsbedingungen diskutierte – monetaristische Geldnachfragetheorie schließt einen solchen Einfluß, soweit er nicht durch Preiserwartungen der Unternehmen hervorgerufen wird, aus. Für sie ist die Geldnachfrage eine „stabile" Funktion verschiedener Faktoren, darunter der Preiserwartungen, deren Einfluß in der Inflation vorherrscht; die Preiserwartungen werden ihrerseits „adaptiv" oder „rational" gebildet und sind durch die Geldmenge determiniert. Von der Geldnachfrage (oder Umlaufgeschwindigkeit) gehen nach dieser Auffassung daher keine selbständigen Inflationsschübe aus; das Hauptaugenmerk bei der Inflationserklärung muß vielmehr auf die Geldmenge (oder das Geldangebot) gelegt werden.[23]

---

[22] Vgl. die zusammenfassenden Übersichten bei M. Ziercke, *Die redistributiven Wirkungen...* W. J. Mückl, *Die Wirkungen...*, S. 22–25, 36–79. H. Scherf, *Inflation...*, S. 178 f. Die marxistisch orientierte Literatur hingegen unterstellt Reallohneinbußen in der Inflation. Vgl. etwa Elmar Altvater/Volkhard Brandes/Jochen Reiche, *Einleitung*, in: *Handbuch 3: Inflation – Akkumulation – Krise*, I, Frankfurt/M. 1976, S. 12.

[23] Vgl. Ph. Cagan, *The Monetary Dynamics...*, in: Milton Friedman (Hrsg.), *Studies...*, S. 25–117. Ders., *Monetary versus Cost-Push Theories of Inflation*, in: Stephen W.

Ist die Geldnachfrage (das heißt die reale Kassenhaltung) der Unternehmen – eventuell im Unterschied zu der anderer Gesellschaftsgruppen[24] – tatsächlich ausschließlich vom gesamtwirtschaftlichen Geldangebot abhängig? Entwickeln sich die reale Kassenhaltung der Unternehmen und die gesamtwirtschaftliche Geldmenge gegenläufig zueinander? Spielen im bejahenden wie im verneinenden Falle die Preiserwartungen die entscheidende erklärende Rolle? Oder sind andere Sachverhalte für die Erklärung der realen Kassenhaltung der Unternehmen (ebenso) wichtig? Wie oben (ZWEITES KAPITEL, ABSCHNITT I.1) ausgeführt, fehlen empirische Untersuchungen zur Geldnachfrage der Unternehmen bei Inflation; und die gesamtwirtschaftlichen Untersuchungen zur Geldnachfragetheorie kranken vor allem daran, daß die Preiserwartungen nicht direkt beobachtet worden sind.

2. Die Nachfrage- und Anbieterinflationstheorien

Wie ist die Preisbildung der Unternehmen zu erklären und welchen Beitrag zur Inflation leistet sie? Diese Fragen sind im Rahmen aller drei nicht-monetären Inflationstheorien: der Nachfrageinflationstheorie und der beiden Anbieterinflationstheorien (der Kostendruck- und der Gewinnstoßtheorie) erörtert worden. In der neueren Literatur wird die Nachfrageinflation als allgemeine Preiserhöhung bei gleichzeitig konstanter oder zunehmender realer Güternachfrage (das heißt jedenfalls steigender monetärer Gesamtnachfrage) definiert; Kennzeichen der Nachfrageinflation sind hohe Auftragsbestände, lange Lieferfristen und offene Arbeitsplätze bei den Unternehmen. Anbieterinflationen sind demgegenüber allgemeine Preiserhöhungen bei Sinken der realen Güternachfrage. In der Gewinnstoßinflation werden im Unterschied zur Kostendruckinflation die Preise nicht aufgrund von Kostenerhöhungen, sondern ausschließlich zur Erhöhung der Gewinnspannen heraufgesetzt; es ist allerdings die Frage, ob nicht

---

Rousseau (Hrsg.), *Inflation: Its Causes, Consequences, and Control. Proceedings of a Symposium Held at New York University, January 31, 1968.* The Calvin K. Kazanija Economics Foundation. Wiederabgedruckt in: Phillip Cagan, *Persistent Inflation. Historical and Political Essays*, New York 1979, S. 59. Jacob A. Frenkel, *The Forward Exchange Rate...*, in: *The American Economic Review*, 67 (1977), S. 664–668.

[24] Es wäre z.B. möglich, daß die Geldnachfrage der Unternehmen durch die anderer Gruppen in einer Weise kompensiert wird, daß sich gesamtwirtschaftlich die von der monetaristischen Geldnachfragetheorie behauptete Gegenläufigkeit in der Entwicklung von Geldangebot und Geldnachfrage einstellt.

auch in diesem Falle ein „Kostendruck" vorliegen kann, nämlich dann, wenn bei Beschäftigungsrückgang infolge konstanter Fixkosten die Stückkosten steigen.[25]

Die angeführten Definitionen zumindest der Nachfrage- und der Anbieterinflation enthalten mit Absicht keine Angaben über die in ihnen stattfindenden Preisbildungsvorgänge und deren Ursachen.[26] Sie unterscheiden sich von denjenigen Definitionen, in denen die freie Marktpreisbildung als das Kennzeichen der Nachfrageinflation und die „administrierten" Preise als jenes der Anbieterinflation erscheinen; „administrierte" Preise sind kostenorientierte Preise, werden nach dem Vollkostenprinzip und mit bestimmten Gewinnzuschlägen jeweils für einen bestimmten Zeitraum festgesetzt und reagieren kaum auf Nachfrageschwankungen.[27] Anlaß für die Nichtberücksichtigung des Preisbildungsvorgangs in den neueren Definitionen war die Beobachtung, daß auch in Nachfrageinflationen Preise „administriert" wurden. Für die Existenz- und Wirkungsmöglichkeit von Kostenpreisen in einer Nachfrageinflation werden verschiedene Erklärungen angeboten, so die, daß die Überschußnachfrage zunächst (über eine erhöhte Arbeitsnachfrage) die Löhne oder (in den verbliebenen Sektoren mit Konkurrenzpreisen) einige Preise erhöhe und damit einen Kostendruck erzeuge, auf den dann die „administrierten" Preise reagieren.[28]

---

[25] Dies ist auch der Ausgangspunkt der neueren marxistisch orientierten Inflationserklärung, welche die Inflation auf Verwertungsschwierigkeiten des Kapitals zurückführt. Vgl. etwa Jochen Reiche, *Zur Kritik bürgerlicher Inflationstheorien*, in: *Handbuch 3...*, S. 64–101. Elmar Altvater/Jürgen Hoffmann/Rainer Künzel/Willi Semmler, in: *Krise und Inflation*, in: *A.a.O.*, S. 102–145.

[26] Vgl. zur Abgrenzung von Nachfrage- und Kostendruckinflation H. Scherf, *Inflation...*, S. 170. Manfred Willms, *Inflationsursachen*, in: Artur Woll (Hrsg.), *Inflation. Definitionen, Ursachen, Wirkungen und Bekämpfungsmöglichkeiten*, München 1979, S. 19–23.

[27] Einen kurzen Überblick über die Diskussion über die administrierten Preise bietet: Susanne Wied-Nebbeling, *Zur Problematik der administrierten Preise*, in: *Wirtschaftsstudium*, (1977), S. 219–223.

[28] Vgl. die Zusammenfassung dieser Diskussion bei H. Scherf, *Inflation...*, S. 164, 166. M. Willms, *Inflationsursachen...*, S. 21. Wolfgang Ströbele, *Inflation. Einführung in Theorie und Politik*, München–Wien 1979, S. 40f. Vgl. auch die These Wolfgang Stützels über die Entstehung einer Nachfrageinflation unter der Bedingung eines „ringverkoppelten Netzes transtemporaler Preisgleitbindungen": Wolfgang Stützel, *Über einige Nachlässigkeiten beim ersten Aufriß der Struktur des Inflationsproblems am Beispiel gängiger Inflationstheorien*, in: A. Woll (Hrsg.), *Inflation...*, S. 38–67.

Die allgemeine Beobachtung „administrierter" Preise hat die Erklärungskraft der Marktpreisbildung für den Inflationsvorgang geschwächt. Gleichzeitig hat sie die Diskussion über Ursachen und die Inflationswirkungen der tatsächlichen Preisbildung der Unternehmen nicht über erste Vermutungen hinausgebracht. Mangels empirischer Untersuchungen über die Preisbildung der Unternehmen sind viele Fragen offen geblieben. Ich greife die folgenden heraus:

1. Wie werden Preise bei sinkender realer Nachfrage „administriert"? Treten Preissteigerungen auf, die nicht auf Kostendruck, sondern auf „Gewinnstößen" beruhen? (In der Literatur wird dies für möglich, aber im allgemeinen für wenig wahrscheinlich gehalten.) Sind „administrierte" Preise bei sinkender realer Nachfrage nach unten wirklich starr?[29]

2. Wie werden Preise bei gleichbleibender oder steigender realer Nachfrage „administriert"? Läßt sich Genaueres über die Übertragung einer Überschußnachfrage auf die Preisentwicklung sagen? Werden „administrierte" Preise bei steigender Nachfrage nicht zur Erhöhung der Gewinnspanne heraufgesetzt (wie dies zum Beispiel der Lohn-*lag*-Hypothese entsprechen würde)? Oder folgen sie auch dann nur der Kostenentwicklung? Von welchen Bedingungen hängt die Ausnutzung von Preisspielräumen ab?

3. Richten die Wirtschaftssubjekte ihre Preise an anderen, allgemeinen Maßstäben, so in einem Teil der deutschen Inflation an den Wechselkursen, wie dies G. Merkin vermutet,[30] aus? In seiner Erklärung der deutschen Inflation sieht Merkin – in Modifizierung der quantitätstheoretischen Inflationserklärung – die hyperinflationären Preissteigerungen (also seit 1922) nicht einseitig durch die Ausweitung der Geldmenge und die Erhöhung der Umlaufgeschwindigkeit verursacht. Vielmehr erkennt er einen *circulus vitiosus* von Wechselkursverfall, Preissteigerungen, Erhöhung von Geldmenge und Umlaufgeschwindigkeit des Geldes und wiederum Wechselkursverfall. Eine der wichtigen Beziehungen, die Übertragung der Wechselkurs- auf die Preisänderungen, erklärt Merkin damit, daß die Wirtschaftssubjekte die Preise ihrer Leistungen, um keine Substanzverluste zu er-

---

[29] Solche Fragen werden z. B. gestellt bei S. Wied-Nebbeling, *Zur Problematik...*, S. 222f. H. G. Koblitz, *Einkommensverteilung...*, S. 62. Norbert W. Müller, *Anspruchsverhalten sozialer Gruppen und Inflation*, Köln 1976, S. 30. H. Scherf, *Inflation...*, S. 172.

[30] G. Merkin, *Towards a Theory of the German Inflation...* (s. o. Anm. 7).

leiden, bei Geldentwertung nicht mehr zu Anschaffungs-, sondern zu Wiederbeschaffungskosten kalkulierten. Bei immer rascherer Geldentwertung wäre die Anpassung der Preise an die Kosten nicht mehr gelungen, wenn die Kostensteigerung aufgrund eines monatlichen Preisindex (zum Beispiel des Großhandelspreisindex) in die Verkaufspreise einkalkuliert worden wären. Die wöchentliche und dann tägliche Anpassung der Preise an die Kosten sei vielmehr nur erreicht worden, wenn man die Preise aufgrund der täglich bekanntgegebenen Wechselkursänderungen kalkuliert habe. Die Ausrichtung der Preiskalkulation an den Wechselkursen, vor allem am Dollarkurs, sei von der Betriebswirtschaftslehre, vor allem von Mahlberg, seit Ende 1922 empfohlen, von den Unternehmen aber schon lange vorher praktiziert worden. Die Verwendung von fast ausschließlich in der Betriebswirtschaftslehre (heute allerdings meist nur unter Optimierungsgesichtspunkten) viel diskutierten Elementen der Kostenrechnung und Preisbildung zur Erklärung gesamtwirtschaftlicher Erscheinungen ist meines Erachtens ein origineller und interessanter Versuch zur Bereicherung der ökonomischen Theoriebildung; solche Versuche sind seit Fritz Schmidt (Konjunkturtheorie) und Eugen Schmalenbach (Fixkostenwirkungen auf die Wirtschaftsordnung) kaum noch unternommen worden. Kann aber die Kalkulation zu Wiederbeschaffungspreisen die Übertragung von Wechselkurs- auf Preisänderungen tatsächlich erklären?

4. Erhöhen die „ökonomischen Agenten", also auch die Unternehmen – wie es Karl Brunner in einem monetaristischen Erklärungsversuch der administrierten Preise vermutet[31] – die Preise in der Inflation immer dann, wenn sie eine Geldmengenausweitung als permanent (und nicht als nur vorübergehend) erkannt haben? Richten die Unternehmen ihre Preise tatsächlich an der Entwicklung der gesamtwirtschaftlichen Geldmenge aus?

3. Die ökonomische Theorie der Politik

Fördern die Unternehmen die Inflation, indem sie Einfluß auf die Geldmengenpolitik von Regierung und Zentralbank nehmen? Eine Erklärung des Regierungshandelns aus den Nutzenvorstellungen der Gesellschaftsmitglieder bietet die ökonomische Theorie der Politik

---

[31] Karl Brunner, *Alternative Erklärungen hartnäckiger Inflation und Anti-Inflationspolitik,* in: A. Woll (Hrsg.), *Inflation...*, S. 99–133, insbes. S. 123 f.

an: Die seit den Arbeiten von A. Downs und anderen im Rahmen des methodologischen Individualismus in den letzten fünfundzwanzig Jahren entwickelte ökonomische Theorie der Politik erklärt die Handlungsentscheidungen in Parteien, Bürokratien und Verbänden aus dem Wunsch der einzelnen Mitglieder dieser Organisationen, ihren individuellen Nutzen zu maximieren.[32] Der hier interessierende Teilbereich dieser Theorie, die ökonomische Theorie der Demokratie (das heißt des Parteien- oder Regierungshandelns in der Demokratie), führt die Handlungsentscheidungen der Parteien (und damit auch der Regierungen) auf den Wunsch der Parteimitglieder zurück, Wahlstimmen zu maximieren. Die Wahlstimmen können aber nur maximiert werden, wenn die Partei (beziehungsweise die Regierung) die Wählerwünsche erfüllt. Verbände gewinnen Einfluß auf das Partei- und Regierungshandeln, da sie mit dem Entzug von Wählerstimmen drohen können. Die Entwicklung selbständiger politischer Vorstellungen in Parteien und Bürokratie bleiben bei dieser Erklärung des Regierungshandelns außer Betracht.

Unter Zuhilfenahme einer speziellen Erwartungshypothese wurde aus der ökonomischen Theorie der Demokratie zumindest eine Teilerklärung der Inflation abgeleitet: Regierungen fördern die Inflation durch die Ausweitung der Geldmenge, weil sie erwarten, daß die Wähler positiv bewertete Sachverhalte (wie Steigerung von Beschäftigung, Einkommen, Umsatz) der Inflation zuschreiben (bei Preisstabilität also nicht für möglich halten) und rasch wahrnehmen, während sie Nachteile der Inflation (etwa: Kostensteigerungen) sehr viel langsamer oder gar nicht bemerken.[33] Darüber hinaus wurde vermutet,

---

[32] Vgl. z. B. den kritischen Überblick über die drei Teilbereiche der ökonomischen Theorie der Politik (ökonomische Theorie der Demokratie oder des Parteien-/Regierungshandelns, der Bürokratie und der Gruppen/Verbände) bei Frieder Meyer-Krahmer, *Politische Entscheidungsprozesse und Ökonomische Theorie der Politik*, Frankfurt–New York 1979.

[33] Vgl. etwa: Bruno S. Frey, *Inflation und Verteilung: Die Sicht der ökonomischen Theorie der Politik*, in: Bruno S. Frey/Werner Meißner (Hrsg.), *Zwei Ansätze der Politischen Ökonomie. Marxismus und ökonomische Theorie der Politik*, Frankfurt 1974, S. 154–166. Bruno S. Frey, *Moderne Politische Ökonomie. Die Beziehungen zwischen Wirtschaft und Politik*, München–Zürich 1977, S. 39–42. Peter Bernholz, *Freiheit, Staat und Wirtschaft: Auf der Suche nach einer neuen Ordnung*, in: *Zeitschrift für die gesamte Staatswissenschaft*, 133 (1977), S. 584. Herbert Schui, *Verteilungsaspekte der Inflation – ein Überblick*, in: *WSI-Mitteilungen*, 28 (1975), S. 334.

Einige Theorien über die Ursachen von Investitionen 17

daß die Interessengruppen die verantwortlichen Stellen auch direkt zur Ausweitung der Geldmenge drängen.[34]

Diese Hypothesen sollen hier nur für den Teilbereich der Produktionsunternehmen diskutiert werden. Aber auch das kann nur bruchstückhaft geschehen. Zu einer vollständigen Diskussion der Thesen müßten die Inflationsbewertung in den Unternehmen, die wirtschaftspolitische Tätigkeit der Verbände und die Entscheidungsvorgänge in den Regierungen (zum Beispiel deren Hypothesenbildung über Wählerwünsche und -verhalten) untersucht werden. Die hier verfügbaren Quellen und Literaturstellen erlauben Aussagen noch am ehesten zum ersten, schon weniger zum zweiten und kaum zum dritten dieser Punkte.[35] Diskutiert werden können also zwei Punkte:

1. Die erwähnte spezielle Erwartungshypothese: Identifizieren und bewerten Produktionsunternehmen beziehungsweise die sie leitenden Personen Inflationswirkungen tatsächlich so, wie dies in den Erwartungen, die den Parteien und Regierungen unterstellt werden, behauptet wird? Können sich Industrieverbände, sofern sie wirklich die maßgebenden Stellen zur Ausweitung der Geldmenge drängen, tatsächlich auf eine positive Bewertung der Inflation durch die Unternehmen stützen? Empfinden die Unternehmen die Inflation als in ihrem Interesse gelegen? Die einzelwirtschaftliche Untersuchung macht es möglich, Inflationswirkungen und deren Bewertung, und zwar beide unabhängig voneinander, zu beobachten. Dadurch kann neben der Unsicherheit, die in der bloßen Unterstellung von Inflationswirkungen liegt, der Fehler vermieden werden, von den Inflationswirkungen ohne weiteres auf eine bestimmte Inflationsbewertung durch die Wirtschaftssubjekte zu schließen.[36]

---

[34] Vgl. etwa R. J. Gordon, *The Demand for and the Supply of Inflation*, in: *Journal of Law and Economics*, 18 (1975), S. 807–836. Der Sachverhalt wird ebenfalls als möglich vermutet von M. Willms, *Inflationsursachen...*, S. 25.

[35] Widerlegungen, die zumindest Anlaß für die Einführung zusätzlicher Bedingungen in die ökonomische Theorie der Inflationspolitik sein müßten, sind aber bereits diejenigen Perioden der Wirtschaftsgeschichte, in denen Regierungen (obwohl keine institutionellen Hindernisse vorlagen) keine inflationäre Politik betrieben haben, so z. B. die Jahre der Weltwirtschaftskrise. Peter Bernholz (*Grundlagen der Politischen Ökonomie*, Bd. 3, Tübingen 1979, S. 275) verweist selber auf die inflationslosen 1950er und 1960er Jahre in der Bundesrepublik Deutschland, ohne daraus aber Konsequenzen für die Theorie zu ziehen.

[36] So unterstellt H. Schui (*Verteilungsaspekte...*, in: *WSI-Mitteilungen*, 28 [1975], S. 331–338) positive Inflationswirkungen auf die Unternehmen und schließt daraus, ohne Beobachtungen über die Wahrnehmung und Bewertung dieser Wirkungen hinzu-

2. Die These von der positiven Einflußnahme der Unternehmen auf die Geldmengenausweitung: Arbeiten die Unternehmen direkt oder (mit Hilfe der Verbände) indirekt auf die Ausweitung der Geldmenge hin? Wenn ja: Können die Maßnahmen – ebenso wie andere Schritte zur Inflationsbeschleunigung – aus einer positiven Bewertung der Inflation oder auch anders erklärt werden? So spärlich die Angaben über die „Geldmengenpolitik" der Unternehmen auch sind: In Verbindung mit den Angaben über andere inflationsbeeinflussende Maßnahmen der Unternehmen stützen sie vielleicht den genannten oder einen alternativen Vorschlag zur (teilweisen) Erklärung der Inflation aus dem Unternehmerverhalten.

III

Zum Gang der Untersuchung

Vorstehend wurden einige Fragezeichen hinter einige Theorien zur Erklärung von Inflationswirkungen auf Unternehmen und des Anteils von Unternehmen an der Inflationsentstehung und -entwicklung gesetzt. Die Frage war, wie erklärungskräftig diese Theorien tatsächlich sind. Ein Hauptmangel wurde darin gesehen, daß die empirische Prüfung dieser Theorien bisher unbefriedigend gewesen ist. Dies ist sicher zum Teil darauf zurückzuführen, daß empirische Angaben über die von den Theorien erörterten Sachverhalte schwer zugänglich sind. Hier setzt die vorliegende Untersuchung ein. Wenn überhaupt, so finden sich in unternehmens- und verbandsinternen Schriftstücken Angaben über Kosten und Erträge, Gewinne und Investitionen, Kassenhaltung und Schulden, Preis- und Ertragserwartungen, den Preisbildungsvorgang, die Inflationsbewertung und ähnliches, also Angaben über die in den fraglichen Theorien genannten Variablen oder über die diese Variablen (besser) erklärenden Sachverhalte.

Die folgende empirische Untersuchung stützt sich vor allem auf Akten des Vereins Deutscher Maschinenbauanstalten (VDMA), eini-

---

zuziehen, auf das Interesse der Unternehmen an der Inflation. – Daß für den Grad der Wertschätzung der Geldwertstabilität durch die Unternehmen die Inflationswirkungen *und* deren Wahrnehmung entscheidend sind, wird zutreffend formuliert von Norbert Szyperski, *Geldwertstabilität aus der Sicht privater Unternehmungen – Situative und strukturelle Aspekte*, in: Hans Karl Schneider/Walter Wittmann/Hans Würgler (Hrsg.), *Stabilisierungspolitik in der Marktwirtschaft*, Berlin 1975, S. 261 ff.

ger Fachverbände (Kartelle) der Maschinenindustrie und der folgenden Maschinenbauunternehmen: M.A.N., Maschinenfabrik Esslingen, Motorenfabrik Deutz (bis November 1921: Gasmotorenfabrik Deutz), Maschinenbauanstalt Humboldt, Gußstahlfabrik Essen der Fried. Krupp AG, Carl Schenck GmbH.[37] Die Maschinenfabrik Augsburg-Nürnberg (M.A.N.) war 1898 aus der 1837 gegründeten Maschinenbau-Actien-Gesellschaft Nürnberg und der Aktiengesellschaft Maschinenfabrik Augsburg (gegr. 1840) zusammengeschlossen worden. 1920 wurde die M.A.N. dem Konzern der Gutehoffnungshütte angegliedert. In diesem Jahr beschäftigte das Unternehmen ca. 17 000 Personen. In ihrem Werk Augsburg stellte die M.A.N. vor allem Dieselmotoren und Druckmaschinen her, im Werk Nürnberg vor allem Eisen- und Straßenbahnwagen, Lastwagen, Dampfturbinen, Krane, Großgasmaschinen, Abwärmeverwerter, Dampfmaschinen, Dampfkessel sowie Absaugungs- und Heizungsanlagen und im Werk Gustavsburg vor allem Brückenkonstruktionen. – Die 1846 gegründete und seit 1920 ebenfalls der Gutehoffnungshütte angeschlossene Maschinenfabrik Esslingen hatte 1920 etwa 5500 Beschäftigte. Ihr weitgefächertes Produktionsprogramm umfaßte Lokomotiven, Eisen- und Straßenbahnwagen, Hebezeuge, Dampfmaschinen, Kühlmaschinen, Pumpen, Kompressoren, Gußstücke, Brücken- und Eisenkonstruktionen sowie (in ihrem Werk Cannstatt) Elektromotoren. – Die Gasmotoren-Fabrik Deutz war 1864 gegründet worden und gehörte 1922 mehrheitlich zur Klöckner-Gruppe. Das Unternehmen (1920 ca. 4100 Beschäftigte) stellte in der Nachkriegszeit vor allem Diesel- und Gasmotoren, aber auch Traktoren und Lokomotiven her und änderte seinen Namen daher 1921 in Motorenfabrik Deutz. Ebenfalls seit 1921 bestand eine Interessengemeinschaft mit der Motorenfabrik Oberursel. – Bestandteil der Klöckner-Gruppe war auch die 1856 gegründete Maschinenbauanstalt Humboldt, die 1920 etwa 4200 Personen beschäftigte. Das Unternehmen fertigte Dampfmaschinen und -turbinen, Fördermaschinen, Ventilatoren, Pumpen, Kompressoren, Eis- und Kühlmaschinen, Brauereimaschinen, Transmissionen, Aufbereitungsanlagen für Kohle, Erze und Müll, Hüttenanlagen, Zerkleine-

---

[37] Darüber hinaus werden veröffentlichte Quellen über die Vorgänge in anderen Industriezweigen und innerhalb des Reichsverbands der deutschen Industrie, insbes. die von Gerald D. Feldman und Heidrun Homburg *(Industrie und Inflation. Studien und Dokumente zur Politik der deutschen Unternehmer 1916–1923,* Hamburg 1977, S. 189–374) publizierten Dokumente herangezogen.

rungsmaschinen, Kessel, Eisenkonstruktionen, Transportanlagen, Lokomotiven und anderes mehr. 1924 band Peter Klöckner den Humboldt, die Motorenfabrik Deutz und die Motorenfabrik Oberursel in einer Interessengemeinschaft mit Gewinnausgleich zusammen; 1930 fusionierten die drei Unternehmen zur Humboldt-Deutzmotoren AG. – Die Fried. Krupp AG war 1812 gegründet worden. Sie hatte 1920 ca. 90000 Beschäftigte. Davon entfielen auf ihr Kernstück, die Gußstahlfabrik Essen, etwa 45000 Personen. Die Gußstahlfabrik hatte bis zum Ende des Ersten Weltkriegs neben Eisen-, Stahl- und Walzwerkserzeugnissen Kriegsmaterial hergestellt. Nach dem Verbot der Kriegsgüterherstellung aufgrund des Versailler Vertrages stellte die Gußstahlfabrik diesen Teil der Produktion auf Maschinenbauerzeugnisse und den Fahrzeugbau um; ihr Produktionsprogramm umfaßte daher in der Inflationszeit neben den traditionellen Stahl- und Walzwerkserzeugnissen (darunter auch: Schienen, Radsätze) Lokomotiven, Waggons, Feldbahnen, Dieselmotoren, Lastkraftwagen, Landmaschinen, Textilmaschinen, Papiermaschinen, Bagger, Milchschleudern, Registrierkassen und anderes. – Die Carl Schenck GmbH in Darmstadt war 1881 gegründet worden, hatte 1920 ca. 900 Beschäftigte und stellte Waagen, Auswuchtmaschinen, Werkstoffprüfmaschinen und Hebezeuge her.[38] Die Untersuchung erfaßt also kei-

[38] Über einige der genannten Verbände und Unternehmen sind historische Gesamtdarstellungen veröffentlicht worden; über andere existieren ungedruckte, interne Monographien. Zum *Verein Deutscher Maschinenbau-Anstalten* vgl. Theodor Eschenburg, *Politik und Industrieverbände seit der Gründung des VDMA*. Vortrag, gehalten am 10. 5. 1968 (Ms. *VDMA-Bibliothek*). Gerald D. Feldman/Ulrich Nocken, *Trade Associations and Economic Power: Interest Group Development in the German Iron and Steel and Machine Building Industries, 1900–1933,* in: *Business History Review,* 49 (1975), S. 413–444. Ein unveröffentlichtes, von Mitarbeitern des VDMA geschriebenes, dreibändiges Werk *Der deutsche Maschinenbau 1890–1945* befindet sich in der *VDMA-Bibliothek* in Frankfurt/M. – Zur *M.A.N.* vgl. Fritz Büchner, *Hundert Jahre Geschichte der Maschinenfabrik Augsburg-Nürnberg,* O. O., o. J. (1940). – Zur *Motorenfabrik Deutz* und auch zur *Maschinenbau-Anstalt Humboldt* vgl. Gustav Goldbeck, *Kraft für die Welt. 1864–1964 Klöckner-Humboldt-Deutz AG,* Düsseldorf-Wien 1964. Gustav Goldbeck, *Arnold Langen und die Motorenfabrik Deutz,* Köln 1963. Eine nicht veröffentlichte, vierbändige Geschichte des *Humboldt* von Erwin Gräsle befindet sich im *KHD-Archiv.* – Zu *Krupp* vgl. Wilhelm Berdrow, *Alfred Krupp und sein Geschlecht. Die Familie Krupp und ihr Werk von 1787–1940,* Berlin 1943. Gert von Klass, *Die Drei Ringe. Lebensgeschichte eines Industrieunternehmens,* Tübingen 1966. William R. Manchester, *Krupp – 12 Generationen,* München 1968. Bernt Engelmann, *Krupp. Die Geschichte eines Hauses – Legenden und Wirklichkeit,* München 1978. Für die Kriegs- und Nachkriegsjahre am informativsten ist eine ungedruckte, zweibändige Darstellung von Wilhelm Berdrow, *Die Firma*

nen der zahlreichen Kleinbetriebe und auch keine Betriebe ohne langjährige Geschäftstradition, aber doch einige Mittel- und Großbetriebe des Maschinenbaus unterschiedlichen Produktionsprogramms (und unterschiedlichen Spezialisierungsgrades); eine gewisse Streuung der Beobachtungsfälle ist damit gegeben.

Das Vorhaben der empirischen Prüfung der vorgestellten Theorien legt es nahe, die jeweils bedeutsamen empirischen Sachverhalte für jede Theorie getrennt darzustellen. Das hätte jedoch die mehrfache Wiederholung vieler dieser Sachverhalte notwendig gemacht. Zur Ausbreitung des empirischen Materials soll hier daher ein anderer Weg beschritten werden: Das gesamte verfügbare, zur Diskussion der vorgestellten Theorien erforderliche Material wird in zwei größeren Kapiteln zusammengefaßt; die für die Diskussion der einzelnen Theorien bedeutsamen empirischen Sachverhalte werden also jeweils nur einmal dargestellt. Das erste dieser größeren Kapitel (ZWEITES KAPITEL) beschreibt die Investitionen der Unternehmen und erörtert einige ihrer Bedingungen. Im DRITTEN KAPITEL des empirischen Teils wird die Frage erörtert, wie die Inflation in den Unternehmen bewertet wurde und inwiefern diese Bewertung Konsequenzen für die Einflußnahme der Unternehmen auf den Fortgang der Inflation hatte. Beide Kapitel können von demjenigen, der weniger an den theoretischen Fragen als ausschließlich an den Inflationsinvestitionen deutscher Unternehmen 1919 bis 1923 und/oder an Inflationsbewertung durch diese Unternehmen 1919 bis 1923 interessiert ist, auch für sich, also ohne den theoretischen Rahmen gelesen werden. Sie enthalten aber gleichzeitig die Beobachtungen zu den wichtigsten Sachverhalten, die in den vorgestellten Theorien (über Inflationswirkungen wie über Inflationsursachen) als Bedingungen oder Auswirkungen eine Rolle spielen. Für die Beurteilung der Theorien sind jeweils die Beobachtungen in mehreren Unterabschnitten der beiden Hauptkapitel von Bedeutung. So benötigt man zur Beurteilung der Geldnachfragetheorie fast alle Abschnitte des ZWEITEN KAPITELS und einige Abschnitte des DRITTEN KAPITELS, vor allem die über die inflationstheoretischen Vorstellungen in den Unternehmen (ABSCHNITT II.2) und über

---

Krupp im Weltkrieg und in der Nachkriegszeit, Bd. 1: *1914–1919,* Bd. 2: *1919–1926 (HA Krupp* FAH IV E 10). – Zu Schenck vgl. *Carl Schenck, anläßlich des 75. Jahrestages der Werksgründung,* Darmstadt 1956. Ausführlich und informativ über die Geschichte des Unternehmens unterrichtet die ungedruckte Darstellung von Emil Schenck, *Das Werk Carl Schenck (1881–1932/33),* 1945 (*Schenck-Archiv*).

die Beanspruchung des Devisenmarktes durch die Unternehmen (Abschnitt II.3.b); zur Beurteilung der Schuldner-Gläubiger-Hypothese vor allem den Abschnitt über die Schuldnergewinne (zweites Kapitel, Abschnitt II.4), aber auch die Abschnitte über den Investitionsumfang (zweites Kapitel, Abschnitt 1), die Preis- und Gewinnerwartungen (zweites Kapitel, Abschnitt II.2), die Geldnachfrage (zweites Kapitel, Abschnitt II.1) und die Preisbildung (zweites Kapitel, Abschnitt II.5 und zweites Kapitel, Abschnitt II.6); zur Beurteilung der Lohn-*lag*-Hypothese vor allem den Abschnitt über die Inlandspreisbildung (zweites Kapitel, Abschnitt II.5), aber auch die Abschnitte über den Investitionsumfang (zweites Kapitel, Abschnitt I), die Preiserwartungen (zweites Kapitel, Abschnitt II.2) und die erzielten Gewinne (zweites Kapitel, Abschnitt II.3); zur Beurteilung der Nachfrage- und Anbieterinflationstheorien vor allem die Abschnitte über die Preisbildung (zweites Kapitel, Abschnitt II.5 und zweites Kapitel, Abschnitt II.6), aber auch die Abschnitte über die Preiserwartungen (zweites Kapitel, Abschnitt II.2), die inflationstheoretischen Vorstellungen in den Unternehmen (drittes Kapitel, Abschnitt II.2) und den Übergang der Unternehmen von Fest- zu Gleitpreisen Ende 1921/Anfang 1922 (drittes Kapitel, Abschnitt II.3.c) und zur Beurteilung der ökonomischen Theorie der Politik vor allem das gesamte drittes Kapitel, aber auch das gesamte zweite Kapitel über Investitionsumfang und -bedingungen, da ohne die Kenntnis der Inflationswirkungen die Inflationsbewertung nicht erklärt, die Inflationsförderung durch die Unternehmen nur schwerer verständlich gemacht werden kann.

In einem abschließenden vierten Kapitel sollen die empirischen Beobachtungen zusammengefaßt und in ihrer Bedeutung für die vorgestellten Theorien diskutiert werden.

Eine Bemerkung zur Tiefe der hier unternommenen Erklärung von Investitionen, Gewinnen, Inflation und ähnlichem sowie zum Erkenntnisprogramm, dem diese Arbeit folgt, soll den Abschnitt über den Gang der Untersuchung abschließen: Es wird ständig davon die Rede sein, daß „Unternehmen" sich entscheiden, sich für oder gegen eine Sache aussprechen usw. In Wirklichkeit führen aber nicht „die Unternehmen", sondern die in ihnen oder in ihrem Auftrag tätigen Personen diese Handlungen aus. Die Belege, die für Entscheidungen und Stellungnahmen „der Unternehmen" angeführt werden, sind daher immer Entscheidungen und Stellungnahmen einzelner Personen. Die Quellen sind indessen zu spärlich, als daß die Entscheidungen und Stellungnahmen der in den Unternehmen maßgeblichen Personen in den hier erörterten Bereichen durchgängig beschrieben und gegeneinander abgesetzt oder gar erklärt werden könnten. Die Quellen enthalten meistens nur die Entscheidungen und Stellungnahmen einzelner und wechselnder Personen zu den jeweiligen Sachverhalten. Diese Entscheidungen und Stellungnahmen werden nicht aus den Zielen und aus den Vorstellungen der Handelnden über Angemessenheit und Verfügbarkeit der Mittel erklärt und sie werden als Entscheidungen und Stellungnahmen „der Unternehmen" ausgegeben. Die Quellenlage zwingt zu der Fiktion, als spräche aus den Entscheidungen und Stellungnahmen einzelner und wechselnder Personen jeweils „das Unternehmen". Gleichzeitig setzt sie dem forschungsleitenden Programm des methodologischen Individualismus, um dessen Anwendung sich auch diese Arbeit bemüht, Grenzen. Das Programm des methodologischen Individualismus beruht auf dem Gedanken, gesamtgesellschaftliche und -wirtschaftliche Vorgänge aus individuellem Verhalten zu erklären. Der konsequente Versuch, die gesamtwirtschaftlichen Investitionen, die Inflation und ähnliches aus dem Verhalten und weiter aus den Ziel- und Mittel-Überlegungen der handelnden Personen zu erklären, scheitert, wie betont, am Mangel an Quellen. Die vorliegende Arbeit folgt dem individualistischen Forschungsprogramm aber immerhin in zwei Punkten: in der undogmatischen Erörterung der in den diskutierten Theorien enthaltenen Verhaltensannahmen und in dem möglichst weitgehenden Rückgriff beim Versuch der Erklärung von Investitionen und Inflation, nämlich in dem Rückgriff zumindest auf die *Ebene* der Einzelunternehmen.[39]

---

[39] Zum methodologischen Individualismus als möglichem forschungsleitendem Programm der Firmengeschichte vgl. Dieter Lindenlaub, *Firmengeschichte*, in: W. Albers u. a. (Hrsg.), *Handwörterbuch der Wirtschaftswissenschaft*, Bd. 3, Stuttgart usw. 1980, S. 293–302. – Die Erklärung des Handelns von Unternehmen und Haushalten aus dem Verhalten der in den Unternehmen tätigen Individuen und die Erklärung des individuellen Verhaltens vor allem aus den gewährten individuellen Gratifikationen steht z. B. im Mittelpunkt des Buches von Harvey Leibenstein, *Beyond Economic Man. A New Foundation for Microeconomics*, Cambridge, Mass.-London 1976.

ZWEITES KAPITEL

Die Investitionen der Unternehmen in der Inflation 1919 bis 1923

I

Die Höhe und zeitliche Verteilung der Investitionen

1. Sachwertbesitz und Investitionen

In den 1920er Jahren wurde, insbesondere im betriebswirtschaftlichen Schrifttum, häufig die Auffassung vertreten, daß die Inflationsjahre 1919 bis 1923 eine investitionsschwache Zeit gewesen seien; Erneuerung und Erweiterung der Anlagen seien weit hinter dem Ausmaß der Vorkriegszeit zurückgeblieben.[1] Durchgesetzt hat sich indessen die auch schon damals vertretene entgegengesetzte Meinung von der investitionsfördernden Wirkung der deutschen Inflation[2]:

---

[1] Vgl. etwa Willi Prion, *Kreditpolitik. Aufsätze und Reden,* Berlin 1926, S. 45, 54. Henry Behnsen/Werner Genzmer, *Unzureichende Abschreibungen, Scheingewinne und Substanzverluste,* Leipzig 1929, S. 19, 65. Vgl. auch Fritz Schmidt, *Der Wiederbeschaffungspreis am Umsatztage in Kalkulation und Volkswirtschaft,* Berlin 1923, S. 22, 40, 46, 149 (relativ niedrige und dazu noch unrentable Investitionen). Fritz Naphtali, *Im Zeichen des Währungselendes. Das Wirtschaftsjahr 1922 und seine Lehren,* Frankfurt/M. 1923, S. 81. Felix Somary, *Diskussionsbeitrag in den Verhandlungen des Vereins für Sozialpolitik in Stuttgart 1924* (= Schriften des Vereins für Sozialpolitik, Bd. 170), Leipzig–München 1925, S. 246f.

[2] Vgl. etwa Frank D. Graham, *Exchange, Prices and Production in Hyperinflation: Germany, 1920–23,* New York 1930, S. 321. Costantino Bresciani-Turroni, *The Economics of Inflation. A Study of Currency Depreciation in Post-War Germany,* London 1937, S. 195–203, 282, 286. Karsten Laursen/Jørgen Pedersen, *The German Inflation,* Amsterdam 1964, S. 81–85, 94–98. Karl Hardach, *Wirtschaftsgeschichte Deutschlands im 20. Jahrhundert,* Göttingen 1976, S. 28–30. Claus-Dieter Krohn, *Stabilisierung und ökonomische Interessen. Die Finanzpolitik des Deutschen Reiches 1923–1927,* Düsseldorf 1974, S. 19–21. Fritz Blaich, *Die Wirtschaftskrise 1925/26 und die Reichsregierung. Von der Erwerbslosenfürsorge zur Konjunkturpolitik,* Kallmünz 1977, S. 25. Werner Abelshauser, *Inflation und Stabilisierung. Zum Problem ihrer makroökonomischen Auswirkungen*

Die Höhe und zeitliche Verteilung der Investitionen 25

Geldentwertung, hohe Gewinne und billige Kredite hätten die Unternehmen zu überdurchschnittlichen Investitionen, zur Verstärkung ihrer Sachanlagen veranlaßt und (damit) die Inhaber der Unternehmen, die „Sachwertbesitzer", begünstigt.[2a] Diese Angaben werden nur selten spezifiziert: So schreibt K. Hardach, daß die Investitionen weit über den aufgestauten Instandhaltungs- und Ersatzbedarf hinausgegangen seien. Abelshauser und Petzina nehmen an, daß in den Inflationsjahren der industrielle Kapitalstock sich erheblich vergrößert habe. Und K. Laursen/J. Pedersen vermuten, daß die realen Investitionen der Inflationsjahre nicht unter denen des Jahres 1913 lagen.[3] Strittig ist vor allem, ob die Inflationsinvestitionen die Ertragskraft der Unternehmen gestärkt haben oder zum großen Teil „Fehlinvestitionen" gewesen sind. F. D. Graham und K. Laursen/J. Pedersen neigen der ersten, die meisten anderen genannten Autoren und auch ein großer Teil der deutschen Fachliteratur der 1920er und 1930er Jahre[4]

---

auf die Rekonstruktion der deutschen Wirtschaft nach dem Ersten Weltkrieg, in: Otto Büsch/Gerald D. Feldman (Hrsg.), *Historische Prozesse der deutschen Inflation. Ein Tagungsbericht,* Berlin 1978, S. 170–173. Dietmar Petzina, *Staatliche Ausgaben und deren Umverteilungswirkungen – das Beispiel der Industrie- und Agrarsubventionen in der Weimarer Republik,* in: Fritz Blaich (Hrsg.), *Staatliche Umverteilungspolitik in historischer Perspektive. Beiträge zur Entwicklung des Staatsinterventionismus in Deutschland und Österreich,* Berlin 1980, S. 62–64. Werner Abelshauser/Dietmar Petzina, *Krise und Rekonstruktion. Zur Interpretation der gesamtwirtschaftlichen Entwicklung im 20. Jahrhundert,* in: Werner Abelshauser/Dietmar Petzina (Hrsg.), *Deutsche Wirtschaftspolitik im Industriezeitalter. Konjunktur, Krise, Wachstum,* Königstein 1981, S. 62f. Knut Borchardt, *Die Erfahrungen mit Inflationen,* in: Johannes Schlemmer (Hrsg.), *Enteignung durch Inflation? Fragen der Geldwertstabilität,* München 1972, S. 13f.; vgl. dazu aber Borchardts späteres, viel vorsichtigeres Urteil (Inflationsinvestitionen unbekannt!) in: *Wachstum und Wechsellagen 1914–1970,* in: Wolfgang Zorn (Hrsg.), *Handbuch der deutschen Wirtschafts- und Sozialgeschichte,* Bd. 2, Stuttgart 1976, S. 700f. Carl-Ludwig Holtfrerich, *Die deutsche Inflation 1914–1923,* Berlin–New York 1980, S. 202, 279, 281.

[2a] Vgl. etwa: C. Bresciani-Turroni, *The Economics...,* S. 286. Dietmar Petzina, *Die deutsche Wirtschaft in der Zwischenkriegszeit,* Wiesbaden 1977, S. 83. C.-D. Krohn, *Stabilisierung...,* S. 20. K. Hardach, *Wirtschaftsgeschichte...,* S. 28.

[3] K. Hardach, *Wirtschaftsgeschichte...,* S. 28. W. Abelshauser/D. Petzina, *Krise und Rekonstruktion...,* S. 62f. K. Laursen/J. Pedersen, *The German Inflation...,* S. 98. Carl-Ludwig Holtfrerich (*Die deutsche Inflation...,* S. 202) meint, daß die deutsche Investitionsgüterindustrie während der Inflation in Größenordnungen hineingewachsen sei, die in Relation zum Sozialprodukt denen „normaler" Wachstumsperioden wie vor dem Ersten und nach dem Zweiten Weltkrieg vergleichbar gewesen seien.

[4] Vgl. etwa aus der betriebswirtschaftlichen Literatur: Walter Mannheimer, *Die Sanierung. Ein Handbuch für die Praxis,* Berlin 1924, S. 167. Willi Prion in einer späteren Arbeit: *Kapital und Betrieb. Finanzierungsfragen der deutschen Wirtschaft,* Leipzig 1929,

der zweiten Auffassung zu; gerade auch der hier speziell interessierenden Maschinenindustrie wurden hohe, inflationsbedingte Fehlinvestitionen zugeschrieben.[5]

Wie sind die genannten Ansichten belegt, wie kann man sie prüfen, inwieweit treffen sie zu? Zunächst ist es zweckmäßig, zwischen der Entwicklung des Besitzes an den Sachwerten und der Entwicklung der Sachwerte selbst (in Gestalt der Sachanlagen oder Sachanlageinvestitionen), also zwischen der Aufbringung, Höhe und Verteilung einerseits und der Verwendung eines Teils des Unternehmenskapitals andererseits zu unterscheiden. Die Entwicklung der Besitzverhältnisse an den industriellen „Sachwerten" könnte anhand der Entwicklung des Aktienbesitzes bei einer größeren Anzahl von Aktiengesellschaften untersucht werden. Hier kann sie – anhand von Überlegungen zu Aktiengesellschaften, die 1914 schon und 1924 noch bestanden – nur kurz gestreift werden: Zunächst hat die *Gesamtheit* der Aktienbesitzer 1914 bis 1923 ebenfalls Geld verloren, wenn auch nicht in dem Maße wie die Besitzer von Obligationen und Hypothekenbriefen, die 1924 bei der Aufwertung mindestens 85 % ihrer Goldeinzahlungen einbüßten.[6] Nach den Erhebungen des Statistischen Reichsamts[7] wiesen 3347 Aktiengesellschaften in den Goldmarkeröffnungsbilanzen (GEBen) 1924 ein gegenüber dem letzten Vorkriegsjahr nur wenig (auf 93,4 %) gesunkenes Aktienkapital aus. Da aber die Unternehmen 1914 bis 1923 insgesamt erhebliche Kapitalerhöhungen vorgenommen hatten und diese „Papiermarkbeträge" gleichberechtigt mit dem Vorkriegsaktienkapital zum Nennwert an der Zusammenlegung des Papiermark-

---

S. 11, 39. Wilhelm Hasenack, *Unternehmertum und Wirtschaftslähmung*, Berlin 1932, S. 157–165. Julius Stern, *Inflationserscheinungen auf dem Gebiete der Gründungen, Umwandlungen und Kapitalerhöhungen*, Diss. Köln 1926, S. 25.

[5] Vgl. die Urteile innerhalb des Vereins Deutscher Maschinenbauanstalten selbst wie auch in der von diesem unabhängigen Literatur über die Maschinenindustrie: *Das Mißverhältnis zwischen Produktion und Produktionskapazität in der Maschinenindustrie*, in: Maschinenbau/Wirtschaft, 8 (1929), H. 14 vom 18. 7. 1929, S. 157. Albert Hesse, *Die wirtschaftliche Lage und Entwicklung der deutschen Maschinenindustrie seit der Stabilisierung*, Köln 1930, S. 77, 84–86. Kurt Willi Heptig, *Konjunktur und deutscher Maschinenbau*, Würzburg 1935, S. 49. – Die Beziehungen zwischen Inflation und „Fehlinvestitionen" können hier nicht erörtert werden; ich möchte ihnen in einer späteren Arbeit nachgehen.

[6] Zur Aufwertung der Geldforderungen vgl. jetzt: C.-L. Holtfrerich, *Die deutsche Inflation...*, S. 315–327.

[7] *Die Reichsmarkumstellung der Aktiengesellschaften nach den Eintragungen bis September 1925*, in: Statistisches Reichsamt, *Wirtschaft und Statistik*, 5 (1925), S. 769f.

zum Goldmarkkapital in der GEB teilnahmen, mußte das in der GEB ausgewiesene Aktienkapital auf viel mehr Anteile als 1914 verteilt werden. Die durchschnittliche Wertminderung der eingezahlten Aktiengegenwerte gegenüber der Vorkriegszeit läßt sich feststellen, indem die Summe des Vorkriegsaktienkapitals und der Goldmarkerlöse aus den Kapitalerhöhungen 1914 bis 1923 (also nicht nur, wie in den Untersuchungen des Statistischen Reichsamts, das Vorkriegskapital allein) mit dem Aktienkapital der GEB verglichen wird. Dies ist in repräsentativer Weise noch nicht geschehen. Aron[8] berechnete bei 1006 an der Berliner Börse notierten Aktiengesellschaften die Goldmarkerlöse aus Kapitalerhöhungen allein für die Jahre 1919 bis 1923 auf 32% des Aktienkapitals dieser Gesellschaften am 31. Dezember 1918. Schon daraus ergäbe sich für die in der GEB zusammengelegten Aktien ein durchschnittlicher Verlust gegenüber der Vorkriegszeit von etwa 30%; bei Berücksichtigung der erheblichen Kapitalerhöhungen im Kriege dürfte er höher ausfallen.

Die Gesamtbetrachtung verdeckt aber die unterschiedlichen Wirkungen, welche die Inflation auf den vor dem (und im) Kriege und den 1919 bis 1923 erworbenen Aktienbesitz ausübte. Altaktienbesitzer waren (sofern ihr Unternehmen das Kapital 1914 bis 1924 erhöht hatte und/oder das Nominalkapital in der GEB zusammenlegen mußte) – oft hohe – Verlierer, Aktienkäufer der Jahre 1919 bis 1923 häufig Gewinner der Inflation. Diese unterschiedliche Wirkung wurde einmal dadurch verursacht, daß die Aktienkurse der Markentwertung bei weitem nicht folgten; so lag der Aktienindex in Gold (1913 = 100) für die verarbeitende Industrie von September 1920 bis August 1923 meist unter 20, 1922/23 häufig unter 10.[9] Die Gutehoffnungshütte etwa erwarb im Januar 1923 die Aktienmehrheit der Zahnräderfabrik Renk (Augsburg) zum Kurs von 25 000%, das heißt zu einem Zehntel des Goldwertes, wenn man einen Friedenskurs von 100% und den Großhandelsindex von Januar 1923 zugrunde legt; das war ein Preis, den der Vermittler, der Vorstandsvorsitzende der M.A.N., Richard Buz, als „spottbillig" bezeichnete.[10] Reichsbankpräsident Havenstein rechnete im September 1922 vor, daß das Kapital der deutschen Aktiengesellschaften 1914 einen Nennwert von GM 17

---

[8] Arno Aron, *Die Kapitalveränderungen deutscher Aktiengesellschaften nach dem Kriege*, Jena 1927, S. 28–31.
[9] Vgl. *Statistisches Jahrbuch für das Deutsche Reich*, 44 (1924/25), S. 322.
[10] Schreiben R. Buz an P. Reusch, 16. 1. 1923 (*HA/GHH* 300193010/9).

Mrd. und einen Kurswert von GM 25 Mrd., 1922 aber einen Nennwert von PM 75 Mrd. und einen Kurswert von GM 2 Mrd. hatte. US $ 700 Mio. würden also genügen, um sämtliche deutsche Aktiengesellschaften aufzukaufen; allein das Aktienkapital der General Steel Co. betrage dagegen US $ 1 Mrd.[11] Zum anderen beruhte der Wirkungsunterschied auf dem schon erwähnten Umstand, daß bei der Umstellung des Aktienkapitals in den Goldmarkeröffnungsbilanzen alle Aktien, ohne Rücksicht auf ihre unterschiedlichen Einzahlungsgegenwerte in Goldmark, gleich behandelt wurden; die Umstellung des Aktienkapitals in den Goldmarkeröffnungsbilanzen folgte (im Unterschied zur Aufwertung der Obligationen und Hypotheken) dem Mark = Mark-Prinzip und sanktionierte die durch die Inflation geschaffenen Besitzverhältnisse.

Der Altaktionär verlor sein Kapital in dem Verhältnis, in dem die bis Ende 1923 angesammelten Aktienkapitalnennwerte in der GEB zusammengelegt wurden. Wurden die Nennwerte im Verhältnis 7:1 und höher – wie das bei vielen Gesellschaften der Fall war[12] – zusammengelegt, so war der Verlust schon so groß wie beziehungsweise größer als der Verlust des Anleihezeichners und Pfandbriefbesitzers. Darüber hinaus hatten die Aktien gegenüber der Vorkriegszeit an Ertragskraft verloren: Die Berliner Börsenkurse der deutschen Aktiengesellschaften standen auch in den besten Weimarer Jahren (1926–1929) durchschnittlich um 20 % unter denen von 1905 bis 1913, die Dividenden blieben durchschnittlich um 28 % zurück.[13] Die Anleger der Infla-

---

[11] Sitzung des Reichsbankkuratoriums vom 26. 9. 1922. Abgedruckt in: *Die Kabinette Wirth I und II*, bearbeitet von Ingrid Schulze-Bidlingmaier (= Akten der Reichskanzlei. Weimarer Republik, hrsg. von Karl Dietrich Erdmann und Wolfgang Mommsen), Bd. 2, Boppard 1973, S. 1104–1108, hier S. 1107f. – Zur Entwicklung der Aktienkurse in der Inflation vgl. auch C. Bresciani-Turroni, *The Economics of Inflation...*, S. 252–274, 314–317.

[12] Vgl. etwa die Aufstellungen bei W. Mannheimer, *Die Sanierung...*, S. 274–279. R. Ahrens, *Die deutsche Landmaschinenindustrie, ihre Entwicklung und ihre heutige Lage*, Greifswald 1926, S. 110.

[13] Dies ergeben die Aufstellungen über Aktienkurse und Dividenden inländischer Gesellschaften in: Deutsche Bundesbank (Hrsg.), *Deutsches Geld- und Bankwesen in Zahlen 1876–1975*, Frankfurt/M. 1976, S. 294. Albrecht Oeser (*Kapital und Ertrag im deutschen Maschinenbau*, in: *Wirtschaftshefte der Frankfurter Zeitung*, Nr. 4, o.J. [1927], S. 9f.) errechnete für 35 Spezialfabriken des Maschinenbaus noch höhere Unterschiede: Durchschnittlicher Börsenkurs 1913/14 198 %, 9. 11. 1927 100 %; durchschnittliche Dividende 1913/14 11,5 %, 1925/26 3,8 %, 1926/27 3,4 %. Die M.A.N. zahlte 1910/11–1913/14 durchschnittlich 16,1 %, 1924/25–1928/29 durchschnittlich 3,4 % Di-

tionszeit hingegen kauften alte und neue Aktien zu einem Bruchteil ihres Vorkriegs(= Gold)wertes. Sie zählten zu den Inflationsgewinnern, wenn der Quotient aus Nennwert und eingezahltem Goldwert der Aktie größer war als der Quotient aus dem PM-Kapital vor Ziehung der GEB und dem umgestellten GEB-Kapital (also als das Zusammenlegungsverhältnis bei Aufstellung der GEB); der Gesamtumfang dieser Inflationsgewinne (und im umgekehrten Falle Inflationsverluste) ist eine offene Forschungsfrage.

TABELLE 1 illustriert die genannten Sachverhalte anhand der Entwicklung des Kapitalbesitzes bei fünf Maschinenbauunternehmen:[14] Der gesamte Besitzverlust bei jeder Gesellschaft ist, wie der Vergleich der (bis 1923) insgesamt eingezahlten Goldgegenwerte der Aktien (Spalte 5) mit dem zusammengelegten GEB-Kapital (Spalte 1) zeigt, größer, als dies aus einem Vergleich des Vorkriegs- und GEB-Kapitals (vgl. Spalten 1 und 2) zu ersehen wäre. Der Anteil der Altaktien an den insgesamt bis 1923 eingezahlten Goldwerten blieb hoch (immer über 60%; siehe Spalte 6); der Anteil der Altaktien am PM-Kapital (Ende 1923) und damit (da Alt- und Neuaktien bei der Umstellung gleich behandelt wurden) am zusammengelegten GEB-Aktienkapital (Spalte 3) sank hingegen (Krupp ausgenommen) unter 50%, bei Esslingen auf unter 10%. Die Mehrheit des PM-Aktienkapitals 1923 und des GEB-Aktienkapitals 1924 entfiel (Krupp ausgenommen) bei verhältnismäßig geringfügigen eingezahlten Goldgegenwerten (Spalte 6) jeweils auf die nach 1919/20 ausgegebenen Aktien. Auf diese Aktien entfiel im GEB-Aktienkapital ein RM-Betrag (Spalte 4), der höher war als der auf die Aktie eingezahlte Goldmark-Betrag (Spalte 5). Das Beispiel Esslingen (Kapitalerhöhung 1920/21) zeigt aber auch, daß

---

vidende. – William Guttmann/Patricia Meehan (*The Great Inflation. Germany 1919–23*, Westmead 1975, S. 151) beachten bei ihrer Beurteilung der Entwicklung des Aktienbesitzes in der Inflationszeit die Verluste der Vorkriegs-Aktienbesitzer nicht, die aus der Zusammenlegung der Aktien 1924 und der dabei praktizierten Gleichbehandlung der Altbesitzer und Inflationskäufer sowie aus der gegenüber der Vorkriegszeit gesunkenen Ertragskraft der Aktien nach 1924 resultierten. Vielmehr erblicken sie den Verlust der Altbesitzer ausschließlich in der gegenüber der Vorkriegsmark geringeren Kaufkraft der Rentenmark 1924. Der nominelle Aktienbesitz wird (sofern in der Inflation keine Verkäufe stattfanden) offenbar als erhalten vorausgesetzt, ebenso die nominelle Ertragskraft der Aktien.

[14] In der Tabelle ist die Carl Schenck GmbH nicht aufgeführt; sie hat als einzige unter den in dieser Untersuchung behandelten Unternehmen ihr Kapital weder 1914–23 erhöht noch in der GEB 1924 zusammengelegt; der Altbesitz an GmbH-Anteilen ist also in diesem Falle voll erhalten geblieben.

diese Inflationsgewinne wegfielen, wenn das PM-Aktienkapital in der GEB so stark zusammengelegt wurde, daß der Börsenkurs am Einzahlungstag der Aktien kompensiert wurde; auch das war sicher häufig der Fall.[15]

Die Feststellung, daß sich der Besitz an den Aktiengesellschaften in der Inflation umgeschichtet hat, sagt noch nichts über die an diesem Vorgang beteiligten Personengruppen. Es dürfte schwer sein, die personelle Veränderung der Besitzverhältnisse zahlenmäßig festzulegen. Einerseits wurde in vielen Aktiengesellschaften ein großer Teil der neuen Aktien – auch zur Verhinderung der „Überfremdung" (das heißt der Besitzverlagerung in das Ausland) – den Altaktienbesitzern angeboten und von diesen auch erworben. Andererseits wurde die Unternehmenskonzentration der Inflationszeit zu einem großen Teil durch die geschilderten Umstände (sinkende Börsenkurse in Goldmark und Mark = Mark-Prinzip bei der Feststellung des Aktienkapitals) ermöglicht; hoher Goldmarkbeträge und damit Gewinne der erwerbenden Gesellschaften bedurfte es dazu nicht. Von den hier untersuchten Unternehmen kamen die M.A.N., Esslingen und Deutz 1916 bis 1922 in den Mehrheitsbesitz der Gutehoffnungshütte (GHH) beziehungsweise der Klöckner-Gruppe; Esslingen rechnete 1924 aus, daß die GHH Ende 1923 mit 50% am Nominalkapital, aber nur mit 22,6% an den eingezahlten Goldwerten beteiligt war.[16]

2. Die Höhe der Investitionen

Die vorstehenden kursorischen Bemerkungen ziehen die These von der allgemeinen Begünstigung des Sachwertbesitzes durch die Inflation 1919 bis 1923 stark in Zweifel. Sie erschütterten aber nicht die hier vor allem zur Diskussion stehende These, daß die Inflation die Investitionen in Sachanlagen gefördert habe. Wie läßt sich diese These prüfen, wie wird sie in der Literatur belegt? Am ehesten ließe sich die relative Vorteilhaftigkeit der Inflation für die Investitionen durch einen Vergleich der Investitionsaufwendungen in den Inflationsjahren (1919–1923) und Nichtinflationsjahren (zum Beispiel 1909–1913, 1924–1928) feststellen. Dieser Vergleich ist jedoch schwierig, da Zahlen der Inflationsinvestitionen weder für die Ge-

---

[15] Vgl. die in Anm. 12 auf S. 28 angegebene Literatur.
[16] Neufestsetzung des Aktienkapitals. Berichte für Direktor Dr. L. Kessler auf den 1. 1. 1924 (Goldmark-Eröffnungsbilanz). *ME-Archiv* in *Daimler-Archiv*.

samtwirtschaft noch für einzelne Industriebranchen vorliegen.[17] Die Literatur behilft sich daher mit einigen Hilfsindikatoren, die aber einer Reihe von Einwänden ausgesetzt sind:

1. Als Beleg für die starke Investitionstätigkeit in der Inflation wird zuweilen eine relative Verlagerung der Produktion von der Konsumgüter- zur Produktions- und Investitionsgüterindustrie angeführt.[18] Aber einmal fehlen Produktionsziffern für die einzelnen Branchen; die relative Zunahme der Beschäftigtenzahlen in den investitionsgüternahen Industriezweigen[19] ist ein problematischer Indikator, da er – in diesem Falle bedeutsame – Produktivitätsänderungen nicht berücksichtigt. Zum anderen unterrichtet die Investitionsgüterproduktion nicht gleichzeitig über die inländischen Sachanlageinvestitionen, da ihr Exportanteil ungewiß ist.[20]

2. Problematisch ist es auch, von einer etwaigen Produktionssteigerung in der Inflation ohne weiteres auf Anlagenerweiterung und damit Kapazitätsausbau der produzierenden Firma oder Branche zu schließen.[21] Es ist gut möglich, daß die erhöhte Produktion lediglich zu einer besseren Auslastung der alten Kapazitäten führte. So hat die deutsche Lokomotivindustrie (Inlandsverkäufe und Exporte zusammengenommen) im Jahresdurchschnitt 1920 bis 1923 zwar etwa 20%

---

[17] Zahlenreihen, die auf die Höhe der jährlichen Investitionen schließen lassen, liegen fast ausschließlich für den Verkehrssektor vor: Die deutsche Werftindustrie baute, vor allem für den Wiederaufbau der deutschen Handelsflotte, 1919–23 durchschnittlich 34% Schiffe mehr als 1909–13 (vgl. W. Abelshauser, *Inflation und Stabilisierung...*, S. 172). Die Deutsche Reichsbahngesellschaft bzw. deren Vorgänger beschafften 1919–23 im Jahresdurchschnitt um ein Drittel Dampflokomotiven mehr als 1910–13 (vgl. Wilhelm Utermann, *Der Lokomotivbedarf der Deutschen Reichsbahn-Gesellschaft. Ein Beitrag zur Krise in der Lokomotivindustrie*, in: Maschinenbau/Wirtschaft, Bd. 8, H. 8 vom 18. 4. 1929, S. 87); die durchschnittliche Mehrbeschaffung 1919–23 gegenüber 1909–13 von 80%, die sich aus den Angaben bei Abelshauser (a.a.O., S. 172) ergibt, dürfte nicht korrekt sein, da ihr offenbar Angaben nur über die Anschaffung der 1926 in Betrieb befindlichen, nicht aber Angaben über alle jeweils angeschafften (z.T. schon wieder ausgemusterten) Lokomotiven zugrunde liegen; dadurch fallen die Angaben über die Neuanschaffungen 1909–13 um ein Drittel zu niedrig aus.
[18] Vgl. etwa C. Bresciani-Turroni, *The Economics...*, S. 192–201.
[19] W. Abelshauser, *Inflation und Stabilisierung...*, S. 170.
[20] Vgl. zu diesem Einwand auch: Peter Czada, *Große Inflation und Wirtschaftswachstum*, in: Hans Mommsen/Dietmar Petzina/Bernd Weisbrod (Hrsg.), *Industrielles System und politische Entwicklung in der Weimarer Republik*, Düsseldorf 1974, S. 391.
[21] Vgl. P. Czada, *Große Inflation...*, S. 391.

mehr Lokomotiven hergestellt als 1910 bis 1913;[22] aber die Vorkriegskapazität der Lokomotivfabriken (ca. 3750 Lokomotiven pro Jahr) war bereits so hoch, daß sie auch durch die erhöhte Produktion der ersten Nachkriegsjahre nur zu ca. 61% ausgelastet worden wäre.[23]

3. Häufiger wird die erhöhte Investitionstätigkeit in der Inflation mit Zahlen belegt, aus denen hervorgeht, daß sich die Produktionskapazität oder der Mechanisierungsgrad einer Branche in einem bestimmten Nachkriegs- gegenüber einem bestimmten Vorkriegsjahr erhöht hat.[24] So wurde die Produktionskapazität im Schiffbau in Krieg und Inflation verdoppelt, in der Eisen- und Stahlindustrie um 25%,[25] in der Maschinenbauindustrie um 24%,[26] im Waggonbau um 167%[27] erhöht. In der Landwirtschaft stieg der Mechanisierungsgrad 1906/07 bis 1924/25 erheblich, im Kohlenbergbau wurde der Anteil der maschinell geförderten Kohle von 2% auf 66% gesteigert.[28] Alle diese Punktvergleiche lassen aber nicht nur die Verteilung der gesamten jeweiligen Anlagenerweiterung auf die einzelnen Kriegs- und Nachkriegsjahre offen; sie sagen auch nichts über die jährlichen Anlageerweiterungen vor dem Kriege und lassen daher ein Urteil über die relative Vorteilhaftigkeit verschiedener Perioden für die Investitionen nicht zu.[29] Darüber hinaus wird die Investitionstätigkeit durch die Ka-

---

[22] Berechnet nach Angaben in: W. Utermann, *Der Lokomotivbedarf...*, S. 87. J. Kirchner, *Die Entwicklung der deutschen Ausfuhr in Lokomotiven und der Weltmarkt,* in: *Maschinenbau/Wirtschaft,* 3 (1923/24), H. 24 vom 22. 9. 1924, S. 187.

[23] Aufgrund der Produktionsangaben bei Utermann und Kirchner sowie der Kapazitätsschätzungen des Hanomag-Direktors Baurat Metzeltin berechnet. Vgl. Baurat Metzeltin, *Leistungsfähigkeit der deutschen Lokomotivfabriken. Gutachten vom 27. 7. 1918* (M.A.N. WA Nürnberg 116.II). Im Kriege war die Jahreskapazität der deutschen Lokomotivfabriken von 3750 auf mindestens 5101 Lokomotiven erweitert worden; die neue Kapazität (Mitte 1918) wurden also durch die durchschnittliche Jahresproduktion 1920-23 von ca. 2300 Lokomotiven nur zu 45% ausgelastet.

[24] Vgl. C. Bresciani-Turroni, *The Economics...,* S. 198. W. Abelshauser, *Inflation und Stabilisierung...,* S. 171 f.

[25] C. Bresciani-Turroni, a.a.O., S. 198.

[26] Verein Deutscher Maschinenbau-Anstalten, *Denkschrift über die Maschinenindustrie der Welt,* Berlin 1926, S. 18.

[27] Nach den Schätzungen von Gerhard Kreyssig, *Die deutsche Waggonindustrie,* in: *Der Waggon- und Lokomotivbau,* 13. Jg., Nr. 7 vom 10. 4. 1930. Zitiert nach: G. Zahn, *Kapitalfehlleitungen in der deutschen Waggon-Industrie,* Diss. Köln 1930, S. 41, 90, 108.

[28] W. Abelshauser, *Inflation und Stabilisierung...,* S. 171 f.

[29] Man kann die Kapazitätsentwicklung im inflationierenden Deutschland auch mit der des nicht inflationierenden Auslands vergleichen. Ein Vergleich ergab z. B., daß die Produktionskapazität der Maschinenindustrie der USA und Großbritanniens 1913-25

pazitätsentwicklung nicht hinreichend dargestellt; so können die Gesamtinvestitionen bei umfangreichen Anlagenerweiterungen, aber geringen Ersatzinvestitionen, verhältnismäßig niedrig sein, und umgekehrt.

4. Abelshauser und Petzina führen zum Beweis für die Investitionsstärke der Inflationsjahre an, daß die Zahl der gewerblichen Neubauten im Durchschnitt der Jahre 1920 bis 1923 um ein Drittel höher als die des Jahres 1913 gelegen hätte.[30] Ein Blick in die zugrunde gelegten Quellen weckt indessen Zweifel an der Vertrauenswürdigkeit dieses Indikators, und zwar auch abgesehen davon, daß die Inflationsjahre mit einem einzigen Jahr der Vorkriegszeit verglichen werden. Die Autoren gewinnen ihr Ergebnis, indem sie von der Zahl der Neubauten insgesamt die Zahl der neugebauten Wohngebäude abziehen. Die Differenz gilt als Zahl der neuerstellten gewerblichen Bauten. Die Zahl der Neubauten insgesamt und der neuerstellten Wohngebäude ist per Fragebogen vom Statistischen Reichsamt erhoben worden. Zahlen, welche das Jahr 1913 sowie die Inflationsjahre umfassen, liegen für 31 Städte mit mehr als 50 000 Einwohnern vor.[31] Das Problem ist, daß die Zahl der Nicht-Wohngebäude, von Abelshauser und Petzina als Zahl der gewerblichen Bauten angegeben, in unbekannter Zusammensetzung öffentliche und private Bauten, landwirtschaftliche und gewerbliche Gebäude, Kaufläden und Industriebauten, Schuppen und Werkhallen, Scheunen und Bürogebäude etc. enthält. Die Reichsstatistik, die ihr besonderes Augenmerk auf die differenzierte Erfassung der Wohngebäude richtete, sagt nichts über Größe, Wert und Zweckbestimmung der Nicht-Wohnbauten. Daß dies jeden Vergleich erschwert beziehungsweise verhindert, hat schon das Statistische Reichsamt betont.[32] Dazu kommt, daß die einzelnen Städte bei Ausfüllung des Fragebogens der Nennung der Neubauten offenbar ganz verschiedene Maßstäbe zugrunde legten. Anders dürfte es kaum zu

weit stärker (nämlich um 67% bzw. 44%) gestiegen war als die Deutschlands (24%). Vgl. Verein Deutscher Maschinenbau-Anstalten, *Denkschrift...*, S. 18.

[30] W. Abelshauser, *Inflation und Stabilisierung...*, S. 172. D. Petzina, *Staatliche Ausgaben...*, S. 62f. W. Abelshauser/D. Petzina, *Krise...*, S. 62f.

[31] Vgl. Statistisches Reichsamt (Hrsg.), *Statistisches Jahrbuch für das Deutsche Reich*, 42. Jg. (1921/22), Berlin 1922, S. 95; 43. Jg. (1923), Berlin 1923, S. 73; 44. Jg. (1924/25), Berlin 1925, S. 103. Statistisches Reichsamt (Hrsg.), *Vierteljahreshefte zur Statistik des Deutschen Reiches*, 1922, I; 1924, I; 1925, I.

[32] *Bautätigkeit im Deutschen Reich in den Jahren 1919 bis 1924*, in: *Vierteljahreshefte zur Statistik des Deutschen Reiches*, 34. Jg. (1925), H. 4, Berlin 1926, S. 94.

erklären sein, daß 1922 etwa Dresden 4, aber Halle 206, Magdeburg 3, aber Königsberg 138, Frankfurt/M. 4, aber Düsseldorf 320, München 55, aber Nürnberg 464 Nicht-Wohngebäude als Neubauten auswiesen; es dürfte wenig sinnvoll sein, diese Zahlen zusammenzuzählen und aus ihnen Durchschnitte zu bilden. Die unbekannte Zusammensetzung der neugebauten Nicht-Wohngebäude (auch unter der Annahme gleicher Erhebungsmaßstäbe) und die offenbar von Stadt zu Stadt verschiedenen Erhebungsmaßstäbe machen die reichsamtliche Statistik der Bautätigkeit wohl zu einem ungeeigneten Indikator für die Investitionen der Industrie in gewerbliche Neubauten.

5. Verschiedene Autoren folgern aus dem Vergleich der letzten Vorkriegsbilanz mit der schon erwähnten Goldmarkeröffnungsbilanz (1924) deutscher Unternehmen, daß das Sachvermögen der deutschen Industrieunternehmen in den Jahren 1913 bis 1924 gestiegen ist.[33] Die Goldmarkeröffnungsbilanzen schienen für einen Vergleich mit den Vorkriegsbilanzen gut geeignet und damit die Vermögens- und Kapitalentwicklung der Unternehmen zutreffend wiederzugeben: Der Gesetzgeber hatte die Aufstellung von Goldmarkeröffnungsbilanzen angeordnet, um der öffentlichen Hand, dem Kapital anlegenden Publikum und den Unternehmen selbst wieder ein zutreffendes Urteil über Vermögen und Erfolg, Steuerleistungs- und Dividendenausschüttungsfähigkeit zu ermöglichen; zu diesem Zwecke sollten die Werte unterschiedlichster Kaufkraft, aus denen die Positionen der Inflationsbilanzen zusammengesetzt waren, ganz oder annähernd in Friedens(=Goldmark)werte umgerechnet werden.[34] Das Statistische Reichsamt verglich nun die letzte Vorkriegs- und die Goldmarkeröffnungsbilanzen von 3347 Aktiengesellschaften und stellte fest, daß 1924 das Aktienkapital aller Wirtschaftszweige durchschnittlich auf 93,4% des Wertes von 1913 gesunken war; die Differenzierung nach Wirtschaftszweigen und Branchen zeigte aber, daß Handel, Verkehr, Banken und Versicherungen überdurchschnittlich verloren hatten, während das Aktienkapital in der Industrie – zum Teil erheblich – gestiegen war (in der Nahrungs- und Genußmittelindustrie um 112,1%, in der Großeisenindustrie um 13,4%, in der Textilindustrie um 24,5%,

---

[33] C. Bresciani-Turroni, *The Economics...*, S. 277–282. C.-D. Krohn, *Stabilisierung...*, S. 21.
[34] Die Literatur zur Aufstellung der Goldmarkeröffnungsbilanzen ist zahlreich. Z.B. Wilhelm Kalveram, *Goldmarkbilanzierung und Kapitalumstellung als Grundlage künftiger Bilanzgestaltung*, Berlin–Wien 1925.

im Maschinenbau um 25,5%, im Bergbau um 35,9% usw.[35] Diese Statistik wurde die Grundlage der angeführten Urteile über die Sachvermögensentwicklung 1914 bis 1923. Der Nachteil, daß sie nur die Entwicklung der Passiva, nicht auch die der Aktiva (das heißt auch: der Sachanlagen selbst) darstellt, läßt sich durch eine Erweiterung der Untersuchung beheben: Entsprechende Berechnungen sind auch für einzelne Branchen angestellt worden: So wurde in den Goldmarkeröffnungsbilanzen von 110 Maschinenbau-Aktiengesellschaften das Sachanlagevermögen um 16% (das Aktienkapital hingegen um 44%) höher ausgewiesen als 1913;[36] im Waggonbau stieg laut Goldmarkeröffnungsbilanz das Sachanlagevermögen 1913 bis 1924 um 52,4% (das Aktienkapital hingegen um 122%).[37] Die Beurteilung der Inflationswirkungen auf die Vermögens- und Kapitalentwicklung der Unternehmen aus dem Vergleich der Vorkriegs- mit den Goldmarkeröffnungsbilanzen ist jedoch aus anderen Gründen problematisch. Es sind gegen sie vor allem drei Einwände zu machen, zwei quellenkritische und ein grundsätzlicher methodischer:

a) Während die Goldmarkeröffnungsbilanzen (also die erste Vergleichsgröße) dem Aktionär genaue Angaben über die künftig auf ihn entfallenden Kapitalanteile machten, gaben sie nur eine sehr willkürliche und uneinheitliche Auskunft über die Vermögenswerte der Unternehmen: In den Goldmarkeröffnungsbilanzen sollte das Eigenkapital (Aktienkapital und Reserven) oder das „Reinvermögen" als Differenz der neu bewerteten und in stabile Mark umgerechneten Aktiva und Schulden berechnet werden. Für die Bewertung und Berechnung der wichtigsten Aktiva, des Sachanlage- und des Vorratsvermögens, setzte der Gesetzgeber aber nur Höchstwerte fest: Die Sachanlagen durften höchstens mit dem Anschaffungspreis 1913 (abzüglich der normalen

---

[35] *Die Reichsmarkumstellung der Aktiengesellschaften nach den Eintragungen bis September 1925*, in: *Wirtschaft und Statistik*, 5. Jg. (1925), Nr. 23 vom 14. 12. 1925, S. 769f.
[36] Vgl. Heinrich Gröbel, *Die Reichsmarkeröffnungsbilanzen in der Maschinenindustrie*, in: *Maschinenbau/Wirtschaft*, 4. Jg., H. 24 vom 3. 12. 1925, S. 1195–1199. Die verschiedene Berechnung der Wachstumsrate des Aktienkapitals beim Statistischen Reichsamt (25,5%) und Gröbel (44%) ist offenbar damit zu erklären, daß Gröbel weniger Firmen untersucht hat, und zwar vorwiegend solche, die ihr Kapital in der GEB weniger stark zusammengelegt hatten, und daß Gröbel das nominelle und nicht nur, wie das Statistische Reichsamt, das tatsächlich eingezahlte Aktienkapital festgestellt hat. Vgl. *Ergebnisse der Reichsmarkumstellung bei den Maschinenbau-Aktiengesellschaften*, in: *Maschinenbau/Wirtschaft*, 5. Jg., H. 3 vom 4. 2. 1926, S. 139. Die Bilanzierung im Maschinenbau: *Maschinenbau/Wirtschaft*, 5. Jg., H. 17 vom 2. 9. 1926, S. 812.
[37] Vgl. G. Zahn, *Kapitalfehlleitungen...*, S. 25, 31.

Abschreibungen) bewertet werden; waren die Preise von 1913 nicht zu ermitteln, so durften zwei Drittel des Tagespreises (zum Stichtag der GEB) eingesetzt werden. Die Vorräte durften höchstens mit dem vollen Tagespreis des Bilanzstichtages bilanziert werden.[38] Einer niedrigeren Bewertung des Anlage- und Vorratsvermögens war aber keine Grenze gesetzt. Die Unternehmen hatten damit die Möglichkeit, die Bewertung der Anlagen und Vorräte unter anderem von der Einschätzung der künftigen Ertragslage abhängig zu machen. Erwarteten sie zum Beispiel hohe Gewinne und glaubten damit an eine hohe Abschreibungsfähigkeit, so konnten sie in der GEB die volle „Substanz" der Vermögensgegenstände ausweisen. Der Wert des Sachanlagevermögens konnte dabei auf verschiedene Weise (und mit verschiedenem Ergebnis) ermittelt werden: Unter Vornahme der normalen Abschreibungen konnten entweder alle Anlagegegenstände neu bewertet oder aber die Neuzugänge zum Beispiel der Kriegs- und Inflationsjahre zu den Buchwerten von 1913 addiert werden. Erwarteten die Unternehmen jedoch künftig geringe Gewinne, ohne aber auf den Ausweis von Gewinnen verzichten zu wollen, beurteilten sie also die Ertragskraft ihrer Vermögensgegenstände sehr zurückhaltend, so konnten sie an Sachanlagen und Vorräten entsprechende Minderbewertungen vornehmen.

Die Unternehmen haben den ihnen gewährten Bewertungsspielraum genutzt. Die Literatur ist sich uneinig, ob die Unternehmen ihre Anlagen und Vorräte zu hoch oder zu niedrig bewertet haben.[39] Zu hoch kann dabei heißen, daß die Abschreibungen für Anlagenabnützung zu niedrig bemessen waren oder die Ertragskraft zu hoch einge-

---

[38] Die Kaufkraft der Reichsmark 1924 war um ein Drittel geringer als die der Goldmark 1913. Die Höchstbewertungsvorschriften glichen aber nur die Bewertung der Anlage-, nicht die des Vorratsvermögens an die Goldmarkbewertung der Vorkriegszeit an. Schon dadurch beeinträchtigten sie den Vergleich der Vorkriegs- mit den Goldmarkeröffnungsbilanzen; denn bei tatsächlicher Tageswertbilanzierung der Vorräte ist das Aktienkapital in den GEB für den Vergleich um ein Drittel des Anteils des Vorratsvermögens am Gesamtvermögen zu hoch angesetzt. Vgl. dazu auch W. Prion, *Kapital und Betrieb...*, S. 14f. Max Haller, *Kapital und Arbeit im industriellen Betrieb. Volkswirtschaftliche Studie*, 2. Aufl., Berlin 1926, S. 5.

[39] Eine zu tiefe Bewertung des Vermögens vermuten z.B. C. Bresciani-Turroni (*The Economics...*, S. 277–279) und F. Naphtali (*Im Zeichen des Währungselends...*, S. 63), eine zu hohe Peter Wissel (*Kapitalfehlleitungen in der Automobilindustrie*, in: *Zeitschrift für handelswissenschaftliche Forschung*, 24 [1930], S. 65f.) und der Generaldirektor der Demag, Wolfgang Reuter (Protokoll der Hauptvorstandssitzung der VDMA am 24. 4. 1929, S. 24; *VDMA-Archiv*).

schätzt wurde; zu niedrig, daß der volle Substanzwert nicht ausgewiesen oder die Ertragskraft zu niedrig eingeschätzt wurde. Fest steht nur, daß vor allem die Ertragserwartungen und die aus ihnen folgenden Bewertungen, aber auch die Berechnungsmethoden so verschieden waren, daß die veröffentlichten GEBen sich zu einem zwischenbetrieblichen Vergleich des Anlagen- und Vorratsbestandes und damit als Maßstab für den Vermögensbestand der Unternehmen insgesamt nicht eignen. Auch die bruchstückhafte Überlieferung firmeninterner GEB-Unterlagen erlaubt nicht die einheitliche Berechnung des Vermögensbestandes einer größeren Zahl von Unternehmen. Die folgenden Bemerkungen über die Firmen M.A.N. und Krupp, die bei der Aufstellung der GEB von sehr zurückhaltenden Ertragserwartungen ausgingen, sollen daher lediglich noch einmal die erheblichen Folgen illustrieren, die unterschiedliche Bewertungsansätze und Berechnungsverfahren für den Ausweis der Vermögensgegenstände in der GEB und damit auch für den Vergleich der GEB mit den Vorkriegsbilanzen hatten: Es hätte für die M.A.N. und Krupp bereits genügt, von einer Minderbewertung der Vorräte (bei M.A.N. um RM Mio. 21, bei Krupp um RM Mio. 37) abzusehen, um in der GEB ein gegenüber der letzten Vorkriegsbilanz erhöhtes Aktienkapital auszuweisen; tatsächlich wies die M.A.N. in der GEB ein Aktienkapital von RM 20 Mio. (1913/14: M 27 Mio.), Krupp ein solches von RM 160 Mio. (1913: M 180 Mio.) aus. Ihr Sachanlagevermögen schätzte die M.A.N. bei Einzelaufnahme aller Anlagengegenstände auf ca. Goldmark (GM) 75 Mio. Vom Buchwert 1913/14 ausgehend und die Neuzugänge 1914 bis 1923 hinzuzählend, errechnete sie auf den 20. Juni 1924 einen Anlagenbestand von ca. GM 22 Mio.; in der GEB aktiviert wurde aufgrund pessimistischer Ertragserwartungen ein Betrag von GM 17 Mio. Die Friedr. Krupp AG berechnete, ausgehend von den Anlagenzugängen seit 1903/04, für ihr Hauptwerk, die Gußstahlfabrik Essen, auf den 30. Juni 1924 einen Sachanlagenbestand von GM 183 Mio. Aufgrund ihrer pessimistischen Ertragserwartungen hielt sie die Aktivierung von nur GM 22 Mio. für gerechtfertigt. Sie erhöhte dann aber in der GEB diesen Betrag um GM 48,5 Mio., um einen unter anderen in den Inflationsjahren aufgelaufenen Verlust mitabzudecken und damit die Aussicht auf eine amerikanische Anleihe zu steigern.[40]

---

[40] Vgl. für M.A.N.: Bemerkungen vom 17. 10. 1924 zur Goldbilanz am 30. 6. 1924 (*HA/GHH* 4001012010/88). Schreiben P. Reusch (GHH) an L. Endres (M.A.N.),

b) Aber auch, wenn Einigkeit über die Berechnung des GEB-Vermögens zu erzielen und die entsprechenden Daten zu finden wären, wäre ein Vergleich mit dem Vorkriegsvermögen nicht möglich, da eine zuverlässige Vergleichsgröße fehlt. Nach dem überwiegenden Urteil der Fachliteratur enthalten die Sachanlagekonten der letzten Vorkriegsbilanzen erhebliche (und im Vergleich zur GEB weit höhere) stille Reserven.[41] Deren Höhe ist aber nicht bekannt,[42] die tatsächliche Höhe der Anlagevermögen daher nicht feststellbar. Der Umfang der stillen Reserven in der letzten Vorkriegsbilanz ist aber für den Vergleich mit der GEB von erheblicher Bedeutung, auch wenn das Anlagevermögen in der GEB, mit dem die Vorkriegsanlagen verglichen werden, von den Buchwerten von 1913 ausgehend berechnet wird: Denn mit dem tatsächlichen Umfang der Anlagen (einschließlich der stillen Reserven) 1913 steigt auch der notwendige Abschreibungs- und Erhaltungsinvestitionsbedarf. So errechnete M. Gürtler für elf Schweizer Aktiengesellschaften in den Jahren 1913 bis 1922 (1914–1919 waren in der Schweiz Inflationsjahre) einen bilanzierten Anlagenzuwachs von 11,8 %, unter Berücksichtigung der stillen Reserven (1913 auf über 100 % geschätzt) und der für den gesamten Anla-

---

26. 10. 1924 (*HA/GHH* 400101201/57). Schreiben L. Endres an R. Buz, 13. 1. 1925 (*WA Augsburg*, Nachl. R. Buz 283). Aufstellung vom 31. 1. 1925 betr. Goldmarkbilanz für 30. 6. 1924 (*WA Nürnberg* 153.3). Bemerkungen zur Reichsmark-Eröffnungsbilanz (für den Vorstand berechnet) (*WA Augsburg* 153.3). – Vgl. für Krupp: Studie Müller vom 10. 10. 1924: Neueinschätzung der zur Gußstahlfabrik Essen gehörigen Immobilien (*HA Krupp* WA IV 3315). Erläuterungen zum Abschluß der Gußstahlfabrik einschließlich der Außenverwaltungen zum 30. 9. 1924 und zur Reichsmark-Eröffnungsbilanz zum 1. 10. 1924 (WA 2439). Vortrag Dir. Baur über die GEB am 11. 1. 1925 (WA VII f 1082). Für die Aufstellung der Jahresbilanz zum 30. 9. 1925 zu besprechende Fragen, vorgelegt von der Hauptbuchhalterei am 16. 10. 1925 (WA IV 3315). Aktenvermerk Dir. Baur vom 3. 12. 1925 (WA IV 3315).
[41] Vgl. etwa: *Die Reichsmarkumstellung der Aktiengesellschaften...*, S. 769f. VDMA, *Gesichtspunkte für die Aufstellung der Goldmark-Eröffnungsbilanz*, in: Maschinenbau/Wirtschaft, 3 (1924), H. 27 vom 13. 11. 1924, S. 1196. G. Zahn, *Kapitalfehlleitungen...*, S. 25. Georg Katona, *Ergebnisse der Goldbilanzen*, in: Wirtschaftskurve der Frankfurter Zeitung 1925, S. 71–73. W. Prion, *Kapital und Betrieb...*, S. 20f.
[42] A. Aron (*Die Kapitalveränderungen...*, S. 31ff.) versuchte, die stillen Reserven der deutschen Aktiengesellschaften 1913 anhand der Differenz zwischen der tatsächlichen Dividende und einer angenommenen Normdividende von 6 % zu schätzen; vgl. dazu die Einwände W. Prions (*Kapital und Betrieb...*, S. 25–27). G. Zahn (*Kapitalfehlleitungen...*, S. 27) berechnet die stillen Reserven aus dem Agio bzw. Disagio der Börsenkurse. Beides sind willkürliche Schätzungen.

Die Höhe und zeitliche Verteilung der Investitionen

genbestand notwendigen Abschreibungen aber einen Rückgang des Anlagevermögens um 12,5 %.[43]

c) Aber auch hinreichend zuverlässige Daten über die Höhe der Sachanlagen 1913 und 1923/24 würden eine grundsätzliche Schwäche des hier diskutierten Vergleichs nicht beseitigen: Der Punktvergleich zwischen den Jahren 1913 und 1923/24 sagt nichts über die relative Vorteilhaftigkeit verschiedener Perioden für die Investitionen. Er läßt offen, wie sich die Investitionen auf die Kriegs- und Nachkriegsjahre verteilen und inwieweit sie sich in ihrer Höhe von früheren und/oder späteren Perioden unterscheiden.

Im Unterschied zu den beschriebenen Verfahren sollen in dieser Untersuchung die Wirkungen der Inflation auf die Investitionen – für einige Produktionsunternehmen – anhand der jährlichen Investitionen 1909/10 bis 1928/29 gemessen werden. Die Kenntnis der jährlichen Investitionen ermöglicht es, den Umfang der Investitionen der Inflationsjahre 1919 bis 1923 etwa mit dem der Jahre 1909/10 bis 1913/14 und 1924 bis 1928 zu vergleichen und für die Inflationsperiode die einzelnen Investitionen genauer den wechselnden Bedingungen dieser Jahre zuzuordnen.

Die Aufstellung von Investitionszeitreihen stößt indessen auf einige Schwierigkeiten nicht nur der Umrechnung[44] auf einheitliche, sondern auch der Erhebung der nominellen Werte. Die Investitionen können den veröffentlichten Geschäftsberichten der Unternehmen für die Jahre 1909/10 bis 1913/14 und 1923/24 bis 1928/29 in einigen Fällen, für die Inflationsjahre 1918/19 bis 1922/23 aber in keinem Fall entnommen werden. Die aktivierten Sachanlagezugänge der Inflationsbilanzen, soweit sie überhaupt gesondert ausgewiesen wurden, sind nur ein Teil der gesamten Aufwendungen für Grundstücke, Gebäude, Maschinen und Einrichtungen. Ein erheblicher, im Laufe der Jahre (aber nicht proportional zur Geldentwertung) zunehmender und von Unternehmen zu Unternehmen wechselnder Teil der Investitionsaufwendungen wurde als (zum Teil auch steuerlich zulässige) „Übertuerungsabschreibung" vor der Bilanzziehung auf Betriebsausgaben abgebucht. Die tatsächlichen Gesamtaufwendungen für Sachanlageinvestitionen können daher nur den in Einzelfällen überlieferten unternehmensinternen Bilanzunterlagen entnommen werden. Grobe An-

---

[43] Max Gürtler, *Schweizerische Bilanzen unter dem Einfluß von Konjunktur und Scheingewinn*, Berlin–Wien 1925, insbes. S. 83, 87, 111.
[44] Zum Umrechnungsverfahren vgl. Anm. 1 zu TABELLE 2.

haltspunkte für die Größenordnung der Investitionen geben auch die Investitionsbewilligungen der Aufsichtsräte; sie sind darüber hinaus von großem Wert für die Datierung und damit für die Erklärung der Investitionsentscheidungen.

Wie hoch waren die Investitionen der Inflationsperiode im Vergleich zu den geldwertstabilen Perioden? TABELLE 2 zeigt, daß die auf Goldmark umgerechneten durchschnittlichen Investitionen der Inflationsjahre 1918/19 bis 1922/23 in allen Fällen erheblich unter denen der letzten Vorkriegsjahre und nur in einem Fall (Maschinenfabrik Esslingen) erheblich über denen der Nachinflationszeit lagen. Dabei ist zu berücksichtigen, daß die Durchschnittsziffern für die Inflationsjahre (Ausnahme: Schenck) stark durch die außergewöhnlich hohen Investitionsbeträge des ersten Nachkriegsgeschäftsjahres beeinflußt sind, die noch erhebliche Aufwendungen für Investitionen in die Kriegsgüterproduktion enthalten. Zieht man zum Beispiel bei dem Werk Augsburg der M.A.N. (nur dort sind sie meßbar) diese Aufwendungen (schätzungsweise GM 1 080 000) vom Investitionsbetrag des Geschäftsjahres 1918/19 ab, so ergibt sich für die Inflationsjahre 1918/19 bis 1922/23 nur noch ein durchschnittlicher Investitionsbetrag von GM 752 652. Ein Vergleich der Inflationsinvestitionen mit den ordentlichen Abschreibungen des letzten Vorkriegsjahres (siehe TABELLE 3, Spalte 1) ergibt darüber hinaus: Die durchschnittlichen Investitionen der Inflationsjahre liegen bei keinem Unternehmen (sofern man bei der M.A.N. die Investitionen des Geschäftsjahres 1918/19 für die Kriegsgüterproduktion außer Betracht läßt) über den Normalabschreibungen des letzten Vorkriegsjahres; die Anlagen„substanz" der Vorkriegszeit ist in der Inflation also jedenfalls nicht vermehrt worden.[45] Diese Vermutung hält auch dann noch Stich, wenn man unterstellt, daß in den ordentlichen Abschreibungen der Vorkriegsjahre stille Reserven gelegt wurden. Abgesehen davon, daß der jeweilige Neuzugang zu den stillen Reserven über die ordentli-

---

[45] Vermutlich ist dies auch bei der Motorenfabrik Deutz und der Maschinenbauanstalt Humboldt nicht der Fall. Deutz (durchschnittliche jährliche Investitionsbewilligungen 1918/19–1922/23 von GM 500 000, einschließlich der Aufwendungen für Oberursel GM 600 000) nahm 1912/13 ordentliche Abschreibungen von GM 759 485 (a. o. Abschreibungen: GM 487 664), 1913/14 solche von GM 695 658 (GM 465 076) vor; vertraulicher Bilanzbericht 1913/14 (*KHD-Archiv* I/30). Die ordentlichen Abschreibungen beim Humboldt (durchschnittliche jährliche Investitionsbewilligung 1918/19–1922/23: GM 437 000) betrugen 1913/14 GM 743 726; Geschäftsbericht 1913/14 (*KHD-Archiv* V/12).

Die Höhe und zeitliche Verteilung der Investitionen 41

chen Abschreibungen nicht quantifiziert werden kann, kann man die ordentlichen Abschreibungen auch auf den tatsächlichen Anlagenbestand (einschließlich der stillen Reserven) beziehen, der ja ebenfalls höher als der Buchwert war. Dann übersteigen die ordentlichen Abschreibungen wohl keinesfalls den Erhaltungsaufwand.

Im Falle der M.A.N. lassen sich durchgehende Investitionszahlen nur für Werk Augsburg errechnen. Die Tabelle zeigt, daß die jahresdurchschnittlichen Investitionen 1918/19 bis 1922/23 15% unter denen der letzten Vorkriegsjahre und 10% über denen der Jahre 1924/25 bis 1928/29 lagen. Zieht man die Investitionen des Jahres 1918/19 für die Kriegsgüterproduktion ab, so unterschreiten die Inflationsinvestitionen die Investitionen der Vorkriegsjahre um 34% und die der Nachinflationsjahre um 14%. Die Differenz zwischen den jahresdurchschnittlichen Vorkriegs- und Nachkriegsinvestitionen wird noch größer (über 50%, ohne Berücksichtigung der Kriegsgüterinvestitionen 1918/19), wenn man den Anteil Augsburgs an den Investitionskosten für das 1909/10 bis 1913/14 neu errichtete Zweigwerk Duisburg mit in Betracht zieht.[46] Einen bestätigenden Hinweis für diese Verteilung der Investitionen geben die Zahlen der angeschafften Arbeitsmaschinen, die ab 1918/19 den Anlagekontenbüchern zu entnehmen sind: Im Werk Augsburg wurden im Jahresdurchschnitt 1918/19 bis 1922/23 ca. 77, 1923/24 bis 1928/29 ca. 82 Arbeitsmaschinen angeschafft.[47] Nach Ablauf der Inflation empfand man dann auch den Maschinenpark im Werk Augsburg als zum großen Teil veraltet.[48]

Für das Werk Nürnberg der M.A.N. (wie auch für das Gesamtunternehmen) liegen durchgehende Investitionsziffern 1909/10 bis 1928/29 nicht vor. Einen Hinweis darauf, daß die Investitionen der Inflationsjahre auch hier weit unter denen der letzten Vorkriegsjahre lagen, gibt aber die Beobachtung, daß die jahresdurchschnittlichen Investitionen des Werks Nürnberg 1909/10 bis 1913/14 (M. 1 386 882 ohne den Anteil an den Duisburg-Investitionen) über, die Zahl der angeschafften Arbeitsmaschinen 1918/19 bis 1922/23 (im Jahres-

---

[46] Unter der Annahme, daß die Werke Nürnberg und Augsburg je zwei Fünftel und Werk Gustavsburg ein Fünftel dieser Aufwendungen trugen, ergibt sich 1909/10–1913/14 für Werk Augsburg eine jahresdurchschnittliche Gesamtinvestition von M. 1 529 731.
[47] Quelle: Anlagekontenbücher Werk Augsburg (*WA Augsburg* 21). Werk Augsburg, Monatsberichte der Abteilungen 1918–23 (*WA Augsburg* 132).
[48] Schreiben J. Lauster an R. Buz, 24. 5. 1924 (*WA Augsburg*, Nachl. R. Buz 184/2).

durchschnitt ca. 38) aber unter den entsprechenden Werten von Augsburg lagen.[49] Und die Kreditbewilligungen in den Aufsichtsratsitzungen für das Werk Nürnberg überstiegen auch in dem investitionsstärksten Inflationsjahr 1921/22, in dem die Werkstätten für den Wagen-, Kranen- und Dampfturbinenbau erweitert wurden, GM 700 000 nicht.[50]

Bei der Maschinenfabrik Esslingen lagen die jahresdurchschnittlichen Investitionen der Inflationsjahre (Ausbau des elektrotechnischen Werks Cannstatt, der Lokomotiv-, Wagen-, Kran- und Kesselbauwerkstätten) zwar deutlich über denen der folgenden, aber auch um 57 % unter denen der letzten Vorkriegsjahre. Die Inflationsinvestitionen reichen an die Vorkriegsinvestitionen auch dann nicht heran, wenn man die Aufwendungen für den Fabrikneubau in Mettingen (1909/10–1912/13) auf alle (darunter sehr viel investitionsschwächere) Jahre seit der Jahrhundertwende verteilt; die jahresdurchschnittlichen Investitionen 1901/02 bis 1913/14 betrugen M. 699 356 und lagen damit immer noch knapp über den Inflationsinvestitionen.

Die Inflationsinvestitionen der Maschinenfabrik Carl Schenck AG lagen ebenfalls weit unter denen der letzten Vorkriegsjahre, allerdings auch geringfügig über denen der Nachinflationsjahre. Mit Ausnahme der Gießerei gab es in der Inflation keine größeren Erweiterungsbauten; der 1922/23 geplante Ausbau der Werkstätten für Auswuchtmaschinen fiel offenbar voll in das Jahr 1924.[51]

Bei dem Hauptwerk der Fried. Krupp AG, der Gußstahlfabrik Essen (Gfk), lagen die Inflationsinvestitionen etwa auf der Höhe der Jahre 1923/24 bis 1928/29, aber erheblich (bei der Gfk mit Außenverwaltungen, das heißt vor allem den Kohlenzechen, um 64 %, bei der Gfk ohne Außenverwaltungen um 53 %) unter denen der letzten Vorkriegsjahre; ähnliches gilt für den Gesamtkonzern.

Für die Motorenfabrik Deutz sind die inneren Abschreibungen (vor Ziehung der Bilanz) und damit die Gesamtaufwendungen für Investitionen in Sachanlagen nicht bekannt. Aber die Investitionsbewilligun-

---

[49] Quelle: Erläuterungen zu den Jahresabschlüssen 1909/10–13/14, 1918/19–22/23 (*WA Nürnberg* 1953.1).

[50] Vgl. Neubeschaffungskredite 1920/21 (*WA Nürnberg* 158). Prot. d. AR-Sitzungen am 9. 7. 1921, 18. 11. 1921 und 12. 12. 1922 (*WA Nürnberg* 158). Erläuterungsbericht vom 27. 10. 1922 zur Feststellung der Übertuerungen für die Neubeschaffungskredite 1921/23 (*WA Augsburg* 21). Aufstellung G. Lippart vom 5. 1. 1923: Gesamtgenehmigung für alle drei Werke für 1922/23 (*WA Nürnberg* 158).

[51] Vgl. Emil Schenck, *Das Werk Carl Schenck*, S. IV 52 f. (*Schenck-Archiv*).

gen des Aufsichtsrates, mithilfe des durchschnittlichen Großhandelspreisindexes im Monat der Aufsichtsratssitzungen in Goldmark umgerechnet, ergeben einige Anhaltspunkte:[52] Die höchsten Bewilligungen mit GM 1,6 Mio. (die veranschlagten Kosten in Höhe von GM 0,8 Mio. für einen Neubau der Gießerei, von dessen Durchführung dann aber nie mehr die Rede war, mit eingerechnet) fielen in das Jahr 1921/22. Die Bewilligungen betrugen im Durchschnitt der Jahre 1919/20 bis 1922/23 etwa GM 500 000, während die bilanzierten Sachanlagezugänge 1909/10 bis 1912/14 mehr als GM 1 Mio. und 1924/25 bis 1928/29 GM 434 733 ausmachten. Und auch aus den verbalen Äußerungen der Geschäftsberichte der Inflationsjahre sind nur Hinweise auf sehr geringfügige Betriebserweiterungen zu entnehmen.

Schließlich haben auch bei der Maschinenbauanstalt Humboldt die Goldmarkwerte der aus den Protokollen der Aufsichtsratssitzungen ersichtlichen Investitionsbewilligungen der Inflationsjahre 1918/19 bis 1922/23 (Spitzenwerte: 1918/19 und 1921/22) nur etwa die gleiche durchschnittliche Höhe (GM 437 000) wie die bilanzierten Sachanlagezugänge (ohne Werkzeuge, Geräte, Modelle) der Jahre 1924/25 bis 1928/29 (GM 430 000),[53] obwohl das Unternehmen in den Nachinflationsjahren stark schrumpfte.

Der Umfang der Inflationsinvestitionen im Verhältnis zu den Vorkriegsinvestitionen, nicht zu den Investitionen der Nachinflationszeit, erhöht sich bei einigen Unternehmen (M.A.N., Krupp, Deutz) geringfügig, wenn man den – in seiner Höhe allerdings schwer feststellbaren – Erwerb von Beteiligungen zur Verbreiterung der Produktionsgrundlagen in die Investitionsrechnung einbezieht. Der Beteiligungserwerb war in der Inflationszeit nicht höher als in der nachfolgenden Stabilisierungsperiode: Die M.A.N. erwarb 1920/21 eine Beteiligung an der Neumeyer AG, München (M 5 Mio. zu 100%), zwischen Juli und November 1921 die Hälfte der Aktien der Augsburger Maschinenfabrik

---

[52] AR-Sitzungen vom 31. 10. 1919, 30. 1. 1920, 5. 11. 1920, 3. 2. 1921, 14. 4. 1921, 17. 8. 1921, 20. 9. 1921, 28. 10. 1921, 6. 12. 1921, 20. 2. 1922, 3. 4. 1922, 1. 5. 1922, 11. 9. 1922, 23. 10. 1922, 13. 1. 1923, 3. 5. 1923, 16. 6. 1923 (*KHD-Archiv* I/18, 19, 25).

[53] Quelle: Geschäftsberichte 1924/25–28/29 (*KHD-Archiv* XII/10). Bilanzunterlagen 1924/25–28/29 (*KHD-Archiv* XII/7). Protokolle der AR-Sitzungen vom 16. 10. 1918, 29. 11. 1919, 26. 11. 1920, 26. 4. 1921, 8. 9. 1921, 28. 3. 1922, 21. 10. 1922, 20. 11. 1922 (*KHD-Archiv* XII 5, 6). – E. Gräsle (*Der Humboldt*, Bd. 4, S. 80; unveröff. Ms. *KHD-Archiv*) stellt fest, daß das Unternehmen 1919–23 (z. B. im Bergwerksanlagenbau) gut beschäftigt, die Anlagenerneuerung aber völlig ungenügend war.

L. A. Riedinger (M 5 Mio. zum Kurs von 250);[54] die andere Hälfte ging 1926/27 in den Besitz der M.A.N. über. Schätzt man den gesamten Beteiligungserwerb der M.A.N. in der Inflation auf GM 1 Mio., so würden auf das Werk Augsburg zwei Fünftel = GM 400 000 zusätzliche Investitionsaufwendungen entfallen. Krupp erwarb zwar in der Inflation die Kuxenmehrheit einiger Kohlenzechen (unter der — sicher zu hohen — Annahme, daß die gesamten Einnahmen aus der Obligationsausgabe 1921 für die Kuxenkäufe verwendet wurden: GM 17,7) und einige andere kleinere Beteiligungen (Fahr, Ernemann u. a.); aber das Unternehmen erwarb allein von Anfang 1927 bis Mitte 1929 Beteiligungen in Höhe von RM 52 Mio.[55] Deutz wandte zwar 1922 für eine Beteiligung an der mit ihr in Interessengemeinschaft verbundenen Motorenfabrik Oberursel ca. GM 187 000 auf; die finanziellen Engagements der Stabilisierungszeit (allein für die Maschinenfabrik Collet & Engelhardt RM 600 000 und für eine Kapitalerhöhung bei der Schiffswerft Janssen & Schmilinski 1925 RM 600 000) lagen aber darüber; die (in TABELLE 2 nicht berücksichtigten) Aufwendungen für die Sachanlageinvestitionen in Oberursel, zu denen Deutz vertraglich verpflichtet war, verteilen sich (mit Schwerpunkt auf der Stabilisierungsperiode) auf beide Zeiträume; im April 1922 wurden für Investitionen in Oberursel GM 239 000 bewilligt, von denen aber offenbar später ein Teil zurückgestellt wurde.[56] Fügt man die Aufwendungen für Beteiligungserwerb den Investitionen hinzu, so ergeben sich schätzungsweise im Jahresdurchschnitt Inflationsinvestitionen von GM 832 000 (statt GM 753 000, ohne Berücksichtigung der Kriegsgüterinvestitionen 1918/19) bei dem Werk Augsburg der M.A.N., GM 12 bis 13 Mio. (statt GM 9 Mio.) bei der Gußstahlfabrik Essen der Fried. Krupp AG und GM 600 000 (statt GM 500 000)

---

[54] Bericht für die AR-Sitzung der M.A.N. am 18. 11. 1921 (*WA Nürnberg* 131.2). L. Endres: Bemerkungen zur Jahresrechnung 1921/22. 28. 10. 1922 (*WA Augsburg* 1312). Fritz Büchner, *Hundert Jahre Geschichte der Maschinenfabrik Augsburg-Nürnberg*, o. O., o. J., S. 163. Gesamtbilanz der M.A.N. 1926/27, Entwicklung der Anlagewerte (*WA Nürnberg* 153.3).

[55] Denkschrift Buschfeld vom 16. 7. 1929 (*Krupp-Archiv* WA IV 2887).

[56] Prospekt über 10 250 000 neue Aktien und 10 Millionen Teilschuldverschreibungen (1922) (*KHD-Archiv* V/9). IG-Vertrag Deutz-Oberursel, 4. 11. 1921 (*KHD-Archiv* V/9). Unterlagen für die AR-Sitzung am 3. 4. 1922 (*KHD-Archiv* 111.2-2). Prot. der AR-Sitzung am 1. 5. 1922 (*KHD-Archiv* I/19). Sonderbericht Dr. Schmidt vom 8. 10. 1931 über die Vermögensentwicklung zum 30. 6. 1931 der Collet & Engelhardt Werkzeugmaschinenfabrik AG (*Klöckner-Archiv*, Bestand Humboldt-Deutz Nr. 7). Korrespondenz betr. Janssen & Schmilinski im Mai 1925 (*KHD-Archiv* V/1).

bei der Motorenfabrik Deutz; das Verhältnis zu den Investitionen der letzten Vorkriegsjahre, in denen offenbar keine größeren Beteiligungen erworben wurden, verändert sich damit nur geringfügig.

3. Die zeitliche Verteilung der Investitionen

Wie verteilten sich die Inflationsinvestitionen auf die einzelnen Jahre 1919 bis 1923? Angaben über die Datierung der Investitionen liefern vor allem die jährlichen Investitionsziffern (siehe TABELLE 2) und die Protokolle der Aufsichtsratssitzungen, in denen die Investitionen bewilligt wurden.

Die Quellen erlauben zwei allgemeine Feststellungen: Erstens ist, wie schon erwähnt, die Höhe der jahresdurchschnittlichen Investitionen jeweils (Ausnahme: Schenck) stark durch die außergewöhnlich umfangreichen, zu einem großen Teil noch auf die Kriegsgüterproduktion entfallenden Investitionen des ersten Nachkriegsgeschäftsjahres beeinflußt. In den Folgejahren wurden weitaus geringere Beträge investiert. In den letzten drei Inflationsjahren lagen die Investitionsbeträge (Ausnahme: Schenck) erheblich unter der Normalabschreibung des letzten Vorkriegsjahres; in diesen Jahren ist die Anlagen„substanz" der Vorkriegszeit nicht erhalten worden. Zweitens waren die Investitionen in den Geschäftsperioden, in denen die Inflation voranschritt (1919/20; 1921/22, 1922/23), niedriger als in der jeweils voraufgehenden geldwertstabileren Periode (1918/19, 1920/21). Bei der Betrachtung der Investitionsentscheidungen (Investitionsbewilligungen und -stornierungen) tritt diese Beziehung zwischen Geldwertstabilität und Investitionsneigung noch deutlicher als in den Investitionsziffern (siehe TABELLE 2) zu Tage. Denn einmal umfaßten die Geschäftsjahre, die durch die Investitionsziffern repräsentiert werden, zuweilen Perioden unterschiedlicher Geldwertstabilität; zum andern waren die jährlichen Investitionsbeträge infolge der häufig langen Durchführungszeiten von Investitionen immer auch zum Teil das Ergebnis der Investitionsentscheidungen der jeweiligen Vorperiode. So waren die verhältnismäßig hohen Investitionsbeträge der Maschinenfabrik Esslingen in den Geschäftsjahren 1919 bis 1920 zum großen Teil auf langfristige Investitionsentscheidungen im Frühjahr 1919, also vor Einsetzen der raschen Preissteigerungen Mitte 1919, zurückzuführen. Ähnlich gingen die Investitionen bei Schenck 1921/22 zum großen Teil auf Entscheidungen des voraufgehenden Geschäftsjahres zurück. Und die Investitionen bei Werk Augsburg der M.A.N. und

Krupp 1922/23 wären ohne die Nachwirkungen der langfristigen Investitionsentscheidungen des Kalenderjahres 1921 geringer gewesen; die Hyperinflation ab Mitte 1922 war überall die an Investitionsbewilligungen ärmste Zeit des gesamten Betrachtungszeitraums. Im einzelnen ist dem hinzuzufügen:

Die Investitionen im Werk Augsburg der M.A.N. (Bewilligungen und investierte Beträge) sanken in der Preissteigerungsperiode Mitte 1919 bis Mitte 1920 deutlich unter den Wert des Vorjahres (auch wenn von diesem die Aufwendungen für die Kriegsgüterproduktion abgezogen werden). Die höchsten Investitionsbewilligungen (auch für die gesamte M.A.N.) seit dem Spätjahr 1920 fielen in die Monate Dezember 1920, Juli und November 1921, das heißt in Monate relativer Geldwertstabilität beziehungsweise (November 1921) an das Ende verhältnismäßig langsamer Preissteigerungen. Seit Anfang 1922 wurden große Projekte nicht mehr, seit Mitte 1922 wurden nur noch die notwendigsten Ersatzbeschaffungen neu bewilligt; ein großer Teil der im November 1921 bewilligten Investitionen wurde zurückgestellt.[57]
Die größeren Investitionen bei der Maschinenfabrik Esslingen (Er-

---

[57] Generaldirektion an die Werksdirektionen, 19. 5. 1920 (*WA Augsburg* A 21, Ausbau unseres Werks Augsburg). Neubeschaffungskredite 1920/21 (*WA Nürnberg* 158). Prot. d. AR-Sitzung am 9. 7. 1921 (*WA Nürnberg* 158). Prot. d. AR-Sitzung am 18. 11. 1921 (*WA Augsburg* 1312). Neubeschaffungs-Anträge 1922/23, Werk Augsburg. 27. 11. 1922 (*WA Augsburg* A 21, Ausbau unseres Werks Augsburg). – Die Investitionen wurden Mitte 1922 nicht nur im Maschinenbau, sondern auch in der übrigen Verarbeitungsindustrie und in schwerindustriellen Unternehmen (teilweise) gestoppt. Die Investitionskürzungen bei der M.A.N. und der Maschinenfabrik Esslingen waren (auch?) vom Aufsichtsratsvorsitzenden Paul Reusch, dem Generaldirektor der Gutehoffnungshütte, verlangt worden, der in ihnen eine Maßnahme zur Anpassung an die allgemeine inflationsbedingte Geldknappheit sah (vgl. u. a. P. Reusch an L. Kessler, 25. 7. 1922; HA/GHH 300193011/2). Aus demselben Grund stellte die zur Siemens-Rhein-Elbe-Schuckert-Union gehörende Deutsch-Luxemburgische Bergwerks- und Hütten-AG Mitte 1922 alle Neubauten ein. Schreiben Direktor Oscar Sempell (Deutsch-Lux) an Direktor Adolf Wirtz (Friedrich-Wilhelm-Hütte) am 1. 7. 1922; *Werksarchiv der Friedrich-Wilhelm-Hütte*, Nr. 120, abgedruckt in: Gerald D. Feldman/Heidrun Homburg, *Industrie und Inflation. Studien und Dokumente zur Politik der deutschen Unternehmer 1916–1923*, Hamburg 1977, S. 310. G. D. Feldman (*Iron and Steel in the German Inflation...*, S. 304) stellt Ähnliches für die gesamte Siemens-Rheinelbe-Schuckert-Union fest. Daß in der Textilindustrie Mitte 1922 – bedingt durch die „Kreditnot" – die Anlage- und Vorratsinvestitionen eingeschränkt worden seien, berichtete ein Textilindustrieller (Moras) auf der Vorstandssitzung des Reichsverbandes der Deutschen Industrie am 6. 9. 1922; Teilabdruck des Protokolls bei: G. D. Feldman/H. Homburg, *Industrie und Inflation...*, S. 313–324, hier S. 314.

weiterung der Lokomotiv-, Wagenbau- und Kranbauwerkstätten und des elektrotechnischen Werks Cannstatt) wurden in den Monaten bis April 1919, im November 1920 sowie im März und November 1921 bewilligt.[58] Die einzige größere Investition der Fa. Carl Schenck in der Inflationszeit, der Umbau der Gießerei, wurde im Januar und April 1921 genehmigt. Der Plan, die Werkstätten für den Bau von Auswuchtmaschinen zu erweitern, wurde 1922 gefaßt, aber 1923 nicht mehr durchgeführt.[59] – Bei der Motorenfabrik Deutz wurden verhältnismäßig hohe Investitionen nur 1918/19 (Werkhallenneubau), während des Jahres 1921 und – in einer Periode relativer Preisberuhigung – im Frühjahr 1922 bewilligt; in den April 1922 fiel die Genehmigung des Gießerei-Neubaus. Die Monate nach Mitte 1922 sind durch den Verzicht auf größere Neubewilligungen und offenbar auch auf die Durchführung des Gießerei-Neubaus gekennzeichnet.[60] Ähnlich verteilten sich die Investitionen bei der Maschinenbauanstalt Humboldt. – Der Schwerpunkt der Investitionen bei der Gußstahlfabrik Essen der Fa. Krupp nach Fertigstellung der Kriegsbauten[61] lag im Jahr 1921 und in der ersten Hälfte des Jahres 1922. In diesem Zeitraum wurden auch die Kuxenmehrheit der Zeche Helene-Amalie gekauft, ein neues Drahtwalzwerk gebaut und ein weiteres (dann erst im August 1924 fertiggestelltes) Walzwerk geplant. Aus dem Dezember 1922 ist die Anweisung des AR-Vorsitzenden Gustav Krupp von Bohlen und Halbach überliefert, daß alle Investitionskreditanträge um ein halbes Jahr zurückzustellen seien.[62]

Wie ist es zu erklären, daß die durchschnittlichen Investitionen der Inflationsjahre so deutlich unter denen der letzten Vorkriegsjahre und nicht deutlich über denen der nachfolgenden „Stagnationsphase" lagen? Wie ist die zeitliche Verteilung der Inflationsinvestitionen zu erklären? Im besonderen: Welchen Einfluß übten Kosten der Geldhal-

---

[58] Protokolle der AR-Sitzungen 1919–1923 (Bestand ME, *Daimler-Benz-Archiv*).
[59] E. Schenck, *Das Werk Carl Schenck...*, S. IV 51–54, 69. Prot. d. Sitzung der Beauftragten am 20. 9. 1921, 27. 12. 1922. Prot. d. o. Generalversammlung am 12. 1. 1921. Prot. d. Beiratssitzung am 2. 4. 1921 (alle *Schenck-Archiv*).
[60] Protokolle der AR-Sitzungen und Unterlagen zu den AR-Sitzungen 1919–1923 (*KHD-Archiv* I/18 und 111.2–2).
[61] Am 30. 6. 1918 waren bei der Fried. Krupp AG Kriegsbauten in Höhe von M 85 Mio. (= GM 40,7 Mio.) noch nicht fertig und bezahlt. Vgl. *Kriegsdenkschrift. Die Firma Krupp im Weltkrieg*, Bd. I.4.a: *Finanzgebarung im Kriege 1914–1918*, S. 16 (im folgenden *Kriegsdenkschrift* zitiert) (*HA Krupp WA VII f 1078*).
[62] W. Berdrow, *Die Firma Krupp...*, S. 83.

tung, Preis- und Gewinnerwartungen, Gewinne und Außenfinanzierung auf die Investitionen der Inflationsjahre aus? Diesen Fragen soll im folgenden nachgegangen werden.

II
Investitionsbedingungen

1. Die Geldnachfrage der Unternehmen

Sofern die Unternehmen bei der Geldanlage auch zwischen Kassenhaltung und Sachanlageinvestitionen wählen, hätten sich die Investitionen, der Geldnachfragetheorie entsprechend, bei allgemeinen Preisänderungen gegenläufig zur Geldnachfrage oder realen Kassenhaltung entwickeln müssen. War das der Fall?

Die zeitliche Verteilung der Inflationsinvestitionen ist oben beschrieben worden. Hinweise auf die Geldnachfrage der Unternehmen sind schwieriger zu finden. Angaben über die Summe von Kassenbestand, Reichsbank-, Postscheck- und Bankguthaben, Schecks und Wechsel[63] sind nur zu den jährlichen Bilanzstichtagen zu finden. Hier sollen die inländischen Bankguthaben als Maßstab für die Geldnachfrage dienen. Sie sind die weitaus bedeutendste Position unter den der Geldwertentwicklung voll ausgesetzten Markwerten und in einigen Fällen auch für Zeitpunkte zwischen den Bilanzstichtagen überliefert. Das Problem ist allerdings, daß im Ausweis „Bankguthaben" nicht immer, insbesondere in den Bilanzen nicht, zwischen Markguthaben und Devisen (die, sofern sie „harte" Währungen verkörpern, als „Sachwerte" zu gelten haben) unterschieden wird.

Wie haben sich die inländischen Bankguthaben bei den Unternehmen entwickelt? Die M.A.N. (Bankguthaben 30. Juni 1919 GM 3,1 Mio.) hatte seit dem Spätjahr 1919 keine inländischen Bankguthaben mehr, sondern nur noch Bankschulden, die während des ganzen Sommers 1920 M 100 Mio. betrugen und erst Ende 1920 zurückgingen. Mitte 1921 bis Februar 1922 wurden hohe inländische Bankguthaben ausgewiesen (noch im Februar 1922 GM 2,7 Mio; dagegen etwa Bankguthaben am 30. Juni 1913 GM 1 Mio., 30. Juni 1914 GM 1,3 Mio.), die seitdem rasch zurückgingen; ab Juni 1922 wurden nur

---

[63] Diese Positionen sind in der Definition der Kassenhaltung der Unternehmen bei P. J. Kracht, *Die Geldnachfrage...*, S. 68 ff. vereinigt.

noch Bankschulden ausgewiesen.[64] Bei der Maschinenfabrik Esslingen traten ab Mitte 1919 ebenfalls (zeitweise hohe) Bankschulden an die Stelle hoher Bankguthaben. Bankguthaben entstanden wieder ab September 1920 (höchster Stand offenbar Ende 1921 mit GM 1,1 Mio.). Sie gingen im Frühjahr 1922 stark zurück. Ab Mitte 1922 wechselten Bankschulden und -guthaben einander offenbar ab.[65] − Die Fa. Carl Schenck wies im Geschäftsjahr (1. Oktober bis 30. September) 1918/19 (stark abnehmende) Bankguthaben, 1919/20 (allerdings wohl mit Unterbrechungen) Bankschulden aus. Im Spätsommer 1920 entspannte sich die finanzielle Lage. Im September 1921 ist von genügend flüssigen Mitteln die Rede. Ab Sommer 1922 wechselten Bankschulden, Bankguthaben und ausgeglichene Salden einander ab.[66] Die am 30. Juni 1919 hohen Bankguthaben der Motorenfabrik Deutz (GM 5,4 Mio.; dagegen 30. Juni 1914 GM 1,2 Mio.) gingen im Geschäftsjahr 1919/20 stetig zurück. In der zweiten Jahreshälfte 1920 mußten Darlehen aufgenommen werden, die aber im Januar 1921 zurückgezahlt wurden. Die Bankguthaben stiegen von Januar bis Juni 1921 wieder auf GM 1,8 Mio., sanken dann ab und hielten sich in der ersten Jahreshälfte 1922 auf etwa GM 0,6 Mio. Ab September 1922 hatte das Unternehmen meist (allerdings nicht sehr hohe) Bankschulden.[67] Die Fried. Krupp AG und deren Hauptwerk, die Gußstahlfabrik, haben während der gesamten Inflationszeit größere Inlands-

---

[64] Aktenvermerk betr. Geldbedarf, wohl 21. 11. 1919 (*WA Nürnberg* 151). Besprechung wegen Kapitalvermehrung am 22. 6. 1920 (*WA Nürnberg* 151). Bericht Endres betr. Finanzstand der M.A.N., 7. 7. 1920 (*WA Augsburg* 1313). Monatsberichte der M.A.N. Februar 1921 − Dezember 1923 (*WA Augsburg* 1312). − In den Bankguthaben der M.A.N. 1920/21 und 1921/22 ist immer auch ein Posten Reichsschatzanweisungen enthalten.

[65] Protokolle der AR-Sitzungen 1919−23. (Bestand ME, *Daimler-Benz-Archiv*). Schreiben L. Kessler an P. Reusch, 26. 7. 1922; Bericht an den AR vom 25. 9. 1922; Bericht für die AR-Sitzung am 30. 10. 1922 (alle in: Unterlagen für die AR-Sitzungen, Bd. IX, Bestand ME, *Daimler-Benz-Archiv*). Schreiben Kessler/Eisenbruch an P. Reusch, 22. 10. 1920; Schreiben L. Kessler an P. Reusch, 20. 10. 1921 (beide *HA/GHH* 300193011/0 bzw. 2).

[66] E. Schenck, *Das Werk Carl Schenck...*, S. III 99−110, IV 43−69. Sitzungen der Beauftragten am 9. 6. 1920, 20. 9. 1921. Schreiben Dr. Büchner an Berndt, 2. 7. 1920 (alle *Schenck-Archiv*).

[67] Quellen: Protokolle der AR-Sitzungen und Unterlagen zu den AR-Sitzungen 1919−1923 (*KHD-Archiv* I/18 und 111.2−2). Vertraulicher Bilanzbericht für 1919/20 (*KHD-Archiv* I/12). Prot. d. Vorstandssitzung am 23. 3. 1920 (*KHD-Archiv* I/24). Schreiben A. Langen an P. Klöckner, 21. 1. 1922 und A. Langen an Rohde, 6. 2. 1922 (*KHD-Archiv* V/18). Prot. d. Vorstandssitzung am 26. 4. 1923 (*KHD-Archiv* I/25).

bankguthaben unterhalten.[68] Die Quellen geben aber nur Einblick in die Gesamtbankguthaben (also einschließlich der Devisen) und dies nur für die Bilanzstichtage. Unter der Annahme, daß die Bewegung der Inlandsbankguthaben derjenigen der Gesamtbankguthaben folgte, ergibt sich ein ähnliches Bild wie bei den anderen Unternehmen: Die Bankguthaben der Gfk betrugen am 30. Juni 1919 GM 67,2 Mio., am 30. Juni 1920 GM 9 Mio., am 30. Juni 1921 GM 23,5 Mio., am 30. Juni 1922 GM 14 Mio. und am 30. Juni 1923 GM 2,2 Mio.; im Oktober 1922 wurde ein größerer inländischer Bankkredit (in Höhe von M 1 Mrd.) in Anspruch genommen.[69]

Der empirische Vergleich zwischen dem Verlauf von inländischen Bankguthaben und Investitionen bestätigt die oben genannte Vermutung der gegenläufigen Entwicklung beider Größen nicht. Bankguthaben (jeweils über den Großhandelspreisindex in Goldmark umgerechnet) und Investitionsentscheidungen und/oder -durchführungen entwickelten sich in der Inflation verhältnismäßig gleichläufig: Bankguthaben und Investitionen waren hoch bis zum Sommer 1919. Die Bankguthaben sanken mit der rascheren Preissteigerung in der zweiten Hälfte 1919 und blieben niedrig bis zum Spätjahr 1920, also bis weit in die Stabilisierungsphase. Die Investitionsbewilligungen in dieser Phase waren in den meisten Fällen verhältnismäßig gering; in jedem Falle lagen Investitionsbewilligungen und investierte Beträge unter den entsprechenden Beträgen des Vorjahres und unter den Durchschnittsinvestitionen der letzten Vorkriegsjahre. Die Bankguthaben stiegen in der zweiten Hälfte der Stabilisierungsphase wie auch nach Eintritt der Preissteigerungswelle im Sommer 1921 und blieben

---

[68] F. Schäffer, *Die Finanzen der Fa. Krupp während der Ruhrbesetzung*, in: *Kriegsdenkschrift. Die Firma Krupp im Weltkrieg und in der Nachkriegszeit 1914–1925*, S. 19 (HA Krupp WA VII f 1081).

[69] Bilanzunterlagen 1918/19–1922/23 (*HA Krupp* WA IV 2434–2438). W. Berdrow, *Die Firma Krupp...*, Bd. 2, *1919–1926*, S. 80 (*HA Krupp* FAH IV E 10). – Über einen bis Anfang 1922 hohen und dann stark sinkenden Anteil der Markguthaben an den gesamten flüssigen Mitteln auch bei den Siemens-Unternehmen berichtet Peter Wulf; die Deutsch-Luxemburgische Bergwerks- und Hütten AG dagegen unterhielt offenbar seit dem Frühjahr 1921 überhaupt keine Markguthaben mehr. Vgl. dazu auch die Schreiben von A. Vögler und M. Haller an C. F. von Siemens vom 6. 9. und 11. 9. 1922, beide abgedruckt bei: G. D. Feldman/H. Homburg, *Industrie und Inflation...*, S. 310–313. Vgl. Peter Wulf, *Hugo Stinnes. Wirtschaft und Politik 1918–1924*, Stuttgart 1979, S. 474f. Wulf stellt aber nicht die Entwicklung der Markguthaben und alternativer Vermögensanlagewerte in absoluten Zahlen dar, so daß seine Angaben zur Diskussion der Geldnachfragetheorie nicht hinzugezogen werden können.

verhältnismäßig hoch bis zum Frühjahr 1922; in diese Zeit fielen die höchsten Investitionsbewilligungen. Ab Frühjahr, vor allem aber mit Eintritt der Hyperinflation im Sommer 1922, fielen die Bankguthaben rasch; seitdem wurden neue Investitionen kaum noch bewilligt, ein großer Teil der vorher geplanten Investitionen wurde nicht durchgeführt.

2. Die Preis- und Gewinnerwartungen

Welche Rolle spielten Preis- und Gewinnerwartungen für die Investitionen (und die Geldnachfrage) der Unternehmer? Wie oben hervorgehoben, krankt die Verwendung von Preiserwartungen bei der Erklärung des Geldanlageverhaltens in den bisherigen Untersuchungen daran, daß die (entscheidungsrelevanten) Preiserwartungen nicht direkt gemessen werden konnten. Hier soll versucht werden, sie direkt und unabhängig von ihren (unterstellten) Ursachen (zum Beispiel der tatsächlichen Preisentwicklung) oder ihren (unterstellten) Wirkungen (reale Kassenhaltung, Investitionen, Kreditaufnahme, Preisbildung) zu beobachten. Zur Kennzeichnung der Erwartungen werden die Äußerungen der an den Geschäftsentscheidungen maßgeblich Beteiligten herangezogen. Auch dieses Vorgehen ist allerdings problematisch und liefert nur grobe Anhaltspunkte: Solche Äußerungen sind spärlich und in unterschiedlicher Zahl überliefert; darüber hinaus ist unsicher, ob diese Äußerungen tatsächlich diejenigen Erwartungen darstellen, die sich in den Entscheidungsvorgängen durchgesetzt haben, da sie überwiegend nur Äußerungen einzelner Personen meist innerhalb der firmen- und verbandsinternen Berichterstattung sind. Diese Schwächen müssen aber in Kauf genommen werden. Auf der anderen Seite liegt in der Heranziehung firmen- und verbandsinterner Meinungsäußerungen neben der Unabhängigkeit der Erwartungsbeobachtung ein weiterer Vorteil: Diese Meinungsäußerungen enthalten vermutlich Erwartungen über diejenigen Preise, deren Entwicklung bei der Entscheidungsfindung für wichtig gehalten wurde. Es fällt auf, daß Preisänderungen auf den unternehmensspezifischen Beschaffungs- und Absatzmärkten als Gegenstand und Erklärungsfaktor der Erwartungsbildung eine weit größere Rolle spielen als die allgemeinen Preisänderungen. Allgemeine Indikatoren, wie inländische Preisindizes oder Devisenkurse, waren in den Augen der Unternehmen offenbar nur von begrenzter Aussagekraft für die generelle Beurteilung der Preisentwicklung auf Beschaffungs- und Absatzmärkten. Größte Aufmerksamkeit schenkte man dagegen der Preisentwicklung der Kostenbestandteile (Rohstoffe, Löhne) und der Entwicklung der Devisenkurse als wichtiger Einflußgröße des Auslandsabsatzes. Meist ist daher von der Kostenentwicklung und von der Valutaentwicklung als Exportfaktor die Rede, wenn Preiserwartungen ausgesprochen werden. Die Beobachtungen zu den Preiserwartungen und deren Beziehungen zu Investitionen und Geldnachfrage lassen sich in drei Punkten zusammenfassen.

1. Im großen und ganzen fielen erwartete und tatsächliche Kostenpreissteigerungen und Markkursverschlechterungen zeitlich zusammen, ebenso die erwartete und die tatsächliche Stabilität von Kosten und Wechselkursen. Aber: die Zeiträume deckten sich nicht genau, die Richtungsänderungen (Frühjahr/Sommer 1920, Sommer/Herbst 1921, Sommer 1922) und die hohen Änderungsraten (ab Frühjahr/Sommer 1919, Oktober/November 1921, ab Sommer 1922) wurden nicht erwartet und hohe (und in der Richtung wechselnde) Änderungsraten wurden von einer hohen Unsicherheit der Erwartungen begleitet. Im einzelnen läßt sich feststellen: a) Von den heftigen Preissteigerungen in der zweiten Hälfte des Jahres 1919 wurde man überrascht; man hatte vorher zum Teil mit Preissenkungen gerechnet.[70] Ab Herbst 1919 rechnete man dann durchweg mit weiteren Preissteigerungen.[71] Die Preissteigerungserwartungen hielten (zum Teil?) bis zum Sommer 1920, also über den Zeitpunkt der Richtungsänderung der allgemeinen Geldwertindizes (März/April 1920) hinaus an.[72] Das

---

[70] Vgl. Generaldirektor Becker (Kalker Maschinenfabrik) auf der a. o. HV des VDMA am 19. 2. 1920. *Zwanglose Mitteilungen des VDMA*, H. 9 (1920), S. 105, 109 (*VDMA-Archiv*). Generaldirektor A. v. Rieppel (M.A.N.) an die Werksdirektionen, 19. 11. 1918 (*WA Nürnberg* 116.1). Schreiben M.A.N. an Syndikat für Dampfturbinen, 28. 3. 1919 (*WA Nürnberg* 303.IV). Prot. der MV des Syndikats für Dampfturbinen am 3. 12. 1919 (*M.A.N. WA Nürnberg* 303.1.II).

[71] Rundschreiben des Bayerischen Industriellen-Verbandes (Rieppel), 10. 11. 1919 (*M.A.N. WA Nürnberg* 03.V): Steigen des Markkurses ausgeschlossen. Prot. der AR-Sitzung der ME am 21. 8. 1919 (Bestand ME, *Daimler-Benz-Archiv*). Vertraulicher Bilanzbericht der Motorenfabrik Deutz für das Jahr 1918/19, wohl Sept. 1919 (*KHD-Archiv* I/33).

[72] Ausarbeitung L. Endres (Finanzchef der M.A.N.) betr. Geldbedarf der M.A.N. vom 18. 5. 1920 (*M.A.N. WA Nürnberg* 151): Preismäßigungen einiger Materialien vielleicht nur vorübergehend. Schreiben A. v. Rieppel (M.A.N.) an Werk Augsburg, 4. 5. 1920 (*WA Nürnberg* 116.I): Kosten werden, wenn auch nicht so rapid, weiter steigen. Prot. der AR-Sitzung der Motorenfabrik Deutz am 26. 7. 1920 (*KHD-Archiv* I/18): Weitere Rohstoffteuerung nicht ausgeschlossen.

kann mit einer normalen Verzögerung der Erwartungsanpassung erklärt werden, aber ebenso gut damit, daß die Unternehmen ihre Preiserwartungen eben an den Kostensteigerungen orientierten und Löhne und Rohstoffpreise bis Mai/Juni 1920 noch stiegen. b) Im Laufe des zweiten Halbjahres 1920 setzte sich dann die Erwartung stabiler und sinkender Preise durch.[73] Die stabilen Preiserwartungen hielten sich zum Teil bis in die zweite Jahreshälfte 1921, also (infolge Ausrichtung der Erwartungen an den etwas länger stabil bleibenden spezifischen Beschaffungspreisen?) wiederum etwas über den Zeitpunkt der Richtungsänderung der allgemeinen Geldwertindizes hinaus.[74] c) Im Laufe des zweiten Halbjahres 1921 stellte man sich wieder auf – allerdings langsam – steigende Preise ein.[75] Von den heftigen Preissteigerungen im Oktober/November 1921 wurden die Unternehmen überrascht.[76] Valutasturz und Preiswelle vom November 1921 lösten kurzfristig höhere Preiserwartungen, vor allem aber eine gesteigerte Erwartungsun-

[73] L. Endres in Vorstandssitzung der M.A.N. am 7./8. 6. 1920 (*WA Augsburg* 1313): Für später wieder billigerer Rohstoffeinkauf erwartet. F. Urbig (Direktor der Disconto-Gesellschaft) in der AR-Sitzung der M.A.N. am 3. 11. 1920 (*WA Augsburg* Handakten A 11. 6.): 1921 kommt Preisabbau. Rundschreiben Nr. 113 der ME vom 21. 7. 1920 (Bestand ME 00.0501.021, *Daimler-Benz-Archiv*): Preisabbau steht bevor. E. Schenck, *Das Werk Carl Schenck...*, S. III 102: Sept. 1920 Wiedererstarken der Mark erwartet.

[74] Langfristig fallende Preise bzw. höhere Markbewertung vermuteten Gustav Krupp von Bohlen und Halbach (Schreiben an AR vom 18. 1. 1921; *HA Krupp* FAH IV C 95) und L. Endres, M.A.N. (Ausarbeitung vom 8. 4. 1921 betr. Gewinne und Dividenden der Aktiengesellschaft; *M.A.N. WA Augsburg*, Nachl. R. Buz 109). Ausarbeitung Buchler (M.A.N.) über die Weiterentwicklung der Lastwagenwerke, 29. 3. 1921 (*WA Augsburg*, Nachl. R. Buz 171): Mit Rückgang der Preise zu rechnen. E. Schenck, *Das Werk Carl Schenck...*, S. III 79, 90: 1921 Glaube an Stabilisierung.

[75] Bericht vom 6. 7. 1921 für den AR der M.A.N. (*WA Nürnberg* 131.2): Wiederanziehen der Rohmaterialpreise befürchtet. Rundschreiben L. Endres vom 9. 8. 1921 an die Werke der M.A.N. (*WA Augsburg*, Nachl. R. Buz 105): Gestehungskosten steigen bis Anfang Winter um 20%. Ausarbeitung Wiedfeldt (Krupp) vom 10. 9. 1921 (*HA Krupp* WA IV 1432): Fortschreitende Markentwertung und Kostenerhöhung für das nächste halbe Jahr erwartet.

[76] F. Weber, *Vertragserfüllung bei Festpreisgeschäften*, in: *Maschinenbau/Wirtschaft*, 2. Jg., H. 4 vom 25. 11. 1922, S. 127 f.: Sprunghafte Valutaentwicklung im November 1921 vom Durchschnitt der deutschen Geschäftswelt nicht vorausgesehen. Dr. Tetens (VDMA), *Verwendung von Preisvorbehaltsklauseln im Maschinenbau*, Vortrag auf der a. o. MV der VDMA am 23. 11. 1921. *Zwanglose Mitteilungen des VDMA*, H. 1 (1922), S. 13–15 (*VDMA-Archiv*): Valutasturz vom November 1921 auch von gewitzten Geschäftsleuten nicht vorsehbar. E. Schenck, *Das Werk Carl Schenck...*, S. III 90 f.

sicherheit aus.[77] Eine durch sprunghafte Preis- und Wechselkursänderungen in beiden Richtungen genährte, gesteigerte Erwartungsunsicherheit blieb das Merkmal des restlichen Inflationsabschnitts. Nach Eintritt der Markbesserung im Dezember 1921, im Verlaufe langsamer Kostenpreissteigerungen vom Dezember 1921 bis März 1922 und genährt durch die Reparations- und Anleiheverhandlungen der Reichsregierung im Frühjahr 1922 überwogen vermutlich die Erwartungen von zwar stetigen, aber nicht sprunghaften Preissteigerungen.[78] Ab Mitte 1922 finden sich keine Äußerungen mehr, die auf eine kurz- oder mittelfristige Erwartung stabiler Preise und Wechselkurse schließen lassen. Die wenigen überlieferten Prognosen vermuten weitere Preissteigerungen, betonen aber auch stark die Unsicherheit der Entwicklung;[79] außerdem sind die Preissteigerungsraten, wie erwähnt, offenbar nicht in der dann eingetretenen Höhe erwartet worden.

2. Die beschriebenen (Kosten-)Preiserwartungen liefen nicht parallel zu den Gewinnerwartungen. Die Erwartung steigender/stabiler (oder sinkender) Beschaffungspreise deckte sich nicht mit der Erwartung steigender/stagnierender (oder sinkender) Umsätze und/oder

---

[77] Korrespondenz zwischen den Werken Augsburg und Nürnberg der M.A.N. vom 7. und 9. 11. 1921 (*WA Augsburg*, Unternehmen IX 1 c/d): Uneinigkeit in den Preiserwartungen. Bericht für die AR-Sitzung der M.A.N. am 18. 11. 1921 (*WA Augsburg* 1312): Kurzfristiger Preisschub erwartet. Unterlagen zur AR-Sitzung der Gasmotorenfabrik Deutz am 6. 12. 1921.

[78] Vgl. F. Weber, *Vertragserfüllung...*, S. 127f. Prot. der Vorstandssitzung der M.A.N. am 19. 1. 1922 (*WA Augsburg* 1313). L. Endres (M.A.N.): Spezialbericht für die Vorstandssitzung der M.A.N. am 14. 2. 1922 (*WA Nürnberg* 131.3c). – Langfristig wurde immer wieder, so auch in diesem Zeitabschnitt, auch eine Stabilisierung der Währung für möglich gehalten. Vgl. etwa die Äußerungen Gustav Krupps von Bohlen und Halbach vor den Werksjubilaren am 19. 2. 1922 (nach W. Berdrow, *Die Firma Krupp...*, S. 74). Vgl. auch W. Prion, *Kreditpolitik...*, S. 49f. Ernst von Borsig erwartete im Mai 1922 eine Besserung des Markkurses und damit den Zusammenbruch der Ausfuhrkonjunktur, vgl. Ernst von Borsig, *Zukunftsaufgaben des deutschen Maschinenbaus. Ansprache auf der MV des VDMA am 12. 5. 1922*, in: *Maschinenbau/Wirtschaft*, 1 (1922), H. 4 vom 27. 5. 1922, S. 255.

[79] Geschäftsbericht der M.A.N. für den AR vom 1. 8. 1922 (*WA Nürnberg* 131.3). Geschäftsbericht für den Vorstand der M.A.N. vom 27. 9. 1922 (*WA Augsburg* 1312). Bericht für die AR-Sitzung der ME am 30. 10. 1922 (Bestand ME, Aufsichtsrat, Unterlagen für die Protokolle, Bd. III, *Daimler-Benz-Archiv*). Unterlagen für die AR-Sitzung der Motorenfabrik Deutz am 23. 10. 1922 (*KHD-Archiv* 111.2-2): Selbstkostenentwicklung ganz unübersichtlich. Schreiben Bruhn (Mitglied des Direktoriums der Fried. Krupp AG) an Gustav Krupp, 1. 8. 1922 (*HA Krupp* FAH IV C 199). E. Schenck, *Das Werk Carl Schenck...*, S. III 104: Ausmaß der Geldentwertung 1923 wurde im Herbst 1922 nicht vorhergesehen.

Investitionsbedingungen

Absatzpreise. Zeugnisse positiver Gewinnerwartungen sind aus den Monaten überliefert, in denen auch stabile oder zumindest nicht sprunghaft steigende Beschaffungspreise (und scharf fallende Markkurse) erwartet wurden, das heißt von Ende 1920 bis Herbst 1921 und auch noch in den ersten Monaten des Jahres 1922.[80] Für die Zeitabschnitte, in denen raschere Beschaffungspreissteigerungen nicht ausgeschlossen wurden und/oder eine gesteigerte Erwartungsunsicherheit bestand, also Herbst 1919 bis Sommer 1920, November/Dezember 1921 und ab Frühjahr/Sommer 1922, fehlen Äußerungen positiver Gewinnerwartungen. Vielmehr wurden in diesen Monaten eher negative Zukunftsaussichten ausgesprochen.[81] Sie beruhen zum Teil darauf, daß Schwierigkeiten in der Anpassung der Absatz- an die Beschaffungspreise erwartet wurden (auf die Erfahrungsgrundlage dieser Erwartung wird später noch eingegangen werden), zum Teil darauf, daß – aus verschiedenen Gründen – der Umsatz zurückzugehen schien. Rückläufige Absatzerwartungen (zumindest kurzfristiger Art) waren im zweiten Halbjahr 1919 und Ende 1921 angesichts hoher Auftragsbestände vielleicht weniger die Ursache für skeptische Gewinnerwartungen. Sie spielten aber eine wichtige Rolle bei der Entstehung negativer Gewinnerwartungen ab Sommer 1922. Im Laufe des zweiten Halbjahres 1922 begann man, trotz zunächst hoher Auf-

---

[80] Geschäftsbericht der M.A.N. für 1919/20, 24. 11. 1920 (*WA Augsburg* 1311): Jetzt wieder Exporte, da wieder bessere Preisbestimmung möglich. Bericht vom 6. 7. 1921 für den AR der M.A.N. (*WA Nürnberg* 131.2): Trotz zu befürchtender Preiserhöhung für Rohmaterialien wird sich die Liquidität in den nächsten Monaten weiter bessern. Prot. d. AR-Sitzung der ME am 8. 3. 1921 (Bestand ME, *Daimler-Benz-Archiv*): Amortisation der Kranbauwerkstatterweiterung in einem Jahr erwartet. Schreiben A. Langen (Generaldirektor von Deutz) an P. Klöckner, 21. 1. 1922 (*KHD-Archiv* V/18): Ab März 1922 wieder Gewinne erwartet. Schreiben P. Klöckner an Grauenhorst (Lothringer Hüttenverein), 4. 4. 1922 (*Klöckner-Archiv*, Bestand Humboldt-Deutzmotoren 9): Deutz erwartet ab April 1922 monatlich einen Umsatz von M. 40–45 Mio. und einen Gewinn von M. 10 Mio. – Allerdings wurden auch im Sommer/Herbst 1920, als zunehmend Preisstabilisierung erwartet wurde, die Gewinnaussichten schlecht beurteilt.

[81] Vgl. für das 2. Halbjahr 1919: Denkschrift Wiedfeldt (Krupp) vom Oktober 1919 (*HA Krupp* WA IV 1417). Bericht A. v. Rieppel (M.A.N.) vom 2. 9. 1919 für den AR der M.A.N. (*WA Nürnberg* 131.2): Deutschland wird wirtschaftlich zusammenbrechen. – Für das Spätjahr 1921 vgl. den Bericht für die AR-Sitzung der M.A.N. am 18. 11. 1921 (*WA Nürnberg* 131.2): Schwächung der Liquidität erwartet. Unterlagen für die AR-Sitzung der Motorenfabrik Deutz am 6. 12. 1921 (*KHD-Archiv* 111.2-2): „Alles (d.h., Die Kosten, Lb.) im Sturm nach oben. Ob mit Preisen mitkommen fraglich." – Für die Monate ab Sommer 1922, siehe oben Anm. 79.

tragsbestände, mit den Kostensteigerungen auch Geldknappheit und Nachfragerückgang zu erwarten.[82]

Obwohl die Unternehmen (spezifische) Beschaffungs- und Absatzpreiserwartungen voneinander unterschieden, werden im weiteren Verlauf dieser Arbeit Beschaffungspreis- und Absatzpreiserwartungen der Unternehmen in den meisten Fällen in Angaben über „die" Preiserwartungen der Unternehmen zusammengefaßt. Dies ist insofern berechtigt und zweckmäßig, als Beschaffungspreis- und Absatzpreiserwartungen sich im allgemeinen in gleicher Richtung bewegten. Der Unterschied zwischen beiden bestand lediglich darin, daß die erwarteten Beschaffungspreissteigerungen höher als die erwarteten Absatzpreissteigerungen waren und daß die Wende zur Preissenkung bei den Absatzpreisen früher als bei den Beschaffungspreisen erwartet wurde. Daraus resultierte die Erwartung verhältnismäßig niedriger Gewinne oder von Verlusten bei gleichzeitigen Preissteigerungserwartungen. Wenn also im Folgenden von den Preiserwartungen der Unternehmen die Rede ist, so soll damit die Gleichrichtung von Beschaffungspreis- und Absatzpreiserwartungen angedeutet werden; die unterschiedlichen Erwartungen der Höhe der Beschaffungs- und Absatzpreise und die unterschiedlichen Wendepunkterwartungen bleiben davon unberührt.

3. Ein Vergleich der Erwartungsentwicklung mit der zeitlichen Verteilung der Investitionen zeigt, daß die vergleichsweise hohen Investitionsentscheidungen in die Zeit verhältnismäßig stabiler, nicht aber in die Perioden verhältnismäßig hoher und/oder sehr unsicherer Preiserwartungen (Herbst 1919 bis Frühjahr 1920, ab Sommer 1922)

---

[82] Schreiben P. Reusch an R. Buz (Vorstandsvorsitzender der M.A.N.), 23. 7. 1922 (*WA Augsburg*, Nachl. R. Buz 184/2): Allgemeine Geldknappheit wird zu einer starken Auftragseinschränkung führen. Schreiben P. Reusch an L. Kessler (Vorstandsvorsitzender der ME), 25. 7. 1922 (*GHH-Archiv* 300193011/2). Bemerkungen L. Endres (M.A.N.) vom 28. 10. 1922 zur Jahresrechnung der M.A.N. 1921/22 (*WA Augsburg* 1312): Fraglich, ob die Käufer die bestellten Maschinen noch bezahlen können. Bericht für die AR-Sitzung der ME am 30. 10. 1922 (Bestand ME, *Daimler-Benz-Archiv*): Auftragsrückgang bei weiter steigenden Kostenpreisen vermutet. Schreiben Bruhn (Krupp) an Gustav Krupp vom 1. 8. 1922 (*HA Krupp* FAH IV C 199): Weitere Preissteigerungen und Kreditnot erwartet. Schreiben A. Langen (Deutz) an Moos (Geschäftsführer der Motorenfabrik Oberursel), 27. 7. 1922 (*KHD-Archiv* V/20): Beschäftigung im Bau von schnellaufenden Motoren nach Oktober 1922 bedenklich. Unterlagen zur AR-Sitzung der Motorenfabrik Deutz am 23. 10. 1922 (*KHD-Archiv* 111.2-2): Gewaltige finanzielle Anspannung, unübersichtliche Kostenentwicklung und Ausbleiben des Inlandsabsatzes erwartet.

fielen.[83] Die umfangreichen Investitionsbewilligungen im November 1921 (M.A.N., Esslingen und andere) lagen am Ende einer Periode, in der mit stabilen beziehungsweise nur langsam ansteigenden Preisen gerechnet wurde, diejenigen der ersten Monate des Jahres 1922 (Deutz, Krupp) in einer Zeit, in der man teilweise (nicht zum Beispiel bei M.A.N.) wieder eine ruhigere Preisentwicklung erwartete; ein großer Teil dieser Bewilligungen (M.A.N., Deutz) wurde aber, wie erwähnt, später – als raschere Preissteigerungen nicht ausgeschlossen wurden – zurückgestellt.

3. Die Gewinne

In welchem Umfang war es den Unternehmen möglich, Investitionen aus den Erlösen der Inflationsjahre zu finanzieren? Wie hoch waren die Gewinne und welchen Einfluß hatte der Umfang der Gewinne auf die Investitionsneigung? Die Auffassungen über die Höhe der Inflationsgewinne ist geteilt. Einige Historiker der jüngsten Zeit neigen der Vermutung zu, daß die Gewinne hoch und investitionsfördernd gewesen seien.[84] Insbesondere Vertreter der Betriebswirtschaftslehre und Fachschriftsteller der 1920er Jahre waren dagegen der Meinung, daß die ausgewiesenen Gewinne zum großen Teil Scheingewinne gewesen seien und die Unternehmen Substanzverluste erlitten hätten.[85] Scheingewinne sind dabei diejenigen Gewinnbestandteile, die tatsächlich zur Wiederbeschaffung der verbrauchten Kostengüter notwendig

---

[83] Für die Behauptung von Joan Robinson (Besprechung von C. Bresciani-Turroni, *The Economics of Inflation* (1937), in: *Economic Journal*, Vol. 48 [1938], S. 511), 1923 sei die Erwartung steigender Preise so stark gewesen, daß die Unternehmen sich auch durch hohe Zinssätze nicht von Investitionen hätten abbringen lassen, finden sich bei den hier untersuchten Unternehmen keine Belege.

[84] Vgl. etwa K. Laursen/J. Pedersen, *The German Inflation...*, S. 81–85. Manfred Nussbaum, *Unternehmenskonzentration und Investstrategie nach dem ersten Weltkrieg*, in: *Jahrbuch für Wirtschaftsgeschichte*, (1974), T. 2, S. 51–67. K. Hardach, *Wirtschaftsgeschichte...*, S. 28. Agnete von Specht, *Politische und wirtschaftliche Hintergründe der deutschen Inflation 1918–1923*, Frankfurt/M. 1982, S. 35, 102, 148.

[85] Vgl. etwa Willi Prion, *Die Finanzpolitik der Unternehmung im Zeichen der Scheingewinne*, 2. Aufl., Jena 1922, S. 84. Eugen Schmalenbach, *Die steuerliche Behandlung der Scheingewinne*, 2. Aufl., Jena 1922, S. 9. Wilhelm Kalveram, *Goldmarkbilanzierung und Kapitalumstellung*, 2. Aufl., Berlin-Wien 1925, S. 141 f. Georg Bernhard, *Weisheit der Wirtschaft*, in: *Plutus* vom 15. 2. 1922. Henry Behnsen/Werner Genzmer, *Unzureichende Abschreibungen, Scheingewinne und Substanzverluste*, Leipzig 1929, S. 37 f.

sind; Substanzverluste sind diejenigen Teile der Einsatzgüter, die verbraucht, deren Wiederbeschaffungswerte aber nicht verdient, weggesteuert oder ausgeschüttet worden sind. Scheingewinne und Substanzverluste entstehen, wenn die Absatzpreise unter den Wiederbeschaffungspreisen der Einsatzgüter liegen; ihre Höhe kann dabei die Differenz von Anschaffungs- und Wiederbeschaffungspreisen der Einsatzgüter erreichen.

Wie läßt sich die Frage nach der Höhe der tatsächlich entstandenen Gewinne entscheiden? Seit der Inflation nach dem Ersten Weltkrieg sind in der Betriebswirtschaftslehre mehrere Verfahren zur Messung von Scheingewinnen entwickelt und gerade in jüngster Zeit wieder zunehmend diskutiert worden.[86] Von den drei meisterörterten Verfahren messen die Nettosubstanzrechnung und die reale Geldkapitalrechnung die Scheingewinne, die eventuell an Teilen des Vermögens beziehungsweise des Kapitals (nämlich am Sachanlagevermögen beziehungsweise am Eigenkapital) entstanden sind; die Bruttosubstanzrechnung mißt dagegen die Scheingewinne, die eventuell am gesamten Vermögen (also auch am Umlaufvermögen) entstanden sind. Mit den beiden ersten Verfahren soll sichtbar gemacht werden, welche Gewinnbeträge zur Erhaltung des eigenfinanzierten Vermögens notwendig sind; man geht davon aus, daß die darüber hinausgehenden Gewinnbestandteile ausschüttungsfähig sind. Die Bruttosubstanzrechnung beruht dagegen auf dem Gedanken, daß nur diejenigen Gewinnbestandteile ausgeschüttet werden dürfen, die nach Erhaltung des eigen- und fremdfinanzierten Vermögens noch vorhanden sind. Mit den einzelnen Verfahren sind eine Reihe von Problemen verbunden (Gedanke der identischen Güterreproduktion bei der Nettosubstanzrechnung, Berücksichtigung nicht realisierter Schuldnergewinne und Gläubigerverluste bei der realen Geldkapitalrechnung und anderes), die hier nicht diskutiert werden sollen. Die Anwendung der genannten Erhaltungsrechnungen auf die Inflationsbilanzen der Jahre

---

[86] Vgl. z. B. Eugen Schmalenbach, *Die steuerliche Behandlung...* (dort insbes. der Anhang: *Geldwertausgleich in der Bilanzmäßigen Erfolgsrechnung*). Ders.: *Finanzierungen*, 3. Aufl., Leipzig 1922, S. 18–48. Fritz Schmidt, *Die organische Tageswertbilanz*, 3. Aufl., Leipzig 1929. Willi Koll, *Inflation und Rentabilität. Eine theoretische und empirische Analyse von Preisschwankungen und Unternehmenserfolg in den Jahresabschlüssen deutscher Aktiengesellschaften*, Wiesbaden 1979. Thomas Schildbach, *Geldentwertung und Bilanz*, Düsseldorf 1979. Otto H. Jacobs/Ulrich Schreiber, *Betriebliche Kapital- und Substanzerhaltung in Zeiten steigender Preise*, Stuttgart 1979.

1919 bis 1923 wird jedoch durch spezielle, in den Quellen liegende Schwierigkeiten eingeengt:
- In der Nettosubstanzrechnung wird der mögliche Scheingewinn als Differenz zwischen den Jahresabschreibungen auf die Anschaffungspreise und den Jahresabschreibungen auf die Wiederbeschaffungspreise der Sachanlagen ermittelt. Ein erstes Anwendungsproblem besteht hier darin, daß Zusammensetzung, Anschaffungsjahr und Nutzungsdauer der Anlagegüter für die Inflationsjahre nicht bekannt sind und damit die Abschreibungen weder zu Anschaffungs- noch zu Wiederbeschaffungskosten korrekt ermittelt werden können. Hilfsweise können indessen die Bilanzabschreibungen des letzten Friedensjahres oder des ersten Nachkriegsjahres als Normalabschreibungen zu Goldmarkpreisen angenommen und etwa mittels Großhandelspreisindex (Jahresdurchschnitte; 1913 = 1) in die jeweils notwendigen Abschreibungen zu Wiederbeschaffungspreisen umgerechnet werden. Die zweite Schwierigkeit schränkt die Anwendung des Verfahrens in höherem Maße ein: Scheingewinne (Substanzgewinne) entstanden den Unternehmen in dem Ausmaß, in dem die tatsächlichen unter (über) den normalen Abschreibungen (beide in gleichen Werten, Goldmark oder Inflationsmark, gemessen) lagen. Den veröffentlichten Geschäftsberichten können aber nur Teile der tatsächlich vorgenommenen nominellen Abschreibungen, die üblichen Bilanzabschreibungen und die Errichtung und Erhöhung von speziellen Werterhaltungskonten entnommen werden. Ein Vielfaches der Bilanzabschreibungen machten jedoch die – nach § 59a der Reichseinkommensteuer-Novelle vom 24. März 1921 teilweise steuerfreien – „Überteuerungskosten" von Neuanlagen aus (vgl. die Spalten 1 und 2 der Tabelle 3), welche die Unternehmen vor der Bilanzziehung auf Betriebsausgaben abbuchten, die aber ein Teil der Gesamtabschreibungen waren. Diese Überteuerungsabschreibungen sind nur noch bei drei der hier untersuchten Unternehmen (M.A.N. Werk Augsburg, Maschinenfabrik Esslingen, Gußstahlfabrik Essen) aus den firmeninternen Bilanzunterlagen erfaßbar.
- Die Bruttosubstanzrechnung mißt neben den Scheingewinnen an den Anlagegegenständen diejenigen an den Vorräten. Scheingewinne (Substanzgewinne) entstanden den Unternehmen hier in dem Ausmaß, in dem die Vorräte am Ende einer Periode real unter (über) den Beständen am Anfang der Periode lagen. Ein Vergleich der nominellen Vorratswerte zweier aufeinander folgender Infla-

tionsbilanzen (wobei die Vorratswerte der Anfangsbilanz mit der jährlichen Preissteigerungsrate inflationiert werden) läßt jedoch nur schwer einen Schluß auf die Höhe der Scheingewinne zu, da Zusammensetzung und Bewertungsmaßstäbe der Vorräte nicht in allen Perioden gleich waren und da die in die Vorräte gelegten stillen Reserven in den Bilanzen nicht sichtbar sind. Die stillen Reserven in den Vorräten wurden von den Unternehmen als Schutz gegen die Markentwertung betrachtet.[87] Sie hatten einen wechselnden, aber wohl immer großen Umfang, über den jedoch in den überlieferten Bilanzunterlagen nur vereinzelte Angaben (durchgehend nur für Esslingen) vorliegen.

– In einer einfachen Form der realen Geldkapitalrechnung wird das Eigenkapital am Anfang einer Periode mit der Preissteigerungsrate der Periode inflationiert. In Höhe der Differenz zwischen anfänglichem und inflationiertem Eigenkapital ist der Periodengewinn Scheingewinn; substantieller Periodenerfolg ist nur der die Kaufkrafterhaltung des Eigenkapitals am Periodenende überschießende Gewinnbetrag. Der unbereinigte Periodenerfolg ist jedoch in den meisten Fällen nicht zu ermitteln: Er ist nicht identisch mit den ausgewiesenen Bilanzgewinnen. Diesen müssen vielmehr (neben der Veränderung der offenen Rücklagen) die vor der Bilanzziehung abgebuchten Überteuerungskosten der Neuanlagen sowie die Erhöhungen der stillen Reserven an den Vorräten hinzugefügt werden. Vor allem die Erhöhung der stillen Reserven in den Vorräten macht ein Vielfaches der ausgewiesenen Bilanzgewinne aus;[88] gerade sie ist aber den Quellen nur vereinzelt zu entnehmen.

Hier soll die Nettosubstanzrechnung verwendet werden, weil sich die für sie notwendigen Daten (vor allem die gesamten tatsächlichen Abschreibungen) immerhin bei drei der Unternehmen ermitteln lassen; außerdem dient sie besser als die anderen Erhaltungsrechnungen dem hier vorrangigen Ziel der Investitionserklärung, indem sie die zur Investitionsfinanzierung aus den Periodenerlösen zur Verfügung gestellten Beträge sichtbar macht. In TABELLE 3 werden für M.A.N.

---

[87] Vgl. Prot. d. Verhandlungen der Fried. Krupp AG mit dem Finanzamt Essen am 18. 9. 1923 (*HA Krupp* WA IV 1405). 1921/22 waren nur 50% der Vorräte, 1922/23 noch weniger in der Bilanz aktiviert.

[88] Bei der Maschinenfabrik Esslingen erreichte die Zuführung zu den stillen Reserven in den Vorräten 1919 den 17fachen, 1920 den 6fachen, 1921 den 7fachen und 1922 den 12fachen Betrag der ausgewiesenen Bilanzgewinne. Quelle: Revisionsberichte des Aufsichtsrats 1919, 1920, 1922 (Bestand ME, *Daimler-Benz-Archiv*).

Werk Augsburg, die Maschinenfabrik Esslingen und die Gußstahlfabrik Essen der Fried. Krupp AG normale und tatsächlich vorgenommene Abschreibungen real miteinander verglichen, Minder- oder Mehrabschreibungen festgestellt, die Bilanzgewinne um Scheingewinne oder Scheinverluste (Substanzgewinne) korrigiert und die bereinigten Gewinne den Gewinnausschüttungen gegenübergestellt; Bilanzgewinne und Dividendenbeträge werden auch für die anderen Unternehmen aufgeführt. Ein Vergleich der TABELLEN 2 und 3 gibt darüber hinaus weitere Hinweise zur Beurteilung und Erklärung der Inflationsinvestitionen.

Die Berechnung von Minder- oder Mehrabschreibungen und Scheingewinnen hat insofern fiktiven Charakter, als über den tatsächlichen Anlagenbestand und damit die Normalabschreibungen der Inflationsjahre nur Vermutungen angestellt werden können. Als Normalabschreibung und damit als Vergleichsmaßstab für die tatsächlichen Abschreibungen der Inflationsjahre sind hier – ungeachtet der Anlagenentwicklung während des Krieges – die Normalabschreibungen des letzten Friedensjahres angenommen worden. Die Kenntnis der Normalabschreibung des Jahres 1913/14 ermöglicht allerdings nicht ohne weiteres einen Vergleich der Inflationsinvestitionen mit dem Erhaltungsbedarf der Friedenszeit, da die Normalabschreibungen den Substanzverzehr beziehungsweise Erhaltungsbedarf in der Friedenszeit möglicherweise überschritten. Die Fachliteratur vermutet im bilanzierten Sachanlagevermögen der deutschen Unternehmen vor 1914 erhebliche stille Reserven. Solche stillen Reserven sind zum Teil (wie etwa bei Krupp und der Gasmotorenfabrik Deutz) durch außerordentliche Abschreibungen angelegt worden. Zum Teil mögen sie aber auch durch überhöhte ordentliche Abschreibungen entstanden sein, so auch in den hier untersuchten Unternehmen, obwohl diese zum Beispiel Werkgebäude und Maschinen nur zu den üblichen Sätzen von 5 % beziehungsweise 10 % auf den Buchwert abschrieben. Die durch die normalen Abschreibungen eventuell hervorgerufenen Veränderungen der stillen Reserven im Sachanlagevermögen sind aber in ihrer Höhe nicht meßbar; sie können daher in der Scheingewinnberechnung nicht berücksichtigt werden. Dazu tritt eine Überlegung, die schon oben angestellt wurde: Die ordentlichen Abschreibungen der Vorkriegsjahre mögen den Erhaltungsaufwand übersteigen, wenn man ihn am Buchwert der Anlagen mißt; sie tun dies aber sicher nicht, wenn man dem Erhaltungsaufwand den tatsächlichen Umfang des Anlagevermögens (einschließlich der stillen Reserven) zugrunde legt.

Bei Werk Augsburg der M.A.N. war der normale Abschreibungsbedarf (Buchwertabschreibungen von 5% auf Werksgebäude, 10% auf Geleise, 10% auf Maschinen, 15% auf elektrische Einrichtungen und 2% auf Wohngebäude[89]) im letzten Friedensjahr und in den Nachkriegsjahren offenbar etwa gleich hoch (zwischen GM 800 000 und 840 000). Bei der Maschinenfabrik Esslingen lag der Erhaltungsbedarf der Nachkriegsjahre – nach den erheblichen Investitionen in den Kriegsjahren (siehe TABELLE 2) – sicher über den ordentlichen Abschreibungen (Buchwertabschreibungen von 10% auf Maschinen und Einrichtungen, 3% auf Gebäude, 5% auf Tiefbau[90]) von GM 900 000 auf die Anlagen des letzten Friedensjahres; die Scheingewinne werden dadurch eher zu niedrig berechnet. Die Gußstahlfabrik Essen der Fried. Krupp AG hat 1928/29 ihre Sachanlagen buchmäßig in etwa auf die Vorkriegswerte zurückgeführt. Die Vorkriegsabschreibungen setzten sich regelmäßig aus ordentlichen und außerordentlichen Bilanzabschreibungen zusammen. Die ordentlichen Abschreibungen deckten dabei aber offenbar nur einen Teil des erforderlichen Erhaltungsaufwandes. Der hier zugrundegelegte normale Abschreibungsbedarf auf Vorkriegsanlagen setzt sich daher aus den ordentlichen Abschreibungen und demjenigen Teil der außerordentlichen Abschreibungen zusammen, um den die ordentlichen Abschreibungen hätten erhöht werden müssen, wenn keine außerordentlichen Abschreibungen getätigt worden wären.[91]

---

[89] Vgl. Bilanzunterlagen der M.A.N. 1913/14–1920/21 (*WA Nürnberg* 153.1).

[90] Die Sätze der ordentlichen Abschreibungen der hier untersuchten Unternehmen vor dem 1. Weltkrieg waren nicht ganz, aber in etwa gleich. Die Gasmotorenfabrik Deutz, für die ebenfalls Angaben vorliegen, schrieb 1913/14 Gebäude mit 5%, Maschinen mit 10% und elektrische Anlagen mit 20% ab (Vertrauliche Bilanzberichte 1913/14; *KHD-Archiv* I/30).

[91] Dieser Beurteilung der Anlageabschreibungen und auch der Berechnung des normalen Abschreibungsbedarfs 1913/14 liegt – neben den Bilanzunterlagen 1913/14 – eine firmeninterne Studie (Müller) vom 10. 10. 1924 betr. Neueinschätzung der zur Gfk gehörigen Immobilien zugrunde (*HA Krupp* WA IV 3315). – Wenn die Bilanzabschreibungen (PM) der Gfk (oder nur ein Teil von ihnen, da auch sie z.T. außerordentliche Abschreibungen enthielten) 1919/20–1921/22 (vgl. Spalte 1 der TABELLE 3) den im Unternehmen errechneten Erhaltungsbedarf (in GM) bedeuten, so hat das Unternehmen den Erhaltungsbedarf nach dem Kriege geringer eingeschätzt als vor diesem; das mag dann darauf zurückzuführen sein, daß nach dem Kriege der noch vorhandene (d.h. nicht demontierte) Maschinenpark in höherem Maße veraltet und daher weiter abgeschrieben war.

Die Beobachtungen über Abschreibungen, Gewinne und Investitionsverhalten der Unternehmen, die anhand der TABELLEN 2 und 3 sowie weiterer Archivalien angestellt werden können, sollen in drei Punkten zusammengefaßt werden.

1. Die aus den Periodenerlösen vorgenommenen realen Abschreibungen waren in der Mehrzahl der Jahre niedriger als der normale Abschreibungsbedarf (vgl. die Minusbeträge in Spalte 5, TABELLE 3). In diesen Fällen waren die in den Bilanzen ausgewiesenen Gewinne teilweise oder ganz Scheingewinne. Häufig wurde nach Abzug der Scheingewinne aus dem Bilanzgewinn ein Bilanzverlust (vgl. Minusbeträge in Spalte 7, bei positiven Beträgen in Spalte 6, TABELLE 3), während Mehrabschreibungen (Scheinverluste) nur in wenigen Fällen (Augsburg 1918/19 und 1920/21, Esslingen 1920 und 1921, Gfk 1920/21) den Bilanzgewinn erhöhten beziehungsweise den Bilanzverlust verminderten. Bei der Gfk erhöhten sich die Bilanzverluste in einigen Jahren noch durch die Scheingewinne. Die Gfk konnte ihre Bilanzverluste 1919/20 bis 1921/22 durch die Gewinnzuführungen aus den Konzernwerken, vor allem der Friedrich-Alfred-Hütte, mehr als ausgleichen (vgl. die Werte in runden Klammern in den Spalten 6 und 8, TABELLE 3), so daß Substanzverluste in diesen Jahren nur 1921/22 auftraten. Aber die Betriebsverluste der Gfk können erklären helfen, warum in den Gfk-Betrieben in den Inflationsjahren eher auf Produktion als auf Investition gedrängt wurde;[92] die Finanzierungsmittel wären dann objektiv, nicht aber subjektiv verfügbar gewesen.

Durch die Ausschüttung von Dividenden sind den Unternehmen nur in begrenztem Umfang Mittel zur Investitionsfinanzierung entzogen worden. Spalte 7 (TABELLE 3) zeigt, daß in Augsburg 1918/19 bis 1920/21, in Esslingen 1920 bis 1922 und bei der Gfk (bei Berücksichtigung der Konzerngewinne) 1919/20 und 1920/21 nach Abzug der

---

[92] Vgl. z. B. den Bericht (Mayer) vom 14. 3. 1932 (im Rahmen der *Kriegsdenkschrift*) über die Umstellung der Konstruktionsabteilungen in den Landmaschinenbetrieben nach Kriegsende (*HA Krupp* WA VIIf): Drängen der Direktion auf rasche Produktion von Landmaschinen, ohne daß vorher brauchbare Gußmodelle geschaffen worden waren. Illustrativ ist auch die Mitteilung in demselben Bericht, daß die Direktion – offenbar aus Sparsamkeitsgründen – den Antrag auf den Kauf von zwei Milchkühen zur Gewinnung von Versuchsmilch, die zur Entwicklung von Milchschleudern benötigt wurde, ablehnte. Generell versuchte die Gfk, die Umstellung von der Kriegsgüterproduktion auf den Maschinen- und Apparatebau mit den vorhandenen Maschinen und Arbeitskräften, auch wenn dies unproduktiv war, durchzuführen. Vgl. dazu allgemein W. Berdrow, *Die Firma Krupp...*, Bd. 2, S. 36–63.

Scheingewinne (beziehungsweise Hinzufügung der Scheinverluste) tatsächliche Periodengewinne blieben. Spalte 9 zeigt, daß jeweils nur ein geringer Teil dieser bereinigten Periodengewinne ausgeschüttet wurde. Und auch die Beträge, die trotz Substanzverlusten (also aus dem Vermögen) ausgeschüttet wurden (Augsburg 1919/20, 1921/22; Esslingen 1919, Krupp 1921/22), waren – bis auf Augsburg 1919/20 – verhältnismäßig klein. Der große Unterschied zwischen der Höhe der erzielten und der verteilten nominellen Gewinne (beziehungsweise die Geringfügigkeit der verteilten Gewinne bei Substanzverlusten) ist darauf zurückzuführen, daß die Gewinne im Laufe des jeweiligen Geschäftsjahres entstanden und verwendet werden konnten (und daher mit dem Jahresdurchschnittsindex der Großhandelspreise in Goldmark umgerechnet werden müssen[93]), während die Dividenden mehrere Monate nach Ablauf des jeweiligen Geschäftsjahres ausgeschüttet wurden (und – genau genommen – mit dem Terminindex des Ausschüttungsdatums umgerechnet werden müssen); die Unternehmen erzielten in diesen Fällen Geldentwertungsgewinne.

2. Die Gewinnentwicklung kann – mit Ausnahme des ersten Nachkriegsjahres – ähnlich periodisiert werden wie die Preis- und Gewinnerwartungen.[94] Im Jahr 1918/19 war den Unternehmen (offenbar bis

---

[93] Zur Umrechnung von Gewinnziffern mittels Durchschnittsindex vgl. E. Schmalenbach, *Finanzierungen...*, S. 46.

[94] Quellen zu diesem Abschnitt neben den in den Quellen zu TABELLE 3 genannten: *M.A.N.:* Aufstellung: Produktion (Selbstkosten) und Verrechnungen bis Ende März 1920 (*WA Nürnberg* 131). Bericht vom 5. 7. 1920 über Werk Augsburg (*WA Nürnberg* 151). Schreiben L. Endres an R. Buz, 6. 11. 1920 (*WA Augsburg*, Nachl. R. Buz 136). Kalkulatorische Bilanz für Werk Augsburg zum 31. 3. 1921 (*WA Nürnberg* 153.2). Kalkulatorische Bilanz für Werk Augsburg zum 31. 3. 1922 (*WA Augsburg*, Nachl. R. Buz 136.1). Bemerkungen zur Jahresrechnung 1921/22 vom 28. 10. 1922 (*WA Nürnberg* 131.3). Ausarbeitung L. Endres: Zur Geldlage vom 15. 9. 1922 (*WA Augsburg*, Nachl. R. Buz 250/CI). Bericht für den Vorstand vom 12. 4. 1923 (*WA Nürnberg* 115). – *Maschinenfabrik Esslingen:* Geschäftsberichte 1922, 1923. Prot. AR-Sitzungen vom 6. 11. 1919, 24. 4. 1920, 21. 4. 1921. Bilanzbericht des Vorstandes auf den 31. 12. 1920. Bericht für AR-Sitzung am 30. 10. 1922 (alle Bestand ME, *Daimler-Benz-Archiv*). – *Schenck:* Geschäftsberichte 1918/19–1922/23. E. Schenck, *Das Werk Carl Schenck...*, S. III 64 f., 100–106 (alle *Schenck-Archiv*). – *Motorenfabrik Deutz:* Vertraulicher Bilanzbericht 1919/20 (*KHD-Archiv* I/12). Unterlagen für die AR-Sitzungen am 20. 2. 1922, 1. 5. 1922, 11. 9. 1922, 23. 10. 1922, 13. 1. 1923, 3. 5. 1923 (*KHD-Archiv* 111.2-2). Prot. d. AR-Sitzungen am 28. 6. 1919, 30. 1. 1920, 24. 3. 1920, 17. 5. 1920, 26. 7. 1920 (*KHD-Archiv* I/18). Prot. d. Direktionssitzung am 10. 12. 1923 (*KHD-Archiv* I/24). – *Maschinenbauanstalt Humboldt:* E. Gräsle, *Der Humboldt...*, Bd. 3 S. 80, 85 (*KHD-Archiv.* Geschäftsberichte 1918/19–22/23) (*KHD-Archiv* XII/2). Prot. d. AR-Sitzungen

auf die M.A.N. und Schenck) ein Gewinnausweis beziehungsweise ein verhältnismäßig niedriger Verlustausweis nur durch die Auflösung von vorher für die Übergangswirtschaft gebildeten Reserven möglich. Danach waren die Perioden rasch steigender beziehungsweise schwankender Preise auch Perioden von Verlusten oder niedriger beziehungsweise schwankender Gewinne, während die Perioden stabiler oder nur leicht beziehungsweise stetig ansteigender Preise – zum Teil mit Ausnahme konjunkturschwacher Monate von Frühjahr bis Herbst 1920 – auch die erfolgsstärksten Perioden waren: Für das zweite Halbjahr 1919 (starke Preissteigerungen) berichteten die Unternehmen durchweg über Verlustabschlüsse, für das erste Halbjahr 1920 von nur geringen Gewinnen; die M.A.N. konnte 1919/20 einen Gewinn nur durch Auflösung hoher stiller Reserven ausweisen. Das preisstabile Geschäftsjahr 1920/21 war für alle Unternehmen das erfolgreichste Jahr; Gewinne wurden vor allem im ersten Halbjahr 1921, aber zum Teil auch schon in der zweiten Hälfte 1920 erzielt. Das Geschäftsjahr 1921/22 brachte ebenfalls Gewinne, die aber geringer waren, überwiegend in der zweiten Hälfte des Jahres 1921 erzielt und zum Teil in den Unternehmen selber (M.A.N., Schenck) als Scheingewinne bezeichnet wurden. Im Hyperinflationsjahr 1922/23 wechselten unkalkulierbare Verluste und Gewinne einander bei stark angespannter Liquidität ab; Dividenden wurden (Ausnahme: Schenck) nicht mehr verteilt, auch wenn schließlich geringfügige Bilanzgewinne errechnet wurden.

3. Läßt sich ein Zusammenhang zwischen Investitionsneigung und -höhe einerseits und Gewinnentwicklung andererseits erkennen?

a) Im großen und ganzen stieg/sank die Investitionsneigung mit steigenden/sinkenden Gewinnen.[95] Dies wird aus dem Vergleich der Investitionsziffern (TABELLE 2) mit den Gewinnziffern (Spalten 6 und 7, TABELLE 2) nicht immer sichtbar, weil die Geschäftsjahre zum Teil Zeiträume verschiedenen Geschäftserfolgs und Investitionsverhaltens zusammenfassen und weil die Durchführung von Investitionen sich oft über längere Zeiträume (ebenfalls unterschiedlichen Geschäftserfolgs) erstrecken kann. Aber die Investitionsbewilligungen waren in

---

am 29. 11. 1919, 23. 3. 1920, 26. 4. 1921 (*KHD-Archiv* XII/5,6). Bilanz und Gewinn- und Verlustrechnung, 28. 2. 1921/31. 1. 1922 (*KHD-Archiv* XII/6). Statistische Bilanz, Februar 1922 (*KHD-Archiv* XII/6). – Für *Krupp* fehlen entsprechende Unterlagen.

[95] Bei der Gfk läßt sich keine Regelmäßigkeit erkennen, vielleicht weil hier die Verluste ständig hoch waren.

den Monaten sinkender und/oder stark schwankender Gewinne oder in Verlustmonaten (Mitte 1919 bis Mitte/Herbst 1920; ab Mitte, zum Teil auch schon ab Anfang 1922) deutlich niedriger als in den jeweils voraufgehenden Perioden, in denen die Gewinne entweder höher waren oder – wie im Geschäftsjahr 1918/19 – aus einem besonderen Grund die Investitionsentscheidungen weniger zu beeinflussen brauchten: Man hatte für die erste Nachkriegszeit Ertragsprobleme erwartet und daher im Krieg für die Übergangswirtschaft Rücklagen gebildet, die jetzt – wie geplant – aufgelöst werden konnten.

b) In welcher Höhe waren die Unternehmen in der Lage, die Investitionen aus Geschäftserlösen zu finanzieren? Wie erwähnt, lagen die jahresdurchschnittlichen Inflationsinvestitionen nicht nur unter den Investitionen, sondern zumindest auch nicht über den Normalabschreibungen der Vorkriegsjahre; nur bei Berücksichtigung des Beteiligungserwerbs werden bei Werk Augsburg der M.A.N. und bei Krupp die Normalabschreibungen von den Investitionen übertroffen. Waren nicht aber schon aus den Geschäftserlösen höhere Beträge zur Investitionsfinanzierung verfügbar? Dies war sicher im ersten Nachkriegsjahr, in dem weit über die Normalabschreibungen hinaus investiert wurde, der Fall; allerdings ist (wie erwähnt) ein großer Teil dieser Investitionen – wie in Esslingen und bei der Gfk – nicht aus Periodenerlösen, sondern aus der Auflösung von Reserven zur Finanzierung der Übergangswirtschaft (also aus Erlösen der Vorperioden) bezahlt worden. In den verbleibenden Jahren bereitete die Finanzierung der Investitionen aus den Geschäftserlösen (mit Ausnahmen wie Esslingen 1920) indessen größere Probleme: In denjenigen Fällen, in denen die Nettosubstanzrechnung zu Bilanzverlusten führte (Augsburg 1921/22, 1922/23; Esslingen vermutlich 1923; Gfk – bei Berücksichtigung der Konzerngewinne – 1921/22, 1922/23), waren die verfügbaren Mittel niedriger als die erforderlichen Normalabschreibungen. In den anderen Fällen (Augsburg 1919/20, 1920/21; Esslingen 1920–1922; Gfk 1919/20, 1920/21) waren zwar aus Abschreibungen und nicht ausgeschütteten Gewinnen Beträge vorhanden, die den Finanzierungsbedarf für Investitionen in Höhe der Normalabschreibungen überstiegen. Und doch lagen auch in diesen Fällen die Investitionen meist – zum Teil erheblich – unter den Normalabschreibungen und nur selten (M.A.N. 1919/20; Esslingen 1920), und zwar verhältnismäßig geringfügig, darüber. Dieser Sachverhalt ist einmal dadurch zu erklären, daß die Geldmittel zur Finanzierung des Umlaufvermögens benötigt wurden. Zum anderen ist er darauf zurückzuführen, daß ein großer Teil der Abschreibungen in diesen Fällen in der Form der Errichtung oder Erhöhung von steuerfreien, offenen Werkerhaltungsrücklagen (Spalte 3, TABELLE 3) vorgenommen wurde, auch bei Deutz und Humboldt. Die Unternehmen errichteten diese Rücklagen vor allem in den Jahren 1920 bis 1922, um (infolge der Geldentwertung) zu niedrige Bilanzabschreibungen auszugleichen und später bei Bedarf zu Investitionszwecken auf sie zurückgreifen zu können.[96] Diese Erwartung erfüllte sich aber nicht, da die Fonds infolge der Geldentwertung rasch an Kaufkraft verloren; die bis 1921 errichteten Fonds wurden 1922 bedeutungslos. Die 1920/21 und 1921/22 erwirtschafteten Rücklagen konnten also, soweit sie nicht zu anderen Zwecken (Finanzierung von Löhnen, Gehältern, Material) benötigt wurden, der Investitionsfinanzierung deshalb nicht zugute kommen, weil sie – aufgrund falscher Preiserwartungen – subjektiv langfristig, objektiv aber nur kurzfristig verfügbar waren.

4. Schuldnergewinne und Einnahmen aus Kapitalerhöhungen

a) Die Höhe der langfristigen Kredit- und Kapitalaufnahme

Inwieweit können Kreditaufnahme und Kapitalerhöhungen die Investitionen und Gewinne der Unternehmen in den Inflationsjahren erklären helfen? In der neueren historischen Literatur hat sich die Auffassung vom schuldnergewinnfinanzierten Investitionsboom durchgesetzt: Der sinkende Realzins habe Schuldnergewinne entstehen lassen und in hohem Maße Investitionen angeregt.[97] Ähnlich wie bei der Be-

---

[96] So die Erwartung der M.A.N. bei Errichtung eines Erneuerungsfonds 1920/21. AR-Sitzung 18.11.1921 (*WA Augsburg* 1312). – Die Errichtung von Werkerhaltungsfonds wurde auch von den Verbänden stark empfohlen. Vgl. z. B. die „Leitsätze für Bilanzierung und Abschreibungen im Maschinenbau unter Berücksichtigung der Geldentwertung" des VDMA vom 10. 12. 1920. *Zwanglose Mitteilungen des VDMA*, H. 2 vom 15. 1. 1921, S. 19–30 (*VDMA-Archiv*). Generaldirektor Bergrat Zörner, *Die Geldentwertung und ihre Rückwirkung auf unsere Industrie*, Sonderbeilage zu Nr. 14 der *Vertraulichen Nachrichten* des Verbandes deutscher Dampfkessel- und Apparatebau-Anstalten vom 19. 1. 1921.
[97] Vgl. K. Borchardt, *Die Erfahrungen mit Inflationen in Deutschland...*, S. 13–15. M. Nußbaum, *Unternehmenskonzentration und Investstrategie...*, S. 28–30. Otto Pfleiderer, *Die Reichsbank in der Zeit der großen Inflation, die Stabilisierung der Mark und die Aufwertung von Kapitalforderungen*, in: Deutsche Bundesbank (Hrsg.), *Währung und Wirtschaft in Deutschland 1876–1975*, Frankfurt/M. 1976, S. 176. Karl Erich Born, *Die Deutsche Bank in der Inflation nach dem Ersten Weltkrieg*, in: *Deutsche Bank* (= Beiträge

urteilung der Gewinne allgemein war die Mehrheit der zeitgenössischen Fachschriftsteller, vor allem der Vertreter der Betriebswirtschaftslehre, anderer Meinung: Kreditaufnahme und Kapitalerhöhungen der Inflationszeit seien (im Unterschied zur Vorkriegszeit) überwiegend nicht zur Verbesserung und Erweiterung, sondern lediglich zur Erhaltung des bestehenden Produktionsapparates und des umlaufenden Betriebsvermögens benötigt worden.[98] Wird eine dieser Auffassungen durch die hier angestellten einzelwirtschaftlichen Beobachtungen gestützt? Die Antwort auf diese Frage soll dreigeteilt werden: in die Feststellung der Höhe der Außenbeiträge, vor allem der langfristigen Kredite und der Einnahmen aus Kapitalerhöhungen; die Darlegung einiger Faktoren, welche die Inanspruchnahme dieser Mittel förderten oder hemmten, und die Beurteilung der Wirkung der Außenbeiträge auf Investitionen und Gewinn.

Die Inanspruchnahme kurzfristiger Bankkredite 1919/20 und ab Mitte 1922 ist bereits oben (2. KAPITEL, ABSCHNITT II.1) bei der Darstellung der inländischen Bankguthaben gestreift worden.

Die TABELLEN 4 und 5 zeigen den verhältnismäßig begrenzten Umfang der langfristigen Kapitalaufnahmen in der Inflationszeit. Die Einnahmen aus Kapitalerhöhungen 1918/19 bis 1922/23 machten, in Goldmark umgerechnet, nur einen verhältnismäßig kleinen Teil des Aktienkapitals (Goldwerte) am Ende der Inflationszeit aus (siehe Zeile 3, TABELLE 4). Bei den Unternehmen, die ihr Aktienkapital in der Inflation am stärksten erhöhten, hatte die jeweils letzte Kapitalerhöhung vor Ausbruch des Ersten Weltkrieges einen höheren Goldmarkwert als die Summe der Inflationserhöhungen: bei der M.A.N. GM

---

zu Wirtschafts- und Währungsfragen und zur Bankengeschichte, Nr. 17), Frankfurt/M. 1979, S. 11. C.-L. Holtfrerich, *Die deutsche Inflation...*, S. 199. W. Abelshauser/D. Petzina, *Krise und Rekonstruktion...*, S. 62 f. In der älteren Literatur findet sich bei Rolf Wagenführ die Auffassung, daß der sinkende Realzins die Investitionen zumindest bis zum Herbst 1922 angeregt habe. Vgl. Rolf Wagenführ, *Die Industriewirtschaft. Entwicklungstendenzen der deutschen und internationalen Industrieproduktion 1860 bis 1932* (= *Vierteljahreshefte zur Konjunkturforschung*, Sonderh. 31), Berlin 1933, S. 25. Enorme Gewinne der Wirtschaft aufgrund von Geldentwertung und Niedrig-Zinspolitik der Reichsbank behauptet (ohne Schlußfolgerung für die Investitionsneigung) A. von Specht, *Politische und wirtschaftliche Hintergründe...*, S. 35, 102, 148.

[98] Vgl. etwa W. Prion, *Die Finanzpolitik der Unternehmung...*, S. 85 f., 97, 100. Ders., *Kreditpolitik...*, S. 45–47, 54. Wilhelm Kalveram, *Goldmarkbilanzierung und Kapitalumstellung...*, S. 28, 141 f. Friedrich Lehmann, *Der Einfluß der Geldwertänderung auf das Betriebsleben auf Grund der Untersuchung von Bilanzen der A.E.G. usw.*, in: *Zeitschrift für Handelswissenschaft und Handelspraxis*, 15 (1922/23), H. 8, S. 175.

9 Mio. (gegen GM 6,7 Mio.), bei Deutz GM 4,6 Mio. (GM 2,6 Mio.) und beim Humboldt GM 6 Mio. (GM 2,5 Mio.); dabei sind – im Unterschied zu den Inflationserhöhungen – bei den Kapitalerhöhungen der Vorkriegszeit die Agiobeträge nicht berücksichtigt. Nur die (stark unterkapitalisierte) Maschinenfabrik Esslingen hatte weder in den letzten Vorkriegs- noch in den Kriegsjahren ihr Aktienkapital erhöht. Auch bei den Obligationen reichten, in Goldmark gerechnet, die Inflations- nicht an die Vorkriegsbegebungen heran; ihr Anteil am Obligationenbestand der Inflationszeit (Zeile 5a, TABELLE 5) war verhältnismäßig klein. Eine gewisse Ausnahme machte Krupp: Die Summe der Inflationsbegebungen (GM 20,5 Mio.) war fast so hoch wie die Obligationenausgabe für die Gußstahlfabrik von 1908 (GM 25 Mio.); Krupp hat auch darüber hinaus an langfristigen Mitteln im September 1920 ein Hypothekendarlehen bei der Deutschen Hypothekenbank (Meiningen) in Höhe von M 76,5 Mio. (= ca. GM 5,1 Mio.), das im Herbst 1923 am Ende des Ruhrkampfes abgelöst und durch einen neuen Pfandbriefkredit (in Höhe von GM 20 Mio.) ersetzt wurde, aufgenommen.[99] Aber Krupp hat 1924 bis 1929 noch weit höhere Anleihen (Summe: RM 120 Mio.) aufgelegt (ebenso die M.A.N.: RM 14 Mio.). – Die Fa. Schenck hat 1918/19 bis 1922/23 weder ihr Kapital erhöht noch Obligationen ausgegeben.

b) Bedingungen der Kredit- und Kapitalaufnahmen

Die Unternehmen selber haben nur in zwei Fällen eine bestimmte Investition als Zweck der Kapitalerhöhung beziehungsweise Obligationenausgabe angeführt: Krupp wollte mit dem Erlös der Obligationenausgabe vom Januar 1921 (GM 17,7 Mio.) vor allem die Kuxenmehrheit der Kohlenzechen Helene-Amalie und Constantin der Große kaufen sowie ein Drahtwalzwerk bauen;[100] und der Erlös der Kapitalerhöhung und Obligationenausgabe der Motorenfabrik Deutz vom Mai 1922 (insgesamt ca. GM 1,3 Mio.) sollte vor allem dem (dann offenbar nicht durchgeführten) Bau einer neuen Gießerei dienen.[101] In allen anderen Fällen wurde die Aufnahme neuen langfristi-

---

[99] Vgl. *Kriegsdenkschrift...*, B I 4b: *Finanzgebarung 1919–21* (*HA Krupp* WA VII f 1079/1080). *Kriegsdenkschrift...*, B I 4c: *Finanzgebaren 1922–23* (*HA Krupp* WA VII f 1081).
[100] Vgl. u. a. Schreiben Gustav Krupp von Bohlen und Halbach an den AR der Fried.Krupp AG, 18. 1. 1921 (*HA Krupp* FAH IV C 95).
[101] Vgl. u. a. Prot. d. AR-Sitzung v. 3. 4. 1922 (*KHD-Archiv* I/19).

gen Kapitals mit den infolge Geldentwertung gestiegenen Produktionskosten (Material, Löhne, Gehälter), die eine Verstärkung der Betriebsmittel erforderten, begründet; in einer Reihe dieser Fälle (M.A.N. August/November 1920; Esslingen August 1920, Januar 1923; Deutz Januar 1921) sollten dabei durch die Kapitalaufnahme lediglich kurzfristige (meist Bank-)Schulden konsolidiert werden. Das Kreditbedürfnis entstand vor allem in den beiden Perioden rascher Preissteigerungen Mitte 1919 bis Mitte 1920 und ab Mitte 1922. In der ersten dieser Phasen beziehungsweise an deren Ende mußte Kredit aufgenommen werden, als – bei zunächst stetig steigender, dann (zumindest in der Maschinenindustrie) stagnierender oder sinkender Beschäftigung – die steigenden Kosten durch die Umsatzerlöse nicht gedeckt wurden, die bis Mitte 1919 angesammelten Bankguthaben aufgezehrt und ein Teil des anderen liquiden Vermögens (Reichsanleihen) veräußert waren und andere Finanzierungsquellen nicht (ausreichend) zur Verfügung standen. Die Entschädigungszahlung des Reiches für Notstandsarbeiten (insbesondere bei Krupp) und für unerledigte Kriegsaufträge waren vor allem in das Geschäftsjahr 1918/19 gefallen; sofern sie in das Geschäftsjahr 1919/20 fielen, bestanden sie bereits in stark entwertetem Geld,[102] und auch die in der Inflationszeit gezahlten Entschädigungen für demontierte Sachanlagen (Maschinen) waren verhältnismäßig gering (bei Krupp GM 36 952 für zerstörte Anlagewerte von GM 100 Mio[103]). Die Kreditaufnahme in der zweiten Phase (ab Sommer 1922) hatte ähnliche Ursachen: Bei teilweise steigender Beschäftigung fanden die stark steigenden Produktionskosten in den Umsatzerlösen keine Deckung. Die inländischen Bankguthaben, die seit Ende 1920/Anfang 1921, also in den Monaten verhältnismäßig stabiler (Kosten- und Absatz-)Preise, angesammelt worden waren,[104] hatten sich (in Goldmark gerechnet) ab Sommer/Herbst 1921 wieder verringert und waren im Sommer 1922 aufge-

---

[102] Vgl. W. Berdrow, *Die Firma Krupp...*, S. 320.
[103] So nach einer Kruppschen Berechnung 1926. Antrag der Fried. Krupp AG an das Reichswirtschaftsministerium vom 16. 11. 1926 auf Gewährung eines Darlehens von 20 Mio. RM (*HA Krupp* FAH IV C 70).
[104] C.-L. Holtfrerich, *Die deutsche Inflation...*, S. 68 f., vermutet generell bei den Unternehmen bis Februar 1920 eine (infolge der Entschädigungszahlungen des Reiches) erhöhte, von Februar 1920–Mai 1921 eine sinkende Liquidität. Die hier untersuchten Unternehmen zeigen ein anderes Bild: Sinkende Liquidität war ein Charakteristikum aller Preissteigerungsphasen, aber nur eines Teils der Stabilisierungsphase (Frühjahr bis Herbst 1920).

zehrt. Devisenreserven waren zunächst vorhanden, wurden aber im Laufe des Jahres 1923 aufgelöst. Die Entschädigungen, die das Reich im Falle Krupp 1923 für die durch die Ruhrbesetzung entstandenen Belastungen zahlte, reichten ebenfalls nicht zur Bestreitung der laufenden Zahlungen.[105]

Die Quellen zeigen eine starke Abhängigkeit der Finanzpolitik der Unternehmen von der Entwicklung des Kosten-Erlös-Verhältnisses. Sie zeigen aber nicht, daß die Unternehmen bei steigenden Preisen sinkende Realzinsen erwartet und daher möglichst umfangreiche Kredite zur Investitionsfinanzierung aufgenommen hätten; und ihnen ist auch nicht zu entnehmen, daß die Unternehmen in Erwartung steigender Preise und Geldhaltungskosten immer versucht hätten, ihre reale Kasse (Markguthaben) zu vermindern. Vielmehr finden sich auch in den Perioden tatsächlicher und erwarteter Preissteigerungen einige subjektive und objektive Faktoren, welche die Verringerung von (zeitweise auch inländischen) Bankguthaben und die Aufnahme kurzfristiger Kredite und langfristiger Kapitalien hemmten.

Die Unternehmen haben in und kurz nach denjenigen Preissteigerungsmonaten, als Liquiditätsprobleme auftraten, also Mitte 1919 bis Herbst 1920 und ab Mitte/Herbst 1922, (mit wechselndem Erfolg) versucht, ihren kurzfristigen Kreditbedarf zu begrenzen; und sie haben in den preisstabilen Monaten von Herbst/Ende 1920 bis Mitte

---

[105] Die Fa. Krupp errechnete für das Geschäftsjahr 1922/23 einen Bilanzverlust von GM 59 Mio. Sie veräußerte bis zum Ende des Ruhrkampfes (Oktober 1923) einen großen Teil ihres Devisen- und Effektenbesitzes. Die zu diesem Zeitpunkt noch verfügbaren Devisen (ein Devisenfonds, der für die Abdeckung von Vorkriegsschulden reserviert worden war) und Effekten (darunter ein Paket Mannesmann-Aktien) sowie ein von einem holländisch-englischen Bankenkonsortium am 1. 2. 1923 eingeräumter Kredit in Höhe von GM 14 Mio. mußten dann zur Abdeckung der Micum-Verpflichtungen in Anspruch genommen werden. Die Reichshilfen zur Bestreitung des Ruhrkampfes bestanden in Krediten auf hergestellte, aber nicht ablieferbare Waren (Kohlefinanz- und Stahlfinanzkredite), Zuschüssen zu den Löhnen unproduktiv weiterbeschäftigter Arbeiter, Entschädigungen für einen Teil der von den Franzosen beschlagnahmten Waren und (indirekt) in einer Entschädigung für Währungsverluste auf nun zurückzuzahlende Anzahlungen ausländischer Kunden aus der Zeit vor und kurz nach Beginn des 1. Weltkrieges. Vgl. *Kriegsdenkschrift*, B I 4 1: *Finanzgebarung 1919–21*; B I 4c: *Finanzgebaren 1922–23* (*HA Krupp* WA VIIf 1079/1081). – A. von Specht (*Politische und wirtschaftliche Hintergründe...*, S. 101f.) behauptet, die Reichsregierung habe schließlich *de facto* die gesamten Betriebskosten der durch den passiven Widerstand betroffenen Wirtschaft im besetzten Gebiet getragen; die Ruhrindustrie hätte durch die Konfrontationspolitik keine wirtschaftlichen Einbußen erlitten. Belege für diese Vermutung liefert von Specht nicht. Die Finanzentwicklung bei Krupp läßt auf das Gegenteil schließen.

1921 und in dem folgenden Preissteigerungsjahr bis Mitte 1922 versucht, ihr liquides Vermögen zunächst zu erhöhen und dann zu halten. Hohe Liquidität wurde stets positiv, Bankschulden wurden stets, auch in Zeiten hoher Preissteigerungen, negativ beurteilt:

Die M.A.N. strebte seit Dezember 1919, also bevor (ab Mai/Juni 1920) mit stabileren Preisen gerechnet wurde, (wenn auch ohne viel Erfolg) eine Verringerung ihres Geldbedarfs durch Einschränkung von Produktion und Materialkäufen an.[106] Nachdem die Bankschulden durch die Kapitalerhöhung und Obligationenausgabe (August bis November 1920) konsolidiert worden waren, sammelte die M.A.N. nicht nur in den Monaten stabiler Preise und Preiserwartungen bis Juni 1921 ein Bankguthaben von GM 4 Mio. an, sondern sie versuchte auch, in Erwartung steigender Preise dieses Guthaben zu vergrößern.[107] Dies ist insgesamt nicht gelungen; das Unternehmen hat aber zum Beispiel seine Bankguthaben von November 1921 bis Januar 1922, obwohl man mit weiteren Preissteigerungen rechnete, von GM 2,9 Mio. wieder auf GM 3,3 Mio. erhöht.[108] Das hohe Bankguthaben wurde in diesen Monaten als Ausdruck einer „nicht ungünstigen" Geldlage gewertet; seinen Rückgang versuchte man durch Sparmaßnahmen zu verhindern.[109] Als in der zweiten Jahreshälfte 1922 Bankkredite in Anspruch genommen werden mußten, wurde das mit Besorgnis vermerkt; man erhoffte den Rückfluß des Kredits und war bestrebt, die Bankschuld durch Einsparungen und Devisenverkäufe zumindest nicht zu vergrößern.[110] Die Maschinenfabrik Esslingen wies nach Konsolidierung der zwischen dem Sommer 1919 und 1920 aufgelaufenen Bankschulden durch die Kapitalerhöhung und ein Darlehen der Gutehoffnungshütte (August 1920) Ende Juni 1921 wieder ein Bankguthaben in Höhe von GM 571 000 aus. In den folgenden

---

[106] Prot. d. Vorstandssitzung der M.A.N. am 16. 12. 1919 (*WA Augsburg* 1313). Schreiben A. v. Rieppel an Werksdirektion Nürnberg, 26. 4. 1920 (*WA Nürnberg* 26. 4. 1920): „Da wir nicht so wirtschaften können wie der Staat, der Banknoten drucken läßt, müssen wir Schritte unternehmen, um unseren Geldbedarf zu verringern, wenn nicht das Schicksal unseres Unternehmens Schaden nehmen soll."
[107] Vgl. Bericht für den Aufsichtsrat vom 6. 7. 1921 (*WA Nürnberg* 131.2).
[108] Bericht für die AR-Sitzung am 18. 11. 1921 (*WA Augsburg* 1312). Prot. d. Vorstandssitzung am 19. 1. 1922 (*WA Augsburg* 1313).
[109] Prot. d. Vorstandssitzung am 19. 1. 1922 (*WA Augsburg* 1313). Schreiben Buz/ Endres an die Werke, 10. 4. 1922 (*WA Augsburg*, Nachl. R. Buz 150/f).
[110] Geschäftsbericht für den AR vom 1. 8. 1922 (*WA Nürnberg* 131.3.). Ausarbeitung L. Endres: Zur Geldlage vom 15. 9. 1922 (*WA Augsburg*, Nachl. R. Buz 250/C). Geschäftsbericht für den Vorstand vom 27. 9. 1922 (*WA Augsburg* 1312).

Monaten steigender Preise und wieder einsetzender Preissteigerungserwartungen erhöhte sie dies Bankguthaben bis Ende Dezember 1921 auf GM 1,1 Mio. Dies Bankguthaben wurde dann – insbesondere auch durch einen zweimonatigen Streik im April/Mai 1922 – aufgebraucht. Dem Unternehmen gelang es aber, bis Juli 1922 – zum Beispiel durch Zurückhaltung bei den Materialkäufen – „mit äußerster Anstrengung noch ohne Inanspruchnahme von Bankkredit" auszukommen.[111] In der zweiten Jahreshälfte 1922 wurde Bankkredit aufgenommen. „Es gelang aber", wie der Bilanzbericht des Vorstandes auf den 31. Dezember 1922 betont, „diesen Kredit nach kurzer Zeit abzudecken und ein Bankguthaben" in Höhe von ca. GM 200 000 anzusammeln.[112] Die Motorenfabrik Deutz, von der Preissteigerungserwartungen noch bis Ende Juli 1920 überliefert sind, äußerte im März 1920 die Absicht, alles (zum Beispiel Einkaufsrationierung) zu tun, um die angespannte Liquidität zu verbessern.[113] Als ab Herbst 1922 wieder Bankkredite aufgenommen werden mußten, drängte die Unternehmensführung zur Begrenzung dieser Schulden laufend auf Einschränkungen, vor allem im Materialeinkauf.[114] Die Fried. Krupp AG hat, wie schon erwähnt, offenbar die ganze Inflationszeit hindurch Bankguthaben unterhalten. Bankkredite wurden nur sehr zurückhaltend aufgenommen. Im Januar und März 1922 lehnte das Unternehmen Kreditangebote der Berliner Handelsgesellschaft beziehungsweise des Londoner Bankhauses Henry Schröder mit dem Hinweis, es bestehe kein Kreditbedürfnis, ab.[115] Nachdem Krupp im Oktober 1922 einen Bankkredit in Höhe von M 1 Mrd. (= GM 1,14 Mio.) in Anspruch genommen hatte, war zumindest der AR-Vorsitzende Gustav Krupp von Bohlen und Halbach bemüht, weitere Bankschulden zu vermeiden; er hoffte im November 1922, die laufenden Ausgaben durch Produktivitätssteigerung, die laufenden Einnahmen und die

---

[111] Schreiben L. Kessler an P. Reusch, 26. 7. 1922 (Bestand ME, Unterlagen für AR-Protokolle, *Daimler-Benz-Archiv*). Vgl. auch Prot. d. AR-Sitzung am 15. 5. 1922 (Bestand ME, *Daimler-Benz-Archiv*).
[112] Bilanzbericht des Vorstandes auf den 31. 12. 1922 (Bestand ME, *Daimler-Benz-Archiv*).
[113] Prot. d. Vorstandssitzung am 23. 3. 1920 (*KHD-Archiv* I/24).
[114] Vgl. Unterlagen zur AR-Sitzung am 11. 9. 1922 (*KHD-Archiv* 111.2-3). Prot. d. Vorstandssitzung am 19. 4. 1923 (*KHD-Archiv* I/25). Prot. d. Direktionssitzungen am 4. 9. 1923 und 20. 10. 1923 (*KHD-Archiv* II/25).
[115] Schreiben O. Wiedfeldt an C. Fürstenberg (BHG), 18. 1. 1922. Schreiben O. Wiedfeldt an Baron Henry Schröder, 22. 3. 1922 (beide *HA Krupp* WA IV 1960).

geldentwertungsbedingte Wertsteigerung des eisernen Bestandes an Devisen zu decken.[116] Die Carl Schenck GmbH berichtete über das Geschäftsjahr 1921/22 (1. Oktober 21 bis 30. November 22), erhebliche Bankkredite beansprucht zu haben, „die jedoch bald wieder abgetragen werden konnten"; und für das Geschäftsjahr 1922/23 ist ebenfalls von einem Wechsel von Bankschulden und positiv bewerteten Bankguthaben, nicht aber von einer durchgehenden Verschuldung die Rede.[117] Für die Maschinenbauanstalt Humboldt fehlen die entsprechenden Quellen.

Worauf ist das Bestreben der Unternehmen, auch in den Perioden steigender Preise und Preissteigerungserwartungen Liquidität zu erhalten und den Kreditbedarf einzuschränken, zurückzuführen? Es sollen hier drei Gründe genannt werden:

1. Im Unterschied zur ersten Preissteigerungsperiode 1919/20, als offenbar alle Bedürfnisse nach Bankkredit befriedigt werden konnten,[118] war der Geldmarkt seit Mitte 1922 nicht mehr flüssig. Die M.A.N. begründete Einschränkungsmaßnahmen bereits im Januar 1922 mit der Erwartung, daß die Beschaffung von Geld, falls nötig, auf große Schwierigkeiten stoßen würde.[119] Im August/September 1922 bemühte sich die M.A.N. bei deutschen Banken vergeblich um einen größeren Kredit; die deutschen Banken seien dem Kreditbedarf in keiner Weise gewachsen und sähen in einer Kredithingabe von M 100 Mio. (über Großhandelspreisindex September 1922 umgerechnet = GM 348 432) eine bemerkenswerte Leistung.[120] Auch Schenck berichtet für den Sommer 1922 über Schwierigkeiten bei der Kreditbeschaffung.[121] Krupp bemühte sich Ende 1922/Anfang 1923 bei holländischen und englischen Banken zur Finanzierung der Beschäftigung im Falle eines Konjunkturrückschlags um einen größeren Bereitstellungskredit (der Vertragsabschluß lautete über GM 14

---

[116] Vgl. W. Berdrow, *Die Firma Krupp...*, Bd. 2, S. 81.
[117] Vgl. E. Schenck, *Das Werk Carl Schenck...*, S. III 100–103.
[118] Dies war offenbar auch bei den kleineren Firmen wie bei Schenck der Fall. Vgl. E. Schenck, *Das Werk Carl Schenck...*, S. III 99.
[119] Vgl. Prot. d. Vorstandssitzung am 19. 1. 1922 (*WA Augsburg* 1313). Schreiben R. Buz/L. Endres an die Werke, 10. 4. 1922 (*WA Augsburg*, Nachl. R. Buz 250/5).
[120] Ausarbeitung L. Endres: Zur Geldlage (*WA Augsburg*, Nachl. R. Buz 250/C I). Prot. d. AR-Sitzungen am 4. 8. 1922 und 29. 9. 1922 (*WA Augsburg* 1312).
[121] Vgl. E. Schenck, *Das Werk Carl Schenck...*, S. III 103.

Mio.), da ein solcher Kredit von den deutschen Banken nicht zur Verfügung gestellt werden konnte.[122]

Die Kreditschöpfungsmöglichkeiten der Banken waren real gesunken, nachdem die Bankeinlagen zumindest seit Ende 1921 zwar nicht nominal, aber doch real zurückgegangen waren.[123] Die Ursache dieses Rückgangs war einmal, daß die Bankguthaben in Mark dem anlegenden Publikum mit zunehmender Geldentwertung zu teuer zu werden begannen. Zum anderen verfügte das Publikum aber auch real nur über sich laufend vermindernde Mittel: Seit Herbst 1921 stieg – dank kräftig erhöhter Umlaufgeschwindigkeit des Geldes – das Preisniveau sehr viel stärker als die Geldmenge; der Realwert der Zentralbankgeldmenge (Bargeldumlauf einschließlich Darlehnskassenscheine + Reichsbankeinlagen), die hier als Ersatz für die statistisch nicht erfaßbare gesamtwirtschaftliche Geldmenge verwendet wird, sank im Januar 1922 auf ein Fünftel des Wertes von September 1921.[124]

2. Die Unternehmen haben die Kreditkosten als zu hoch empfunden. Das gilt wohl schon für die erste Preissteigerungsperiode 1919/20,[125] sicher aber für die zweite ab Mitte 1922. Die Banken berechneten, wenn man Prion folgt, ab 1. Januar 1920 einen Zinssatz, der 2% über dem Reichsbankdiskont lag;[126] dazu kamen Kreditprovisionen, wodurch die gesamten Kreditkosten leicht bei 10% lagen. Ab Mitte 1922, als die Frage der Kreditbeschaffung für die hier untersuchten Unternehmen überhaupt erst wieder Bedeutung erlangte, stiegen die Kreditkosten, vor allem durch die Erhöhung der Provisionssätze stark an; Prion urteilt, daß die Gesamtkosten der Kontokorrentkredite im letzten Vierteljahr 1922 schon 50% und mehr pro Jahr

---

[122] Vgl. *Kriegsdenkschrift*, B I 4b: *Finanzgebaren 1922-23*, S. 1–3c. (*HA Krupp* WA VII f 1079/1081).

[123] Vgl. Friedrich Frölich, *Die Geldentwertung in ihrer Auswirkung auf die Erfüllung von Lieferverträgen. Bericht vor dem Großen Ausschuß der Kartellstelle des RdI am 20. 10. 1922*, S. 10f. (*M.A.N. WA Augsburg*, Nachl. R. Buz 248). Fritz Neisser, *Kreditnot und Warenpreis*, in: *Plutus* vom 16. 8. 1922. Ders., *Illiquide Wirtschaft*, in: *Plutus* vom 27. 9. 1922.

[124] Berechnet nach den bei C.-L. Holtfrerich (*Die deutsche Inflation...*, S. 52) wiedergegebenen monatlichen Daten zum Geldumlauf. Vgl. auch L. Albert Hahn, *Zur Frage des sog. „Vertrauens in die Währung"*, in: *Archiv für Sozialwissenschaft und Sozialpolitik*, 52 (1924); wiederabgedruckt in: L. Albert Hahn, *Geld und Kredit. Gesammelte Aufsätze*, Tübingen 1924, S. 119–146, hier S. 121–125.

[125] Vgl. Prot. d. AR-Sitzung der Maschinenfabrik Esslingen am 24. 4. 1920 (Bestand ME, *Daimler-Benz-Archiv*).

[126] Vgl. W. Prion, *Kreditpolitik*... S. 123f.

ausmachen konnten.[127] Die M.A.N. empfand im September 1922 die Gewinnzuschläge auf ihre Produkte angesichts von Zinssätzen in Höhe von 17 bis 19% (offenbar ohne Provision) und in Erwartung weiterer Kreditkostensteigerungen als zu gering.[128] Esslingen bat angesichts von Bankkreditkosten von 10% + Provision im Juni 1922 (im Juli 1922: 11–12% + Provision) die Gutehoffnungshütte um einen Konzernkredit, „um die hohen Bankkosten zu vermeiden".[129] Schenck empfand im Sommer 1922 eine Erhöhung der Bankkredite angesichts der Gesamtkreditkosten von 26% pro Jahr als „im höchsten Grade unwirtschaftlich".[130] Die Motorenfabrik Deutz konvertierte im April 1923 einen ihrer holländischen Verkaufsgesellschaft gewährten Kredit und deckte damit zwecks Zinsersparnis einen Teil der inländischen Bankschulden ab.[131] Diese Beurteilung der Höhe der Kreditkosten läßt nicht darauf schließen, daß die Unternehmen ab Mitte 1922 von der Kreditaufnahme Schuldnergewinne erwartet hätten. Sie könnte aber damit erklärt werden, daß die Unternehmen nicht Preissteigerung in dem Ausmaß erwarteten, durch das die geforderten Kreditkosten auf eine als vertretbar erscheinende Höhe zurückgeschraubt worden wären. Dies wäre ein weiteres Indiz dafür, daß die in den Unternehmen herrschenden Erwartungen sehr unsicher (und jedenfalls nicht einfache Extrapolationen der jüngstvergangenen Preissteigerungen) waren; denn die Großhandelspreise waren tatsächlich zum Beispiel von Juni 1921 bis Juni 1922 um 41%, im Juli 1922 um 43%, im August 1922 um 91%, im September 1922 um 50% und im Oktober 1922 um 97% gestiegen.

Die Konzernwerke (M.A.N., Esslingen, Deutz, Humboldt) hatten Zugang zu billigeren Krediten in Form von Darlehen (zum Teil auch Lieferkrediten) der Muttergesellschaften. So deckte Esslingen im August 1920 einen Teil seiner Bankschuld mit einem Darlehen der GHH (zu 4½% Zinsen) ab. Mit einem anderen Darlehen der GHH im Juni 1922 (zu 5% Zinsen) zögerte sie die Inanspruchnahme von Bankkredit um einen Monat hinaus; zu einem weiteren Darlehen (im Juli/August 1922) war die GHH allerdings nicht in der Lage, da sie selber

---

[127] Vgl. Willi Prion, *Die deutsche Kreditpolitik 1919–1922*, in: *Schmollers Jahrbuch*, 47 (1924), S. 185.
[128] Vgl. Geschäftsbericht für den Vorstand vom 27. 9. 1922 (*WA Augsburg* 1312).
[129] Schreiben Kessler/Eisenbruch an P. Reusch, 21. 6. 1919. Schreiben L. Kessler an P. Reusch, 26. 7. 1922 (beide *HA/GHH* 300 19 30 11/0).
[130] E. Schenck, *Das Werk Carl Schenck...*, S. III 103.
[131] Prot. d. Vorstandssitzung am 26. 4. 1923 (*KHD-Archiv* I/25).

Bankkredit aufnehmen mußte.[132] Klöckner gewährte Deutz im August 1920 ein Darlehen (zu 6¼% Zinsen) in Höhe von GM 690 000 und ersparte der Motorenfabrik damit die Aufnahme eines größeren Bankkredits; 1923 stand Deutz ein Akzeptkredit Klöckners und des Humboldt zur Verfügung, dessen Erhöhung im April 1923 zusammen mit einem weiteren Kredit die Motorenfabrik in die Lage setzte, zunächst von Betriebseinschränkungen abzusehen.[133]

In welchem Umfang die Unternehmen die vielzitierten, billigen, von der Reichsbank zum Reichsbankdiskont und seit Juli 1922 zur Linderung der erwähnten „Kreditnot" verstärkt gewährten Handelswechselkredite genutzt haben, ist den Quellen nicht zu entnehmen. Der Bilanzposten „Kasse und Reichsbankguthaben" gibt kein zutreffendes Bild von der Inanspruchnahme der Handelswechselkredite, da in ihm einmal Barbestände und Reichsbankguthaben nicht voneinander getrennt sind und zum anderen nur die noch nicht (für Vorratskäufe und ähnliches) verausgabten Einnahmen aus der Wechseldiskontierung als Reichsbankguthaben enthalten sind.[134] Eine grundsätzliche Gegnerschaft der Unternehmen gegen die Handelswechselkredite der Reichsbank ist nicht überliefert. Das Gegenteil war der Fall, denn die Reichsbank diskontierte die Handelswechsel bis zum 28. Juli 1922 zu dem seit dem 23. Dezember 1914 geltenden Zinssatz von 5%, ab 28. Juli 1922 zu 6%, ab 28. August 1922 zu 7%, ab 21. September 1922 zu 8%, ab 13. November 1922 zu 10%, ab 18. Januar 1923 zu

---

[132] Prot. d. AR-Sitzung am 12. 8. 1920 (Bestand ME, *Daimler-Benz-Archiv*). Korrespondenz Kessler/Eisenbruch mit P. Reusch, 6. 6.–29. 8. 1922 (*GHH* 300 193011/0). Ende November 1922 zeigte sich die GHH dann wieder zur Gewährung kurzfristiger Kredite an die Konzernwerke in der Lage. So wollte Reusch der M.A.N. Ende Oktober einen kurzfristigen Kredit über einige hundert Millionen Mark bis Januar 1923 zur Verfügung stellen. M.A.N.-Finanzchef Endres lehnte aber ab: Mit solchen kurzfristigen Krediten sei der M.A.N. wenig gedient. „Wenn wir sie nach 3 oder 4 Wochen wieder zurückzahlen müssen, kommen wir vielleicht in eine schlechtere Lage, als wenn wir uns ohne sie beholfen hätten." (Schreiben L. Endres an R. Buz, 21. 11. 1922; *M.A.N. WA Augsburg*, Nachl. R. Buz.) Diese Stellungnahme des M.A.N.-Finanzchefs bestätigt die oben ausgesprochene Vermutung, daß die Unsicherheit der Erwartungen die Kreditaufnahme hemmte.

[133] Unterlagen für die AR-Sitzung am 24. 9. 1920 (*KHD-Archiv* 111.2-2). Prot. d. Vorstandssitzung am 26. 4. 1923 (*KHD-Archiv* I/25).

[134] Die Position „Kasse und Reichsbank" wies in den Bilanzen von Esslingen auf den 31. 12. 1922 und von M.A.N., Deutz und Krupp auf den 30. 6. 1923 nur einen unerheblichen Betrag auf. Deutz hat aber im 2. Halbjahr 1922 Reichsbankguthaben (und Barbestände) in Höhe zwischen 12 und 58% der Lieferantenschulden unterhalten; vgl. Unterlagen für die AR-Sitzung am 13. 1. 1923 (*KHD-Archiv* 111.2-2).

12% und vom 23. April bis 1. August 1923 zu 18% pro Jahr, während die Großhandelspreise von 1913 bis zum Juli 1922 um das 100fache, von Juli 1922 bis Juli 1923 um das 743fache stiegen.[135] Den Maschinenbauunternehmen fiel es aber offenbar in denjenigen Geschäften nicht leicht, von ihren Kunden bei Auftragserteilung diskontfähige Akzepte zu erhalten, in denen bei der langen Fertigungsdauer Liefertermine nicht immer genau eingehalten und Zahlungseingänge daher nicht genau datiert werden konnten. In der M.A.N. überlegte man, durch die Banken bestärkt, im April 1922, ob nicht trotz dieser Schwierigkeiten die Liquidität durch die verstärkte Ausführung von diskontfähigen Kundenwechseln erhöht werden könne; das Ergebnis ist nicht bekannt.[136] Bei keinem der hier untersuchten Unternehmen wurden – im Unterschied zu Deviseneingängen und Devisenbeleihungen, Anzahlungen, Konzern- und Bankkrediten – Handelswechselkredite der Reichsbank genannt, wenn von Faktoren die Rede war, die zur Erleichterung der finanziellen Lage wesentlich beigetragen haben.

Die Möglichkeit, durch die Ausgabe ungedeckten Notgeldes in den Besitz eines zinslosen Darlehens zu kommen, haben von den hier näher untersuchten Unternehmen vor allem Krupp, vielleicht auch Humboldt und Deutz genutzt; und diese Notgeldausgabe beschränkte sich auf die letzte Phase der Inflation in der zweiten Hälfte des Jahres 1923.[137]

3. Die Unternehmen fürchteten die übermäßige Festlegung eigener und fremder Mittel in Materialvorräten und halbfertigen Arbeiten, da ein Rückgang der Güternachfrage und Absatzpreise diese Bestände nicht oder nur mit Verlust verkäuflich machen mußte; die Immobilisierung der Bestände konnte dann die Liquidität und die Rückzahlung der Bankschulden gefährden.[138] Dies Problem ist wohl von allen Unternehmen gesehen worden. Eine genauere Darstellung lassen die

---

[135] Zur grundsätzlichen Stellung der Industrie zu den Handelswechselkrediten siehe unten DRITTES KAPITEL, ABSCHNITT II.3.d.

[136] Vgl. Schreiben R. Buz/L. Endres an die Werke, 10. 4. 1922, L. Endres/G. Lippart an R. Buz, 22. 4. 1922 (*WA Augsburg*, Nachl. R. Buz 250/f). Vgl. auch Prot. d. AR-Sitzung am 3. 11. 1920 (*WA Augsburg* 1312): Wechselkredit in größerem Umfang kommt nicht in Frage.

[137] Zur Ausgabe von Notgeld siehe ausführlicher unten DRITTES KAPITEL, ABSCHNITT II.3.d.

[138] Vgl. allgemein zu diesem Problem W. Prion, *Die Finanzpolitik der Unternehmung...*, S. 101–104.

Quellen aber nur für die M.A.N. zu: Die Geschäftsleitung der M.A.N. erkannte die Risiken einer Festlegung von flüssigen Mitteln in Vorräten in der ersten Preissteigerungsperiode bereits ab Dezember 1919, führte geplante Einschränkungsmaßnahmen aber nicht konsequent durch. Zwischen März und Mai 1920 wurde viel Material auf Lager gelegt, da man eine Wiederholung der Materialknappheit der ersten Monate des Jahres 1920 befürchtete und offenbar einen sofortigen Nachfragerückgang nicht erwartete. Als Mitte 1920 die Nachfrage stockte, war ein großer Teil der Vorräte an Material und halbfertigen Arbeiten unverwertbar, der aufgelaufene Bankkredit nicht rückzahlbar.[139] Diese Finanzklemme war neben der Befürchtung einer anhaltenden Rohstoffknappheit die Ursache für den Anschluß der M.A.N. an den Konzern der Gutehoffnungshütte.[140] Aus der Erfahrung des Jahres 1920 zog das Unternehmen Konsequenzen für sein Verhalten in der zweiten Preissteigerungsperiode: In Erwartung weiterer Kostenpreissteigerungen, aber eventuell sinkender Nachfrage wies die Geschäftsleitung im Februar 1922 die einzelnen Werke an, „ruhig Blut" zu wahren und die Einlagerung größerer Materialvorräte zu vermeiden.[141] In der zweiten Jahreshälfte setzte man diese Politik wiederum in Erwartung von Preissteigerung, Geldverknappung und Nachfragerückgang fort.[142]

Die von den Unternehmen in Anspruch genommenen Bankkredite waren in der zweiten Preissteigerungsperiode erheblich niedriger als 1919/20. Die Bankschulden der M.A.N. betrugen zwischen Mai und August 1920 um GM 7 Mio., nach Mitte 1922 immer (meist wohl erheblich) unter GM 1 Mio. Bei Esslingen bewegten sich die Bankschulden von Dezember 1919 bis August 1920 zwischen GM 0,7 Mio. und 3 Mio., in der zweiten Jahreshälfte 1922 immer unter GM 0,2 Mio. Deutz hatte im August 1920 Schulden in Höhe von GM 0,7 Mio.; ab September 1922 lag die Bankverschuldung immer unter GM 0,2 Mio. Eine Ursache für den geringeren Schuldenstand mag neben der Ver-

---

[139] Vgl. Prot. d. Vorstandssitzung, 16. 12. 1919 (*WA Augsburg*, 1313). Schreiben A. von Rieppel an Werksdirektion Nürnberg, 26. 4. 1920 (*WA Nürnberg* 116.I). Ausarbeitung L. Endres betr. Kapitalerhöhung, 28. 6. 1920 (*WA Nürnberg* 131.2 III). Ausarbeitung L. Endres betr. Finanzstand der M.A.N. vom 7. 7. 1920 (*WA Augsburg*).
[140] Der Anschluß ist ausführlich dargestellt bei: G. D. Feldman, Iron and Steel in the German Inflation..., S. 213–279.
[141] Rundschreiben R. Buz an die Werke vom 1. 2. 1922 (*WA Augsburg*, Nachl. R. Buz 105).
[142] Vgl. Prot. d. AR-Sitzung am 4. 8. 1922 (*WA Augsburg* 1312).

knappung des Geldmarktes, einer gewissen Finanzierungshilfe durch die Handelswechselkredite der Reichsbank, Änderungen in den Zahlungsbedingungen[143] unter anderem auch eine rationellere Vorratswirtschaft gewesen sein.[144]

Abgesehen davon, daß die in Frage kommenden Beträge, gemessen am Geschäftsvolumen, mit zunehmender Geldentwertung seit Mitte 1922 von immer geringerer Bedeutung wurden, wirkten sich – besonders langfristige – Preiserwartungen hemmend auf die Inanspruchnahme des billigeren Obligationskredits aus. Man rechnete nicht mit der Entwertung der Obligationen (auf 15% des Goldwertes), wie sie nach der Stabilisierung verfügt wurde, sondern auch bei Geldwertverbesserungen mit einer Rückzahlungsverpflichtung Mark = Mark. Gustav Krupp von Bohlen und Halbach betrachtete bereits die Zinsverpflichtung für die Obligationenausgabe vom Januar 1921 (nominal M. 255 Mio.) als eine drückende Last, die sich bei Preisverfall bemerkbar machen würde; weitere Engagements hielt er für die nächste Zeit nur für schwer tragbar.[145]

Schenck nahm im Juni 1920 von einer Obligationenausgabe Abstand, da die hohen Papiermarkbeträge später in Goldmark wieder zurückgezahlt werden müßten; Überlegungen im Sommer 1922 und im Frühjahr 1923, ein langfristiges Hypothekendarlehen aufzunehmen beziehungsweise eine wertbeständige Anleihe aufzulegen, führten unter anderem deshalb zu keinem Ergebnis, weil die weitere Entwicklung nicht klar zu überblicken beziehungsweise der Betrag zu unerheblich war.[146] Bei der M.A.N. vermutete man im April 1921, daß Obligationen auch bei wesentlich höherer Valuta nicht zusammenge-

---

[143] Der Realwert der gesamtwirtschaftlichen Geldmenge (d. h. die Geldbasis) sank 1922/23) sehr viel rascher als die mengenmäßige Produktion. Die Umsätze wurden also auf einer stetig abnehmenden Geldbasis abgewickelt; das war nur mit einer durch veränderte Zahlungssitten bedingten steigenden Umlaufgeschwindigkeit des Geldes möglich.

[144] Die Vorratspolitik der Unternehmen scheint allerdings unterschiedlich gewesen zu sein. So erhöhten die Siemens-Schuckert-Werke ihre Bestände vom 1. 10. 1921 bis 1. 8. 1922 um Goldmark 29,5 Mio., während die Materialbestände bei Siemens & Halske sich in derselben Zeit offenbar nicht merkbar steigerten. Vgl. Schreiben Dir. M. Haller an C. F. von Siemens vom 11. 9. 1922, abgedruckt bei G. D. Feldman/H. Homburg, *Industrie und Inflation...*, S. 311–313.

[145] Schreiben Gustav Krupp von Bohlen und Halbach an den Aufsichtsrat, 18. 1. 1921 (*HA Krupp* FAH IV C 95).

[146] Bericht Walz vom 20. 6. 1920 (Schenck-Archiv). E. Schenck, *Das Werk Carl Schenck...*, S. III 102–104.

legt werden könnten, sondern mit dem Nominalbetrag zurückgezahlt werden müßten; noch im Dezember 1923 erwartete man, die Teilschuldverschreibungen von 1920 (nominal M. 75 Mio.) teilweise wieder in höheren Werten einlösen zu müssen, und empfand daher diese Obligationen als einen bedenklichen Posten in der Bilanz.[147] – Kapitalerhöhungen erschienen, sofern man eventuelle Besitzverschiebungen in Kauf nahm (was bei Schenck nicht der Fall war[148]), ungefährlicher, da das Kapital notfalls wieder zusammengelegt werden konnte.[149]

Zusammenfassend läßt sich sagen: Es gibt keine Anhaltspunkte dafür, daß die Aussicht auf Schuldnergewinne und Gläubigerverluste (letzteres zumindest nicht bis Mitte 1922) die Kreditaufnahme und die Verringerung des liquiden Vermögens beschleunigt hat. Aus den Quellen läßt sich nicht belegen, daß die hier untersuchten Unternehmen nach dem Grundsatz gehandelt hätten, den C. Bresciani-Turroni „one of the good rules of management" in der Inflation nennt, nämlich „to contract as many debts as possible which were repaid later with depreciated currency".[150] Einen fördernden Einfluß auf die Verringerung von Bankguthaben und die Aufnahme von Schulden haben eher die tatsächliche und erwartete Güternachfrage und die Entwicklung der Produktion gehabt; hemmend wirkten sich Liquiditätsgesichtspunkte (Liquiditätsziele, gegebene Liquidität und Liquiditätserwartungen) aus.

c) Die Wirkung der Kredit- und Kapitalaufnahme auf Gewinne und Investitionen

Aus dem Fehlen von Schuldnergewinnabsichten (in den Quellen) läßt sich nicht folgern, daß keine Schuldnergewinne gemacht worden

---

[147] Ausarbeitung L. Endres betr. Gewinne und Dividenden der Aktiengesellschaften, April 1921 (*WA Augsburg*, Nachl. R. Buz 109). Vorstandsbericht vom 3. 12. 1923 (*WA Augsburg* 1313). – Die Empfehlung, mit Rücksicht auf die ungewisse Preisentwicklung bei der Ausgabe von Obligationen vorsichtig zu verfahren, findet sich auch bei Dr. Ing. Müller-Bernhardt, *Gegenwartsfragen der industriellen Preis- und Finanzpolitik*, in: *Maschinenbau/Wirtschaft*, 2. Jg., H. 7 vom 13. 1. 1923, S. 226 f. Vgl. auch W. Prion, *Kreditpolitik...*, S. 49 f.
[148] Ausarbeitung L. Endres (M.A.N.) betr. Gewinne und Dividenden der Aktiengesellschaften, April 1921 (*M.A.N. WA Augsburg*, Nachl. R. Buz 109).
[149] Schreiben Gustav Krupp von Bohlen und Halbach an den Aufsichtsrat, 18. 1. 1921 (*HA Krupp* FAH IV C 95).
[150] C. Bresciani-Turroni, *The Economics of Inflation...*, S. 294.

sind. Und aus dem Umstand, daß die Unternehmen die Kredit- und Kapitalaufnahme vorwiegend mit der Notwendigkeit, die erhöhten Produktionskosten zu finanzieren, begründeten, läßt sich nicht schließen, daß die Außenfinanzierung nicht zu erheblichen Erweiterungsinvestitionen beigetragen hat;[151] man könnte auch argumentieren, daß gerade die Finanzierung des Umlaufvermögens durch Kredit- und Kapitalaufnahme die Finanzierung von Investitionen aus dem Gewinn ermöglicht hat. Grundsätzlich können bestimmte Vermögenspositionen (zum Beispiel das Anlagevermögen) nicht bestimmten Kapitalpositionen (zum Beispiel Eigenkapital) zugeordnet werden. Wie können Schuldnergewinne und schuldnergewinnfinanzierte Investitionen ermittelt werden?

Wie schon einleitend bemerkt, erzielen Schuldner bei Geldentwertung und Zinssätzen, in denen die Preissteigerungsrate nicht antizipiert ist, immer Vorteile in der Höhe, in der andernfalls Mehrzinsen und -tilgungsbeträge angefallen wären. Um diese Vorteile zu quantifizieren, müßte man die Zins- und Provisionssätze und das Aufnahme- und Tilgungsdatum der einzelnen Kredite kennen. Diese Angaben sind den Quellen aber nicht zu entnehmen. Es ist daher nur möglich, einige illustrative Beispiele anzuführen: Krupp erstattete auf einen im Oktober 1922 in Anspruch genommenen Bankkredit in Höhe von M 1 Mrd. (nach Umrechnungen des Unternehmens über den Dollarkurs im Oktober 1922 = GM 1 140 000) einschließlich einer im Juni 1922 gezahlten Abschlußprovision (in Höhe von GM 337 000) bis Ablauf des Kredits im September 1923 (ohne Zinsen) nur insgesamt GM 390 000 (= 34%) zurück;[152] Krupp hat auch mit der Ausgabe von ungedecktem Notgeld im zweiten Halbjahr 1923 beträchtliche Inflationsgewinne erzielt.[153] Auch die Vorkriegsobligationen wurden in entwertetem Geld zurückgezahlt. Zu vorzeitigen Rückkäufen von Obligationen über die gesetzliche Quote hinaus ist es bei den hier untersuchten Unternehmen, und zwar bei Deutz und Humboldt, in größerem Umfange aber erst im zweiten Halbjahr 1923 gekommen (vgl. Zeile 3a und b, TABELLE 5). In der M.A.N. überlegte man im November 1921 größere Rückkäufe, nahm davon aber dann mit Rücksicht

---

[151] Dies geschieht z.B. in einem Aufsatz von Willi Heizmann, *Geldentwertung und Aktienkurse*, in: Zeitschrift für handelswissenschaftliche Forschung, 18 (1924), S. 360–378.
[152] Vgl. *Kriegsdenkschrift*, BI4b: *Finanzgebarung 1919–21* (HA Krupp WA VII f 1079).
[153] Vgl. *Kriegsdenkschrift*, BI4b: *Die Finanzen der Firma Krupp während der Ruhrbesetzung* (Schäffer). (HA Krupp WA f 1081.)

auf die alten Obligationäre, aber vor allem auch, um die Liquidität nicht zu verringern, bis auf einen kleinen Betrag Abstand;[154] der im zweiten Halbjahr 1923 diskutierte und vom Aufsichtsrat gebilligte Plan eines vorzeitigen Rückkaufs eines Teils der Vorkriegsobligationen wurde ebenfalls nicht (mehr) durchgeführt.[155] Bei den Obligationen haben sich die Unternehmen vor allem durch die Aufwertungsgesetzgebung nach der Stabilisierung, weniger durch die Rückzahlungen während der Inflation entschuldet (vgl. Zeilen 1 und 4a–c, TABELLE 5). Den Vorteilen als Schuldner standen auch Nachteile der Unternehmen als Gläubiger gegenüber. So war der Verkaufspreis in Höhe von M 8 Mio., den die Maschinenfabrik Esslingen im März 1918 für ihr italienisches Zweigwerk Saronno erzielte, im Verkaufsmoment ca. GM 4 Mio., am Auszahlungstag im Dezember 1920 aber nur noch GM 0,5 Mio. wert.[156] Krupp erlitt in der Zeit von 1918 bis 1923 beim Verkauf festverzinslicher Wertpapiere in Höhe von GM 185 Mio. einen Geldentwertungsverlust von GM 82 Mio. (= 56%);[157] und auch der Inflationsgewinn aus der Ausgabe ungedeckten Notgeldes verminderte sich dadurch erheblich, daß die Kruppsche Konsumanstalt ihre (mit wertbeständigen Devisen erworbenen) Waren gegen Annahme des Notgeldes verkaufte, das Notgeld also (sofern es am Tag der Ausgabe sofort in Waren der Konsumanstalt umgesetzt wurde) ohne „Schuldnergewinn" in die Kruppschen Kassen zurückwanderte.[158] Bei Krupp vermutete man dann auch, daß sich die Infla-

---

[154] Vgl. Prot. d. AR-Sitzungen am 18. 11. 1921 und 20. 12. 1921 (*WA Augsburg* 1312).
[155] Vgl. dazu die Korrespondenz zwischen L. Endres/R. Buz (M.A.N.), P. Reusch (GHH) und Schlitter (Deutsche Bank) von Juni–September 1923 (*WA Augsburg*, Nachl. R. Buz 180/1). Prot. d. AR-Sitzung vom 14. 9. 1923 (*WA Nürnberg* 131.2): Der AR ist einverstanden, daß die aus der 4½%igen Anleihe von 1913 noch vorhandenen M 12 538 000 gekündigt werden.
[156] Prot. d. AR-Sitzungen am 24. 10. 1918, 6. 11. 1919, 8. 3. 1921; Bilanzbericht des Vorstands auf den 31. 12. 1920 (alle Bestand ME, *Daimler-Benz-Archiv*). Arthur Curti, *Jahre der Jugend, Jahre der Reife. Erlebnisse und Begegnungen*, 2. Aufl., Zürich 1941 (Abschrift des Abschnitts betr. Saronno, *HA/GHH* 402/70).
[157] Aufstellung: Verlust auf festverzinsliche Wertpapiere seit 1. Januar 1918 (*HA Krupp* WA IV 3315).
[158] *Kriegsdenkschrift*, BI4b: *Die Finanzen der Firma Krupp während der Ruhrbesetzung* (Schäffer) (*HA Krupp* WA VII f 1081). Der Krupp-Direktor Baur gab am 11. 1. 1925 die Gewinne aus Kruppschem Notgeld rückblickend mit GM 23 Mio. an (Vortrag über die Goldbilanz der Fried. Krupp AG am 11. 1. 1925, S. 14; *HA Krupp* WA VII f 1082); das war mehr als der durchschnittliche Monatsumsatz des gesamten Konzerns im Geschäftsjahr 1923/24 (ca. GM 19 Mio.).

tionsgewinne des Unternehmens aus der Entwertung von Verbindlichkeiten und die Inflationsverluste aus der Entwertung von Vermögensbestandteilen (festverzinsliche Wertpapiere, Inlandsbankguthaben und anderes) insgesamt ungefähr deckten.[159]

Für die Ermittlung von Schuldnergewinnen sind solche Betrachtungen jedoch nicht entscheidend. Dazu muß die Verschuldung vielmehr in Beziehung zum Unternehmenserfolg gesetzt werden.

Schuldnergewinne entstehen nur dann, wenn die Absatzpreissteigerungen höher als die Beschaffungspreissteigerungen sind und wenn sie sich als ein Teil tatsächlicher Zahlungsströme in Kassenüberschüssen niederschlagen. Ein Maßstab für das Auftreten von Schuldnergewinnen ist das Verhältnis von interner Rentabilität des Unternehmens (Gesamtkapitalrentabilität) und Fremdkapitalzins. Schuldnergewinne treten nur da auf, wo die Gesamtkapitalrentabilität (das heißt, der Quotient aus der Summe von Jahresgewinn und Zinszahlung für Fremdkapital und der Summe von Eigen- und Fremdkapital) höher als der Fremdkapitalzins ist. In diesem Falle wirkt das Fremdkapital als Hebel für eine höhere Eigenkapitalrendite *(leverage-effect)*.[160] Berechnet man für die hier untersuchten Unternehmen die Gesamtkapitalrentabilität anhand der Daten der veröffentlichten Bilanzen, indem man Gewinne und Zinszahlungen (die ja nicht am Bilanzstichtag, sondern im Laufe des Geschäftsjahres anfallen) auf die Jahresmittelwerte des Gesamtkapitals bezieht, so ergibt sich nur bei der Motorenfabrik Deutz für die Jahre 1919/20 bis 1921/22 eine Gesamtkapitalrentabilität, die etwas höher als der Reichsbankdiskont und Obligationszinssatz (5%) ist (1919/20: 5,04%; 1920/21: 6,58%; 1921/22: 5,62%); in allen anderen Fällen liegt sie darunter (Schenck wurde nicht berechnet). Verwendet man, wie es korrekt ist, für die M.A.N., Esslingen und Krupp statt des Bilanzgewinns den um Scheingewinne und -verluste bereinigten Gewinn, so ergibt sich in den meisten Fällen eine noch niedrigere Gesamtkapitalrentabilität. Höhere Werte ergeben sich nur für Esslingen 1920 (10,4%) und 1921 (5,4%); die Gesamtkapitalrentabilität lag 1920 damit über dem Obligationszinssatz, aber wohl nicht über den Gesamtkosten von Bankkrediten.

Einen anderen Maßstab für die Entstehung von Schuldnergewinnen liefert die Untersuchung von Gewinnen und Investitionen, wie sie

---

159 *Kriegsdenkschrift*, BI4b: *Finanzgebaren 1922–23*, S. 19 (*HA Krupp* WA VII f 1081).
160 Vgl. dazu Otto H. Jacobs/Ulrich Schreiber, *Betriebliche Kapital- und Substanzerhaltung in Zeiten steigender Preise*, Stuttgart 1979, S. 55–64.

im vorangegangenen Kapitel vorgenommen wurde: Der Einsatz von Fremdmitteln und zusätzlichem Eigenkapital hat in der Inflation weder zu Investitionen über die Höhe der Normalabschreibungen hinaus[161] noch zu „normalen" Dividenden geführt. Daraus ist zu schließen, daß Kredite und Neukapital zur Finanzierung des laufenden Geschäfts verwendet wurden.

5. Inlandspreisentwicklung und Gewinnentwicklung

a) Kosten und Erlöse

Wie ist es zu erklären, daß die Unternehmen tatsächliche Gewinne nur (oder vorwiegend) in verhältnismäßig preisstabilen Perioden erzielten, daß ihnen in Perioden hoher und rascher Preissteigerungen die gleichzeitige Finanzierung des laufenden Geschäftsbetriebs, der Investitionen in Höhe der Normalabschreibungen und einer normalen Dividende aus den Umsatzerlösen nicht gelang? In diesem Abschnitt soll von den Faktoren der Gewinnerzielung die Preisbildung erörtert werden. Zur Entwicklung der mengenmäßigen Produktion und zur Höhe und Entstehung der Kosten sollen dagegen zuvor nur einige kurze Bemerkungen gemacht werden:

Die monatliche Entwicklung des mengenmäßigen Umsatzes ist für die einzelnen Unternehmen zahlenmäßig nicht feststellbar. Die Beschäftigtenzahlen sind kein guter Indikator, da die Entlassungsverbote der Demobilmachungsverordnungen den Unternehmen die Anpassung des Beschäftigtenstandes an die Güternachfrage unmöglich machten; der Beschäftigungsgrad in der deutschen Maschinenindustrie, den der VDMA ab 1921 vierteljährlich als das Verhältnis der tatsächlichen Belegschaftsstärke zu der Belegschaft bei voller Kapazitätsauslastung erhob, schwankte daher von Anfang 1921 bis September 1923 nur zwischen 85,3 und 92,5 %.[162] Nach den eigenen Berichten waren die Unternehmen in der ersten Markentwertungsperiode Mitte 1919 bis Frühjahr 1920 gut, Frühjahr bis Herbst 1920 in-

---

[161] Dies ist nur bei Krupp der Fall, sofern man den Beteiligungserwerb in die Investitionsaufwendungen einbezieht; dem stehen aber in Gestalt der Wertpapierverkäufe von insgesamt GM 185 Mio. bei weitem höhere Desinvestitionen an Finanzanlagen gegenüber.
[162] Vgl. Fr. Kruspi, *Die Konjunktur der letzten 5 Jahre im deutschen Maschinenbau,* in: Maschinenbau/Wirtschaft, 5. Jg. (1926), S. 857–861.

folge der Markbesserung schwächer, dann – mit Abstufungen – bis Ende 1923 wieder gut beschäftigt. Die seit Anfang 1921 angestellten vierteljährlichen Erhebungen des VDMA (siehe SCHAUBILD 1) zeigen für die mengenmäßigen Auftragseingänge einen Rückgang im zweiten Vierteljahr 1921, starke Zunahme im dritten und vierten Vierteljahr 1921 (Preissteigerung und Wechselkursverfall) und dann einen ständigen, im vierten Vierteljahr 1922 und zweiten Vierteljahr 1923 (Steigen der Auslandsaufträge) nur etwas verlangsamten Rückgang bis Ende 1923. Der mengenmäßige Umsatz folgte wegen der langen Fertigungszeiten im Maschinenbau dem Auftragseingang in einigem Abstand; er erreichte im dritten Vierteljahr 1922 noch einmal einen Höhepunkt und ging dann bis Ende 1923 ständig zurück. Der Export war am Gesamtumsatz der deutschen Maschinenindustrie in den letzten Kalenderjahren 1921 bis 1923 mit 23,5 bis 27,3 % beteiligt.[163]

Für die Kostenseite ist kennzeichnend, daß sich die laufenden Preise, aber auch die realen Preise und die Mengen der Kostenbestandteile gegenüber den Vorkriegswerten änderten: a) Die nominellen Löhne und Eisenpreise stiegen – in verschiedenen Schüben – bei Schenck (Darmstadt) bis Ende 1919 auf das 6- beziehungsweise 17fache, bis Ende 1920 auf das 9 (24)fache, bis Ende 1921 auf das 23 (50)fache, bis Ende 1922 auf das 630 (2430)fache und bis August 1923 auf das 960 000 (463 000)fache der Werte von 1914.[164] b) In der Literatur ist häufig die Auffassung vertreten worden, daß der tiefe Stand der Reallöhne in der Inflation gegenüber der Vorkriegszeit den Unternehmen zu beträchtlichen Gewinnen und Investitionen verholfen habe.[165] Inwieweit die in dieser Hypothese behaupteten Auswirkungen zutreffen, wird später erörtert werden. Die behaupteten Bedingungen liegen nur begrenzt vor: Die Reallöhne (vgl. die Monatswerte in TABELLE 6) der M.A.N.-Arbeiter (Werk Augsburg) etwa betrugen im Jahresdurchschnitt 1920 ca. 77 %, 1921 und 1922 95 % und 1923 102 % der Werte von 1913/14. Bei Schenck lagen sie 1920 bei 71 %,

---

[163] Fr. Kruspi, *Die Konjunktur...*, S. 857–861.
[164] E. Schenck, *Das Werk Carl Schenck...*, S. III 103–105, Tabelle V: *Entwicklung von Mark, Lohn und Eisenpreis (Schenck-Archiv).* Der Lohnindexberechnung sind für 1914 der Durchschnittslohn eines Darmstädter Facharbeiters über 25 Jahre, für 1919–1923 der in Darmstadt geltende Tariflohn, dem Eisenpreisindex für 1919–1921 der Stabeisenpreis des Stahlwerksverbandes, für 1922 und 1923 der offizielle Richtpreis des Eisenwirtschaftsbundes zugrunde gelegt.
[165] Vgl. die Diskussion dieser Auffassung bei C.-L. Holtfrerich, *Die deutsche Inflation...*, S. 218–220.

1921 bei 103% und 1923 bei 90% des Vorkriegsstandes. Esslingen zahlte 1920 etwa 80%, 1921 etwa 85% der Vorkriegsreallöhne aus.[166] Der Entlastung der Arbeitskosten durch gesunkene Reallöhne, soweit sie existierte, stand darüber hinaus eine Belastung der Kosten durch gesunkene Arbeitsproduktivität, gemessen am mengenmäßigen Umsatz je Beschäftigten, gegenüber. Über die Entwicklung der Arbeitsproduktivität in den Inflationsjahren ist nicht viel bekannt. Die Erhebungen der „Wirtschaftskurve" der *Frankfurter Zeitung* bei einzelnen Unternehmen, in denen die Arbeitsleistung der Beschäftigten in den Jahren 1913/14 und 1919 bis 1923 verglichen wurde, brachte sehr unterschiedliche Ergebnisse.[167] Die unterschiedliche Einschätzung der Produktivität beruht zum Teil vermutlich darauf, daß ihr die Messung sehr verschiedener Sachverhalte zugrunde liegt; die tatsächliche Arbeitsleistung eines bestimmten Arbeiters pro Stunde, der Umsatz je Beschäftigten oder die Erzeugung (einschließlich Lagerproduktion) je Beschäftigten. So stellte Fritz Henzel fest, daß in einem Maschinenbauunternehmen der Umsatz je Arbeitsstunde 1922 gegenüber 1914 um 37% gesunken, die Erzeugung aber um 17% gestiegen war;[168] das Unternehmen hatte also einen Teil seiner Belegschaft mit Lagerproduktion beschäftigt. Die Arbeitsproduktivität in ihrer Bedeutung für die effektive Kostenbelastung der Unternehmen wird am deutlichsten, wenn sie als Umsatz je Beschäftigten gemessen wird. Nach den Erhebungen des VDMA und unter Berücksichtigung der seit Ende 1918 verkürzten Arbeitszeit lag das Versandgewicht (in Tonnen) je Beschäftigten in der deutschen Maschinenindustrie 1921 um 35% und 1922 um 37% unter dem von 1913.[169] Trifft diese Berechnung zu, so hat die Minderleistung die Reallohnsenkungen mehr als kompensiert. Für die hier speziell untersuchten Unternehmen sind

---

[166] Die Realgehälter der Angestellten lagen allerdings vermutlich erheblich unter denen der Arbeiter (bei Esslingen betrug das monatliche Realgehalt eines mittleren Beamten 1920 etwa 51%, 1922 63% des Vorkriegswertes). – Zu der verhältnismäßig hohen Reallohnposition der Arbeiter (und einer niedrigeren der Angestellten) in der Inflationszeit vgl. auch: C.-L. Holtfrerich, *Die deutsche Inflation...*, S. 228–246.

[167] *Die Wirtschaftskurve der Frankfurter Zeitung*, April 1922, S. 54–57; August 1922, S. 58–63; November 1922, S. 54–56; Februar 1923, S. 70–78.

[168] Fritz Henzel, *Die Arbeitsleistung vor und nach dem Kriege, untersucht an einem Werk der Maschinenindustrie*, Stuttgart 1925, S. 88–109.

[169] Quellen: Dr. Rech, *Zehn Jahre Maschinenstatistik. Produktionsstatistische Untersuchungen* (= VDMA-Drucksache Nr. 33), 1920, S. 250 *(VDMA-Archiv)*. VDMA, Geschäftsbericht über das Jahr 1922, S. 5 *(VDMA-Archiv)*.

zwar eine Reihe von negativen Urteilen, aber nur wenige Zahlen und dann meist sehr grobe Schätzungen zur Produktivitätsentwicklung überliefert. Bei der Maschinenbauanstalt Humboldt betrug die Arbeitsleistung pro Kopf und Tag (in kg) 1920/21 69,8% und 1921/22 97,1% der Arbeitsleistung von 1913/14.[170] In den Stahlbetrieben der Gußstahlfabrik Essen der Fried. Krupp AG lag die Tonnenleistung je Arbeiter 1919/20 und 1920/21 um 13% unter der von 1913/14.[171] Die M.A.N. hat ihren Belegschaftsstand, gemessen jeweils an Auftragsbestand oder Umsatz und im Vergleich mit den Vorkriegsverhältnissen, in allen Inflationsjahren als zu hoch betrachtet. Unter Zugrundelegung der Angaben und Schätzungen des Unternehmens und unter Berücksichtigung der seit Ende 1918 verkürzten Arbeitszeit war die M.A.N. im November 1919 (Werk Nürnberg) um 15%, im Mai 1920 (Werk Augsburg) um ca. 25%, im Juli 1921 um ca. 20 bis 25% und im Geschäftsjahr 1921/22 um ca. 20% personell übersetzt.[172]

Die Ursache für den gegenüber 1913/14 gesunkenen Umsatz je Beschäftigten war vermutlich nur zum kleinen Teil und zeitlich (vor allem auf das Jahr 1918/19) begrenzt eine kriegs- und politisch bedingte Arbeitsunwilligkeit der Arbeitnehmer. Sehr viel wichtiger waren wohl die schon erwähnten Demobilmachungsvorschriften, die mit Einstellungszwang und Entlassungsverboten teilweise eine Beschäftigungsgarantie gewährten und die Anpassung der Belegschaften an eine gegenüber den Vorkriegsjahren verminderte Güternachfrage verhinderten. Die Verordnung über die Freimachung von Arbeitsstellen während der Zeit der wirtschaftlichen Demobilmachung vom 28. März 1919 (abgeändert am 1. Dezember 1919 und 25. April 1920,[173] abgeschwächt am 5. März 1921, aufgehoben am 30. März

---

[170] Unter Berücksichtigung der verkürzten Arbeitszeit seit Ende 1918. Quelle: F. Gräsle, *Der Humbold...*, S. II 65.

[171] Quelle: Niederschrift über die Besprechung mit dem Betriebsausschuß am 21. 7. 1921 (*HA Krupp* WA 41/6–192).

[172] Quellen: Geschäftsbericht 1918/19 über Werk Nürnberg, 14. 11. 1919 (*WA Nürnberg* 116.1). A. von Rieppel an Werk Augsburg, 4. 5. 1920 (*WA Nürnberg* 116.I). Bericht für den AR, 6. 7. 1921 (*WA Nürnberg* 131.2). Vorstandsbericht auf der Generalversammlung der M.A.N., 2. 12. 1922 (*WA Nünrberg* 131); für das Geschäftsjahr 1921/22, in das ein 2½monatiger Streik fiel, wurde eine Tonnenproduktion in der Höhe von 1913/14 angenommen.

[173] *Reichsgesetzblatt 1919*, I, S. 355–359, S. 1936f.; *1920*, I, S. 707f. Einen Überblick über die Entwicklung der Demobilmachungsverordnungen ab 1920 gibt: Vereinigung der Deutschen Arbeitgeberverbände, *Geschäftsbericht 1923 und 1924*, Berlin 1925, S. 50–53.

1922) erschwerte die Entlassung von Arbeitnehmern ohne gleichzeitige Einstellung von Kriegsteilnehmern. Die Verordnungen über die Einstellung und Entlassung von Arbeitern und Angestellten vom 4. Januar 1919, 24. Januar 1919 und 12. Februar 1920[174] (im wesentlichen außer Kraft gesetzt durch die Verordnung über Betriebsstillegungen und Arbeitsstreckung vom 15. Oktober 1923) verbot die Entlassung von Arbeitnehmern und gebot die Wiedereinstellung von Kriegsteilnehmern, solange nicht die Arbeit auf ein Mindestmaß gestreckt worden war. Die Beschäftigungswirkungen dieser und anderer Verordnungen wurden von den Arbeitgebern als „unproduktive Verwässerung der Arbeitsenergie durch Arbeitsstreckung"[175] bezeichnet. Der M.A.N. gelang im Mai/Juni 1920 eine aus Kosten- und Liquiditätsgründen geplante Reduzierung der Belegschaft nicht, da „heftiger Widerstand beim Betriebsrat und der Arbeiterschaft bestand, welcher sich auf behördliche Verfügung stützen konnte"; statt 2000 konnten nur 300 bis 600 Belegschaftsmitglieder entlassen werden.[176] Der Finanzvorstand der M.A.N. fand im September 1923, daß zum Ausgleich von Einnahmen und Ausgaben im Werk Augsburg die Zahl der Arbeiter und Angestellten schon lange hätte reduziert werden müssen, „doch waren ja die Verhältnisse immer so, daß man mehr oder minder daran gehindert war".[177] Die Beschäftigungswirkungen der Demobilmachungsverordnungen können allerdings anhand der einzelwirtschaftlichen Quellen nicht quantifiziert werden; entsprechende Berechnungen der Unternehmen sind nicht überliefert. Untersuchungen über die diesbezügliche Arbeit der Demobilmachungsausschüsse fehlen bisher ebenfalls.

Diese Bemerkungen zur Entwicklung des mengenmäßigen Umsatzes und der Höhe und Entstehung der Kosten sollen genügen. Aus dem vorher Gesagten geht hervor, daß die Perioden verhältnismäßig geringer Gewinnzielung und rascher Preissteigerungen (zumindest bis Herbst 1922) auch solche verhältnismäßig hoher Auftragseingänge

---

[174] *Reichsgesetzblatt 1919,* I, S. 8–13, 100–106; 1920, S. 218–227.
[175] Vereinigung der Deutschen Arbeitgeberverbände, *Geschäftsbericht über das Jahr 1921,* Berlin 1922, S. 96. F. Kruspi, *Konjunkturentwicklung...,* führt die hohe Beschäftigung während der Inflationszeit z.T. auf die Demobilmachungsverordnungen zurück.
[176] Schreiben A. v. Rieppel an die Werksdirektoren, 26. 4. 1920 (*M.A.N. WA Nürnberg* 116.I.). Ausarbeitung L. Endres betr. Kapitalerhöhung, 28. 6. 1920 (*WA Nürnberg* 131.2.III).
[177] Schreiben L. Endres an J. Lauster (M.A.N.), 20. 9. 1923 (*WA Nürnberg* 221.3).

und/oder Umsätze waren. Wie ist es zu erklären, daß in Perioden rascher Preissteigerungen die Gewinnerzielung trotz hoher Auftragsbestände ein Problem geworden ist? Ein Schlüssel der Erklärung liegt in den im folgenden erörterten Preisbildungsvorgängen unter Inflationsbedingungen. Zuerst wird die Inlands-, dann (siehe unten ZWEITES KAPITEL, ABSCHNITT 6) die Exportpreisbildung erörtert. Bei den Inlandsgeschäften stellten sich die Probleme schärfer; im Inlandsgeschäft traten offenbar häufig Verluste ein, die nur durch Exportgewinne (teilweise) kompensiert werden konnten.

b) Die Anpassung der Preise an die Kosten

Die Maschinenbauunternehmen, zumindest die größeren, bildeten ihre Verkaufspreise, indem sie den proportionalen Lohn- und Materialkosten Gemeinkosten- und Gewinnzuschläge hinzufügten. Insofern waren die Preise kostenorientierte, „administrierte" Preise. Die Inflation stellte die kostenorientierte Preisbildung vor Sonderprobleme: Bei Verkäufen ab Lager war der aufgrund der Herstellkosten kalkulierte Preis niedriger als der Preis, zu dem die verbrauchten Einsatzgüter am Umsatztage wiederbeschafft werden konnten; bei Verkauf zu Herstellkosten ermöglichte der Erlös nicht die Fortführung der Produktion auf gleicher Basis in der nächsten Produktionsperiode. Bei Verkäufen auf Bestellung, die den größten Teil des Geschäfts im Maschinenbau ausmachten, reichte der Kostenpreis am Tage des Verkaufsabschlusses nicht nur nicht zur Deckung der Wiederbeschaffungskosten am Umsatztage, sondern auch nicht zur Deckung der zwischen Verkaufsabschluß- und Umsatztag entstehenden, steigenden Herstellkosten aus; da die Lieferzeiten meist zwischen einem halben und einem Jahr betrugen, konnten sie sehr viele Zeitpunkte unterschiedlicher Kaufkraft des Geldes umfassen. Die Unternehmen haben in der Inflation zunehmend versucht, Preisbildungsverfahren zu entwickeln, die bei Lagerverkäufen die Erstattung der Wiederbeschaffungskosten, bei Bestellungsverkäufen die Erstattung der Herstell- und/oder der Wiederbeschaffungskosten gewährleisten. Diese Arbeit wurde den Unternehmen zunehmend von den Fachverbänden abgenommen, die Ende 1919/Anfang 1920 die Preisüberwachung im Exportgeschäft übernommen hatten und zum Teil (wie der für Deutz und die M.A.N. wichtige Motorenverband) schon Mitte 1920, vor allem aber (wie der Prüfmaschinenverband oder der Kranverband, die für die M.A.N. und Schenck beziehungsweise Esslingen von Bedeutung waren) ab Ende 1921 auch Richt- und Mindestpreise für das Inlandgeschäft festsetzten.

In diesem Abschnitt werden einige Probleme der Anpassung der Preise an die Kosten unter Inflationsbedingungen, insbesondere bei Bestellungsaufträgen, erörtert. Zunächst wird ein Überblick über die Entwicklung der Preisbildungsverfahren gegeben. Dann werden vier Hauptprobleme der kostenorientierten Preisbildung gesondert dargestellt. Schließlich werden einige Wirkungen der Preisbildung auf Liquidität und Erfolg der Unternehmen behandelt.[178]

Im Laufe des Jahres 1919, verstärkt gegen Ende des Jahres, gingen die Unternehmen von Verkaufsabschlüssen mit festen Preisen zu solchen mit Preisvorbehalten über. Diese Preisvorbehalte waren zunächst unspezifisch. Dann (überall wohl seit Anfang 1920) bestanden sie in Lohn- und Materialpreisgleitklauseln (seltener schon in spezifischeren Teuerungsindizes): Stiegen der Lohn und der Preis einer bestimmten Eisensorte (meist Hämatit) um 1%, so sollte der Verkaufspreis um jeweils 0,5% (oder einen anderen, wechselnden Prozentsatz) erhöht werden; der Stichtag für die Anrechnung der Lohn- und Materialpreiserhöhungen und damit für die Berechnung der Preiserhöhungen lag irgendwann zwischen Verkaufsabschluß- und Liefertermin. Ab Mitte 1920 schloß man wieder zu Festpreisen ab und hielt dies Verfahren (1921 zum Teil unter Hinzufügung von Risikozuschlägen) bis November/Dezember 1921, teilweise auch bis in das Frühjahr 1922 durch. Gegen den Widerstand der Abnehmer und gegen die anfänglichen Empfehlungen, zum Beispiel des Reichsverbandes der deutschen Industrie und der Eisenhüttenindustrie,[179] ging man Ende

---

[178] Der Abschnitt stützt sich vor allem auf Verbandsliteratur, Verbands- und Firmenakten, u. a.: Heinrich Köhn, *Die Produktion der deutschen Maschinenindustrie unter dem Einfluß der Geldentwertung*, Diss. Hamburg 1923, S. 142–185. Dr.-Ing. Bonte, *Notleidende Aufträge im Maschinenbau nach der Material- und Lohnklausel*, in: *Maschinenbau/ Wirtschaft*, 2. Jg., H. 8 vom 26. 1. 1923, S. 275–277. Oberbaurat Gerlach, *Die Entwicklung der Preisvorbehalte im Deutschen Kranverband*, in: *Maschinenbau/Wirtschaft*, 2. Jg., H. 18 vom 16. 6. 1923, S. 741–743. VDMA, Geschäftsberichte für die Jahre 1922, 1923 (VDMA-Archiv). Dr. Halberstadt, *Die Entwicklung der Lieferbedingungen im deutschen Maschinenbau*, in: *Maschinenbau/Wirtschaft*, 4. Jg., H. 17 vom 27. 8. 1925, S. 843–849. *Der deutsche Maschinenbau 1890–1923 (Chronik)*, S. 376–380, 423–432 (Ms. VDMA-Archiv). Berichte, Sitzungsprotokolle u. ä. des Deutschen Kran-Verbandes, des Prüfmaschinen-Verbandes und des Motorenverbandes (*M.A.N. WA Nürnberg 161.9, 161.310, 161.336*). Akten der einzelnen Unternehmen.
[179] Siehe dazu auch unten DRITTES KAPITEL, ABSCHNITT II.3.c.

1921 wieder zum Verkauf zu Gleitpreisen über. Zunächst verwandte man dazu die schon 1920 benutzten kombinierten Lohn- und Materialpreisgleitklauseln. Unter dem Einfluß der beschleunigten Preissteigerung wurde dieses Verfahren, vor allem ab Mitte 1922, in mehrfacher Hinsicht geändert: a) Die zur Preiskalkulation verwendeten Teuerungsindizes wurden spezifiziert und auf den Liefertermin (statt auf einen Zwischentermin) bezogen; die Teilzahlungen (und nicht erst die Schlußsumme) wurden den Preissteigerungen entsprechend erhöht. b) Durch diese Änderungen konnte die endgültige Verkaufssumme (in realen Werten) dann erheblich über den Wiederbeschaffungspreis am Umsatztag steigen, wenn die An- und Teilzahlungen nur mit ihrem Nennwert auf die Schlußsumme angerechnet wurden (Auffüllungsverfahren). Unter dem Druck der Abnehmer wurde daher ab Ende 1922 in der Maschinenindustrie (wie auch in der chemischen und in der Elektroindustrie) das Abgeltungsverfahren eingeführt: Alle An- und Teilzahlungen wurden mit der Kaufkraft, die sie an den Zahlungstagen hatten, auf die Schlußsumme angerechnet. – Im folgenden sollen vier Probleme der Preisanpassung herausgegriffen werden:

1. Wie kostennah waren die verwendeten Teuerungsindizes? Wie erwähnt, verwendeten die Unternehmen bis weit in das Jahr 1922 überwiegend kombinierte Lohn- und Materialpreisgleitklauseln, nach denen der Preis um einen jeweils gleichen Prozentsatz (zum Beispiel 0,5%) erhöht wurde, wenn der Lohn und der Preis einer bestimmten Eisensorte um 1% stieg. Diese Gleitformel erwies sich insbesondere nach Einsetzen der starken Preissteigerungen Mitte 1922 als problematisch: Die Preise der tatsächlich in der Produktion verwendeten Materialien stiegen in einem anderen Umfang als der Preis des Einheitsmaterials, das der Preisberechnung zugrunde gelegt worden war; darüber hinaus mußten Materialpreise und Löhne bei der Preisberechnung unterschiedlich berücksichtigt werden, da sie verschieden schnell stiegen und ihr Anteil an den gesamten Selbstkosten damit wechselte. Die Unternehmen und Verbände gingen daher zum großen Teil und allmählich 1922/23 zu dem aufwendigeren, von einigen Stellen schon 1920 praktizierten Verfahren über, kostenspezifische Grundpreise (Friedenspreise oder für einen bestimmten Zeitpunkt der Nachkriegszeit festgesetzte Preise) zu bilden und diese jeweils mit kostenspezifischen Teuerungszuschlägen zu multiplizieren. Die Verbände setzten die Teuerungsfaktoren im Spätjahr 1922 monatlich, dann alle zehn Tage oder wöchentlich und schließlich täglich fest; ab

Februar wurden die Teuerungszuschläge der Verbände wöchentlich in einer Publikation des VDMA, dem Vaudema-Blatt, veröffentlicht. Der überwiegende Teil der deutschen Maschinenindustrie hat die Preise bis Mitte 1923 mithilfe von mehr oder weniger spezifischen Preisindizes, nicht aber (was sehr viel leichter gewesen wäre) mithilfe allgemeiner Preisindizes (Großhandelspreise) oder der Wechselkurse kalkuliert; Wechselkursänderungen spielten in dieser Kalkulation nur für die Berechnung der Kosten importierter Rohstoffe (zum Beispiel Kupfer, Textilrohstoffe, Leder) eine Rolle. Diesen sehr späten Verzicht auf die Verwendung kostenspezifischer Teuerungsindizes teilte die Maschinenindustrie mit der Eisenindustrie, dem Kohlebergbau und den öffentlichen Versorgungsbetrieben, die ihre Preise (im Unterschied etwa zu großen Teilen der Textilwirtschaft, der Leder- und Schuhindustrie) auch erst ab Mitte 1923 (Eisenindustrie ab August, Kohlebergbau ab September 1923) mit dem Dollarkurs gleiten ließen.[180] Erst ab Juli 1923 begann der größere Teile des Maschinenbaus, zur Rechnungserteilung in einer Goldmark überzugehen, die teils mit dem jeweiligen Dollarkurs, teils aber immer noch mit kostenspezifischen Teuerungsfaktoren in Papiermark umgerechnet wurde.

Der hauptsächliche Grund für das lange Festhalten an branchen- oder unternehmensspezifischen Teuerungsindizes dürfte darin liegen, daß die Kosten der unternehmensspezifischen Einsatzfaktoren, deren Wiederbeschaffung durch den Preis gesichert werden sollte, sich weder im Gleichklang mit allgemeinen inländischen Geldentwertungsindizes (Großhandelspreis, Lebenshaltungskosten) noch mit den Wechselkursen entwickelten. Die Großhandelspreise entwickelten sich nicht nur anders, sondern – mit wenigen Ausnahmen – auch langsamer als die Preise wichtiger Einsatzfaktoren (Rohstoffe), so daß sie zumindest für die Grundstoff- und Investitionsgüterindustrie als alternative Preisbemessungsgrundlage zu unternehmensspezifischen

---

[180] Vgl. zur Textil-, Schuh- und Lederindustrie Dr. Auler, *Die Selbstkostenrechnung unter dem Einfluß der Geldentwertung,* in: *Zeitschrift für Handelswissenschaft und Handelspraxis,* 15 (1922/23), S. 266–273, insbes. S. 270f. Matthias Steeg, *Einwirkungen der Geldentwertung auf die Verkaufsbedingungen der Leder- und Schuhbranche,* in: *Zeitschrift für handelswissenschaftliche Forschung,* 18 (1924), S. 21–45. Zur Eisenindustrie vgl. Rosemarie Schindler, *Die Marktpolitik des Roheisen-Verbandes während der Weimarer Republik,* Bielefeld 1978, S. 170–178. Zu den öffentlichen Versorgungsbetrieben vgl. Gerold Ambrosius, *Öffentliche Unternehmen in der Inflation 1918–1923. Der Konflikt zwischen der betrieblichen Finanzwirtschaft und den fiskalpolitischen Ansprüchen der Kommunen,* Ms. 1981, S. 19.

Teuerungszuschlägen während der gesamten Inflationszeit kaum in Frage kamen. Die Wechselkurse bezogen demgegenüber ihre Attraktivität als Preisänderungsmaßstab neben der leichten Handhabung und den geringen Informationskosten aus dem Umstand, daß sie lange Zeit schneller als die allgemeinen inländischen Geldentwertungsindizes und über weitere Inflationsstrecken auch schneller als die Kosten der unternehmensspezifischen Einsatzfaktoren stiegen. Die Verwendung der Wechselkurse bei der Preiskalkulation barg aber erhebliche Risiken: So hatte man in der weiterverarbeitenden Industrie die Erfahrung gemacht, daß die Preise der Einsatzfaktoren (vor allem Rohstoffe und Löhne) weiter stiegen, auch wenn die Wechselkurse (wie im Frühjahr 1920, 1922 und 1923) sich stabilisierten oder sanken. Hier konnten bei Wechselkursgleitung ebenso leicht Verlustpreise kalkuliert werden[181] wie ab Sommer 1923, als die Preise zum Beispiel für Kohle und Eisen ohnehin schneller stiegen als die Wechselkurse. Eine Preiskalkulation mit Wechselkursgleitung wäre erst bei festen und nur mit dem Wechselkurs gleitenden Rohstoffpreisen und Löhnen ohne Probleme möglich gewesen.

2. Inwieweit wurden in den Verkaufspreisen tatsächlich Wiederbeschaffungskosten kalkuliert? In der zeitgenössischen Literatur finden sich unterschiedliche Auffassungen zu dieser Frage. Willi Prion meint, daß die Unternehmen Mitte 1922 schon längst, Friedrich Neisser, daß sie im Sommer 1922 noch kaum Wiederbeschaffungspreise kalkuliert hätten.[182] Aus den bisherigen Darlegungen ergibt sich, daß für Bestellungsaufträge Wiederbeschaffungspreise des Umsatztages erst dann kalkuliert wurden, als Gleitpreise mit Teuerungsindizes des Umsatztages berechnet wurden (wobei offen ist, ob wirklich alle wichtigen Kostenbestandteile, also zum Beispiel auch die Abschreibungen, hochgerechnet wurden). Das geschah erst seit Mitte 1922; der Motorenverband etwa legte seiner Preiskalkulation erst ab Ende November 1922 die Teuerungszuschläge des Fälligkeitstages zugrunde. Bis dahin galt – wie erwähnt – eine Gleitpreisformel, nach der die Kostensteigerungen nur bis zu einem vor dem Liefertermin liegenden Stichtag oder die mittlere Kostensteigerung zwischen zwei Stichtagen vergütet wurden; diese Erstattungsbeträge lagen um so tiefer

---

[181] Vgl. auch Herbert Peiser, *Gleitklausel und Zahlungsbedingungen*, in: *Maschinenbau/Wirtschaft*, 2. Jg., H. 4 vom 26. 11. 1922, S. 129f., Otto Schulz-Mehrin, *Goldrechnung im Maschinenbau*, in: *Maschinenbau/Wirtschaft*, 3. Jg., H. 1 vom 11. 10. 1923, S. 13.
[182] Willi Prion, *Kreditpolitik*, Berlin 1926, S. 75f., F. Neisser, *Kreditnot...*, in: *Plutus* vom 16. 8. 1922, S. 347.

unter dem Wiederbeschaffungspreis des Umsatztages, je rascher die Geldentwertung im letzten Teil der Lieferzeit fortgeschritten war.

Ein Beispiel soll dies illustrieren:[183]

Die Gutehoffnungshütte bestellte bei der Maschinenfabrik Esslingen am 3. Juli 1922 auf Angebotsbasis von Ende 1922 einen Gaskompressor zum Grundpreis von M. 1 370 000 mit Gleitklausel. Nach der Gleitklausel sollte der Materialanteil nach dem durchschnittlichen Materialpreis des 2. Drittels, der Lohnanteil nach dem Durchschnittslohn des 3. Drittels der tatsächlichen Lieferzeit zu berechnen sein. Am 10. 3. 1923 wurde Versandbereitschaft gemeldet.

TABELLE

Berechnung des Preises

	nach der ursprünglichen vertragl. Gleitformel	unter Berechnung der Gleitung auf den Tag der Versandbereitschaft
1. Materialanteil Mittlerer Materialpreis (Durchschnitt aus Hämatit und Deutsch I) im Zeitpunkt des Angebots im Durchschnitt d. 2. Lieferdrittels am Tag d. Versandbereitsch. = Steigerung auf	M. 6 152,50 M. 84 056,-- 1366%	M. 6 152,50 M. 663 300,-- 10 750%
2. Lohnanteil Durchschnittl. Wertlohn im Zeitpunkt des Angebots im Durchschn. d. 3. Lieferdrittels am Tag d. Versandbereitsch. = Steigerung auf	M. 21,-- M. 653,-- 3110%	M. 21,-- M. 1 270,-- 6050%
3. Gesamtgleitung Materialsteigerung auf Lohnsteigerung auf zusammen	1366% × 0,5 = 683% 3110% × 0,5 = 1555% 2238%	10750% × 0,5 = 5375% 6050% × 0,5 = 3025% 8400%
4. Abrechnungspreis	1 370 000 × 22,38 = M. 30 660 600	1 370 000 × 84 = M. 115 080 000

[183] *Quelle:* Schreiben L. Kessler an P. Reusch, 5. 6. 1923, Anl. 6 (*HA/GHH* 300193011/1).

In welchem Umfang und wie lange außerhalb dieser Regelungen, zum Beispiel bei Vorratsverkäufen, Anschaffungs- statt Wiederbeschaffungskosten in den Verkaufspreisen kalkuliert wurden, ist schwer zu beurteilen. Die Preistreibereiverordnung vom 8. Mai 1918, die den Warenverkauf zu Wiederbeschaffungs- statt zu Gestehungskosten als Wucher verbot und – durch einen Beschluß der Preisprüfungsstelle Berlin – erst im Sommer 1922 gelockert wurde,[184] scheint vor allem den Kleinhandel betroffen zu haben. Daß – zumindest partiell – auch in der Eisen- und eisenverarbeitenden Industrie in späten Inflationsphasen noch zu Anschaffungskosten kalkuliert wurde, ist nur für die Gußstahlfabrik Essen der Fried. Krupp AG überliefert: Erst ab 1. Januar 1923 gab die zentrale Lagerverwaltung des Unternehmens Material an eigene Betriebe nicht mehr zu Anschaffungs-, sondern zu Tagespreisen ab; damit sollte künftig eine zu niedrige Preisstellung bei den Endprodukten vermieden werden.[185]

3. Wurden die Zahlungsbedingungen geändert, um die Vorfinanzierung der Produktion und den Unternehmenserfolg zu sichern? Die Unternehmen waren in der Inflation vor zwei größere Probleme gestellt, wenn sie die Produktion mithilfe von Anzahlungen ohne Inanspruchnahme von Kredit finanzieren wollten: a) Die Anzahlungen mußten vergrößert, die Zahlungen insgesamt vorverlegt werden. b) Einnahmen (aus An- und Teilzahlungen) und Ausgaben mußten zeitlich möglichst genau aufeinander abgestimmt werden.

a) Schon in der ersten Preissteigerungsperiode (1919/20) hatten sich die Zahlungsbedingungen für den Hersteller gegenüber der Vorkriegszeit erheblich verbessert. Vor dem Kriege war im Maschinenbau je ein Drittel der Kaufsumme bei Bestellung, bei Versand der Hauptteile und drei Monate nach Inbetriebsetzung fällig gewesen. Nach dem Kriege wurde generell die Schlußzahlung auf einen Monat nach Inbetriebsetzung vorverlegt, der Kredit an den Kunden also eingeschränkt.[186] Darüber hinaus gelang es den Unternehmen offenbar, die

---

[184] Vgl. dazu die Erörterung des Beschlusses der Preisprüfungsstelle Berlin auf der Vorstandssitzung des Reichsverbandes der Deutschen Industrie am 6. 9. 1922; auszugsweiser Abdruck des Protokolls bei: G. D. Feldmann/H. Homburg, *Industrie und Inflation...*, S. 313–324, hier S. 317f.

[185] Schreiben Hauptlagerhaus der Gfk an Hauptverwaltung der Gfk, 30. 11. 1922; Hauptverwaltung an Hauptlagerhaus, 27. 12. 1922 (*HA Krupp* WA 41/2-218).

[186] Vgl. Dr. Halberstadt, *Die Entwicklung der Lieferbedingungen im deutschen Maschinenbau*, in: *Maschinenbau/Wirtschaft*, 4. Jg., H. 17 vom 27. 8. 1925, S. 843–849.

Anzahlung auf 50% der Kaufsumme zu erhöhen.[187] In der Periode verhältnismäßig stabiler Preise nach Mitte 1920 wurden die Zahlungsbedingungen wieder etwas gelockert (je ein Drittel der Kaufsumme war bei Bestellung, bei Versand der Hauptteile und einen Monat nach Inbetriebsetzung oder Rechnungslegung zu zahlen), und sie blieben es bis etwa Mitte 1922.[188] Nach Einsetzen der raschen Preissteigerungen Mitte 1922 wurden die Zahlungsbedingungen allmählich und unter Reibungsverlusten[189] in mehrfacher Hinsicht geändert: Die Anzahlungen wurden auf 40 bis 50% der Kaufsumme erhöht. Es wurden weitere der Preissteigerung angepaßte Zwischenzahlungen eingeführt. Die Schlußzahlung wurde auf 10 bis 25% ermäßigt.[190]

b) Die hohen Anzahlungen konnten bei rasch fortschreitender Geldentwertung zu Verlusten für den Empfänger führen, wenn sie nicht pünktlich eingingen und/oder wenn sie nicht unmittelbar wieder (zur Bezahlung von Materialien und Löhnen) ausgegeben werden konnten. Solche Verluste wurden durch die Schlußzahlung kompensiert, solange auf diese – nach dem Auffüllungsverfahren – die An- und Teilzahlungen nur mit ihrem Nennwert angerechnet wurden. Sie

---

[187] So für die M.A.N. belegt. Vgl. Ausarbeitung L. Endres betr. Geldbedarf der M.A.N., 18. 5. 1920 (*WA Nürnberg* 151).

[188] Vgl. etwa den Entwurf einer Gleitklausel des Vereins Deutscher Waggonfabriken, in: Prot. d. Mitgliederversammlung des VDW am 17. 12. 1921 (*M.A.N. WA Nürnberg* 161/316.II). Mindest-Zahlungsbedingungen des Prüfmaschinen-Verbandes, in: Prot. d. Mitgliederversammlung des PV am 13. 1. 1922 (*M.A.N. WA Nürnberg* 161/310).

[189] Geschäftsbericht für den Vorstand der M.A.N., 27. 9. 1922 (*WA Augsburg*, 1312): Die Zahlungsbedingungen sind erst langsam in der Anpassung an die neuen Verhältnisse begriffen.

[190] Vgl. etwa L. Endres (M.A.N.) an R. Buz, 28. 7. 1922 (*M.A.N. WA Augsburg*, Nachl. R. Buz 239): Empfiehlt generelle Befolgung der Vorschläge des Großgasmaschinenverbandes zu den Zahlungsbedingungen: 50% der Kaufsumme sind bei Bestellung, 30% bei Versand der Hauptteile, 10% 3 Monate nach der 2. Rate, 10% 3 Monate nach Inbetriebsetzung zu zahlen; die Ratenzahlungen müssen der jeweiligen Preissteigerung entsprechend erhöht werden. Oberbaurat Gerlach, *Preisvorbehalte...*: Vorschriften für die Verbandsfirmen ab September 1922: 40% der Kaufsumme sind bei Bestellung, 25% nach Ablauf der 1. Hälfte der Lieferzeit, 25% bei Mitteilung der Versandbereitschaft, 10% 1 Monat nach Mitteilung der Versandbereitschaft zu zahlen. Der Motorenverband schrieb ab 10. 11. 1922 seinen Mitgliedern vor, 50% der Kaufsumme bei Bestellung und je 25% in der Mitte der Lieferzeit und bei Versandbereitschaft zu verlangen; M.A.N. Werk Augsburg an Werk Nürnberg, 27. 11. 1922 (*WA Augsburg*, 1 c/d). Bericht für die AR-Sitzung der Maschinenfabrik Esslingen am 30. 10. 1922 (Bestand ME, *Daimler-Benz-Archiv*): Neuaufträge sollen nur bei Anzahlungen in Höhe der Materialbeschaffungskosten (= ca. 50%) angenommen werden.

waren aber uneinbringlich, wenn – nach dem Abgeltungsverfahren – die An- und Teilzahlungen in der Höhe ihrer tatsächlichen Kaufkraft nicht mehr an der Schlußabrechnung teilnahmen. Nach Einführung der Abgeltungsverfahren seit Ende 1922 hat man daher an die Stelle hoher Anzahlungen möglichst viele kleinere Teilzahlungen gesetzt. Gleichzeitig wurde den Kunden kein Kredit mehr gewährt; die Schlußzahlung hatte mit der Lieferung oder Rechnungslegung zu erfolgen.[191] Ein großer Teil der Maschinenindustrie sah in dem Abgeltungsverfahren wegen der unpünktlichen Einzahlungen und der Unmöglichkeit, Einzahlungen und Auszahlungen zeitlich genau aufeinander abzustimmen, eine dauernde Verlustquelle.[192]

4. Wurden Kostensteigerungen in den Preisen antizipiert? Die bisherigen Darlegungen lassen erkennen, daß die Unternehmen und Verbände versucht haben, ihre Preise möglichst genau den eingetretenen Kostenveränderungen anzupassen. In einer Reihe von Fällen sind jedoch – in Form von Risikozuschlägen – Kostensteigerungen in den Preisen antizipiert worden. Risikozuschläge wurden – insbesondere bei sehr langfristigen Geschäften – (Durchsetzbarkeit vorausgesetzt) immer dann erhoben, wenn Kostensteigerungen erwartet oder nicht ausgeschlossen wurden, gegen welche die geltenden Preisbildungsverfahren (Festpreise 1919, 1921/22; Gleitpreise mit monatlich festgesetzten Teuerungszuschlägen Ende 1922; Gleitpreise nach dem Abgeltungsverfahren 1923) aber keinen ausreichenden Schutz zu bieten schienen. Risikozuschläge wurden einmal auf Festpreise gelegt, die in der zweiten Hälfte des Jahres 1919 und zwischen September 1921 und Frühjahr 1922 abgeschlossen wurden.[193] Dann wurden offenbar (ver-

---

[191] So empfahl der Kranverband im Januar 1923 die Zahlung von 4 Raten zu je 25%, im März 1923 nach dem Muster des VDMA und des Zentralverbandes der elektrotechnischen Industrie die Zahlung von je 30% bei Bestellung und nach Ablauf des 1. und 2. Drittels der Lieferzeit und von 10% bei Mitteilung der Versandbereitschaft. Oberbaurat Gerlach, *Preisvorbehalte...*; H. Köhn, *Produktion...*, S. 161.

[192] Vgl. u. a. VDMA, Geschäftsbericht über das Jahr 1923, S. 18 *(VDMA-Archiv)*. H. Peiser, *Gleitklauseln...*, S. 129–131. Ausarbeitung L. Endres (M.A.N.) betr. Verrechnungsarten und Zahlungstermine, 9. 12. 1922 *(M.A.N. WA Nürnberg 131.3)*. Alle Äußerungen betonen, daß die notwendigen Betriebsmittel nur durch das Auffüllungsverfahren hereingebracht werden könnten.

[193] Vgl. Dr.-Ing. Bonte, *Notleidende Aufträge...* Korrespondenz zwischen L. Kessler und P. Reusch, 5. 6.–27. 6. 1923 *(HA/GHH 300193011/1)*. Prot. der Vorstandssitzung der Gasmotorenfabrik Deutz am 19. 10. 21 *(KHD-Archiv I/24)*; bei Lieferungen im Januar 1922 sollen 25% auf den Listenpreis aufgeschlagen werden. Schreiben A. Langen (Deutz) an Rohde, 6. 2. 1922 *(KHD-Archiv V/18)*. Prot. d. AR-Sitzung der

Investitionsbedingungen

einzelt?) Ende 1922 Risikozuschläge zum Ausgleich von Verlusten erhoben, die dadurch entstanden, daß die Festsetzung der Teuerungszuschläge zu den Grundpreisen den Kostensteigerungen immer nur in einem Abstand von einem Monat folgte.[194] Schließlich wurden Anfang 1923 Risikozuschläge mit Hinweis auf die durch das Abgeltungsverfahren entstehenden Verluste verlangt; die An- und Teilzahlungen kämen nicht pünktlich und seien nicht sofort für den Rohstoffbezug und die Lohnzahlung zu verwerten.[195]

Welche Wirkung der Preisbildung und Lieferbedingungen auf die Liquidität und den Erfolg der Unternehmen läßt sich feststellen?

Die Bedeutung der An- und Zwischenzahlungen für die Maschinenbauunternehmen in der Inflation kann kaum überschätzt werden. Schon 1919/20 und erst recht ab Mitte 1922 deckten die Unternehmen einen großen Teil ihres Liquiditätsbedarfs aus Abschlagszahlungen.[196] Die hohen Anzahlungen verhinderten jedoch nicht, daß die Unternehmen 1919/20 zur Durchführung der Aufträge erhebliche eigene Mittel beziehungsweise Kredite festlegen mußten; die Preissteigerungen zehrten die Anzahlungen rasch auf, und weitere Zwischen-

---

M.A.N. am 15. 2. 1922 (*WA Augsburg*, 1312); 1921 wurden z.T. Risikoprämien von 40% auf die Festpreise bei Wagenbestellungen der Reichsbahn gelegt. Demgegenüber lehnten der Motorenverband im September 1921, die M.A.N. im April 1922 den Antrag einzelner Firmen ab, nicht nur die eingetretenen, sondern auch die zu erwartenden Kostensteigerungen in den Teuerungszuschlägen zu den Motoren-Grundpreisen zu kalkulieren; Prot. d. Mitgliederversammlung der Dieselgruppe des Motorenverbandes am 27. 9. 1921 (*WA Nürnberg* 161/336); Bemerkungen der M.A.N. vom 10. 4. 1922 zu einem Schreiben der Firma Körting vom 8. 4. 1922 (*WA Augsburg*, IX 1 c/d).

[194] Der Prüfmaschinenverband setzte zu diesem Zweck im Dezember 1922 einen Risikozuschlag von 46% fest; Prot. d. Mitgliederversammlung des PV am 13. 12. 1922 (*M.A.N. WA Nürnberg* 161/310).

[195] Der Prüfmaschinenverband hielt im Februar 1923 einen Risikozuschlag von 50% für erforderlich; Prot. d. Mitgliederversammlung des PV am 13. 2. 1923 (*M.A.N. WA Nürnberg* 161/310). Der Kran-Verband beschloß am 5. 1. 1923 einen Risikozuschlag von 15%, hielt einen Risikozuschlag aber im März 1923 (Preisstabilisierung, Lb) nicht mehr für berechtigt; Prot. d. Vorstandssitzungen des Deutschen Kran-Verbandes am 5. 1. und 10. 3. 1923 (*M.A.N. WA Nürnberg* 161.9).

[196] Vgl. Ausarbeitung Endres (M.A.N.) betr. Geldbedarf der M.A.N., 18. 5. 1920 (*WA Nürnberg* 151). Bemerkungen Endres (M.A.N.) zur Jahresrechnung 1921/22, 28. 10. 1922 (*WA Augsburg* 1312). Maschinenfabrik Esslingen, Rundschreiben Nr. 144 vom 10. 10. 1922 betr. Verkaufsbedingungen (Bestand ME, *Daimler-Benz-Archiv*). Schreiben L. Kessler (ME) an P. Reusch, März 1923 (*HA/GHH* 300193011/2).

zahlungen erfolgten 1919/20 nicht.[197] Und auch ab Mitte 1922 brauchte es einige Zeit, bis die Abschlagszahlungen in Zeitpunkt und Umfang den Aufwendungen angenähert waren.[198]

Vor allem in den folgenden Fällen sind den Unternehmen bei den langfristigen Geschäften infolge mangelhafter Anpassung der Preise an die Kostensteigerungen Verluste oder Gewinnschmälerungen entstanden: bei den 1919 abgeschlossenen Festpreisaufträgen (und vermutlich auch bei einem Teil der 1919/20 abgeschlossenen Gleitpreisaufträge); bei den 1921/22 abgeschlossenen und erst 1922 und 1923 fertiggestellten Festpreisaufträgen; bei den ab Ende 1921 abgeschlossenen Gleitpreisaufträgen, bei denen die Teuerungsfaktoren zu einem vor dem Liefertermin liegenden Stichtag berechnet wurden, und auch bei den nach Abgeltungsverfahren kalkulierten Aufträgen des Jahres 1923. Diese Verluste oder Gewinnschmälerungen sind von den Unternehmen besonders betont worden.[199] Sie entstanden, weil die Unternehmen jeweils von den raschen Kostensteigerungen (1919/20, Ende 1921, ab Mitte 1922) überrascht wurden, weil sie zur Erstellung ko-

---

[197] Die M.A.N. führte ihre Liquiditätsklemme im Sommer 1920 zum Teil auf die Bindung eigener Mittel in solchen zu Gleitpreisen abgeschlossenen Aufträgen zurück. Ausarbeitung Endres betr. Geldbedarf der M.A.N., 18. 5. 1920 (*WA Nürnberg* 151). Besprechung wegen Kapitalvermehrung am 22. 6. 1922 (*WA Nürnberg* 151). Ausarbeitung Endres betr. Kapitalerhöhung, 28. 6. 1920 (*WA Nürnberg* 131.2.III).

[198] Geschäftsbericht der M.A.N. für den Aufsichtsrat, 1. 8. 1922 (*WA Nürnberg* 131.3): Löhne, Gehälter und Materialpreis stiegen ab Mai 1922 so rasch, daß das Unternehmen mit Nachforderungen an die Kundschaft zur Vermehrung der Abschlagszahlungen nicht ohne weiteres Schritt halten konnte; daher mußten erhebliche andere Mittel in den Aufträgen festgelegt werden.

[199] Vgl. für die *M.A.N.:* Bericht über Werk Augsburg, 5. 7. 1920 (*WA Nürnberg* 151). Ausarbeitung Endres betr. Finanzstand der M.A.N., 7. 7. 1920 (*WA Augsburg*). Bericht der Abteilung Druckmaschinenbau, 31. 7. 1922 (*WA Augsburg*, 1312). Bemerkungen zur Jahresrechnung 1921/22 (*WA Augsburg*, 1312). Für die *ME:* Berichte an den Aufsichtsrat, 25. 9. 1922. Bericht für die AR-Sitzung am 30. 10. 1922 (beide *Daimler-Benz-Archiv*, Bestand ME). Korrespondenz zwischen L. Kessler und P. Reusch, 5. 6.–27. 6. 1923. (*HA/GHH* 300193011/1). Geschäftsbericht für das Jahr 1923 (Bestand ME, *Daimler-Benz-Archiv*). Für *Schenck:* E. Schenck, *Das Werk Carl Schenck...*, S. III 62, 90f., 101. Für *Deutz:* Unterlagen zu den AR-Sitzungen am 1. 5. und 11. 9. 1922 (*KHD-Archiv* 111.2–2). Für den *Humboldt:* Geschäftsberichte 1919/20, 1921/22, 1922/23 (*KHD-Archiv* XII/2). Schreiben Fa. Humboldt an Fa. Henschel, 3. 4. 1923 (*KHD-Archiv* V/21). – Verluste aus Gleitpreisgeschäften, bei denen nur die mittlere Kostensteigerung zwischen dem Bestelltag und dem Ablieferungstag vergütet wurde, deutet Direktor Max Haller auch für die Siemens-Werke an. Schreiben M. Haller an C. F. von Siemens vom 11. 9. 1922, abgedruckt bei: G. D. Feldman/H. Homburg, *Industrie und Inflation...*, S. 313.

stennaher Preisbildungsverfahren immer einige Zeit brauchten und weil sich zum Teil kostennahe Preisbildungsverfahren nicht so rasch (Gleitpreise im Herbst 1921) oder nicht mehr (Auffüllungsverfahren Ende 1922) gegenüber den Abnehmern und der Öffentlichkeit durchsetzen ließen. Und sie entstanden trotz der Risikozuschläge und trotz der Nachzahlungen, welche die Kundschaft bei unzureichenden Fest- und Gleitpreisen auf dem Kulanzwege gewährte; die tatsächlich erzielten Preise lagen dann irgendwo zwischen Vertragspreis und Wiederbeschaffungspreis.[200] Die Verluste und Gewinnschmälerungen aus diesen Geschäften sind in ihrer Höhe nicht feststellbar; in der Gewinn- und Verlustrechnung sind sie zum Beispiel durch Exportgewinne zeitweise und teilweise kompensiert worden. Sie tragen aber zur Erklärung des Sachverhaltes bei, daß die Zeit von Mitte 1919 bis Mitte 1920 und die Periode ab Anfang 1922 verhältnismäßig erfolgsschwache Perioden für die Unternehmen waren. Und sie zeigen, daß den (an der Entwicklung des Reallohns gemessenen) Lohn-*lags* in einigen Monaten der Jahre 1920 bis 1922 (vgl. TABELLE 6) in der Maschinenbauindustrie durch mangelhafte Anpassung der Preise an die Kosten bedingte Gewinn-*lags* in vermutlich größerem Ausmaß parallel liefen.

c) Kostenorientierte Preise und Nachfrageschwankungen

War die dargestellte kostenorientierte auch eine unflexible Preisbildung? Wurden Gewinne und Preise ohne Rücksicht auf Nachfrageschwankungen kalkuliert? Wurden bei steigender und auch (entsprechend der Gewinnstoß-Hypothese) bei sinkender realer Nachfrage die Gewinnzuschläge in den Preisen erhöht? Die Beobachtungen ergeben:

1. Die Preise waren nicht nach unten starr. Sie wurden vielmehr (im Verhältnis zur Kostenentwicklung) gesenkt, wenn sie bei Nachfragerückgang und verschärftem Wettbewerb nicht durchsetzbar waren. Man verzichtete ganz oder teilweise (zum Beispiel im Wege der Rabattgewährung) auf den Gewinn und/oder man berücksichtigte

---

[200] Bei den notleidenden Fest- und Gleitpreisaufträgen aus den Jahren 1921 und 1922, über deren Aufstockung Esslingen im Juni 1923 mit der Gutehoffnungshütte verhandelte, waren bereits die Nachforderungen nur so hoch, daß mit ihnen und den bisherigen Zahlungen die Wiederbeschaffungskosten nur zu 62 % gedeckt waren. Schreiben L. Kessler an P. Reusch, 5. 6. 1923 (*HA/GHH* 300193011/1).

nicht alle Kosten; man verzichtete zum Beispiel auf eine vollständige Anpassung der Teuerungszuschläge (zu den Grundpreisen) an die (gemessen an den Grundpreisen) gestiegenen Kosten. Solche Preissenkungen bei Nachfragerückgang finden sich einmal zwischen Mitte 1920 und Mitte 1921: So senkte der Motorenverband seine Mindestpreise im Mai 1920 auf den 14- bis 17fachen Friedenspreis, obwohl die Selbstkosten und ein Gewinn von 15% den 19fachen Friedenspreis erfordert hätten.[201]

Die M.A.N. setzte, ohne daß die Kosten sich gesenkt hätten, im November 1920 den 17fachen Friedenspreis für Motoren, der ihr allerdings noch einen „bescheidenen Verdienst" ermöglicht hatte, für einige Motorentypen noch weiter herab.[202] Deutz räumte im November 1920 auf Listenpreise für Motoren, die einen durchschnittlichen Gewinn von 28% enthielten, einen durchschnittlichen Rabatt von 27% ein.[203] Krupp verkaufte eine Reihe seiner Verfeinerungsprodukte im Frühjahr 1921 bis zu 20 bis 30% unter den Gestehungskosten.[204] Preissenkungen traten zum anderen offenbar mindestens ab Herbst 1922 auf: So fanden der Motorenverband für das Jahr 1922, der Druckmaschinenbau der M.A.N. für den April 1923, daß die Motoren- beziehungsweise Druckmaschinenpreise nicht im gleichen Maß wie die Kosten gestiegen seien.[205] Auch die Ablösung des Auffüllungs- durch das kundenfreundlichere Abgeltungsverfahren bedeutete eine faktische Preissenkung und war eine Folge wohl auch der verschärften Marktlage. Autonome Gewinnanhebungen (im Unterschied zu Risikozuschlägen) sind in dieser Periode, die die Merkmale einer Kosteninflation trägt, jedenfalls nicht zu beobachten.

2. Es finden sich bei den hier untersuchten Unternehmen keine Hinweise darauf, daß in Perioden steigender oder stabiler realer

---

[201] Prot. d. Mitgliederversammlung der Dieselgruppe des Motorenverbandes am 27. 5. 1920 (*M.A.N. WA Nürnberg* 161.336).
[202] Schreiben M.A.N. Werk Augsburg an Werk Nürnberg, November 1920 (*WA Augsburg*, 1 c/d).
[203] Unterlagen für die AR-Sitzung der Gasmotorenfabrik Deutz am 5. 11. 1920 (*KHD-Archiv* 111.2–2).
[204] Prot. d. Besprechung mit dem Betriebsausschuß am 21. 7. 1921 (*HA Krupp* WA 41/6–192).
[205] Geschäftsbericht des Motorenverbandes für das Jahr 1922, S. 10 (*M.A.N. WA Nürnberg* 161.336). Bericht der Abteilung Druckmaschinenbau der M.A.N., 10. 4. 1923 (*WA Augsburg* 1312): Die Selbstkosten sind auf das 6250fache, die Druckmaschinenpreise aber nur auf das 5000fache der Friedenswerte gestiegen.

Nachfrage (also vor allem 1919/20 und 1921/22) sich die Gewinnzuschläge über einen üblichen Satz hinaus erhöht hätten. – Auf dem Umsatz der M.A.N. Juli 1919 bis März/April 1920 lag ein kalkulierter Bruttogewinn von 5%, der allerdings als zu niedrig beurteilt wurde; ca. 13% hätte man für angemessen erachtet.[206] Im Januar 1922 kalkulierte die M.A.N. bei einer Motorenlieferung einen Gewinn von 20%.[207] Denselben Gewinnanteil enthielten in dieser Zeit die Preise des Deutschen Kran-Verbandes.[208] Deutz senkte im Nachfrageboom im Herbst 1921 lediglich die Rabattsätze.[209]

Die umfangreiche Staatsnachfrage, die auf die Unternehmen (M.A.N., Esslingen, Humboldt, Krupp) in Form von Waggon- und Lokomotivaufträgen der deutschen Eisenbahnverwaltungen traf, erzeugte eine dauernde und hohe Beschäftigung, brachte den Unternehmen aber insgesamt keine großen Gewinne. Die Preiskalkulationen enthielten offenbar, zum Teil bedingt durch einen scharfen Wettbewerb, nur verhältnismäßig niedrige Gewinnzuschläge; darüber hinaus erzeugten die Kostensteigerungen bei den langen Lieferfristen, insbesondere bei den Festpreisaufträgen des Jahres 1921, Anpassungsverluste, die durch spätere Nachbewilligungen vermutlich nur zum Teil ausgeglichen wurden. Krupp und Humboldt hatten dauernd Verluste aus den Staatsbahnaufträgen.[210]

6. Ausfuhrpreise und Ausfuhrgewinne

Wie erwähnt, entfiel knapp ein Viertel des Umsatzes der deutschen Maschinenindustrie in der Inflationszeit auf die Ausfuhr; der Auslandsanteil am Auftragseingang fiel nur in den ersten drei Vierteljahren 1922, der Auslandsanteil am Versand nur im dritten Vierteljahr 1922 und im ersten Vierteljahr 1923 auf 20% oder knapp darunter.[211]

---

206 Ausarbeitung L. Endres betr. Finanzstand der M.A.N., 7. 7. 1920 *(WA Augsburg)*.
207 Prot. d. Vorstandssitzung am 19. 1. 1922 *(WA Augsburg 1313)*.
208 Prot. d. Vorstandssitzung des Deutschen Kran-Verbandes, 24. 1. 1922 *(WA Nürnberg 161.9)*.
209 Prot. d. Vorstandssitzung am 19. 10. 1921 *(KHD-Archiv I/24)*.
210 E. Gräsle, *Der Humboldt...*, Teil II, S. 64–66; Teil III, S. 60, 76 *(KHD-Archiv)*. Maschinenbauanstalt Humboldt: Geschäftsbericht 1920/21, 1921/22 *(KHD-Archiv XII/2)*. Prot. d. Vorstandsbesprechung (Humboldt) am 14. 4. 1921 *(KHD-Archiv XII/6)*. W. Berdrow, *Die Firma Krupp...*, II, S. 14–24 *(HA Krupp FAH IV E 10 a)*.
211 Errechnet aus den Auftragseingangs- und Versanddaten für den deutschen Maschinenbau bei F. Kruspi, *Die Konjunktur...*, S. 859 (Zahlen ab 1921).

Bei einzelnen Maschinengattungen lag der Auslandsanteil am Umsatz erheblich über diesen Marken, im Druckmaschinenbau der M.A.N. zum Beispiel ständig um 50%.[212] Die Ausfuhr konnte also auf die Gewinnentwicklung der Unternehmen einen erheblichen Einfluß ausüben. Ergaben sich nun für die Preisbildung und Gewinnerzielung im Auslandsgeschäft ähnliche Probleme wie im Inlandsgeschäft? Abgesehen von den umgesetzten Mengen, hingen die Ausfuhrgewinne von folgenden Faktoren ab: 1. von der Spanne zwischen Kosten beziehungsweise kostenorientiertem Inlandspreis einerseits und Weltmarktpreis andererseits, 2. von der Fähigkeit der Unternehmen, den jeweiligen Weltmarktpreis (das heißt, die Preisobergrenze) zu erkennen und den Preisspielraum in der Preisbildung zu berücksichtigen, 3. von der Landeswährung, in der – bei stabilen beziehungsweise sich ändernden Wechselkursen – die Ausfuhrgeschäfte abgeschlossen wurden, und 4. von speziellen Belastungen, wie sie etwa die Ausfuhrabgabe darstellte. Im folgenden sollen zunächst diese Faktoren erörtert und dann einige Schlußfolgerungen für das Ausmaß der Ausfuhrgewinne gezogen werden:

1. Die preisliche Wettbewerbsfähigkeit der deutschen Wirtschaft gegenüber dem Ausland hing von den inländischen Produktionskosten (als deren Indikator hier zum Teil hilfsweise die Inlandspreise gelten sollen), den ausländischen Konkurrenzpreisen und den Wechselkursen ab. Carl-Ludwig Holtfrerich hat aus den Großhandelspreisindizes Deutschlands und fünfzehn seiner Handelspartner (vierzehn europäische Länder und die USA) und dem Index der Markwechselkurse gegenüber diesen Ländern berechnet, wie sich 1920 bis 1923 monatlich der reale gewogene Außenwert der Mark gegenüber diesen Währungen und damit die Wettbewerbsposition der deutschen Wirtschaft gegenüber diesen fünfzehn Ländern seit 1913 verändert hatten. Die Berechnungen ergeben, daß die Wettbewerbsposition der deutschen Wirtschaft bis Oktober 1923 durchgehend stärker, und zwar (bis August 1923) selbst in den für sie ungünstigsten Monaten (August 1921, April bis Juni 1922, März 1923) noch um 35% (August 1921) beziehungsweise 40% besser als 1913 war. Die Wettbewerbsvorteile der deutschen Wirtschaft wuchsen, wenn der Verfall des Markwechselkurses sich beschleunigte und der Anstieg der Inlandspreise hinter

---

[212] Bericht der Abt. Druckmaschinen der M.A.N. vom 31. 7. 1922 (*WA Augsburg* 1312). Aufstellung der Abt. Druckmaschinen der M.A.N. vom 4. 8. 1921: Abgelieferte Gewichtsmengen (*WA Augsburg*, Nachl. R. Buz 10).

dem Wechselkursverfall zurückblieb (Winter 1919/20, Oktober/November 1920, Oktober/November 1921, zweite Hälfte 1922); bei Verbesserung des Markwechselkurses gingen sie zurück.[213]

Eine bis Herbst 1923 im allgemeinen günstige internationale Wettbewerbsposition kennzeichnete auch die Lage der deutschen Maschinenindustrie. Zahlen sind allerdings nur spärlich überliefert. Aus einer Berechnung des Verbands der Dampfkraftmaschinen-Fabrikanten im Februar 1920 geht hervor, daß der Preis einer Dampfmaschine (Kosten und Gewinn) Ende 1919 in den USA das 2fache, in England das 2,3fache, in Frankreich das 3fache, in Deutschland aber das 8fache des Preises von 1914 betrug; in Deutschland war der Preis aller Kostenbestandteile, vor allem der Rohstoffe, weitaus stärker gestiegen als im Ausland. Deutschland wäre damit auf dem Weltmarkt wettbewerbsunfähig gewesen, hätte nicht der niedrige Wechselkurs der Mark die Kostensteigerung überkompensiert: Der niedrige Wechselkurs bewirkte, daß deutsche Unternehmen etwa in Holland eine Dampfmaschine zu $\frac{1}{3}$ bis $\frac{1}{5}$ des Preises anbieten konnten, den amerikanische, englische und französische Hersteller dort zur Deckung ihrer Kosten fordern mußten.[214] Wettbewerbsvorteile in dieser Höhe traten nur im Winter 1919/20 auf. In der zweiten Hälfte des Jahres 1920 etwa betrugen die Inlandspreise für Dampfmaschinen durchschnittlich schätzungsweise 60% der Weltmarktpreise.[215] Der Preisspielraum der deutschen Maschinenindustrie dürfte zeitweise (Frühjahr/Sommer 1920; 1922/23) noch geringer gewesen sein,[216] ging aber nie ganz verloren, auch wenn man die teilweise bestehenden ausländischen Importzölle berücksichtigt. Die Berechnungen, mit denen der VDMA im zweiten Halbjahr 1922 die generelle Wettbewerbsunfähig-

---

[213] C.-L. Holtfrerich, *Die deutsche Inflation...*, S. 16–23.
[214] Ausarbeitung des Geschäftsführers des Verbands der Dampfkraftmaschinen-Fabrikanten, J. O. Knoke, vom 27. 2. 1920: Ausfuhr-Preise für Dampfmaschinen (*M.A.N. WA Nürnberg* 161.7.).
[215] Sitzungsprotokoll der o. Hauptversammlung des Dampfmaschinen-Ausfuhr-Verbandes am 17. 6. 1921 (*M.A.N. WA Nürnberg* 161.7.). Auch der von Holtfrerich (*a.a.O.*, S. 22f.) errechnete gewogene reale Außenwert der Mark lag in den Wintermonaten 1919/20 so hoch wie nie mehr in den folgenden Inflationsmonaten und -jahren.
[216] Laut Generaldirektor Becker (Kalker Maschinenfabrik) hatten die deutschen Maschinenpreise die Weltmarktpreise schon im Februar zu $\frac{4}{5}$ erreicht; vgl. Prot. der öffentlichen Kundgebung des deutschen Maschinenbaus am 19. 5. 1920 in Herrenhausen (*VDMA-Archiv*). Daß der Kostenvorsprung Deutschlands gegenüber dem Ausland ab Herbst 1922 „langsam, aber sicher" verloren ging, betont R. Wagenführ, *Die Industriewirtschaft...*, S. 27.

keit der deutschen Maschinenindustrie auf dem Weltmarkt nachweisen und die Notwendigkeit einer Ermäßigung der Ausfuhrabgabe belegen wollte,[217] kranken daran, daß die Weltmarktpreise mit Inlandspreisen verglichen wurden, die aus den Friedenspreisen und dem Dollarkursindex (statt inländischen Kostenpreisindizes) errechnet und damit viel zu hoch angesetzt waren. Die Grenze zur Wettbewerbsunfähigkeit wurde von der deutschen Maschinenindustrie im Frühjahr/Sommer 1920 und ab Mitte 1922 (und vor allem im Jahre 1923) nur im Wettbewerb mit denjenigen Ländern (etwa Frankreich, Belgien, Italien) nahezu erreicht oder auch überschritten, deren Währungen sich gegenüber dem Dollar (wenn auch erhebliche schwächer als die Mark) ebenfalls beträchtlich entwertet hatten. Gegenüber der Maschinenindustrie der Hochvalutaländer (USA, England, Holland, Schweiz, Schweden, Norwegen, Dänemark; USA und England waren die mit Abstand schärfsten Konkurrenten auf dem Maschinenweltmarkt[218]) hatte die deutsche Maschinenindustrie stets einen (zum Teil erheblichen) preislichen Wettbewerbsvorsprung.[219]

2. Der Umstand, daß die Inlandspreise im Durchschnitt immer unter den Weltmarktpreisen lagen, bedeutete nicht, daß die exportieren-

---

[217] Vgl. *Der deutsche Maschinenbau 1890–1923* (Ms. *VDMA-Bibliothek*), S. 362–364.

[218] Anteile an der Weltmaschinenausfuhr 1925: USA 34,5%, Großbritannien 24,2%, Deutschland 20,7%, Frankreich 4,6%, Schweiz 3,4%, Österreich-Ungarische Nachfolgestaaten 2,9%, Schweden 2,4%, Belgien und Niederlande je 1,6%. Vgl. VDMA, *Denkschrift über die Maschinenindustrie der Welt,* Berlin 1926, S. 7, 169. Die Anteile der USA und Großbritanniens waren 1920 und 1921 noch höher, da der deutsche Anteil in diesen Jahren nur 10,4 bzw. 11% betrug. Vgl. Zusammenstellung: Deutschlands Anteil an der Weltmaschinen-Ausfuhr 1908–1935, 12. 12. 1935/29. 6. 1944 *(VDMA-Archiv).*

[219] Vgl. Dr.-Ing. Roser: Die heutige Preisbildung im Maschinenbau; Sitzungsprotokoll der a. o. Hauptversammlung des VDMA am 19. 2. 1920 *(M.A.N. WA Nürnberg 03.VI).* Bericht des Motoren-Verbandes für das Jahr 1922, S. 7 *(M.A.N. WA Nürnberg 161/336).* Bericht der Abt. Druckmaschinen der M.A.N. vom 25. 10. 1922 *(M.A.N. WA Augsburg* 1312). Schreiben Direktor Endres (M.A.N.) an Werk Augsburg, 25. 4. 1923 *(WA Augsburg,* Nachl. R. Buz 20/9). Bericht Endres (M.A.N.) für die AR-Sitzung am 14. 9. 1923 *(WA Nürnberg* 131.3). In *Der deutsche Maschinenbau 1890–1923,* S. 362f. (Ms. *VDMA-Bibliothek)* wird eines der vom VDMA im 2. Halbjahr 1922 errechneten Beispiele vorgeführt, welche die generelle internationale Wettbewerbsunfähigkeit des deutschen Maschinenbaus zeigen sollten. Errechnet man aber hier den Inlandspreis, mit dem die ausländischen Wettbewerbspreise verglichen werden, durch die Multiplikation des Friedenspreises nicht mit dem Dollarkurs-, sondern mit dem Großhandelspreisindex (August 1922), so ergeben sich Wettbewerbsnachteile nur gegenüber Spanien, Frankreich und Italien, (z. T. erhebliche) Wettbewerbsvorteile hingegen gegenüber den o. a. Hochvalutaländern (und auch noch Belgien).

den Unternehmen immer Zusatzgewinne in Höhe dieser Spanne gemacht hätten. Vielmehr ergaben sich aus der unterschiedlichen Kostenentwicklung Deutschlands und der importierenden Länder und den fortwährenden und uneinheitlichen Wechselkursschwankungen für die Exportpreisbildung Schwierigkeiten, aufgrund deren die Weltmarktpreise häufig, die Inlandspreise (im Durchschnitt) manchmal nicht erreicht wurden.

a) In der ersten Periode starker Preissteigerungen und raschen Markkursverfalls, in der zweiten Hälfte des Jahres 1919, hat die offenbar extrem gehandhabte kostenorientierte Preisbildung die Erzielung von Weltmarktpreisen im Ausfuhrgeschäft verhindert: Wie oben dargestellt, konnte die deutsche Maschinenindustrie Ende 1919 zum Beispiel Dampfmaschinen auf dem Weltmarkt unter Zugrundelegung der Inlandspreise zu $1/5$ bis $1/3$ des Weltmarktpreises anbieten. Die tatsächlichen Ausfuhrpreise der Maschinenindustrie[220] enthielten großenteils Auslandszuschläge – zwischen 10 und 150% – auf die Inlandspreise. Diese Zuschläge sollten die Risiken abdecken, die sich bei den zu Festpreisen in Mark abgeschlossenen Ausfuhraufträgen durch eine eventuelle Entwertung der Mark ergaben (siehe auch unter 3); sie konnten diese Aufgabe angesichts der raschen Markentwertung in der zweiten Hälfte des Jahres 1919, auch wenn sie hoch waren, aber nicht erfüllen.[221] Die Ausfuhr zu solchen Preisen bezeichnete man damals als „Verschleuderung" deutscher Waren an das Ausland oder als „Ausverkauf" Deutschlands. Dieser „Ausverkauf" wurde aber nicht durch preisdifferenzierende Dumpingmaßnahmen verursacht; denn die Ausfuhrpreise lagen ja nicht unter den Inlandspreisen. Der „Ausverkauf" war vielmehr die Folge einer weitgehend kostenorientierten Ausfuhrpreisbildung.[222] Die Maschinenindustrie gab die verhältnismäßig kon-

---

[220] Die erheblich höheren Preise und damit auch Gewinne, die eventuell der Exporthandel erzielte, sollen hier außer Betracht bleiben.
[221] Bemerkungen zur Höhe, Funktion und Unzulänglichkeit dieser Risikozuschläge finden sich in: Bericht über die Exportmöglichkeiten der Maschinenfabrik Esslingen vom 20. 8. 1919 (AR-Unterlagen, Bd. IX; Bestand ME, *Daimler-Benz-Archiv*). Rundschreiben des Bayerischen Industriellen-Verbandes (A. von Rieppel) vom 10. 11. 1919 (*M.A.N. WA Nürnberg* 03.V.). Generaldir. Becker (Kalker Maschinenfabrik) auf der a. o. Hauptversammlung des VDMA am 19. 2. 1920 (Drucksache 19/1920 des VDMA; *M.A.N. WA Nürnberg* 03.VI).
[222] Dieser Zusammenhang wurde auch in der o. a. Ausarbeitung des Geschäftsführers des Verbandes der Dampfkraftmaschinen-Fabrikanten, J. O. Knoke, vom 27. 2. 1920: Ausfuhrpreise für Dampfmaschinen (*M.A.N. WA Nürnberg* 161.7), angedeutet. Vgl. auch das Schreiben der M.A.N.-Direktoren Endres und Gertung an das Werk

sequente Kostenorientierung der Ausfuhrpreise (beziehungsweise deren strikte Ausrichtung an den Inlandspreisen) zunehmend ab Ende 1919/Anfang 1920 zugunsten einer mehr wettbewerbsorientierten Preisbildung auf. Dieser Schritt wurde durch die Wiedereinführung der nach Ende des Krieges teilweise aufgegebenen staatlichen Ausfuhrkontrolle (und die diese vorbereitende Diskussion) erheblich gefördert und beschleunigt. Mithilfe der Verordnung über die Außenhandelskontrolle vom 20. Dezember 1919 und deren Ausführungsbestimmungen wollte die Reichsregierung unter anderem den Inlandsbedarf an Waren sichern, die zur Deckung des Importbedarfs benötigten Deviseneinnahmen steigern und Importrestriktionsmaßnahmen des Auslandes vorbeugen. Zu diesem Zwecke sollten höchstmögliche Ausfuhrpreise erzielt, das heißt die deutschen Ausfuhrpreise an die Weltmarktpreise herangeführt werden. Die Ausfuhrbewilligungen wurden von einer entsprechenden Preisstellung abhängig gemacht. Die Ausfuhrüberwachung wurde in die Hände von mit amtlichen Befugnissen ausgestatteten Selbstverwaltungskörperschaften der Wirtschaft, den Außenhandelsstellen, gelegt. Deren Organe waren ein paritätisch zusammengesetzter, mit Richtlinienkompetenz ausgestatteter Außenhandelsausschuß und ein Reichsbevollmächtigter, im Falle des Maschinenbaus der Geschäftsführer des VDMA. Durchgeführt wurde die Preisprüfung durch die (zum Teil mit dieser Aufgabe erst entstandenen) Fachverbände und deren Geschäftsführer, in deren Hand damit *de facto* auch die Ausarbeitung von Ausfuhrmindestpreisen lag.[223]

Augsburg der M.A.N. vom 25. 4. 1923 (*WA Augsburg*, Nachl. R. Buz 209): Die Industrie habe 1919 nicht erkannt, daß im Ausland infolge des Markverfalls erheblich höhere Preise als im Inland zu erzielen waren. Ähnlich betonte der Geschäftsführer des VDMA, Frölich (Schreiben an C. v. Borsig u. a. vom 13. 12. 1919; *M.A.N. WA Nürnberg* 03.VI) die Gefahr, daß „das Ausland die Differenz unseres Inlandspreises zum Weltmarktpreise als mühelosen Gewinn" einstecke. Weitere Beispiele für den „Ausverkauf" Deutschlands, bei dem der deutsche Exporteur Preise oberhalb des Inlandspreises, aber weit unterhalb des Weltmarktpreises erzielte, nennt Georg Krämer, *Die deutsche Außenhandelskontrolle in der Nachkriegszeit*, Diss. Frankfurt/M. 1928, S. 10–16.

[223] Der Entscheidungsvorgang, der zur Errichtung der Außenhandelskontrolle und deren Organisation sowie zur Einführung der Ausfuhrabgabe führte, wird ausführlich dargestellt von: Gerald D. Feldman, *Iron and Steel in the German Inflation 1916–1923*, Princeton 1977, S. 130–140, 187–209. Vgl. auch G. Krämer, *Die deutsche Außenhandelskontrolle in der Nachkriegszeit*... S. 24–38. Die Reichsregierung erhob ab Mai 1920 auf Ausfuhrwaren eine soziale Ausfuhrabgabe in Form eines prozentualen Anteils am Ausfuhrwert; damit sollte ein Teil des Gewinns, den die Unternehmen aus der Differenz

b) Die im Zuge der Diskussion und Einführung der amtlichen Ausfuhrüberwachung zunehmende Berücksichtigung des Wettbewerbs in der Ausfuhrpreisbildung bedeutete aber nicht, daß seit Anfang 1920 im Ausfuhrgeschäft ohne weiteres Weltmarktpreise erzielt worden wären. Der bereits erwähnte Zwang zur Gewährung von Sonderrabatten, aber auch fortbestehende Schwierigkeiten in der Preisbildung verhinderten dies weitgehend.[224] Die Unternehmen orientierten ihre Ausfuhrpreise an den von den Fachverbänden errechneten Ausfuhrmindestpreisen: Die Ausfuhrmindestpreise waren entweder Ausgangspunkt oder (zumindest) Untergrenze der tatsächlichen Ausfuhrpreise. Zur Bildung der Ausfuhrmindestpreise wurden – stark vereinfacht – zwei alternative Verfahren verwandt: Bei dem ersten Verfahren wurde der Friedenspreis zum Friedenskurs in die Währung des Importlandes umgerechnet und mit einem „Länderfaktor" multipliziert. Die „Länderfaktoren" waren Ausdruck der Vermutungen, die über den Wettbewerbspreis in den verschiedenen Importländern angestellt wurden. Anhaltspunkte für ihre Berechnung waren offenbar häufig die jeweiligen Großhandelspreise und Wechselkurse. Um bei diesem Verfahren zu gewährleisten, daß zumindest auch der deutsche Inlandspreis (in Mark) erreicht wurde, mußte der Länderfaktor um so höher angesetzt werden, je weniger sich die Mark gegenüber der Währung des betreffenden Importlandes seit der Vorkriegszeit entwertet hatte: So mußte bei einem Maschinenexport nach Frankreich im März 1922 der

---

zwischen Inlands- und Weltmarktpreis erzielten und der ausschließlich auf den Verfall des Markwechselkurses zurückzuführen war (Valutagewinn), der Allgemeinbevölkerung zugute kommen. Die Entstehung und Entwicklung der Außenhandelsüberwachung im Maschinenbau sowie die Stellungnahme des Maschinenbaus zu Außenhandelskontrolle und Ausfuhrabgabe behandeln: Heinrich Köhn, *Die Produktion der deutschen Maschinenindustrie unter dem Einfluß der Geldentwertung*, Diss. Hamburg 1923, S. 30–41. *Der deutsche Maschinenbau 1890–1923* (Ms. VDMA-Bibliothek), S. 227–229, 260–268, 308–314. E. Weissenborn, *Ursachen, Aufgaben und Wirkungen der deutschen Außenhandelsüberwachung, mit besonderer Berücksichtigung der Verhältnisse in der Maschinenindustrie*, Diss. Berlin 1922. Vgl. auch die in den *Zwanglosen Mitteilungen des VDMA* abgedruckten Sitzungsprotokolle *(VDMA-Archiv)*: Sitzungen des Außenhandelsausschusses des VDMA am 9. 4. 1919 und 22. 1. 1920 sowie des Vorstandes des VDMA am 8. 12. 1919, öffentliche Kundgebung des deutschen Maschinenbaus am 19. 5. 1920 in Herrenhausen, a. o. HV des VDMA am 18. 9. 1920.

[224] Vgl. zum folgenden insbes. die Protokolle über die Sitzungen der verschiedenen Gremien der Fachverbände: Vereinigung der Dampfturbinen bauenden Firmen *(M.A.N. WA Nürnberg* 161.7); Dampfmaschinen-Ausfuhr-Verband *(WA Nürnberg* 161.3); Prüfmaschinen-Verband *(WA Nürnberg* 161/310); Motoren-Verband *(WA Nürnberg* 161/336).

Friedenspreis in französischen Francs (das heißt der deutsche Friedenspreis dividiert durch den Wechselkurs von M. 0,81) schon mit 1,4 multipliziert werden, wenn nach Umrechnung in Mark (M. 25,64 für ffr. 1 im März 1922) der inländische Maschinenpreis (das heißt der 15,6fache Friedenspreis) erreicht werden sollte; beim Export in das währungsstabilere Holland (Kurs des hfl. 1914 = M. 1,7, März 1922 M. 107,7) reichte ein Multiplikator von 0,7 dazu aus. Die Inlandspreise wurden bei diesem Verfahren um so leichter – das heißt ohne Erhöhung der Länderfaktoren – erreicht und überschritten, je stärker der Außenwert der Mark sank und je weniger die deutschen Inlandspreise gleichzeitig stiegen. Sie konnten aber bei Markbesserung auch leicht unterschritten werden; so betrugen die Ausfuhrmindestpreise für Dampfturbinen im Mai 1920 nur noch 50 bis 60% der Inlandspreise.[225] Das Verfahren wurde daher im Winter und Frühjahr 1919/20 bevorzugt, Mitte 1920 (Motoren-Verband: Mai 1920) aufgegeben und ab Herbst 1921 (Motoren-Verband: September 1921; Dampfmaschinen-Verband: April 1922; Prüfmaschinen-Verband: Anfang 1923) wieder (?) eingeführt. Bei dem zweiten Preisbildungsverfahren bildeten die jeweiligen Inlandspreise in Mark den Ausgangspunkt. Sie wurden mit Zuschlägen versehen, die an den vermuteten Wettbewerbspreisen des jeweiligen Importlandes ausgerichtet waren; die Zuschläge fielen um so höher aus, je stärker die Währung des Importlandes im Vergleich zur Mark war. Im Unterschied zum ersten Verfahren konnte mit diesem Verfahren – sofern die Marktverhältnisse es erlaubten – jederzeit sichergestellt werden, daß im Ausfuhrgeschäft zumindest Inlandspreise erreicht wurden. Das Verfahren gewährleistete dagegen nicht, daß das Ausland für deutsche Waren zumindest den Friedenspreis (in ausländischer Währung) bezahlte; die Erzielung des Auslandsfriedenspreises aber wurde ab 1920 offenbar zur Minimalbedingung für eine Ausfuhr, die keine „Verschleuderung" deutscher Waren ins Ausland darstellen sollte. Der Auslandsfriedenspreis konnte – bei gleichzeitiger Überschreitung des Inlandspreises – um so eher unterschritten werden, je stärker der Außenwert der Mark sank und die inländische Preissteigerung mit dem Währungsverfall nicht Schritt hielt. Dies war im Winter und Frühjahr 1919/20 und wieder ab Herbst 1921 der Fall. Die Bildung der Ausfuhrmindestpreise auf der Grundlage der Inlandspreise wurde daher vor allem in der Zeit verhältnismäßiger

---

[225] Prot. über die Verhandlungen der Vereinigung von Dampfturbinen bauenden Firmen am 19. 5. 1920 (*M.A.N. WA Nürnberg* 161.7).

Währungsstabilität (Mitte 1920 bis Herbst 1921) praktiziert; ab Herbst 1921 wurde das Verfahren – wie bereits angedeutet – zugunsten des erstgenannten Preisbildungsverfahrens (wieder) aufgegeben.

Die von den deutschen Unternehmen im Ausland gestellten Preise blieben insofern kostenorientiert, als kostenorientierte Inlandspreise (in Auslandswährung umgerechnete Friedenspreise beziehungsweise jeweilige Inlandspreise) die Basis des Ausfuhrmindestpreises waren. Oberhalb des inländischen Preisniveaus waren die Ausfuhrpreise Wettbewerbspreise. Es gab nicht – wie bei der Preisstellung im Inland – feste Gewinnzuschläge. Die Ausfuhrpreise waren in zweifacher Hinsicht flexibel: Einmal wurden die Ausfuhrmindestpreise je nach Marktlage und ohne Rücksicht auf die Kostenentwicklung geändert, indem die Länderfaktoren beziehungsweise die Auslandszuschläge auf die jeweiligen Inlandspreise erhöht oder gesenkt wurden. Zum anderen war den Unternehmen gestattet, Preisspielräume oberhalb der Ausfuhrmindestpreise nach Belieben auszunutzen. In beiden Fällen wurden aber Angaben über die Höhe der Wettbewerbspreise benötigt. Die Gewinnung dieser Angaben ist den Verbänden und Unternehmen angesichts der in den einzelnen Importländern unterschiedlichen und ständig wechselnden Preis- und Währungsbedingungen kaum zufriedenstellend gelungen. Die Übung, in die Ausfuhr(mindest)preise den Großhandelspreisindex und den Wechselkurs des jeweiligen Importlandes eingehen zu lassen, löste das Problem nur unvollkommen. Denn sie berücksichtigte nicht den Angebotspreis der auf dem jeweiligen Markt tatsächlich auftretenden (in- und ausländischen) Wettbewerber. Die Lösung des Informationsproblems dürfte am ehesten noch solchen Unternehmen möglich gewesen sein, die – wie die Motorenfabrik Deutz – über eine ausgedehnte eigene Exportorganisation verfügten. Die M.A.N. hingegen bekannte zum Beispiel im Oktober 1922, sich über die Wettbewerbsfähigkeit des Unternehmens auf dem Weltmarkt nur sehr schwer ein Bild machen zu können.[226] Der Informationsmangel dürfte dort eine der Ursachen sein, wo Weltmarktpreise nicht erreicht wurden.

Welche Preise sind bei der Maschinenausfuhr tatsächlich erzielt worden? Die überlieferten Angaben sind, wie gewöhnlich bei Preisen, spärlich. Im großen und ganzen scheinen die durchschnittlich erzielten Ausfuhrpreise zwischen Inlands- und Weltmarktpreisen gelegen

---

[226] Schreiben Dir. Gertung (Verkaufschef) an R. Buz, 12. 10. 1922 (*WA Augsburg*, Nachl. R. Buz 209).

zu haben. Weltmarktpreise sind im Ausfuhrgeschäft offenbar kaum erzielt worden: Auf die Schwierigkeit der Verbände und Unternehmen, Weltmarktpreise überhaupt zu identifizieren, wurde schon aufmerksam gemacht. Und wo Weltmarktpreise beobachtet beziehungsweise unterstellt und zum Vergleich herangezogen wurden, lagen sie über den deutschen Ausfuhrpreisen. So wurden Anfang 1920 Dampfmaschinen zum 1,6fachen des Inlandspreises exportiert (allerdings: Ausfuhrmindestpreise!), während das Ausland Dampfmaschinen nur etwa zum 3fachen des deutschen Inlandspreises anbieten konnte;[227] und der Motoren-Verband berichtete im Mai 1921, daß die valutastarken Länder für Motoren durchweg einen um mindestens 30% höheren Preis als die deutschen und österreichischen Firmen forderten.[228] Die deutschen Unternehmen haben offenbar generell Rabatte auf den (vermuteten) Weltmarktpreis gewährt. Zumindest zum Teil waren diese Nachlässe „Haß- und Unzuverlässigkeitsrabatte", welche die deutschen Unternehmen glaubten gewähren zu müssen, um überhaupt exportieren zu können. Anfang 1920 wurde der „Haß- und Unzuverlässigkeitsrabatt" auf etwa 15% geschätzt.[229] Der VDMA kalkulierte in seine Berechnungen über die Wettbewerbsfähigkeit der deutschen Maschinenindustrie im Sommer 1922 einen Rabatt von 5% ein.[230] Anfang 1923 wurden Rabatte von 20 bis 25% auf den (vermuteten) Weltmarktpreis genannt.[231] Auf der anderen Seite lagen die durchschnittlichen Ausfuhrpreise meistens über den Inlandspreisen, allerdings in wechselnder Höhe: Der Preisunterschied war sehr groß im Winter 1919/20, verhältnismäßig groß in den Jahren 1920 und

---

[227] Vgl. Ausarbeitung Knoke vom 27. 2. 1920: Ausfuhr-Preise für Dampfmaschinen, und Schreiben Dampfmaschinen-Ausfuhr-Verband an die Mitglieder der Kommission zur Festsetzung der Auslandszuschläge, 6. 11. 1920 (beide: *M.A.N. WA Nürnberg* 161.7).

[228] Motoren-Verband an M.A.N. Augsburg, 18. 5. 1921 (*WA Augsburg*, Unternehmen IX 1 c/d).

[229] Generaldirektor Becker (Kalker Maschinenfabrik) auf der a. o. Hauptversammlung des VDMA am 19. 2. 1920 (Protokoll: *M.A.N. WA Nürnberg* 03.VI). Die Existenz eines Haßrabatts betonten auch die Geschäftsberichte des Motoren-Verbandes für die Jahre 1920 und 1922 (*M.A.N. WA Nürnberg* 161/336).

[230] *Der deutsche Maschinenbau 1890–1923* (Ms. *VDMA-Bibliothek*), S. 363.

[231] Prot. der Mitgliederversammlung des Prüfmaschinen-Verbandes am 13. 2. 1923 (*M.A.N. WA Nürnberg* 161/310). Bericht Direktor Schmerse (GHH) vom 19. 2. 1923 (*HA/GHH* 300193018/0) über die Preisbildung bei der Zahnräderfabrik Renk (Augsburg), die – wie die M.A.N. und die Maschinenfabrik Esslingen – ebenfalls dem GHH-Konzern angehörte.

Investitionsbedingungen 113

1921 und verringerte sich im Laufe des Jahres 1922, als das deutsche Kostenniveau stark stieg, das Kostenniveau der Wettbewerbsländer (das 1920 einen Höhepunkt erreicht hatte) dagegen weiter sank oder verhältnismäßig stabil blieb[232] und die Wettbewerbsfähigkeit daher (trotz des rasch fallenden Markkurses) sank. Die M.A.N. exportierte Ende 1919 Motoren zum 2,5fachen Inlandspreis.[233] Der Ausfuhrmindestpreis für Dampfmaschinen lag Anfang 1920, wie erwähnt, beim 1,5fachen des Inlandspreises. Die Ausfuhrmindestpreise des Deutschen Kranbau-Verbandes schlossen Anfang 1921 einen Gewinn von 50% ein.[234] Die im Dieselmotorengeschäft von Juni bis August 1921 erzielten Ausfuhrpreise lagen mindestens 20% über den Inlandspreisen.[235] Die Ausfuhrmindestpreise für Prüfmaschinen enthielten im Oktober 1921 Zuschläge auf die Inlandspreise in Höhe von 20 bis 60%.[236] Die Ausfuhrmindestpreise für Dampfmaschinen lagen im Mai 1923 zwischen 88 und 121% der Inlandspreise.[237]

3. Neben den Preisen hatte die Währung, in der die Ausfuhrgeschäfte abgeschlossen wurden, einen erheblichen Einfluß auf die Gewinnerzielung. Langfristige, in Mark abgeschlossene Ausfuhrgeschäfte mußten (Festpreise vorausgesetzt) zu Gewinnschmälerungen oder Verlusten führen, wenn der Wechselkurs der Mark sank und die Inlandspreise nicht stabil blieben; leicht konnte dann der Fall eintre-

---

[232] Vgl. dazu die Entwicklung der Großhandelspreise des Auslands: B. R. Mitchell, *European Historical Statistics 1750–1970*, London 1975, S. 738f. U.S. Department of Commerce, *Statistical Abstract of the United States 1928*, Washington 1928, S. 317.

[233] Aktenvermerk *(M.A.N. Augsburg)* vom 10. 12. 1919 (*WA Augsburg,* Nachl. Lauster, Dieselmotoren).

[234] Eine aus Wettbewerbsgründen notwendige Preissenkung wurde daher als unproblematisch angesehen. Vgl. Aktenvermerk Kophamel (*M.A.N. Nürnberg,* Abt. Kranbau) für die Vorstandssitzung des deutschen Kranbau-Verbandes am 5. 2. 1921 (*M.A.N. WA Nürnberg* 161.9).

[235] Prot. d. Mitgliederversammlung der Dieselgruppe des Motoren-Verbandes am 27. 9. 1921 (*M.A.N. WA Nürnberg* 161/336). Die tatsächlich erzielten Ausfuhrpreise waren 11% höher als die Ausfuhrmindestpreise. Die Ausfuhrmindestpreise für Dieselmotoren wurden seit dem 15. 12. 1920 grundsätzlich 10% höher als die Inlandspreise angesetzt; darüber hinaus konnten die periodisch festgesetzten Teuerungszuschläge bei den Ausfuhrpreisen etwas höher als bei den Inlandspreisen kalkuliert werden.

[236] Prot. d. Mitgliederversammlung des Prüfmaschinen-Verbandes am 12. 10. 1921 (*M.A.N. WA Nürnberg* 161/316).

[237] Der Geschäftsführer des Verbandes der Dampfkraftmaschinen-Fabrikanten, Knoke, schlug daher vor, die Länderfaktoren so zu erhöhen, daß im Ausland überall 120% des Inlandspreises erzielt würden. Schreiben Knoke an die Mitglieder der Preiskommission, 18. 5. 1923 (*M.A.N. WA Nürnberg* 161.7).

ten, daß der in Raten ausbezahlte Mark-Betrag die Wiederbeschaffungs-, eventuell auch die Erstbeschaffungskosten der verbrauchten Einsatzgüter nicht deckte. Verkaufsabschlüsse in ausländischer Währung, insbesondere in harten Valuten, mußten gewinnschmälernd oder verlustbringend wirken, wenn der Wechselkurs der Mark gegenüber dieser Währung stieg, ohne daß die Inlandspreise im gleichen Umfang fielen; die Wiederbeschaffung (eventuell auch die Erstbeschaffung) der Einsatzgüter bereitete dann die gleichen Probleme wie im ersten Fall. Verkaufsabschlüsse in ausländischer Währung trugen jedoch zusätzliche Währungsgewinne ein (zusätzlich zu den oben angegebenen Währungsgewinnen, die bereits die Angebotspreise enthalten konnten), wenn der Wechselkurs der Mark gegenüber dieser Währung sank und die Inlandspreise nicht im gleichen Umfang stiegen; denn dann konnte das deutsche Unternehmen höhere Mark-Beträge erlösen, als zur Wiederbeschaffung der verbrauchten Einsatzgüter nötig waren.

Es lag also im Gewinninteresse der deutschen Unternehmen, ihre Ausfuhrgeschäfte bei fallendem Wechselkurs der deutschen Mark und dahinter zurückbleibendem Anstieg der deutschen Inlandspreise, also vor allem 1919, im ersten Vierteljahr 1920, August bis November 1920 und ab Mitte 1921, in (möglichst harter) ausländischer Währung, bei verhältnismäßig stabilem oder steigendem Markkurs, also von Frühjahr 1920 bis Mitte 1921, dagegen in Mark abzuschließen. Tatsächlich haben die Unternehmen in dieser zeitlichen Verteilung zwischen Verkaufsabschlüssen in ausländischer Währung und in Mark gewechselt, allerdings jeweils mit beträchtlicher Verzögerung: Nachdem die im Kriege geltende Vorschrift, nach der nur gegen Zahlung in Auslandswährung exportiert werden durfte, im November 1918 aufgehoben worden war, ging die Maschinenindustrie in Erwartung steigender Markkurse zur Angebotsstellung in Mark über. Da die Erwartungen nicht vor Herbst 1919 umschlugen und da sich die Schwierigkeiten, auf zu Festpreisen in Mark abgeschlossene Exportaufträge Nachbewilligungen zu erhalten, erst im Laufe der Zeit bemerkbar machten, begannen die Unternehmen erst ab November 1919 wieder, die Ausfuhrgeschäfte in Auslandswährung abzuschließen.[238] Ab Mai 1920

---

[238] Mitgliederrundschreiben des Bayerischen Industriellen-Verbandes (Vorsitzender: M.A.N.-Generaldirektor A. v. Rieppel) vom 10. 11. 1919 (*M.A.N. WA Nürnberg 03.V*): Steigen der Mark ausgeschlossen. Daher hohe Verluste, wenn nicht in Auslandswährung fakturiert wird. *Zwanglose Mitteilungen des VDMA*, 18 (1920) *(VDMA-Archiv)*:

wechselten die Unternehmen allmählich wieder zur Fakturierung der Ausfuhrgeschäfte in Mark, dazu im Laufe des Jahres 1921 auch durch den Wunsch des Auslandes gezwungen, angesammelte Markbestände wieder loszuwerden (obwohl natürlich die ausgeführten Waren in Mark bezahlt werden konnten, auch wenn die Angebote in Auslandswährung abgegeben wurden).[239] Das Bestreben des Auslandes, sich in Erwartung fortdauernder Entwertung der Mark und damit zunehmender Spekulationsverluste seiner aufgehäuften Markbestände zu entledigen, war (neben den unsicheren Kurserwartungen der deutschen Unternehmen!?) auch eine der Ursachen dafür, daß die deutschen Unternehmen den fälligen Wechsel zur Angebotsstellung in Auslandswährung erst verhältnismäßig spät nach dem Kurssturz der Mark Mitte 1921 vornahmen.[240] Fakturierung in Auslandswährung wurde offenbar seit dem Sommer 1921 wieder mit mehr Nachdruck angestrebt, aber erst ab November/Dezember 1921 in den einzelnen Unternehmen und Verbänden obligatorisch gemacht.[241] Die energi-

Die Vereinigung Deutscher Druckmaschinenfabriken ging im Dezember 1919 zur Fakturierung in Auslandswährung über. Prot. der Sitzung der Dieselmotorenfabrikanten am 5. 2. 1920 (*M.A.N. WA Nürnberg* 161/336): Auslandsangebote sollen in neutraler, stabiler Währung abgegeben werden. Generaldirektor Becker (Kalker Maschinenfabrik) auf der a. o. Hauptversammlung des VDMA am 19. 2. 1920 (Prot. in: *M.A.N. WA Nürnberg* 03.VI): In der Maschinenindustrie habe man gehofft, daß nach der Unterzeichnung des Versailler Vertrages (also am 28. 6. 1919) der Außenwert der Mark steige. Zur Entwicklung der Fakturierungsmethoden insgesamt vgl. auch H. Köhn, *Die Produktion der deutschen Maschinenindustrie...*, S. 35 f.
[239] E. Weissenborn, *Die „Ausfuhrgewinne" des Maschinenbaues*, in: *Maschinenbau/ Wirtschaft*, 1. Jg., H. 9 vom 12. 8. 1922. *Der deutsche Maschinenbau 1890–1923*, S. 329. Prot. über die Mitgliederversammlung der Dieselgruppe des Motoren-Verbandes am 27. 5. 1920 (*M.A.N. WA Nürnberg* 161/336): Angebote in Mark! Bezahlung, wenn erwünscht, in fremder Währung! Schreiben Endres/Höß (M.A.N.) an Guggenheimer (M.A.N.), 8. 8. 1921 (*WA Augsburg*, Nachl. R. Buz 105): Seit Anfang 1921 will das Ausland in Mark verkaufen.
[240] Schreiben Endres/Höß an Guggenheimer, 8. 8. 1921 (*WA Augsburg*, Nachl. R. Buz 105): Starrer Zwang, in Auslandswährung zu fakturieren, könnte zur Unterbindung des Handels führen. Vgl. auch: *Der deutsche Maschinenbau 1890–1923...*, S. 366. Vgl. dazu auch allgemein: Rudolf Mallachow, *Die Strömungen der Devisenpolitik seit 1914 und unsere Reparationsverpflichtungen*, in: *Zeitschrift für die gesamte Staatswissenschaft*, 77 (1922), S. 367 f.
[241] Prot. d. Vorstandssitzung der M.A.N. am 8. 7. 1921 (*WA Augsburg* 1313). Prot. d. Vorstandssitzung des Deutschen Kranbau-Verbandes am 5. 9. 1921 (*M.A.N. WA Nürnberg* 161.9). Schreiben M.A.N. Augsburg an M.A.N. Nürnberg, 7. 11. 1921 und Nürnberg an Augsburg, 9. 11. 1921 (*WA Augsburg*, Unternehmen IX 1 c/d). Unterlagen zur AR-Sitzung der Motorfabrik Deutz am 6. 12. 1921 (*KHD* 111.2–2). Jahresbericht des Prüfmaschinen-Verbandes (1921) (*M.A.N. Nürnberg* 161/310).

sche Wendung zur Fakturierung in Auslandswährung Ende 1921 wurde dabei zumindest gefördert durch den neueingeführten, der Deckung der Reparationslasten dienenden Devisenabgabezwang; ein Beschluß des Außenhandels-Ausschusses der Außenhandelsstelle für den Maschinenbau vom 23. November 1921 verpflichtete die Maschinenbauunternehmen, Devisen in Höhe von 25 % des Ausfuhrwertes an das Reich abzuliefern.[242] Der Wechsel ging aber auch dann nicht mit einem Schlage vonstatten. So betrug der Anteil der in Auslandswährung fakturierten Motorenausfuhr an der gesamten Motorenausfuhr im Januar 1922 nicht mehr als 30 % und stieg erst bis Dezember 1922 auf 74 bis 82 %; der gesamte Maschinenbau nannte 80 % auch erst für das Ende des Jahres 1922.[243]

4. Neben der Preisstellung und der Fakturierungsart konnte die soziale Ausfuhrabgabe, die ab Mai 1920 auf seit Anfang 1920 abgeschlossene Ausfuhrgeschäfte erhoben wurde,[244] gewinnschmälernd wirken. Sie ist aber in der Maschinenindustrie offenbar nur im zweiten Halbjahr 1920 und im zweiten Halbjahr 1922 als wirklich gewinnbelastend empfunden worden und wurde dann jeweils – auch auf Betreiben der Maschinenindustrie – gesenkt. Die Ausfuhrabgabe betrug für den Maschinenbau in der ersten Hälfte des Jahres 1920 5 bis 6 % des Ausfuhrwertes und wurde Ende 1920 für 25 % der Maschinen auf 1 % gesenkt, für 75 % der Maschinen (so im Oktober 1920 für Dampfmaschinen, Dieselmotoren, Dampfturbinen und anderes) ganz erlassen. Ende 1921 wurde sie auf 4 bis 5 % (Lokomotiven 6 %), Ende August 1922 auf 5 bis 6 % (Lokomotiven 8 %) erhöht, im Januar 1923 wieder auf (generell) 1 % ermäßigt.[245] Am 27. September 1923 wurde mit der amtlichen Ausfuhrüberwachung auch die Ausfuhrabgabe aufgehoben.

Wie hoch waren die Gewinne, welche die deutschen Unternehmen im Ausfuhrgeschäft erzielten? Berechnungen sind leider kaum möglich: In den Unterlagen zu den Jahresschlußrechnungen wird nicht zwischen Gewinnen aus dem Inland- und Ausfuhrgeschäft unterschieden. Andere einschlägige Zahlenangaben sind die Ausnahme. Erinne-

---

[242] VDMA, *Der deutsche Maschinenbau im Jahre 1922*, S. 24 *(VDMA-Archiv)*.

[243] Jahresbericht des Motoren-Verbandes für 1922 *(M.A.N. WA Nürnberg 161/336)*. *Der deutsche Maschinenbau im Jahre 1922 (VDMA-Archiv)*.

[244] Siehe Anm. 239. Zur Entwicklung der Ausfuhrabgabe vgl. auch G. Krämer, *Die deutsche Außenhandelskontrolle in der Nachkriegszeit...*, S. 38–50.

[245] Vgl. *Der deutsche Maschinenbau 1890–1923* (Ms. *VDMA-Bibliothek*), S. 260–262, 312 f., 363–365.

rungsberichte über das Ausfuhrgeschäft während der Inflation betonen die außergewöhnlichen Gewinne und Verluste, die Geschäfte bei fallendem Wechselkurs der Mark brachten, je nachdem, ob sie in Auslandswährung oder Mark abgeschlossen waren;[246] sie illustrieren damit die Kalkulationsprobleme in der Inflation, erlauben aber keine Quantifizierung der Ausfuhrgewinne. Man kann daher Vermutungen über die Ausfuhrgewinne im wesentlichen nur aus dem Vorliegen der dargestellten Gewinnbedingungen folgern:

Insgesamt scheinen die Ausfuhrgewinne beträchtlich gewesen zu sein und den Bilanzgewinn sowie die Investivkraft der Unternehmen in wesentlichem Umfang positiv beeinflußt zu haben. Inlandsverluste sind offenbar in gewissem Umfang durch Ausfuhrgewinne kompensiert worden: Aus langfristigen Geschäften, die vor dem Übergang zur Devisenfakturierung im November/Dezember 1919 abgeschlossen worden waren, sind offenbar noch Verluste erwachsen; denn die in den Angebotspreisen enthaltenen Gewinne (einschließlich der Risikozuschläge) waren noch nicht hoch genug, als daß sie die Kaufkraftverluste aus der Markentwertung hätten kompensieren können, und Nachbewilligungen waren nur schwer zu erhalten.[247] Dann aber sorgten hohe Preise (nach Einführung der Ausfuhrüberwachung) und die Differenz zwischen den Raten von Markkursverfall und inländischer Preissteigerung bis zum Frühjahr 1920 für außergewöhnliche Gewinne. Die M.A.N. bilanzierte am 30. Juni 1920 einen Jahresgewinn vom M. 5,5 Mio.; allein die Dieselmotorenausfuhr hatte im Geschäftsjahr 1919/20 aber Währungsgewinne in Höhe von M. 14 Mio. erbracht.[248] Als Mitte 1920 infolge der Erholung des Markkurses die Wettbewerbsfähigkeit Deutschlands sank, die auf der Grundlage der Auslandsfriedenspreise kalkulierten Ausfuhrpreise in die Nähe der Inlandspreise gerieten (oder unter diese sanken) und die Fakturierung in Auslandswährung die Markerlöse schmälerte (ohne daß die deutschen Inlandspreise in gleichem Maße sanken) und als schließlich die Ausfuhrabgabe in Höhe von 5 bis 6 % des Ausfuhrwertes erhoben wurde, dürften die Ausfuhrgewinne vorübergehend erheblich zurückgegan-

---

[246] Kophamel: M.A.N. Kranbau 1841–1941 (*M.A.N. WA Nürnberg* 307.II), S. 33 f. Erinnerungen des Konstruktionschefs des Demag-Walzwerkbaus, Fritz Münker (*Demag-Archiv* 204,3).
[247] Vgl. auch H. Köhn, *Die Produktion der deutschen Maschinenindustrie*..., S. 35. *Der deutsche Maschinenbau 1890–1923*..., S. 265–267.
[248] Bericht Käferlein über Werk Augsburg der M.A.N., 5. 7. 1920 (*WA Nürnberg* 151).

gen beziehungsweise geschwunden sein. Die in den Abschlußpreisen enthaltenen Gewinne nahmen im Laufe des zweiten Halbjahres 1920 wieder zu und waren 1921 verhältnismäßig hoch; sie wurden durch die Ausfuhrabgabe höchstens in der zweiten Jahreshälfte 1920 etwas beeinträchtigt, durch die Fakturierung der Geschäfte in Mark nur von August bis November 1920 und in der zweiten Jahreshälfte 1921 und dies nur insoweit, als nicht auch (wie dies häufig geschah) gleichzeitig Kurssicherungsgeschäfte getätigt wurden.[249] Im Laufe des Jahres 1922 sanken die in den Abschlußpreisen enthaltenen Gewinne. Da aber die Ausfuhrgeschäfte gleichzeitig zunehmend in Auslandswährung abgeschlossen wurden und die Differenz zwischen dem Ausmaß von Wechselkursverfall und inländischer Preissteigerung bis Anfang 1923 erhalten blieb, erhöhten sich die Gewinne zumindest 1922 um einen zusätzlichen Währungsgewinn; die Ausfuhrabgabe führte – wenn überhaupt – erst ab August 1922 zu einer spürbaren Gewinneinbuße. Die Motorenfabrik Deutz jedenfalls führte den Bilanzgewinn des Geschäftsjahres 1921/22 vor allem auf die Ausfuhrerlöse zurück;[250] und für die Zeit vom 1. Juli 1922 bis 31. März 1923 verbuchte sie bei ihren ausländischen Vertriebsgesellschaften einen Gewinn von M. 3,5 Mrd., während das Stammhaus mit dem Inlandsgeschäft und dem Motorenverkauf an die Auslandstöchter zu Inlandspreisen in derselben Zeit einen Verlust von M. 1,8 Mrd. erlitten hatte.[251]

Von der Frage nach den Ausfuhrgewinnen der einzelnen Unternehmen ist die nach den inflationsbedingten Gewinnen beziehungsweise Verlusten der Gesamtwirtschaft aus dem Außenhandel zu trennen. Bei sinkendem Außenwert der Mark mußten die deutschen Exporte für den ausländischen Käufer billiger, die deutschen Importe teurer werden, vorausgesetzt, die deutschen/ausländischen Exporteure erhöhten/senkten ihre Ausfuhrpreise nicht in dem Umfang, in dem der Markkurs verfiel; für den ausländischen Importeur wurde der in ausländischer Währung zu zahlende Preis bei Langfristgeschäften noch

---

[249] Daß in dieser Zeit infolge des Markkursverfalls trotz hoher Angebotspreise z.T. Verluste entstanden seien, betont E. Weissenborn, *Die „Ausfuhrgewinne" des Maschinenbaus...* Der Krupp-Direktor Otto Wiedfeldt schätzte die Gewinne der gesamten Industrie aus dem Ausfuhrgeschäft Mitte 1921 auf durchschnittlich nicht mehr als 10% des Umsatzes. Otto Wiedfeldt, *Wirtschaftliche Folgen des Ultimatums.* Referat in der Hauptausschußsitzung der RdI am 14. 6. 1921. Abgedruckt in den *Wirtschaftlichen Nachrichten aus dem Ruhrbezirk,* Nr. 29 vom 9. 7. 1921, S. 11 (*HA Krupp WA IV 2566*).
[250] Unterlagen für die AR-Sitzung am 11. 9. 1922 (*KHD 111.2-2*).
[251] Unterlagen für die AR-Sitzung am 3. 6. 1923 (*KHD 111.2-2*).

geringer, wenn der Markkurs weiter fiel und das Geschäft in Mark abgeschlossen war. Der deutsche Exporteur erlitt dabei keinen Verlust, zumal wenn er sich gleichzeitig gegen den Markkursverfall durch Kurssicherungsgeschäfte geschützt hatte. Für die Gesamtwirtschaft verschlechterten sich hingegen die Austauschverhältnisse mit dem Ausland *(terms of trade)*. Zur Bezahlung der gleichen Menge an Importgütern mußten mehr Güter exportiert werden als vorher. Die deutsche Volkswirtschaft erlitt „Wohlstandsverluste" in Höhe des Betrages, der an den Ausfuhrerlösen fehlte, um mit der gleichen Ausfuhr- die gleiche Einfuhrgütermenge zu bezahlen wie vorher. Dieser Verlustbetrag könnte bei der Berechnung der internationalen Verteilungswirkungen der deutschen Inflation berücksichtigt und von den Währungsgewinnen abgezogen werden, die Deutschland als Markschuldner 1919 bis 1923 verbuchen konnte und die Carl-Ludwig Holtfrerich auf ca. Goldmark 15 Mrd. schätzt.[252] F. D. Graham berechnete die Verluste Deutschlands aus dem Außenhandel von Mai 1921 bis Dezember 1923, indem er – zurückgehend auf Angaben des Statistischen Reichsamts – die tatsächlich erzielten Import- und Exportgoldpreise mit denjenigen Preisen verglich, die (unter Berücksichtigung der Preissteigerungen der Import- und Exportgüter in Gold gegenüber der Vorkriegszeit) bei stabiler Währung hätten erzielt werden können. Er kam dabei auf einen Verlustbetrag von GM 5,6 Mrd. Für die gesamte Inflationszeit 1919 bis 1923 schätzte er den Verlust auf ca. GM 10 Mrd.[253] Der Frage der gesamtwirtschaftlichen, inflationsbedingten Außenhandelsverluste soll hier nicht weiter nachgegangen werden; denn einmal sind den hier verwendeten Quellen keine alternativen Berechnungsgrundlagen zu entnehmen.[254] Zum anderen

---

[252] C.-L. Holtfrerich, *Die deutsche Inflation...*, S. 292.
[253] D. Graham, *Exchange...*, S. 260–271.
[254] Das Statistische Reichsamt berechnete die im Exportgeschäft erzielten Goldpreise für 1921 auf 80,69%, für 1922 auf 64,16% und für 1923 auf 114,32% der Vorkriegspreise (vgl. F. D. Graham, *Exchange...*, S. 267). Der Motorenverband berechnete die Goldwerte der Ausfuhrmindestpreise bei Motoren für das 2. Halbjahr 1920 auf zuweilen nicht mehr als 60%, die Goldwerte der tatsächlich erzielten Ausfuhrpreise für 1922 auf durchschnittlich 72% der Vorkriegspreise (Bericht des Motoren-Verbandes über die Geschäftsjahre 1920 und 1922; *M.A.N. WA Nürnberg 163/336*). – Es fällt auf, daß die Goldwerte nicht nur im 2. Halbjahr 1920, sondern auch 1922, als die Preisbildung im Ausfuhrgeschäft sich wieder an den Auslandsfriedenspreisen ausrichtete, unterschritten wurden. Die Ursache ist, daß auch die Währung aller Länder (auch der Hartwährungsländer), in die Deutschland exportierte, sich gegen den US-Dollar (etwas) entwertete, so daß Auslandsfriedenspreise, über den Dollarkursindex in Goldmark

sind die allein aus dem Vergleich der ein- und ausgeführten Gütermengen und deren Preise berechneten Werte aber auch grundsätzlich ein problematischer Maßstab für die Wohlfahrtswirkungen veränderter *terms of trade;* sie berücksichtigen zum Beispiel nicht den kaum quantifizierbaren Wohlfahrtsgewinn, den eine durch erhöhte Exportmengen bedingte inländische Produktivitätssteigerung zur Folge haben kann.

umgerechnet, einen geringeren als den Goldmarkpreis ergaben. Zur Sicherung des Goldmarkpreises waren Zuschläge auf den Auslandsfriedenspreis erforderlich, und zwar auch bei den Hartwährungsländern (außer den USA), sofern der Goldmarkpreis über den Dollarkursindex und nicht über den Großhandelspreisindex errechnet wurde.

DRITTES KAPITEL

Inflationsbewertung und Inflationsförderung durch die Unternehmen

I

Waren die Unternehmen an der Inflation interessiert?

Haben die Unternehmen, wie es in der ökonomischen Theorie der Politik unterstellt wird, positiv bewertete Sachverhalte (etwa hohe Beschäftigung, Gewinne und Investitionskraft) als inflationsbedingt wahrgenommen? Blieben ihnen eventuelle nachteilige Inflationswirkungen (etwa Kostensteigerungen, Kalkulationsunsicherheit) verborgen oder wurden sie weniger gewichtet? Waren daher die Unternehmen an der Fortdauer der Inflation interessiert? In der historischen Literatur wird diese Frage großenteils bejaht: Die Industrie sei an der Fortdauer der Inflation interessiert gewesen, da sie darin eine Bedingung für die Vollbeschäftigung (und damit auch des sozialen Friedens),[1] aber auch zum Beispiel für leichte, Lohn-*lag*-bedingte Gewinne[2] und billige Investitionen[3] gesehen habe. Seit Sommer 1920, so Agnete von Specht, hätten maßgebende Teile der deutschen Industrie, veranlaßt durch die in ihr liegenden steuerlichen, Export- und Lohn-*lag*-Vorteile, die inflationäre Entwicklung „im Sinne ihrer sozial- und reparationspolitischen Revisionsbestrebungen" instrumentalisiert.[4]

---

[1] Vgl. etwa Charles S. Maier, *The Politics of Inflation in the Twentieth Century*, in: Fred Hirsch/John Goldthorpe (Hrsg.), *The Political Economy of Inflation*, London 1978, S. 42f., 50. Gerald D. Feldman, *The Political Economy of Germany's Relative Stabilization*, in: G. D. Feldman/C.-L. Holtfrerich/G. A. Ritter/P.-C. Witt (Hrsg.), *Die deutsche Inflation...*, S. 189–192.

[2] Vgl. Kurt Gossweiler, *Großbanken, Industriemonopole, Staat*, Berlin [Ost] 1971, S. 143–155. F. D. Graham, *Exchange...*, S. 281.

[3] K. E. Born, *Die Deutsche Bank...*, S. 11. P. Wulf, *Hugo Stinnes...*, S. 468.

[4] A. von Specht, *Politische und wirtschaftliche Hintergründe...*, S. 38, 33.

122 III. Inflationsbewertung und -förderung durch die Unternehmen

Eine Diskussion über die Zweckmäßigkeit der Inflation, so G. D. Feldman, habe erst Ende 1921 eingesetzt.[5]

K. Borchardt und K. E. Born meinen, der Widerstand der Industrie gegen Anti-Inflationsmaßnahmen habe erst 1923 aufgehört; erst zu dieser Zeit hätten auch die Unternehmen keine Vorteile aus der Inflation mehr ziehen können.[6] Die angeführten Belege für diese Vermutungen indessen sind gering an Zahl und enthalten zum Teil auch nur Bewertungen von Teilerscheinungen der Inflation durch Industrielle.

Die Äußerungen der Unternehmen und Verbände, die in den dieser Untersuchung zugrunde liegenden Quellen zu finden sind, geben ein anderes Bild von der Inflationsbewertung durch die Industrie. Bis auf eine mögliche (zeitliche) und einige wahrscheinliche (personelle) Ausnahmen haben die Unternehmen des Maschinenbaus und der Schwerindustrie sowie die im Reichsverband der deutschen Industrie hervorgetretenen Industriellen mit der Inflation als Gesamterscheinung nicht sympathisiert. Wie ist diese Gesamtbewertung der Inflation zustande gekommen? Einerseits wurde die beschäftigungsfördernde Wirkung der Inflation, vor allem der exportfördernde Einfluß fallender Mark-Wechselkurse, in den Unternehmen und Verbänden durchweg erkannt und günstig bewertet; bei Fallen des Markkurses (ab Mitte 1919, ab Mitte 1921, ab Mitte 1922) konstatierte man eine spürbar steigende, bei Steigen des Markkurses (Frühjahr 1920) eine spürbar rückläufige Exportnachfrage.[7] Andererseits wurden in der Gegenrech-

---

[5] G. D. Feldman, *The Political Economy...*, S. 190.
[6] K. Borchardt, *Die Erfahrungen mit Inflationen in Deutschland...*, S. 16. K. E. Born, *Die Deutsche Bank...*, S. 14.
[7] Geschäftsberichte der Gasmotorenfabrik Deutz 1919/20 (1. 11. 1920) und 1920/21 (20. 9. 1921) (beide *KHD-Archiv* I/12). Unterlagen zur AR-Sitzung der Motorenfabrik Deutz am 28. 10. 1921 (*KHD-Archiv* 111.2-2). Vorstandssitzung der Motorenfabrik Deutz am 26. 4. 1923 (*KHD-Archiv* I/25). Geschäftsberichte der Maschinenbauanstalt Humboldt 1920/21 (Sept. 1921) und 1922/23 (Dez. 1923); beide *KHD-Archiv* XII/2. Ausarbeitung L. Endres (M.A.N.), Geldbedarf der M.A.N., 18. 5. 1920 (*WA Nürnberg* 151). Bericht der Abteilung Druckmaschinen der M.A.N. vom 31. 7. 1922 (*WA Augsburg* 1312). P. Schmerse an P. Reusch (G.H.H.), 25. 11. 1922 (*HA/GHH* 300 193 023/0). *Jahresbericht der Vereinigung deutscher Druckmaschinenfabriken 1920*, in: *Zwanglose Mitteilungen des VDMA*, 9 (1921) (*VDMA-Archiv*). F. Frölich (Geschäftsführer des VDMA), *Valuta und Ausfuhr im deutschen Maschinenbau*, 13. 12. 1919 (*M.A.N. WA Nürnberg* 03.VI). G. ter Meer (Hannoversche Maschinenbau AG), *Die Bekämpfung der Arbeitslosigkeit im Maschinenbau. Referat auf der Vorstandssitzung der Arbeitsgemeinschaft für den Maschinenbau am 28. 10. 1921*, in: *Zwanglose Mitteilungen des VDMA*, 27 (1921) (*VDMA-Archiv*). Ernst von Borsig, *Zukunftsaufgaben des deutschen Maschinenbaues*, in: *Maschinenbau/Wirtschaft*, 1 (1922), H. 4 vom 27. 5. 1922.

nung der Inflationswirkungen die Schwierigkeiten betont, welche die Weitergabe der steigenden Beschaffungspreise in den Absatzpreisen verursachten: Man stellte deutlich heraus, daß steigende Inlandspreise und damit Kosten die notwendige Folge des Markkursverfalls, also die Kehrseite der wechselkursbedingten Exporterleichterung seien;[8] steigender Markwechselkurs dagegen bewirke nach einiger Zeit auch Kostensenkung im Inland.[9] Als negative Wirkungen steigender Beschaffungspreise wurden aufgeführt:

a) Die Unsicherheit in der Preiskalkulation, die ihrerseits den Abschluß von Geschäften erschwere: Die M.A.N. klagte, daß sie 1919/20 eine Reihe von Festpreisaufträgen, vor allem Auslandsaufträgen, der Risiken aus Valutaschwankungen und Kostensteigerungen wegen habe nicht übernehmen können.[10] Von Nachforderungen auf Festpreisabschlüsse fürchtete man einen Vertrauensverlust gegenüber der Vertragstreue und Seriosität des Herstellers (und damit eine langfristige Geschäftsschädigung), und dies um so mehr, als sich die Übung eingebürgert hatte, Verkaufsverträge in dem Bewußtsein abzuschließen, sie nicht halten zu müssen.[11] Von den Gleitpreisverträgen, wie sie im Winter/Frühjahr 1919/20 abgeschlossen und ab Ende 1921 wieder eingeführt wurden, „nachdem man sie als glücklich überwunden ansehen konnte",[12] erwartete man ebenfalls einen verkaufser-

---

[8] Rundschreiben des Bayerischen Industriellen-Verbands (A. v. Rieppel) vom 10. 11. 1919 (*M.A.N. WA Nürnberg* 03.V). Bericht für die AR-Sitzung der M.A.N. am 18. 11. 1921 (*WA Nürnberg* 131.2). Geschäftsbericht der Maschinenbauanstalt Humboldt 1919/20) (*KHD-Archiv* XII/2).

[9] M.A.N. Werk Nürnberg an Werk Gustavsburg, 26. 10. 1921 (*WA Augsburg*, Unternehmen 1 c/d).

[10] Geschäftsbericht der M.A.N. 1919/20, 24. 11. 1920 (*WA Augsburg* 1311).

[11] Vgl. F. Frölich, *Valuta und Ausfuhr...*, H. Bücher und P. Reusch in der Vorstandssitzung des Reichsverbandes der Deutschen Industrie am 6. 9. 1922 (Teilabdruck der Niederschrift in: G. D. Feldman/H. Homburg, *Industrie und Inflation...*, S. 313–324, hier: S. 321f.). Rundschreiben des RdI vom 11. 12. 1922: Leitsätze zur Preisgestaltung und zu den Lieferbedingungen (*M.A.N. WA Augsburg*, Nachl. R. Buz 248). – Eine weitere negative Wirkung des Markkursverfalls auf das Ausfuhrgeschäft des Inflations-Geschäftsjahres 1919/20 sah die M.A.N. darin, daß die ausländischen Käufer größere Anzahlungen scheuten: Das Ausland fürchtete, daß die deutschen Hersteller bei Nichteinhaltung der Lieferverpflichtung (die infolge von Rohstoffmangel und Streiks als durchaus möglich galt) bei Markkursverfall die Anzahlungen nicht zurückzahlen konnten. M.A.N. an Außenhandelsnebenstelle des Auswärtigen Amtes, Nürnberg, 17. 1. 1920 (*WA Nürnberg* 03.VI); Material für die Vorstandssitzung der M.A.N. am 14. 12. 1920 (*WA Nürnberg* 131.3).

[12] M.A.N. Werk Augsburg an Werk Nürnberg, 7. 11. 1921 (*WA Augsburg*, Unternehmen 1 c/d).

schwerenden Vertrauensverlust, da sie die Preisstellung undurchsichtiger und nach oben sehr dehnbar machten.[13]

b) Die Unfähigkeit, über weite Strecken der Inflation die Beschaffungspreissteigerungen, vor allem im Inlandsgeschäft, in den Absatzpreisen weiterzugeben. Die M.A.N., bei der die Quellenüberlieferung am besten ist, konstatierte 1919/20 Monat für Monat kostensteigerungsbedingte Verluste;[14] später wurden Gewinne, soweit sie entstanden, als Scheingewinne angesehen.[15] Nicht überall wird die Gewinnentwicklung so problematisch gewesen und so negativ bewertet worden sein wie bei der M.A.N. Für die Preissteigerungsperioden 1919/20 und ab Ende 1921 dürfte indessen das Urteil des Humboldt-Generaldirektors Zörner über die Inflationswirkungen auf die Gewinne der Auffassung in den meisten Unternehmen nahekommen: „Je mehr ich umschlage, desto mehr verdiene ich (d.h. nehme ich nominal ein, Lb.), je mehr ich verdiene, desto ärmer werde ich."[16] Es fehlen dagegen gänzlich Belege, die darauf schließen ließen, daß die Unternehmen in der Inflation eine Quelle von Lohn-*lag*- und Schuldnergewinnen erblickt und begrüßt hätten.

c) Die Schwierigkeit, Kredite zur Vor-, aber auch zur Verlustfinanzierung der Geschäfte zu erhalten. Die „Kreditnot" trat vor allem ab Mitte 1922 auf. Die Unternehmen sahen in diesem Mangel an Betriebsmitteln (bei leidlicher oder guter Auftragslage) ein existenzgefährdendes, kostensteigerungsbedingtes Problem.[17]

---

[13] Vgl. Rundschreiben des RdI vom 11. 12. 1922; Leitsätze ... (siehe Anm. 11).

[14] A. v. Rieppel an die Werke der M.A.N., 16. 4. 1919 (*WA Nürnberg* 116.1). Prot. d. Vorstandssitzung der M.A.N. am 27. 5. 1919 (*WA Augsburg* 1313). A. v. Rieppel an die Werksdirektionen, 21. 11. 1919 (*WA Nürnberg* 132.1). A. v. Rieppel an Werk Augsburg, 4. 5. 1920 (*WA Nürnberg* 116.I).

[15] L. Endres, Gewinne und Dividenden der Aktiengesellschaften. April 1921 (*WA Augsburg,* Nachl. R. Buz 109). L. Endres, Bemerkungen zur Jahresrechnung 1921/22. 28. 10. 1922 (*WA Augsburg* 1312).

[16] R. Zörner, *Die Geldentwertung und ihre Rückwirkung auf unsere Industrie.* Sonderbeilage zur Nr. 14 der „*Vertraulichen Nachrichten*" des Verbandes deutscher Dampfkessel- und Apparatebau-Anstalten vom 19. 1. 1921, S. 1 (*M.A.N. WA Augsburg,* Nachl. R. Buz 107). Das Urteil Zörners wurde zustimmend zitiert von L. Endres, Gewinne und Dividenden ...

[17] Prot. d. AR-Sitzung der M.A.N. am 29. 9. 1922 (*WA Augsburg* 1312). R. Buz an Frh. v. Cramer-Klett, 26. 10. 1922 (*WA Augsburg,* Nachl. R. Buz). Bericht für die AR-Sitzung der M.A.N. am 12. 12. 1922 (*WA Augsburg,* 1312). Vorstandsbericht der Maschinenfabrik Esslingen zur Bilanz auf den 31. 12. 1922 (*Daimler-Benz-Archiv,* Bestand ME). Korrespondenz L. Kessler–P. Reusch–v. Kaulla Juli–Oktober 1922 (*Daimler-Benz-Archiv,* Bestand ME). B. Bruhn (Krupp) an Gustav Krupp von Bohlen und Halbach, 1. 8. 1922 (*HA Krupp* FAH IV C 199).

d) Eine erhöhte Gefährdung bei rückläufiger Beschäftigung: Man erwartete von einer Besserung des Markkurses einen Rückgang der Beschäftigung, nicht aber eine entsprechende Senkung der Kapital- und Arbeitskosten. Je höher die Kosten in der Inflation stiegen, um so mehr mußten sie bei rückläufiger Beschäftigung Wettbewerbsfähigkeit und Erlöse belasten. Die kostentreibenden Exportkonjunkturen 1919/20 und ab Ende 1921 erschienen den Unternehmen daher als ungesunde, folgenschwere „Fieberzustände".[18]

Die tatsächlichen und erwarteten Schwierigkeiten der Gewinnerzielung, der Betriebsmittel- und Investitionsfinanzierung und das Fehlen von Lohn-*lag*- und Schuldnergewinnen, die diesen negativen Bewertungen zugrunde lagen, sind in den vorhergehenden Abschnitten dargestellt worden. Ihnen traten negative Erfahrungen der für die Geschäftspolitik der Unternehmen verantwortlichen Vorstände und leitenden Angestellten zur Seite, die ebenfalls kaum Sympathien für die Inflation hervorgerufen haben dürften: Anders als die Arbeiterlöhne und die Gehälter der kleinen Angestellten waren die realen Gehälter der Vorstände und leitenden Angestellten in der Inflation erheblich, 1923 offenbar auf etwa 50% der Friedenszeit gesunken.[19] Für die Gesamtbewertung der Inflation durch die Unternehmen gaben nicht die positiven Beschäftigungswirkungen der gesteigerten in- und besonders ausländischen Nachfrage und nicht die zeitweise hohen Exportgewinne, sondern die negativen Wirkungen der Kostensteigerungen auf den Gesamtgewinn und die Betriebsmittel- und Investitionsfi-

---

[18] Ernst v. Borsig auf der a. o. Mitgliederversammlung des VDMA am 23. 11. 1921 (Protokoll im *VDMA-Archiv*). Vgl. weiter: E. v. Borsig, *Zukunftsaufgaben...*: Kostensteigerungen führen bei Valutabesserung zu Wettbewerbsunfähigkeit. Krupp-Direktor Bruno Bruhn in der Besprechung mit dem Betriebsausschuß am 21. 7. 1921 (Niederschrift im *HA Krupp Archiv* WA 41/6–192): Krise wird um so schwerer sein, je länger die Inflation andauert. Protokoll der Vorstandssitzung der M.A.N. am 16. 12. 1919 (*WA Augsburg* 1313) und L. Endres (M.A.N.), Der Geldbedarf der M.A.N., 18. 5. 1920 (*WA Nürnberg* 151): Betonung der Risiken aus der Kreditaufnahme. Vertraulicher Bilanzbericht der Gasmotorenfabrik Deutz 1919/20. 11. 9. 1920 (*KHD-Archiv* I/12): Finanz- und Absatzkrise nach den Kostensteigerungen im Frühjahr 1920 eingetreten.

[19] G. Lippart (M.A.N.) an Dr. Fux (Reg.rat im Bayer. Staatsministerium für Soziale Fürsorge), 13. 6. 1923 (*WA Nürnberg* 221.2): Nur auf das Einkommen der Direktoren und leitenden Angestellten habe sich der Umstand voll ausgewirkt, daß die deutsche Volkswirtschaft dem eigenen Volk heute weniger als 50% der Friedensproduktion zum Konsum zur Verfügung stellen könne. P. Reusch an L. Kessler (Maschinenfabrik Esslingen), 8. 8. 1923 (*HA/GHH* 300 193 011/2): Den Vorstandsgehältern liegt das halbe Friedensgehalt zugrunde.

nanzierung den Ausschlag.[20] Die Gesamtbewertung der Inflation durch die Unternehmen war daher negativ. Schon in der ersten Periode rascher Preissteigerungen ab Mitte 1919 sprachen sich viele für eine Stabilisierung der inneren und äußeren Kaufkraft der Mark aus, weil die Wirtschaft nur dann sicher kalkulieren könne;[21] der M.A.N.-Generaldirektor A. v. Rieppel befürchtete von einer weiteren Geldentwertung in Verbindung mit Materialknappheit und Arbeitsunwillen den völligen wirtschaftlichen Zusammenbruch Deutschlands.[22] In den Berichten, welche die Unternehmen (überwiegend) im Herbst 1920 über das Geschäftsjahr 1919/20 anfertigten, wurde die Geldentwertung (auch als Ursache der darauffolgenden Krise) allgemein als schwere Belastung der Geschäftsentwicklung dargestellt.[23] Die Anzeichen der Preisberuhigung im zweiten Halbjahr 1920 wurden begrüßt.[24] Im Wiedereinsetzen scharfer Preissteigerungen im Herbst 1921 erblickte man eine Erschwerung einer stetigen Geschäftsent-

---

[20] Daß die jeweilige Position auf den Beschaffungs- und Absatzmärkten und darüber hinaus Kalkulations- und Finanzierungsgesichtspunkte für die Gesamtbeurteilung der Inflation durch die Unternehmen entscheidend seien, betonen auch Norbert Szyperski und Jürgen Hauschildt. Norbert Szyperski, *Geldwertstabilität aus der Sicht privater Unternehmungen. Situative und strukturelle Aspekte,* in: Hans Karl Schneider/Walter Wittmann/Hans Würgler (Hrsg.), *Stabilisierungspolitik in der Marktwirtschaft,* Berlin 1975, S. 247–272. Jürgen Hauschildt, *Stabilität in der Zielkonzeption der Unternehmung,* in: *A.a.O.,* S. 277–297.
[21] Bericht für die AR-Sitzung der M.A.N. am 26. 5. 1919 (*WA Nürnberg* 131.2). A. v. Rieppel (M.A.N.) an die Werksdirektionen Augsburg und Nürnberg, 21. 11. 1919 (*WA Nürnberg* 132.1). L. Endres, Geldbedarf der M.A.N., 18. 5. 1920 (*WA Nürnberg* 151). F. Frölich (VDMA-Geschäftsführer), *Valuta und Ausfuhr im deutschen Maschinenbau,* 13. 12. 1919 (*M.A.N. WA Nürnberg* 03.VI).
[22] Bericht Rieppels für die AR-Sitzung der M.A.N. am 5. 9. 1919 (*WA Nürnberg* 131.2).
[23] Material zur Vorstandssitzung der M.A.N. am 14. 12. 1920 (*WA Nürnberg* 131.3). Vertraulicher Bilanzbericht der Gasmotorenfabrik Deutz 1919/20. 11. 9. 1920 (*KHD-Archiv* I/33). Revisionsbericht des Aufsichtsrats über die Bilanz der Maschinenfabrik Esslingen auf den 31. 12. 1919 (*Daimler-Benz-Archiv,* Bestand ME). Vgl. auch Bericht über die Tätigkeit der Geschäftsstelle auf der a. o. Hauptversammlung des VDMA am 18. 9. 1920 (*Zwanglose Mitteilungen des VDMA,* 26 [1920], S. 320; *VDMA-Archiv*).
[24] Besprechung in der M.A.N. wegen Kapitalvermehrung am 22. 6. 1920 (*WA Nürnberg* 151). Material zur Vorstandssitzung der M.A.N. am 14. 12. 1920 (*WA Nürnberg* 131.3). Geschäftsbericht der Maschinenbauanstalt Humboldt 1919/20. Nov. 1920 (*KHD-Archiv* XII/2). *Die Firma Krupp im Weltkrieg und in der Nachkriegszeit 1914–1925. Zur Einführung* (Haux), S. 49 (*HA Krupp* WA VII f 1070).

wicklung und daher ein Unglück.²⁵ Die Geldentwertung nach Mitte 1922 schließlich war in den Augen der Unternehmen eine Quelle höchster Unsicherheit und Existenzgefährdung. Die M.A.N. schrieb am 31. Oktober 1922 in ihren Geschäftsbericht für das Geschäftsjahr 1920/21: „Die deutsche Industrie kämpft zur Zeit um ihren Bestand."²⁶

Die Stabilisierungswünsche der Industrie können weiter spezifiziert werden: Sie richteten sich auf eine Stabilisierung des Außen- und Innenwerts der Mark auf dem jeweils erreichten Niveau oder auf eine nur langsame Hebung des Markkurses und Senkung der Inlandspreise und entsprachen damit etwa den Stabilisierungsvorstellungen, wie sie der Betriebswirtschaftslehrer Willi Prion und der österreichische (streng quantitätstheoretisch ausgerichtete) Geldtheoretiker Ludwig von Mises vertraten.²⁷ Eine rasche Rückführung der Inlandspreise auf Vorkriegsniveau und des Markwechselkurses auf Vorkriegsparität wurde, wenn überhaupt erörtert, verworfen, da hohe Arbeitslosigkeit die Folge sein würde.²⁸ Entscheidend ist aber, daß man zwar eine

---

[25] Geschäftsbericht der M.A.N. 1920/21, 18. 11. 1921 (*WA Augsburg* 1312). Bericht für die AR-Sitzung der M.A.N. am 18. 11. 1921 (*WA Nürnberg* 131.2). Geschäftsbericht der Motorenfabrik Deutz 1920/21. Sept. 1921 (*KHD-Archiv* I/12). Unterlagen zur AR-Sitzung der Motorenfabrik Deutz am 28. 10. 1921 (*KHD-Archiv* 111.2-2). Geschäftsbericht der Carl Schenck GmbH 1920/21 (E. Schenck, *Das Werk Carl Schenck...*, S. III 62f. Vgl. auch die in Anm. 18 angegebenen Ausführungen Ernst von Borsigs.
[26] *WA Augsburg* 1311. Vgl. weiter: Geschäftsbericht der M.A.N. 1921/22 für die AR-Sitzung am 1. 8. 1922 (*WA Nürnberg* 131.3). Geschäftsbericht für den Vorstand der M.A.N. 27. 9. 1922 (*WA Augsburg* 1312). Bilanzbericht des Vorstands der Maschinenfabrik Esslingen auf den 31. 12. 1922 (*Daimler-Benz-Archiv*, Bestand ME). Geschäftsbericht der Maschinenbauanstalt Humboldt 1921/22. Okt. 1922 (*KHD-Archiv* XII/2). Geschäftsbericht der Carl Schenck GmbH 1921/22 (E. Schenck, *Das Werk Carl Schenck...*, S. III 63f.). Prot. d. Direktionssitzung der Motorenfabrik Deutz am 4. 9. 1923 (*KHD-Archiv* I/25). Geschäftsbericht der Friedr. Krupp AG 1921/22, 16. 12. 1922 (*HA Krupp* WA IV 2437).
[27] Allgemein zu den damals diskutierten alternativen Vorschlägen zur Währungsentwicklung und speziell zu Willi Prion vgl. C.-L. Holtfrerich, *Die deutsche Inflation...*, S. 122–135. Zu Mises vgl. Ludwig von Mises; *Die geldtheoretische Seite des Stabilisierungsproblems* (= Schriften des Vereins für Sozialpolitik, Bd. 164/2), München–Leipzig 1923, S. 18–21.
[28] F. Frölich, *Valuta und Ausfuhr...*, 13. 12. 1919 (*M.A.N. WA Nürnberg* 132.1). Dr. ter Meer (Hannoversche Maschinenbau AG), *Die Bekämpfung der Arbeitslosigkeit...* (*VDMA-Archiv*). In dieselbe Richtung gingen die Ausführungen des AEG-Generaldirektors Felix Deutsch auf der MV des RdI im April 1920 (zitiert bei K. Gossweiler, *Großbanken, Industriemonopole, Staat...*, S. 151), die deutsche Valuta dürfe aus Export-

scharfe Markaufwertung mit der Folge eines rapiden Beschäftigungsrückgangs vermieden, die Beschäftigung aber auch nicht durch eine fortschreitende Markentwertung gesichert wissen wollte. Der Export sollte vielmehr gehoben und damit die Beschäftigung gesichert werden, indem das Vertrauen des Auslandes in die Lieferfähigkeit der deutschen Industrie wiederhergestellt, die Kosten gesenkt und die Qualität der Erzeugnisse verbessert wurden.[29] Der Verzicht auf stets erneute Markentwertung als Mittel der Ausfuhrförderung war ein Votum gegen die Inflation.

Die negative Gesamteinschätzung der Inflation scheint für den weitaus größten Teil der ersten fünf Nachkriegsjahre gegolten zu haben; und sie scheint über den Maschinenbau hinaus in den meisten Zweigen der deutschen Industrie geteilt worden zu sein. Hier sind jedoch zwei einschränkende Anmerkungen zu machen:

a) Möglicherweise haben in der ersten Nachkriegszeit die Beschäftigungs- und nicht die Gewinn- und Liquiditätswirkungen der Geldentwertung das Gesamturteil vieler Unternehmen über die Inflation bestimmt. Der VDMA schrieb im Dezember 1920, daß die wiederholt durch die Geldentwertung ausgelöste Nachfrage anfangs vielfach als

rücksichten nur ganz langsam besser werden. Ähnlich die Äußerungen Deutschs in der Besprechung zur Vorbereitung der Genfer Konferenz in dem dazu bestimmten Sonderausschuß des vorläufigen Reichswirtschaftsrats am 27. 10. 1920 (*Zentrales Staatsarchiv Potsdam*, Präsidialkanzlei/684, Bl. 310–362; zitiert nach A. von Specht, *Politische und wirtschaftliche Hintergründe...*, S. 43): „Unser Glück im Unglück ist unsere schlechte Valuta, die es uns ermöglicht, im großen Stil zu exportieren. Wird die Valuta von außen in einem schnellen Tempo gebessert, wie wir es vor wenigen Monaten gesehen haben, so hört unser Export vollkommen auf, unsere Industrie ist ruiniert... Die Valuta kann sich nur durch sehr viel intensiveres Arbeiten, sehr viel größeren Export langsam von Punkt zu Punkt heben, die Valuta darf sich nur durch erhebliche, erhöhte Produktion und höheren Export langsam ausgleichen." Vgl. weiter die Äußerung des Präsidenten der Schweizerischen Kreditanstalt, Julius Frey, in einem Brief an den Direktor der Deutschen Bank, Gwinner vom 5. 1. 1921 (zitiert bei K. E. Born, *Die deutsche Bank...*, S. 23), die deutsche Großindustrie fürchte, bereits bei einer Steigerung des Markkurses (vom 17,8fachen, Lb.) auf das 15fache der Vorkriegsdollarparität auf dem internationalen Markt wettbewerbsunfähig zu werden und fühle sich daher bei den gegenwärtigen Valutazuständen ganz wohl.

[29] A. v. Rieppel (M.A.N.) an die Außenhandels-Nebenstelle des Auswärtigen Amtes, Nürnberg, 17. 1. 1920 (*WA Nürnberg* 03.VI). Ernst v. Borsig, *Bericht über die Bedeutung des Maschinenbaus...* Referat auf der Gründungsversammlung der Arbeitsgemeinschaft für den Maschinenbau am 7. 3. 1921, in: *Zwanglose Mitteilungen des VDMA*, 10 (1921), S. 123 (*VDMA-Archiv*). Dr. ter Meer, *Die Bekämpfung der Arbeitslosigkeit...* (siehe Anm. 7).

günstige Absatzgelegenheit begrüßt worden sei, während inzwischen die meisten Produzenten den Scheingewinncharakter, den diese Geschäfte haben könnten, erkannt hätten.[30] Zu dieser anfangs eventuell günstigeren privatwirtschaftlichen Einschätzung der inflationsbedingten Nachfragesteigerung trat gerade in der ersten Nachkriegszeit eine politische Erwägung: Die Geldentwertung ermöglichte es den Arbeitgebern, den Beschäftigungs-, Arbeitszeit- und Lohnforderungen der Arbeiter entgegenzukommen; dadurch konnten politische Unruhen vermieden werden. Der Wunsch, politische Unruhen und den Umsturz zu verhindern, hat möglicherweise zeitweise die Inflation insgesamt in ein positives Licht gerückt. So hat die M.A.N. von November 1918 bis April 1919 den Arbeitern, um „Unruhen und Schwierigkeiten aller Art" zu vermeiden, eine Reihe von finanziellen Zugeständnissen gemacht, obwohl ihr die preissteigernde Wirkung dieser Maßnahmen bewußt war: Lohnfortzahlungen an Demonstrations-, Streik- beziehungsweise sonstwie freigenommenen Tagen; Lohnfortzahlung an zum „Sicherheitsdienst" beurlaubte Arbeiter; Weiterbeschäftigung von Facharbeitern als Hilfsarbeiter trotz Beschäftigungsmangel und unter schließlichem Verzicht auf volle Heruntergruppierung und ähnliches.[31] Die nordbayerische Industrie nahm für sich in Anspruch, im April 1919 den Freistaat Bayern gerettet zu haben: Am 7. April 1919 wurde in München die Bayerische Räterepublik ausgerufen. Die verfassungsmäßige Regierung Hofmann floh nach Bamberg. Daß die Räterepublik scheiterte, hatte seine Ursache zum Teil darin, daß sich die nordbayerische Bevölkerung dem Putsch nicht anschloß. Daß dies nicht geschah, führte der M.A.N.-Direktor Lippart auf das Einlenken der nordbayerischen Industrie bei den Tarifverhandlungen am 7. April 1919 zurück, bei denen den Arbeitern eine über den vorbereiteten Kollektivvertrag hinausgehende Erhöhung des Stundenverdienstes um 50 Pf. zugestanden wurde.[32]

---

[30] VDMA, *Leitsätze für Bilanzierung und Abschreibungen im Maschinenbau unter Berücksichtigung der Geldentwertung, 10. 12. 1920*, in: *Zwanglose Mitteilungen des VDMA*, 2 (1921), S. 19 *(VDMA-Archiv)*.

[31] Bericht Werk Augsburg an die Generaldirektion der M.A.N., 4. 3. 1919 *(WA Nürnberg 221.4)*. Dto. 10. 4. 1919 *(WA Nürnberg 116.I.)*.

[32] Werk Nürnberg an Generaldirektion der M.A.N., 29. 4. 1919 *(WA Nürnberg 116.1)*. Schreiben R. Fichtner (Henschel) an G. Lippart (M.A.N.), 6. 7. 1919 *(WA Nürnberg 115)*. Prot. d. Vorstandssitzung der M.A.N. am 22. 7. 1919 *(WA Nürnberg 131.3)*. Schreiben G. Lippart an Staatsrat von Bach, 29. 11. 1919 *(WA Nürnberg 122.II)*. Geschäftsbericht Werk Nürnberg 1918/19, 14. 11. 1919 *(WA Nürnberg 116.1)*.

Es ist jedoch unklar, wie lange die unter Gewinn- und politischen Gesichtspunkten günstige Gesamtbewertung der Inflationswirkungen auf die Beschäftigung, sofern es sie überhaupt gab, bestanden hat. Schon für die erste Periode rascher Preissteigerungen, das zweite Halbjahr 1919, fehlen Belege, die eine solche Gesamtbewertung bestätigen. Die M.A.N. war sich bereits (spätestens) ab Mai 1919 über den Verlustcharakter der laufenden Geschäfte im klaren.[33] Und im Arbeitsausschuß des Aufsichtsrats der M.A.N. war man sich Anfang Juni 1919 einig, den Forderungen der Arbeiter und Angestellten nicht mehr ohne behördlichen Zwang nachzugeben; den Zusammenbruch der Wirtschaft hielt man infolge Auftragsmangels und unerfüllbarer Forderungen der Belegschaft für unvermeidlich und wollte ihn lieber früher als später eintreten sehen, um dann – in kleinerem Umfang – eine geordnete Wirtschaft wiederaufbauen zu können.[34]

b) Sicherlich sind die Inflationsbewertungen innerhalb der deutschen Industrie unterschiedlich gewesen. Als Vertreter einer positiven Gesamtbewertung der Inflation gilt in der Literatur aber in der Regel nur der Mülheimer Schwerindustrielle Hugo Stinnes; es wird dann angenommen, daß Stinnes' Auffassung von einem großen Teil der deutschen Industrie geteilt worden sei.[35]

Was ist den Quellen zu entnehmen? Stinnes sprach sich in der Vorstandssitzung des RdI am 22. Februar 1922 für eine Kohlepreiserhöhung aus, mit der er vor der Stabilisierung der Währung noch Neuinvestitionen im Kohlebergbau finanzieren wollte.[36] Schon 1919 und dann mehrfach 1922 (Rede vor Ruhrindustriellen am 6. Juni 1922, Gespräch mit Außenminister Rathenau am 23. Juni 1922, Gespräch mit dem amerikanischen Journalisten Isaac Marcosson im November 1922) äußerte er die Auffassung, daß die beschäftigungswirksame und

---

[33] Prot. d. Vorstandssitzung der M.A.N. am 27. 5. 1919 (*WA Augsburg* 1313).

[34] Prot. d. Sitzung des Arbeitsausschusses der M.A.N. am 4. 6. 1919 (*WA Nürnberg* 116.II).

[35] Vgl. G. D. Feldman/H. Homburg, *Industrie und Inflation...*, S. 116. P. Wulf, *Hugo Stinnes...*, S. 468. – Neben den positiven Inflationsbewertungen Stinnes' findet sich in der Literatur lediglich eine entsprechende vereinzelte Äußerung des Duisburger Schwerindustriellen Peter Klöckner vom 11. 12. 1920 (in der *Frankfurter Zeitung*) zitiert: Der weitere Verfall des Markkurses und der dadurch ermöglichte Export seien der einzige Weg, Deutschland vor dem Hungertod zu bewahren (zitiert bei: G. D. Feldman, *The Political Economy...*, S. 189).

[36] Niederschrift über die Vorstandssitzung des RdI am 22. 2. 1922 (Teildruck in: G. D. Feldman/H. Homburg, *Industrie und Inflation...*, S. 303–306; hier S. 304).

exporterleichternde Inflation notwendig (gewesen) sei, um Deutschland vor dem Bolschewismus zu schützen und der deutschen Industrie, vor allem im Kampf mit der französischen Industrie, die Auslandsmärkte wiederzugewinnen.[37] Stinnes stand aber, wenn man den bisher veröffentlichten Quellen folgt, mit seiner positiven Gesamteinschätzung der Inflation in den Spitzengremien des Reichsverbands der deutschen Industrie ziemlich allein. In der Frage der Kohlepreiserhöhung im Februar 1922 wurde er nur durch den Braunkohlen-Industriellen Paul Silverberg unterstützt. Paul Reusch und Albert Vögler (Schwerindustrie), Oskar Funcke (Metallverarbeitung) und Emil Guggenheimer (M.A.N. Maschinenbau) lehnten in der Vorstandssitzung des RdI eine Kohlepreiserhöhung ab, da sie inflationsfördernd sei und die Wettbewerbsfähigkeit der deutschen Industrie gefährde;[38] die gleiche Ablehnung erfuhr Stinnes' Vorschlag bereits vorher durch Jakob Hasslacher, Gustav Krupp von Bohlen und Halbach und Karl-Otto Wiedfeldt (alle Schwerindustrie).[39] In der Sitzung des Sonderausschusses des RdI für ein Wirtschaftsprogramm am 9. August 1922 gab es, eventuell bis auf den Wunsch wiederum Hugo Stinnes' und Paul Silverbergs, die Lösung der Währungsfrage zurückzustellen, kein Votum für die Fortführung der Inflation; Paul Jordan (Chemie), Abraham Frowein (Textilindustrie) und Albert Vögler sprachen sich ausdrücklich für eine Stabilisierung der Währung aus.[40] Dasselbe hatte Hermann Bücher, geschäftsführendes Präsidialmitglied des RdI, im Juni 1922 in seinem „Entwurf für ein Wirtschaftsprogramm des RdI" getan.[41] Und die seit Juni 1922 erarbeiteten und im Dezember 1922 vom RdI-Präsidium verabschiedeten Leitsätze des RdI zur Preisgestaltung und zu den Lieferungsfragen betonten, daß zur Wiederge-

---

[37] Vgl. dazu vor allem P. Wulf, *Hugo Stinnes...*, S. 468-473. Wulf führt das positive Interesse Stinnes' an der Inflation darüber hinaus noch auf die Vorstellung zurück, aus kreditfinanziertem Sachwerterwerb und Devisenspekulation in der Inflation Gewinne ziehen zu können.
[38] Vgl. die Niederschrift über die Vorstandssitzung des RdI am 22. 2. 1922 (Teilabdruck in: G. D. Feldman/H. Homburg, *Industrie und Inflation...*, S. 303-306).
[39] Vgl. Bericht Direktor Woltmann (GHH) an Paul Reusch, 16. 2. 1922 (Abdruck in: G. D. Feldman/H. Homburg, a.a.O., S. 303).
[40] Vgl. Niederschrift über die Sitzung des Sonderausschusses des RdI für ein Wirtschaftsprogramm am 9. 8. 1922 (Teilabdruck in: G. D. Feldman/H. Homburg, a.a.O., S. 332-343). Zur Diskussion dieses Programms im RdI vgl. auch G. D. Feldman, *Iron and Steel in the German Inflation...*, S. 319-326.
[41] Abdruck in: G. D. Feldman/H. Homburg, *Industrie und Inflation...*, S. 328-332; hier S. 331.

winnung sicherer Preisbildungsgrundlagen „die Stabilisierung der deutschen Währung nachdrücklichst angestrebt werden" müsse.[42] Diese Stellungnahmen innerhalb des Reichsverbandes der deutschen Industrie, zusammen mit den aus dem Maschinenbau angeführten Äußerungen, sprechen dafür, daß die positive Gesamtbewertung der Inflation durch Stinnes eher zu den Ausnahmen innerhalb der deutschen Industrie gehörte, als daß sie die Regel gewesen wäre.

II

Haben die Unternehmen die Inflation gefördert und warum?

1. Die subjektive Handlungsabhängigkeit der Preisstabilität

Wie dargestellt, haben die hier näher behandelten Unternehmen, aber auch der deutsche Maschinenbau und die deutsche Industrie insgesamt während des größten Teils der Inflationszeit im großen und ganzen Preisstabilität angestrebt. Und doch haben die Unternehmen (aller Industriezweige) eine Reihe von Schritten unternommen, welche die Inflation vorangetrieben haben; einige dieser Schritte sind für den Maschinenbau in den vorangegangenen Abschnitten schon erörtert worden. Die Unternehmen haben als Interessengruppe die Reichsbank nach Mitte 1922 gedrängt, die Möglichkeit zur Diskontierung von Handelswechseln auszuweiten; und sie haben – mit der Folge der Geldmengenausweitung – den durch die Reichsbank gewährten Handlungsspielraum genutzt. Die Unternehmen haben zur Erhöhung der Geldmenge beigetragen, indem sie den von der Reichsregierung zeitweise gewährten Spielraum zur Ausführung von Sachlieferungsaufträgen auf Reparationskonto nutzten. Sie haben durch die Ausgabe ungedeckten Notgeldes direkt die Geldmenge ausgeweitet. Sie haben durch Verringerung ihrer realen Kassenhaltung die Umlaufgeschwindigkeit des Geldes und durch die Anwendung unter anderem von Gleitpreisverfahren das Preisniveau erhöht. Sie haben schließlich durch Beanspruchung des Devisenmarktes den Wechselkurs der Mark gedrückt. Das gemeinsame Interesse an Preisstabilität reichte nicht zur konsequenten Verfolgung dieses Ziels aus. Wie ist das zu erklären?

---

[42] *M.A.N. WA Augsburg*, Nachl. R. Buz 248.

Den Schlüssel zur Erklärung liefert möglicherweise die verhaltenswissenschaftliche Entscheidungstheorie, zum kleinen Teil eventuell schon in ihrer allgemeinen Form, vor allem aber in einer ihrer speziellen Varianten. Die Entscheidungstheorie in ihrer allgemeinen Form macht alle Handlungsentscheidungen von drei Sachverhalten abhängig: von der Setzung von Zielen; von der Überzeugung der Akteure, daß die Zielerreichung von der fraglichen Handlung abhängig sei (das heißt von der subjektiven Handlungsabhängigkeit der Ziele), und von der Überzeugung der Akteure, daß sie die fragliche Handlung auch durchführen können (das heißt, von der subjektiven Verfügbarkeit der Handlung).[43] Ein Akteur wird eine Handlung also dann nicht durchführen, obwohl ihm dies möglich wäre, wenn sie in seinen Augen nichts zur Erreichung des angestrebten Zieles beiträgt. Ob das der Fall ist, hängt von den theoretischen Vorstellungen des Akteurs (in diesem Falle: über Ursachen der Inflation beziehungsweise die Bedingungen der Preisstabilität) ab; davon wird noch zu sprechen sein.

Die (subjektiv verfügbare) Handlung wird aber häufig auch dann nicht durchgeführt werden, wenn der Akteur glaubt, mit ihr einen Beitrag zur Zielerreichung leisten zu können, nämlich vielfach dann, wenn der Akteur diesen Beitrag (und andere Beiträge, die er zur Zielerreichung leisten kann) trotz seines individuell hohen Einsatzes als verhältnismäßig gering einschätzt und wenn außerdem für den Akteur die Möglichkeit besteht, das Ziel (mit geringfügigen Einschränkungen) auch ohne einen eigenen Beitrag zu erreichen. Beides ist der Fall, wenn das Ziel ein öffentliches Gut ist: Die Nutzung steht jedermann frei, und die subjektive Handlungsabhängigkeit ist in der Regel ge-

---

[43] Es gibt zahlreiche Versionen der verhaltenswissenschaftlichen Entscheidungstheorie (oder: Handlungs-Entscheidungstheorie, Wert-Erwartungstheorie, Handlungstheorie). Ich folge der Fassung von Bernhard Kraak und Sabine Lindenlaub, die die Bedeutung der subjektiven Handlungsabhängigkeit der Ziele für die Handlungsentscheidungen als erste herausgestellt haben. Vgl. Bernhard Kraak/Sabine Lindenlaub, *Einstellung und Verhalten: Entwurf einer Theorie*, in: *Archiv für Psychologie*, 125 (1973), S. 274–287. Bernhard Kraak, *Handlungs-Entscheidungs-Theorien. Anwendungsmöglichkeiten und Verbesserungsvorschläge*, in: *Psychologische Beiträge*, 18 (1976), S. 505–515. – Aus Zielsetzung, subjektiver Handlungsabhängigkeit der Ziele und subjektiver Verfügbarkeit der Handlung dürften sich auch die „perzipierten Handlungsalternativen" der Akteure zusammensetzen, deren Aufdeckung Harald Scherf für notwendig hält, wenn Inflation aus dem Verhalten der einzelnen gesellschaftlichen Gruppen erklärt werden soll. Vgl. Harald Scherf, *Fragen des Theoretikers zur historischen Forschung über die Inflation im Deutschen Reich 1919–1923*, in: *Newsletter zum Projekt: Inflation und Wiederaufbau in Deutschland und Europa 1914–1924*, Nr. 3 vom August 1981, S. 2.

ring. Der Akteur neigt dann Entscheidungen zu, die in der Literatur als Folge des „Gefangenen-Dilemmas" oder als „Trittbrettfahrer-Verhalten" beschrieben werden: Erwartet der Akteur, daß sich die anderen nicht an der Herstellung des öffentlichen Gutes beteiligen, so wird er selber auch Abstand davon nehmen: Denn durch seine Beteiligung würde er die Herstellung des öffentlichen Gutes nur geringfügig fördern; sein Einsatz und damit seine individuelle Selbstschädigung wären hingegen sehr hoch (Gefangenen-Dilemma).[44] Der Akteur wird einen Eigenbeitrag zur Herstellung des öffentlichen Gutes aber auch unterlassen, wenn er erwartet, daß die anderen ihn leisten: Denn das Fehlen seines Beitrags würde das ihm nützliche öffentliche Gut nur geringfügig beeinträchtigen und daher kaum bemerkt werden; der unterlassene Beitrag erspart ihm hingegen einen hohen individuellen Kostenaufwand beziehungsweise sichert ihm einen hohen zusätzlichen, individuellen Gewinn (Trittbrettfahrer-Verhalten).[45] In beiden Fällen wird das öffentliche Gut nicht hergestellt, weil alle Beteiligten dieselben genannten Überlegungen anstellen. Die Bereitstellung des öffentlichen Gutes gelingt nur, wenn die geringe subjektive Handlungsabhängigkeit und die hohen individuellen Verluste (oder der individuelle Gewinnentgang) durch Zwang, durch besondere private Anreize oder durch „irrationales" Verhalten wettgemacht werden.[46] „Irrationales" Verhalten ist in diesem Falle „solidarisches" Verhalten, also ein Verhalten, das zur Erreichung des Stabilitätsziels ohne Rücksicht auf die

---

[44] Das Gefangenen-Dilemma ist – auch anhand der namengebenden Parabel – dargestellt z. B. bei: Walter Adolf Jöhr, *Die kollektive Selbstschädigung durch Verfolgung des eigenen Vorteils*, in: Fritz Neumark/Karl C. Thalheim/Heinrich Hölzler (Hrsg.), *Wettbewerb, Konzentration und wirtschaftliche Macht. Festschrift für Helmut Arndt zum 65. Geburtstag*, Berlin 1976, S. 131–133. Holger Bonus, *Verzauberte Dörfer, oder: Solidarität, Ungleichheit und Zwang*, in: *Ordo-Jahrbuch*, 29 (1978), S. 60–66.

[45] Die klassische Darstellung dieses Verhaltens findet sich bei Mancur Olson, Jr., *Die Logik des kollektiven Handelns. Kollektivgüter und die Theorie der Gruppen*, Tübingen 1968, S. 15, 33 passim. Olson vermutete, daß die Bereitschaft der Einzelnen zur Kostenbeteiligung mit zunehmender Zahl der Beteiligten und damit abnehmendem Einzelnutzen am öffentlichen Gut zurückgehe. – Vgl. auch u. a. W. A. Jöhr, *Die kollektive Selbstschädigung . . .*, S. 129–131. H. Bonus, *Verzauberte Dörfer . . .*, S. 64–66. Alfred Endres, *Neuere Entwicklungen in der Theorie öffentlicher Güter* (= Fakultät für Wirtschaftswissenschaften und Statistik der Universität Konstanz, Diskussionsbeiträge, Serie B), Konstanz 1979, S. 3 f.

[46] M. Olson, Jr., *Die Logik des kollektiven Handelns . . .*, S. 130–133. Gegen eine zu enge Begrenzung dieser Möglichkeiten der Bereitstellung öffentlicher Güter: Frieder Meyer-Krahmer, *Politische Entscheidungsprozesse und ökonomische Theorie der Politik*, Frankfurt–New York 1979, S. 124 f.

eigene Einflußmöglichkeit, die zu erwartenden eigenen Verluste und die zu erwartenden besonderen Gratifikationen beitragen will.

Preisstabilität ist ein öffentliches Gut. Streben Wirtschaftssubjekte (wie hier die Produktionsunternehmen) Preisstabilität an, unterlassen aber die Durchführung ihnen verfügbarer stabilitätsfördernder Maßnahmen, so kann dies Verhalten aus dem „Gefangenen-Dilemma" beziehungsweise der Verführung zum „Trittbrettfahren" erklärt werden.[47] Dabei können vier Erklärungsmöglichkeiten unterschieden werden:

1) Aufgrund ihrer theoretischen Vorstellungen über die Ursachen der Inflation glauben die Unternehmen, daß die in Frage stehende Maßnahme an sich nur wenig zur Erreichung der Preisstabilität beiträgt. Sehen sie zum Beispiel die Inflation im wesentlichen als durch die passive Zahlungsbilanz und diese durch die passive Handelsbilanz und Reparationszahlungen verursacht an, so werden sie vom eigenen Verzicht auf Ankauf stabiler Devisen zwecks Vermögenssicherung nur eine geringe wechselkurs- und damit preisstabilisierende Wirkung erwarten. Sie werden daher

a) die stabilitätsfördernde Maßnahme (zum Beispiel den Verzicht auf Devisenerwerb) unterlassen, wenn sie erwarten, daß der stabilitätsfördernde Beitrag der anderen (zum Beispiel Beitrag zum Ausgleich der Handelsbilanz, Verringerung der Reparationslasten) unterbleibt. Denn der Preisauftrieb würde durch ihren Verzicht kaum gemindert; dagegen würden ihnen hohe individuelle Verluste erwachsen (Gefangenen-Dilemma);

---

[47] Preisstabilität als öffentliches Gut, das alle hochschätzen, das aber trotzdem nicht (oder nur unvollkommen) hergestellt wird, wird in der Literatur gerne als Beispiel für das „Gefangenen-Dilemma" und das „Trittbrettfahren" angeführt, ist bisher aber nur sehr kursorisch behandelt worden. Bruno S. Frey (*Moderne Politische Ökonomie. Die Beziehungen zwischen Wirtschaft und Politik*, München–Zürich 1977, S. 37–39) führt das Verfehlen der Preisstabilität auf das „Trittbrettfahren" zurück. Holger Bonus (*Verzauberte Dörfer...*, S. 68) nennt „Trittbrettfahren" und „Gefangenendilemma" als Ursachen. Herbert Hax (in: H. K. Schneider/W. Wittmann/H. Würgler [Hrsg.], *Stabilisierungspolitik...*, S. 299–303) erklärt den Verzicht der Unternehmer auf preisstabilisierende Maßnahmen aus dem Gefangenendilemma. Für die deutsche Inflation hat Charles S. Maier den Gedanken des Trittbrettfahrens aufgegriffen: Die Inflationstreiber seien „free riders" zu Lasten des öffentlichen Guts Währungsstabilität gewesen. Charles S. Maier, *Die deutsche Inflation als Verteilungskonflikt: soziale Ursachen und Auswirkungen im internationalen Vergleich*, in: Otto Büsch/Gerald D. Feldman (Hrsg.), *Historische Prozesse der deutschen Inflation 1914 bis 1924*, Berlin 1978, S. 333.

b) die stabilitätsfördernde Maßnahme (zum Beispiel den Verzicht auf Devisenerwerb) aber auch dann unterlassen, wenn sie erwarten, daß die jeweils andere Seite ihren Stabilitätsbeitrag (zum Beispiel einen Beitrag zum Ausgleich der Handelsbilanz und zur Verringerung der Reparationslasten) leistet. Dann kämen sie in den Genuß einer nur geringfügig geschmälerten Preisstabilität, ohne daß sie dafür ein eigenes Opfer hätten bringen müssen (Trittbrettfahrer-Verhalten).

2) Aufgrund ihrer theoretischen Vorstellungen über die Ursachen der Inflation glauben die Unternehmen, daß die in Frage stehende Maßnahme an sich wesentlich zur Erreichung der Preisstabilität beiträgt. So mögen sie von einem Verzicht auf Devisenkäufe eine verhältnismäßig große Stabilisierungswirkung erwarten. Sie werden aber trotzdem nicht auf Devisenkäufe verzichten, da sie

a) entweder von den anderen Unternehmen den preisstabilisierenden Schritt (zum Beispiel den Verzicht auf Devisenkäufe) nicht erwarten. Dann würde das Stabilitätsziel nicht erreicht; das stabilitätskonform handelnde Unternehmen hätte hohe individuelle Opfer erbracht, ohne eine entsprechende Gegenleistung zu erhalten (Gefangenen-Dilemma).

b) Oder sie würden von den anderen Unternehmen den preisstabilisierenden Schritt (zum Beispiel den Verzicht auf Devisenkäufe) erwarten und dann auch ohne eigene Opfer in den Genuß der nur geringfügig geminderten Preisstabilität kommen (Trittbrettfahrer-Verhalten).

Ein Unternehmen wird sich um so eher zur Durchführung stabilitätsfördernder Maßnahmen entschließen, je mehr es die Preisstabilität als von seinem Verhalten (das zum Beispiel auch für andere Wirtschaftssubjekte die Rolle eines Vorbilds übernehmen kann) abhängig betrachtet, je niedriger es das mit dem Eigenbeitrag verbundene Opfer einschätzt, je mehr es Zwangsmaßnahmen ausgesetzt ist, je mehr es im Falle eines Eigenbeitrags andere private Gratifikationen erwartet und je opferbereiter und solidarischer, je weniger (unter individuellen Gewinngesichtspunkten) „rational" es ausgerichtet ist. Die Stärke der subjektiven Handlungsabhängigkeit hängt davon ab, wie groß das Unternehmen – seinen inflationstheoretischen Vorstellungen entsprechend – den Einfluß der betreffenden Handlung (zum Beispiel den Verzicht auf Devisenerwerb) an sich auf die Preisentwicklung und wie stark es die eigene Position in der Gruppe derjenigen Wirtschaftssubjekte einschätzt, denen die Durchführung der betreffenden Handlung möglich ist (also zum Beispiel in der Gruppe aller potentiellen Devisenkäufer). Beide Komponenten können einander schwächen und stärken. Wie aus der vorstehenden Aufstellung der Erklärungsmöglichkeiten stabilitätsverhindernden Verhaltens hervorgeht, genügt aber bereits auch eine der beiden Komponenten, um die stabilitätsfördernde Maßnahme zu unterbinden. Umgekehrt ist die jeweils andere Komponente der subjektiven Handlungsabhängigkeit zur Erklärung stabilitätsverhindernden Verhaltens notwendig, wenn die eine fehlt: So ist zum Beispiel die Entscheidung einer alle potentiellen Handlungsteilnehmer umfassenden Gruppe, eine (tatsächlich) stabilitätsfördernde, verfügbare Handlung zu unterlassen, nur durch die – aus bestimmten inflationstheoretischen Vorstellungen entwickelten – Geringschätzung der Handlungswirkung auf die Preisentwicklung zu erklären.

Haben die Unternehmen in der deutschen Inflation im Bereich der Preisbildung, des Devisenverkehrs, der Reparations-Sachlieferungen und der Geldmengenpolitik neben inflationsfördernden auch preisstabilisierende Schritte unternommen? Sind preisstabilisierende Handlungen tatsächlich aus verhältnismäßig hoher subjektiver Handlungsabhängigkeit der Preisstabilität, aus der Erwartung verhältnismäßig niedriger individueller Verluste, aus der Androhung oder Ausführung von Zwangsmaßnahmen, aus der Existenz positiv bewerteter Anreize (außerhalb der Preisstabilität) oder aus hoher Solidarität der betreffenden Unternehmen zu erklären? Bestätigen die Quellen die Vermutung, daß die Unterlassung stabilitätsfördernder Handlungen auf eine geringe subjektive Handlungsabhängigkeit der Preisstabilität und die Scheu vor hohen individuellen Opfern zurückzuführen ist? Welche der oben aufgeführten (vier) Erklärungsmöglichkeiten kommt dabei jeweils in Frage? Diesen Fragen soll in den nächsten Abschnitten nachgegangen werden. Vorher sollen jedoch die Vorstellungen über die Ursachen der Inflation erörtert werden, die in der Industrie vorherrschten. Denn die inflationstheoretischen Vorstellungen bildeten, wie dargestellt, eine der beiden Komponenten der subjektiven Handlungsabhängigkeit der Preisstabilität: Von ihnen hing wesentlich mit ab, ob von einer Maßnahme ein Beitrag zur Preisstabilität erwartet wurde oder nicht.

2. Die inflationstheoretischen Vorstellungen in der Industrie

In der zeitgenössischen wissenschaftlichen und politischen Diskussion über die Erklärung der Nachkriegsinflation konkurrierten monetäre und nicht-monetäre Inflationstheorien miteinander. Die monetäre Theorie trat in Gestalt verschiedener Spielarten der Quantitätstheorie auf. Bei den nicht-monetären Theorien herrschte die Zahlungsbilanztheorie vor; zur Teilerklärung der Inflation wurden jedoch auch inländisch verursachter Nachfrageschub, Kostendruck und Gewinnstoß herangezogen und damit Argumente der Nachfrage- und Anbieterinflationstheorien in deren allgemeiner Form verwendet.[48]

Für die Quantitätstheorie (in der wissenschaftlichen Diskussion vor allem vertreten durch Gustav Cassel, Walter Eucken, L. Albert Hahn, Ludwig Mises) war die Ausweitung der Geldmenge die Ursache der allgemeinen Preissteigerungen. Ihre klassische Version lautete: Die Reichsbank schöpfe durch Ausgabe neuer Banknoten zusätzliche Kaufkraft, indem sie erstens die unverzinslichen Schatzanweisungen des Reiches diskontiere und dem Reich damit zur Deckung seines vor allem durch die Kriegsfolgelasten entstandenen Haushaltsdefizits verhelfe und indem sie zweitens (seit Mitte 1922) die Warenwechsel der Privatwirtschaft zu unangemessen niedrigem Zins diskontiere. Beide Maßnahmen riefen die Steigerung des inländischen Preisniveaus hervor. Die Steigerung des inländischen Preisniveaus sei ihrerseits für den Verfall des Markwechselkurses verantwortlich; denn der Wechselkurs zwischen zwei Ländern sei durch den Quotienten des Preisniveaus dieser Länder bestimmt (Kaufkraftparitätentheorie). Die Beobachtung, daß die Markwechselkurse in den meisten Perioden der deutschen Nachkriegsinflation schneller verfielen als die Inlandspreise stiegen, veranlaßte die Quantitätstheoretiker jedoch, ihre klassische Version der Inflationserklärung durch eine andere zu ergänzen: Die Geldmengenausweitung wirkte nicht (nur) unmittelbar, sondern (auch) mittelbar über den Wechselkursverfall preissteigernd: Das neugeschaffene Reichsbankgeld werde zunächst für den Ankauf von Devisen verwendet: vom Reich zur Erfüllung der Reparationsverpflichtung, von den spekulierenden Privaten zur Vermögenssicherung. Der dadurch verursachte Wechselkursverfall führe über die verteuerten

---

[48] Die quantitäts- und die zahlungsbilanztheoretischen Erklärungsversuche der deutschen Inflation sind gegenübergestellt bei: Walter Eucken, *Kritische Betrachtungen zum deutschen Geldproblem,* Jena 1923. Howard S. Ellis, *German Monetary Theory 1905–1933,* Cambridge, Mass. 1937, S. 203–295. Karl Hardach, *Zur zeitgenössischen Debatte der Nationalökonomen über die Ursachen der deutschen Nachkriegsinflation,* in: Hans Mommsen/Dietmar Petzina/Bernd Weisbrod (Hrsg.), *Industrielles System und politische Entwicklung in der Weimarer Republik,* Düsseldorf 1974, S. 368–375. C.-L. Holtfrerich, *Die deutsche Inflation...,* S. 154–162.

Importe seinerseits zur Erhöhung der Inlandspreise.[49] Die erhöhten Inlandspreise schließlich verursachten ein neues Defizit in den öffentlichen Haushalten und Geldknappheit in der Privatwirtschaft; zur Beseitigung dieser Engpässe stelle die Reichsbank weiteres, neugeschaffenes Geld zur Verfügung.[50] Auch in diesen Überlegungen blieb aber – mit wenigen Ausnahmen[51] – die Geldmengenausweitung der Ausgangspunkt des Inflationsablaufs.

Demgegenüber war für die Zahlungsbilanztheoretiker, deren wichtigste auch publizistisch tätige Vertreter Moritz Julius Bonn und Karl Helfferich waren,[52] die passive Zahlungsbilanz der Ausgangspunkt des Inflationsablaufs: Die passive Zahlungsbilanz sei bedingt vor allem durch die Deutschland aufgrund des verlorenen Krieges auferlegten Zahlungsverpflichtungen, dann durch eine ständig passive Handelsbilanz und schließlich, wenn auch in geringem Maße, durch die Flucht des Anlage in stabilen ausländischen Werten suchenden Kapitals aus Deutschland. Die passive Zahlungsbilanz führe zum Verfall des Markwechselkurses, dieser – über steigende Importpreise – zur Steigerung des inländischen Preisniveaus. Diese wiederum erhöhe den Geldbedarf der Wirtschaft und der öffentlichen Verwaltung, den die Reichsbank dann durch vermehrte Notenausgabe decken müsse. Die

---

[49] Vgl. W. Eucken, *Kritische Betrachtungen...*, S. 61–69. Ludwig Mises, *Die geldtheoretische Seite des Stabilisierungsproblems* (= Schriften des Vereins für Sozialpolitik, Bd. 164/1), München-Leipzig 1923, S. 6 f., 30 f. L. Albert Hahn, *Handelsbilanz – Zahlungsbilanz – Valuta – Güterpreise*, in: *Archiv für Sozialwissenschaft und Sozialpolitik*, 48 (1920/21); wiederabgedruckt in: L. Albert Hahn, *Geld und Kredit*, Tübingen 1924, S. 6, 10, 13.

[50] Vgl. W. Eucken, *Kritische Betrachtungen...*, S. 61–69.

[51] So betonte L. Albert Hahn z.B., daß ein Markkursverfall auch ohne Notenvermehrung möglich sei: Auch durch Besteuerung vom Reich erworbene Mark treibe den Dollarkurs in die Höhe, wenn sie zwecks Reparationszahlung auf den Devisenmärkten angeboten werde; die Reparationslast als solche, nicht die Geldmengenausweitung steigere die Wechselkurse. Vgl. L. Albert Hahn, *Statische und dynamische Wechselkurse*, in: *Archiv für Sozialwissenschaft und Sozialpolitik*, 49 (1921/22); wiederabgedruckt in: L. Albert Hahn, *Geld und Kredit...*, S. 37. Auf die allgemeine Frage, ob die Geldmengenausweitung durch die Reichsbank der Steigerung des Preisniveaus vorausgehe oder folge, fand Hahn die Antwort, daß die Vermehrung des Reichsbankgeldes häufig der Preissteigerung folge, aber durch die der Preissteigerung vorausgehende Kreditschöpfung der Banken antizipiert werde. Die Geldmengenausweitung durch die Reichsbank sei damit zwar nicht zeitlich, aber logisch die Ursache der Preissteigerung. Vgl. L. Albert Hahn, *Zur Theorie des Geldmarktes*, in: *Archiv für Sozialwissenschaft und Sozialpolitik*, 51 (1923); wiederabgedruckt in: L. A. Hahn, *Geld und Kredit...*, S. 105–107.

[52] Vgl. insbesondere Moritz Julius Bonn, *Die Stabilisierung der Mark*, Berlin 1922. Karl Helfferich, *Das Geld*, 6. Aufl., Leipzig 1923, S. 638–674.

Zahlungsbilanztheoretiker ließen bei dieser Darstellung des Inflationsablaufs Raum für den Einfluß von Sachverhalten der „Warenseite" auf die inländische Preisentwicklung, die von den Wechselkursveränderungen unabhängig waren: so vor allem für die preissteigernde Wirkung einer meist hohen staatlichen Güternachfrage, von Kartellabsprachen und von steigenden Arbeitsstückkosten, die dadurch hervorgerufen wurden, daß einer – im Vergleich zur Vorkriegszeit – niedrigen Gütererzeugung eine (zum Teil durch die Demobilmachungsvorschriften bedingte) hohe Beschäftigung und – wieder im Vergleich zur Vorkriegszeit – nur geringfügig gesunkene Reallöhne gegenüberstanden.[53] Das Geld spielt nach Meinung der Zahlungsbilanztheoretiker im Inflationsablauf nur eine „erlaubende" Rolle. Bonn und Helfferich betonten ausdrücklich, daß die Preissteigerung der Nachkriegszeit ohne die Vermehrung des Reichsbankgeldes nicht möglich gewesen sei; das Preisniveau wäre nicht gestiegen, wenn der Staat seine Ausgaben durch Steuereinnahmen gedeckt hätte.[54] Beide sahen aber in der Geldmengenausweitung nur eine notwendige Konsequenz der angeführten nicht-monetären Sachverhalte. Die Frage, ob Warenwechsel nur eine Vermehrung von Waren dokumentierten, ihre Diskontierung daher nicht inflatorisch wirke, ist von den Zahlungsbilanztheoretikern allerdings zumindest nicht einmütig bejaht worden. Helfferich jedenfalls wollte sich F. Bendixen, der sie in Anlehnung an die Banking-Theorie bejahte, nicht anschließen.[55]

Wie wurde die Inflation in der Industrie erklärt? Alle einschlägigen verfügbaren Stellungnahmen der hier behandelten Unternehmen, der Maschinenindustrie im allgemeinen, anderer Industriezweige und des Reichsverbandes der deutschen Industrie sind von der Auffassung beherrscht, daß die vor allem durch die Reparationszahlungen bedingte

---

[53] In diese Richtung zielen etwa die Äußerungen K. Helfferichs, *Das Geld...*, S. 641–645.

[54] Vgl. M. J. Bonn, *Die Stabilisierung der Mark...*, S. 39f., 43. K. Helfferich, *Das Geld...*, S. 644f., 650.

[55] Vgl. K. Helfferich, *Das Geld...*, S. 667f. Friedrich Bendixen, *Das Wesen des Geldes*, 4. Aufl., München–Leipzig 1926, S. 25–33. Zur Auffassung F. Bendixens vgl. die zutreffende Kritik L. Albert Hahns, *Depositenbanken und Spekulationsbanken*, in: *Archiv für Sozialwissenschaft und Sozialpolitik*, 51 (1923); wiederabgedruckt in: L. A. Hahn, *Geld und Kredit...*, S. 81–83: Die Einräumung wirke immer dann inflatorisch, wenn durch sie die gleichzeitig in der Volkswirtschaft vorhandene Kaufkraft vermehrt werde. Außer dem durch die Wechseldiskontierung „neugeschaffenen Geld zirkuliert nämlich das vom Käufer (der Ware, D. Lb.) beim Verfall des Wechsels zu zahlende Geld bis dahin weiter im Verkehr und äußert dort Nachfrage" (S. 81).

Passivität der Zahlungsbilanz und die im Vergleich zur Kaufkraft zu geringe Warenerzeugung die eigentlichen Ursachen der Inflation seien. Diese Auffassung wurde in allen Perioden der deutschen Nachkriegsinflation vertreten: 1) Der M.A.N.-Generaldirektor A. von Rieppel listete im November 1919 folgende Ursachen des Markkursverfalls und der daraus folgenden inländischen Preissteigerung auf: die großen und noch unbemessenen Verpflichtungen aus dem Friedensvertrag; die Milliarden-Importe von Luxusgütern durch das „Loch im Westen"; die Übernahme laufend neuer, ungedeckter Verpflichtungen durch den Staat und (daraus folgend) die täglich neue Ausgabe von Riesenbeträgen an Noten.[56] In anderen Äußerungen wurden Markentwertung und Preissteigerungen mit einem Mißverhältnis von privatem und staatlichem Verbrauch einerseits (einschließlich der Reparationszahlungen) und Warenerzeugung andererseits begründet, das nur durch Mehrarbeit (und damit auch erhöhte Deviseneinnahmen) beseitigt werden könne.[57] 2) An dieser Inflationserklärung hielt man auch in der zweiten Periode rascher Preissteigerungen fest. Ohne eine wesentliche Verringerung des Reparationsprogramms sei eine weitere Entwertung der Mark unvermeidlich, schrieb der M.A.N.-Vorstandsvorsitzende R. Buz im März 1922.[58] Aber auch

---

[56] Rundschreiben des Bayerischen Industriellen-Verbandes (A. von Rieppel) vom 10. 11. 1919 (*M.A.N. WA Nürnberg* 03.V).

[57] Vgl. etwa den Geschäftsbericht der M.A.N. 1918/19 vom 17. 10. 1919 (*WA Augsburg* 1311). Schreiben des Hamburger Maschinenbauindustriellen Carl Menck an den VDMA-Geschäftsführer F. Frölich vom 3. 12. 1919 (*M.A.N. WA Nürnberg* 03.VI). Denkschrift des Augsburger Textilindustriellen Walter Clairmont: Allmählicher Abbau der Preise, 24. 11. 1919 (*M.A.N. WA Nürnberg* 03.V). Schreiben des Geschäftsführers des Bayerischen Industriellen-Verbandes, Dr. Kuhlo, an A. von Rieppel, 18. 2. 1920 (*M.A.N. WA Nürnberg* 03.V). Ausführungen des Geschäftsführers des Vereins Deutscher Eisen- und Stahlindustrieller (VDESt), Dr. Reichert, auf der Hauptvorstandssitzung des VDESt am 27. 2. 1920; Teilabdruck in: G. D. Feldman/H. Homburg, *Industrie und Inflation...*, S. 247–258, hier S. 242. Ausführungen des Generaldirektors der Kalker Maschinenfabrik, Becker, auf der öffentlichen Kundgebung des deutschen Maschinenbaus am 19. 5. 1920; *Zwanglose Mitteilungen des VDMA*, H. 16 (1920), S. 188–191. (*VDMA-Archiv*).

[58] Schreiben R. Buz an die M.A.N.-Werke, 5. 3. 1922 (*WA Augsburg*, Nachl. R. Buz 218). Fast gleichlautend: Schreiben Endres/Höß (M.A.N.) an Bayerischen Industriellen-Verband, 20. 4. 1922 (*WA Augsburg*, Nachl. R. Buz 248). Schreiben G. Lippart (M.A.N.) an M. Gercke (Illies & Co.), 9. 10. 1922 (*WA Nürnberg* 122.II.). Geschäftsbericht der Fried. Krupp AG 1920/21. 19. 12. 1921 (*HA Krupp WA IV 2436*). Geschäftsbericht der Maschinenbauanstalt Humboldt 1921/22. Okt. 1922 (*KHD-Archiv XII/2*). Geschäftsbericht der Carl Schenck GmbH 1920/21 (*Schenck-Archiv*). E. v. Borsig, Zu-

bei günstiger Regelung der Reparationsfrage, führte ein vertraulicher Geschäftsbericht für den M.A.N.-Vorstand im September 1922 aus, könne die Markentwertung nur aufgehalten werden, „wenn die Verhältnisse im Innern gesünder würden, wenn also mehr und länger gearbeitet würde und Löhne und Gehälter stabil bleiben könnten. Hierzu wäre wohl vielfach ein sanfter Zwang notwendig, den wir bei dem jetzigen Regierungssystem nicht erhoffen dürfen."[59] Der Krupp-Direktor Bruhn glaubte im August 1922, daß ein Umschwung in der Preisentwicklung nur durch „eine gründliche Änderung des außen- und innenpolitischen Kurses" herbeigeführt werden könne; das würde dann auch eine Ausnutzung der Reserve bedeuten,[60] die in der Verlängerung der Arbeitszeit und der Erhöhung der Arbeitsleistung bestehe. In dem vom geschäftsführenden Präsidialmitglied des RdI, Hermann Bücher, ausgearbeiteten „Entwurf für ein Wirtschaftsprogramm des Reichsverbandes der Deutschen Industrie" (Juni 1922) erschienen die Lösung des Reparationsproblems (mithilfe einer internationalen Anleihe) und die Steigerung der Produktivität (ohne die Deutschland seinen äußeren und inneren Verpflichtungen nicht nachkommen könne) als Voraussetzung der Währungsstabilisierung;[61] wie die Diskussion des Entwurfs ergab, wurde die Auffassung, daß die auswärtigen Zahlungsverpflichtungen und die Untererzeugung die wesentlichen Inflationsursachen seien, von den beteiligten RdI-Mitgliedern geteilt.[62] Nach Einstellung der Reparationslieferungen an Frankreich

kunftsaufgaben..., in: *Maschinenbau/Wirtschaft*, 1 (1922), H. 4 vom 27. 5. 1922. – VDMA-Geschäftsführer F. Frölich auf der Vorstandssitzung des VDMA am 27. 10. 1921 (Protokoll *VDMA-Archiv*): Da die Erhöhung der Ausfuhrabgabe zur Deckung der Reparationsschulden nicht ausreichen werde, sei mit fortschreitender Inflation zu rechnen.

[59] Geschäftsbericht für den Vorstand der M.A.N., 27. 9. 1922 (*WA Augsburg* 1312).

[60] Schreiben Direktor Bruhn an Gustav Krupp von Bohlen und Halbach, 1. 8. 1922 (*HA Krupp* FAH IV C 199).

[61] *Entwurf für ein Wirtschaftsprogramm...* (siehe Anm. 41).

[62] Vgl. dazu die Äußerungen Silverbergs, Vöglers, Froweins und Jordans in der Sitzung des RdI-Sonderausschusses am 9. 8. 1922; Teilabdruck in: G. D. Feldman/H. Homburg, *Industrie und Inflation...*, S. 332–343. Die Debatte über ein Wirtschaftsprogramm des RdI ist dargestellt a.a.O., S. 126–128. Hermann J. Rupieper, *Einige Aspekte des Reparationsproblems 1922–1924*, in: H. Mommsen/D. Petzina/B. Weisbrod (Hrsg.), *Industrielles System...*, S. 586. – Reparationslasten, passive Handelsbilanz und Untererzeugung als Inflationsursachen wurden ebenfalls vom VDMA-Geschäftsführer Fr. Frölich betont: Fr. Frölich, *Die Geldentwertung in ihrer Auswirkung auf die Erfüllung von Lieferverträgen*. Bericht, erstattet vor dem großen Ausschuß der Kartellstelle des RdI am 20. 10. 1922 (*M.A.N. WA Augsburg*. Nachl. R. Buz 248). Schreiben Gustav Krupp von

im Zuge der Besetzung des Ruhrgebietes durch die Franzosen Anfang 1923 konzentrierte sich die Erklärung der Inflation immer mehr auf das Mißverhältnis von Produktion und Konsumtion. In der Motorenfabrik Deutz führte man im September 1923 den drohenden Zusammenbruch der Wirtschaft neben der achtmonatigen Abdrosselung der Ruhrproduktion vor allem darauf zurück, daß in der Nachkriegszeit „Konsumenten- aber keine Produktionspolitik" betrieben worden sei.[63] Und der M.A.N.-Finanzchef Ludwig Endres hielt im Herbst 1923 jede Währungsreform zur Erfolgslosigkeit verurteilt, wenn nicht gleichzeitig Privat- und Staatswirtschaft „von allen unproduktiven Faktoren befreit" und damit die Erzeugung wieder an den Verbrauch des Volkes herangeführt werde.[64] Neben Reparationslasten und Untererzeugung wurden auch noch andere Sachverhalte als von Einfluß auf die Preissteigerungen genannt, so vor allem die den Markkurs drückende Devisenspekulation, die Preisfestsetzung der Unternehmen[65] und – wohl insbesondere 1923 – die Sanierung des Reichshaushalts.[66] Aber diese Faktoren traten in der ihnen für die Entwicklung der Inflation zugemessenen Bedeutung hinter den erstgenannten klar zurück.

Bohlen und Halbach an Bülow, 18. 10. 1922 (*HA Krupp* FAH IV C 201): Die Hauptfrage bei der Stützung der Mark sei: „Wie können wir durch gesteigerte Produktion und deren Wandlung auf dem Wege der Ausfuhr in Goldwerte innere wie äußere Schulden begleichen?"
[63] Prot. d. Direktionssitzung der Motorenfabrik Deutz am 4. 9. 1923 (*KHD-Archiv* I/25).
[64] Ausarbeitung Endres: Lohnpolitik und Lebenshaltung, 1. 11. 1923 (*WA Nürnberg* 116.4). Vgl. auch die ähnlich lautenden Ausführungen des Inhabers der Disconto-Gesellschaft, Franz Urbig, in der AR-Sitzung der M.A.N. am 14. 9. 1923 (*WA Nürnberg* 131.2).
[65] Vgl. dazu unten die Abschnitte II. 3. b und II. 3. c.
[66] Gedacht war an eine Kürzung der Reichsausgaben. u. a. durch einen Abbruch des passiven Widerstands an der Ruhr, aber auch an die Behebung der Haushaltsdefizite durch Steuererhöhungen. Zu diesem letzten Punkt vgl. die Schreiben R. Buz (M.A.N.) an Neerfeld (GHH), 8. 8. 1923 und P. Reusch an R. Buz, 14. 8. 1923 (beide *WA Augsburg*. Nachl. R. Buz 250). Reusch: Das Reich hätte schon vor Monaten die Steuerschraube gehörig anziehen müssen, statt seine Bedürfnisse über Anleihen zu decken. Er habe den Reichskanzler Dr. Cuno mehr als ein dutzendmal in diesem Sinne gesprochen, aber Finanzminister Hermes habe in dieser Sache vollständig versagt. – Reusch war offenbar aber auch bereit, die weitere Geldentwertung in Kauf zu nehmen, wenn der passive Widerstand anders nicht zu finanzieren war. Vgl. G. D. Feldman, *Iron and Steel in the German Inflation*..., S. 358, 385, 393.

Dies waren vor allem zahlungsbilanztheoretische, in jedem Falle aber nicht-monetäre Argumente zur Inflationserklärung:

– Der Hinweis auf die Reparationen als eine der beiden wichtigsten Ursachen der Inflation kann als Argument der Zahlungsbilanztheorie, zum Teil aber auch der Nachfrageinflationstheorie verstanden werden. Diese Einschränkung gegenüber der zahlungsbilanztheoretischen Zuordnung dieses Arguments ist notwendig, da der weitaus überwiegende Teil der Reparationen, nämlich die Sachlieferungen, den Wechselkurs der Mark nicht unbedingt direkt drückten, da zu ihrer Bewerkstelligung keine Devisen erworben werden mußten. Vielmehr führten die Sachlieferungen unmittelbar zu einer Erhöhung des Papiergeldumlaufs, wenn das Reich zur Finanzierung dieser Sachlieferungen auf Steuererhöhungen und Anleihebegebungen verzichtete und sich statt dessen entschloß, die notwendigen Mittel bei der Reichsbank zu beschaffen, die sich ihrerseits zur Papiergeldausgabe bereitfand.

Diese Ausweitung des Papiergeldumlaufs als Folge der Ausführung der Reparations-Sachlieferungen ist zumindest in Teilen von Banken und Industrie offenbar deutlich erkannt worden. „Hier haben Sie also in nuce die Erklärung für die wahnsinnige Zunahme des deutschen Papierumlaufs", schrieb der Direktor der Deutschen Bank, Gwinner, am 27. 1. 1921 an den Präsidenten der Schweizerischen Kreditanstalt, Frey.[67] Und der GHH-Direktor Schmerse erwartete im November 1922 von der ordnungsgemäßen Durchführung der Sachlieferungen „eine Inflation von mindestens 1000 Papiermilliarden. Wie unsere Wirtschaft dabei bestehen soll, wie unter diesen Umständen die Stabilisierung vorgenommen werden soll, ist völlig unklar."[68] Andererseits bedeuteten die Reparations-Sachlieferungen entgangenen Export, wenn auch nicht in demselben Umfang, da – insbesondere bei rückläufiger Nachfrage – der Abschluß normaler Ausfuhrgeschäfte sehr

---

[67] Zit. nach K. E. Born, *Die Deutsche Bank in der Inflation nach dem Ersten Weltkrieg...*, S. 23.

[68] Paul Schmerse: Ausarbeitung (für Paul Reusch): Die deutschen Sachlieferungen. 25. 11. 1922 (*HA/GHH* 300193023/0). Allerdings betont Baptist Gradl (*Die Reparations-Sachleistungen von Versailles bis zur BIZ*, Berlin 1930, S. 70), daß vom zahlungsbilanztheoretischen Standpunkt aus die Schwierigkeiten der Sachlieferungsfinanzierung und damit die Inflationswirkungen der Sachlieferungen vielfach unterschätzt worden seien. Zum Problem der Sachlieferung allgemein und zur Auffassung der Reichsregierung über die inflatorischen Wirkungen der Sachlieferungen vgl. auch C.-L. Holtfrerich, *Die deutsche Inflation...*, S. 143f.

viel schwerer wurde als der Abschluß von Sachlieferungsverträgen; entgangener Export wiederum hieß Verzicht auf Exportdevisen und auf einen stabileren oder steigenden Wechselkurs. Auf diese Weise konnten die Sachlieferungen in die zahlungsbilanztheoretische Inflationserklärung eingefügt werden. Dies ist auch geschehen, sowohl in der wissenschaftlichen Literatur[69] als auch zumindest in Teilen der Industrie.[70]

– In die Erklärung der Inflation, wie sie in der Zahlungsbilanztheorie sowie in den Nachfrage- und Anbieterinflationstheorien vorgeschlagen wurde, ließ sich auch die These von der Untererzeugung als der zweiten entscheidenden Inflationsursache einfügen. Denn hinter ihr stand die Auffassung, daß die Gütererzeugung zu gering war, um einmal Reparationen und Importe zu bezahlen (was den Verfall des Wechselkurses zur Folge hatte) und um zum anderen die Erfüllung der Einkommensansprüche der Bevölkerung möglich zu machen (was unabhängig vom Wechselkursverfall zu Preissteigerungen führen mußte).[71]

– Im Einklang mit der Inflationserklärung durch die Zahlungsbilanz- und/oder die Nachfrage- und Anbieterinflationstheorien befanden sich auch die anderen in der Industrie vorgetragenen Argumente: daß für die Bildung der Wechselkurse die private Devisenhaltung eine gewisse, wenn auch nicht die entscheidende Rolle spiele; daß für die Preisfestsetzung der Unternehmen ein gewisser, wenn auch durch die Entwicklung der Kosten (Arbeitskosten, Preise der importierten Vorprodukte) begrenzter Spielraum bestehe und daß es, wenn auch wohl nur zeitweise und in begrenztem Umfang, in Form höherer Besteuerung eine Alternative zur inflationären Finanzierung des Haushaltsdefizits mit Hilfe der Notenpresse gebe.

---

[69] Vgl. K. Helfferich, *Politik der Erfüllung*... S. 95. M. J. Bonn, *Die Stabilisierung der Mark*..., S. 52f. Vgl. auch: B. Gradl, *Die Reparations-Sachleistungen*..., S. 71.

[70] Vgl. Schreiben Paul Schmerse (GHH) an Paul Reusch, 9. 11. 1922 (*HA/GHH* 308/27): Schmerse wandte sich gegen die Meinung des Siemens-Schuckert-Direktors Carl Köttgen, die Sachlieferungen verhinderten, daß der Außenwert der Mark weiter gedrückt werde: „Auch mit Sachlieferungen wird doch zweifellos die äußere Kaufkraft des Geldes gedrückt, da wir für die Sachlieferungen keine Devisen hereinbekommen." Die Gefahr der Exportminderung durch die Ausführung von Reparations-Sachlieferungen wurde z. B. auch im Motorenverband betont; vgl. die Protokolle der Mitgliederversammlung des MV am 14. 3. 1922 und des Preisausschusses am 18. 5. 1922 (*M.A.N. WA Augsburg*, Unternehmen 1 c/d).

[71] Zum Untererzeugungsargument innerhalb der Zahlungsbilanztheorie und dessen Kritik vgl. W. Eucken, *Kritische Betrachtungen*..., S. 9–33.

– Selbstverständlich sind mehrere der in den Unternehmen vertretenen Argumente auch mit quantitätstheoretischen Vorstellungen vereinbar: so der Einfluß der Reparationsleistungen auf den Reichshaushalt, die Bedeutung der privaten Devisenhaltung für die Entwicklung des Wechselkurses, der (den Preisfestsetzungsspielraum der Unternehmen beengende) Einfluß der Wechselkurse auf das inländische Preisniveau, dessen Einfluß auf die öffentlichen Haushalte und die Möglichkeiten einer nicht-inflationären Finanzierung der öffentlichen Haushalte. Aber in einem entscheidenden Punkt unterschied sich die industrielle von der quantitätstheoretischen Argumentation fast immer: Nie wurde die Ausweitung der Geldmenge, immer dagegen wurden Vorgänge auf der „Warenseite" (darunter vor allem der Zahlungsbilanz) als letzte Ursache des Inflationsprozesses verstanden. Offenbar wurde auch in der industriellen Argumentation der Geldschöpfung durch die Reichsbank überwiegend nur die passive Rolle eines Instruments zur Deckung eines einmal entstandenen Bedarfs zugewiesen. Die Vermehrung des Notenumlaufs, meinte der Geschäftsführer des Vereins Deutscher Eisen- und Stahlindustrieller, Jakob Reichert, im Oktober 1919, sei nur eine „äußere Erscheinung", „die notwendig mit der wachsenden Teuerung, mit der niederen Produktion verbunden ist".[72] Vermutlich wurde zumindest in Teilen der Industrie darüber hinaus die Auffassung vertreten, daß die Diskontierung der Handelswechsel durch die Reichsbank ab Mitte 1922 nicht inflationär wirken würde.[73] Die Vorschläge der Industrie zur Stabilisierung von Preisen und Währung setzten daher nie an der Geldmengenpolitik, sondern immer an Sachverhalten an, von denen man

---

[72] Jakob Reichert auf der Hauptvorstandssitzung des Vereins Deutscher Eisen- und Stahlindustrieller am 27. 2. 1920; Teilabdruck des Protokolls in: G. D. Feldman/H. Homburg, *Industrie und Inflation...*, S. 239–247, hier S. 246.

[73] In der Vorstandssitzung des RdI am 6. 9. 1922 (Teilabdruck in: A.a.O., S. 313–314), in der über die verstärkte Einführung der Handelswechseldiskontierung gesprochen wurde, scheint niemand eine solche Gefahr gesehen zu haben. Auch die Banken haben offenbar an die Ungefährlichkeit der Handelswechseldiskontierung für die Preisstabilität geglaubt. Als der Publizist Georg Bernhard auf der Stuttgarter Tagung des Vereins für Sozialpolitik 1924 bemerkte, die Steuerung der Kreditnot mithilfe der Diskontierung von Handelswechseln sei seinerzeit von den „Bankpraktikern" vorgeschlagen worden, stellte der Bankpraktiker L. Albert Hahn das nicht in Abrede: Er erwiderte nur, daß neben den Bankdirektoren auch andere infolge falscher theoretischer Einstellungen den Ruin der deutschen Währung als Folge der Handelswechseldiskontierung geleugnet hätten. (Vgl. *Schriften des Vereins für Sozialpolitik*, Bd. 170, München–Leipzig 1925, S. 284, 301 f.).

glaubte, daß sie dem Geldschöpfungsvorgang vorgelagert seien (Zahlungsbilanz, Untererzeugung, Preise, öffentliche Haushalte).[74]

Diese zahlungsbilanztheoretische oder jedenfalls nicht-monetäre Deutung des Inflationsvorgangs beeinflußte – zusammen mit der subjektiven Verfügbarkeit der Mittel – in hohem Maße die Auffassung, die man in den Unternehmen über die Möglichkeiten eines eigenen Beitrags zur Preis- und Währungsstabilisierung hatte: Auf die Sachverhalte, denen man die stärksten inflationsfördernden Wirkungen zuschrieb, Reparationen und Mißverhältnis zwischen Erzeugung und Verbrauch, glaubte man (mit Ausnahme eines sachlich und zeitlich eng begrenzten Bereichs der Reparations-Sachlieferungen, über den unten noch zu sprechen sein wird) kaum einen Einfluß zu haben; denn die Reparationen sah man von außenpolitischen Regelungen, Gütererzeugung und Verbrauch im wesentlichen von nur schwer beeinflußbaren sozialpolitischen Gesetzen, Verordnungen und Abmachungen (betreffend Lohnniveau, Arbeitszeit, Beschäftigungszwang und ähnlichem) abhängig. Die Unternehmen hatten es dagegen subjektiv und objektiv in der Hand, über die Devisenhaltung Einfluß auf die Wechselkurse, über die Preissetzung Einfluß auf die Entwicklung des Preisniveaus zu nehmen; wie dargestellt, wurde die Bedeutung dieser Sachverhalte für die Inflation aber weit geringer veranschlagt als die der Reparationen und der Untererzeugung. Die Möglichkeit schließlich, auf die Geldmengenausweitung durch die Reichsbank Einfluß zu nehmen, schien den Unternehmen gering, sofern die Deckung des Defizits des Reichshaushalts, groß, sofern die Diskontierung von Handelswechseln die Ursache war; gerade aber in der Diskontierung von Handelswechseln sah man nur eine notwendige Folge vorgelagerter, inflationswirksamer Entscheidungen, die ihrerseits außerdem kaum weitere Preissteigerungen auslöste.

Alles in allem schienen den Unternehmen also die wesentlichen Faktoren der Inflation kaum, einige Faktoren geringeren Gewichts etwas mehr und nur ein unerheblicher Faktor in hohem Maße beeinflußbar, die Möglichkeiten zur Inflationsbekämpfung insgesamt also

---

[74] Dazu pointiert vom quantitätstheoretischen Standpunkt aus Melchior Palyi (auf der Stuttgarter Tagung des Vereins für Sozialpolitik im Juni 1924; *Schriften des Vereins für Sozialpolitik,* Bd. 170, München–Leipzig 1925, S. 251): Es sei ein Mißverständnis, wenn die Unternehmer bzw. die Arbeitnehmer glaubten, Zahlungsbilanz oder Haushaltsdefizit müßten ausgeglichen werden, bevor die Stabilisierung gelingen könne. In Wirklichkeit sei es umgekehrt: Zuerst müsse die Währung stabilisiert werden; dann erst könnten Preise, Zahlungsbilanz und Haushalte vernünftig geregelt werden.

sehr beschränkt zu sein. Diese Konsequenz zahlungsbilanztheoretischer beziehungsweise nicht-monetärer Inflationserklärung für die subjektiven Handlungsalternativen der Unternehmen hat einige Autoren veranlaßt, in der Verwendung dieser Theorien nur das Ergebnis von Rechtfertigungsbemühungen der Industrie zu sehen. Die Unternehmen hätten die Mehrerzeugung an Gütern und die Verringerung der Reparationslasten als Bedingungen der Preisstabilisierung nur vorgeschoben, um sich vor der Öffentlichkeit von eigenen Beiträgen zur Preisstabilisierung zu entlasten; sie hätten solche wirksamen Beiträge durchaus für möglich gehalten, aber nicht geleistet, da sie als Inflationsgewinner am Fortgang der Inflation interessiert gewesen seien.[75] Die Verwendung nicht für zutreffend gehaltener Theorien ist in der politischen Auseinandersetzung nicht unüblich und auch in diesem Falle möglich. Der Vermutung, daß die Unternehmen die nicht-monetären Theorien der Inflationserklärung in der deutschen Inflation nur als Argument zur Verschleierung der Absicht verwendet haben, die Inflation weiterlaufen zu lassen, können aber folgende Argumente entgegengehalten werden:

1. Die nicht-monetären Argumente der Inflationserklärung sind auch in verbands- und unternehmensinternen Erörterungen, also nicht nur zur politischen Rechtfertigung nach außen benutzt worden.

2. Ein Interesse am Fortgang der Inflation, das durch nicht-monetäre Inflationstheorien hätte verschleiert werden müssen, bestand – nach den derzeit vorliegenden Quellen – im großen und ganzen nicht.

---

[75] So am schärfsten K. Gossweiler, *Großbanken, Industriemonopole, Staat...*, S. 135f. 143–155. Aber auch G. D. Feldman (*Industrie und Inflation...*, S. 87f., 113f. G. D. Feldman, *Iron and Steel in the German Inflation...*, S. 284) neigt dieser Interpretation der Verwendung der Zahlungsbilanztheorie durch die Industrie zu. Die Auffassung, daß die Zahlungsbilanztheorie in der Industrie lediglich aus Rechtfertigungsgründen vertreten wurde, durchzieht in starkem Maße auch das Buch von A. v. Specht, *Politische und wirtschaftliche Hintergründe...* Das Rechtfertigungsargument liegt nicht schon in der Auffassung von Spechts, die Industrie (und mit ihr die Reichsregierung und zum Teil die Reichsbank) hätten die Inflation als Druckmittel zur Revision der Reparationsverpflichtungen und des 8-Stunden-Tages verwendet; diese Auffassung ist auch mit der in dieser Arbeit vertretenen Ansicht vereinbar. Rechtfertigungscharakter schreibt von Specht den zahlungsbilanztheoretischen Argumenten der Industrie (u. a.) vielmehr insofern zu, als sie offenbar meint, Industrie, Reichsregierung und Reichsbank hätten auch ohne zusätzliche Gütererzeugung (und tiefgehende Krise) die Reparationsverpflichtungen für erfüllbar und die Geldentwertung für vermeidbar gehalten; Inflation einerseits sowie Mehrarbeit und Abbau der Reparationsverpflichtungen andererseits seien lediglich alternative Bedingungen zusätzlicher Industriegewinne gewesen.

Die Rechtfertigungsthese erweist sich aber auch dann als problematisch, wenn man mit einigen Autoren[76] von einer Wende zur negativen Beurteilung der Inflation im Jahre 1923 ausgeht. Denn dann hätte ja 1923 die nicht-monetäre Inflationserklärung zugunsten der quantitätstheoretischen aufgegeben werden können, sofern letztere als die zutreffendere angesehen worden wäre. Das ist aber nicht geschehen.

3. Die nicht-monetären Inflationstheorien, insbesondere die Zahlungsbilanztheorie, waren nicht nur die in der zeitgenössischen politischen und wissenschaftlichen Diskussion vorherrschende Auffassung.[77] Sie enthielten auch einige Annahmen, die nicht von vornherein unplausibel waren. Zwar wurde die Zahlungsbilanztheorie nicht schon durch die Beobachtung zuungunsten der Quantitätstheorie bestätigt, daß der Wechselkursverfall dem Anstieg des inländischen Preisniveaus fast immer voraneilte; denn auch die Quantitätstheoretiker schlugen eine diskutable Erklärung dieses Sachverhalts vor. Und sicher war die Behauptung der Zahlungsbilanztheoretiker (sofern sie in dieser Form aufgestellt wurde) unzutreffend, daß die Geldmengenausweitung durch die Zentralbank immer eine notwendige Folge eines bestimmten „Bedarfs" sei; denn eine Geldmengenausweitung ist immer eine Entscheidung zwischen mehreren Handlungsalternativen und in diesem Sinne nicht „notwendig".[78] Aber die Zahlungsbilanztheorie bot eine zumindest diskutable Erklärung für die Geldmengenausweitung (als letzter Stufe im Inflationsablauf) unter institutionellen Bedingungen an, die es verhinderten, daß Ansprüche und Leistungen, Güternachfrage und Güterangebot, durch den Markt einander angeglichen wurden. So konnten außenpolitisch bestimmte Leistungen sowie ein hohes und flexibles Einkommen für eine verhältnismäßig starre und hohe Güternachfrage, die Beschränkung der Arbeitszeit, der Beschäftigungszwang und hohe Löhne für ein verhältnismäßig starres und niedriges Güterangebot sorgen; und die Staatsgewalt war möglicherweise zu schwach, um diese Inflexibilitäten zu beseitigen. Es war nicht von vornherein von der Hand zu weisen, daß diese Bedingungen im Deutschland der Nachkriegszeit vorlagen: a) Es war sehr fraglich, ob die inflationsfreie Finanzierung

---

[76] Siehe oben S. 121 f.
[77] So hat z. B. die Reichsbank in ihren offiziellen Verlautbarungen (d. h. in den jährlichen Reichsbankberichten) während der gesamten Inflationszeit die Zahlungsbilanztheorie vertreten. Vgl. dazu C.-L. Holtfrerich, *Die deutsche Inflation...*, S. 162–171.
[78] Vgl. etwa L. Mises, *Die geldtheoretische Seite...*, S. 32, 56.

der Reparationsleistungen, die ja einen erheblichen Teil (nach C.-L. Holtfrerich ca. 10%)[79] des Volkseinkommens ausmachten, aus dem laufenden Einkommen (das heißt durch geringeren Verbrauch und/oder größere Erzeugung) und/oder aus der Veräußerung von Vermögensbestandteilen von der Reichsregierung hätte politisch durchgesetzt werden können. Daran zweifelte selbst ein so konsequenter Quantitätstheoretiker wie Ludwig Mises. Eine solche Erfüllungspolitik, schrieb er im Januar 1923, könne augenblicklich nicht mit der Zustimmung der Mehrheit des deutschen Volkes rechnen. Der deutschen Regierung stände ein anderer Weg der Reparationsfinanzierung als über die Notenvermehrung nicht offen.[80] Insofern sahen also auch Quantitätstheoretiker in den Reparationen eine wesentliche Ursache der Inflation. b) Die zweite wichtige Inflationsursache war für die Vertreter der nicht-monetären Inflationstheorien, wie gezeigt, das Mißverhältnis von Erzeugung und Verbrauch, spezieller die Untererzeugung, und dies auch bei Wegfall der Reparationen. Dabei war zwischen Zahlungsbilanz- und Quantitätstheoretikern nicht strittig, daß Deutschland in der Inflationszeit, gemessen am Verbrauch, zu wenig produzierte und vom Vermögen lebte;[81] so lag die Industrieproduktion – im Unterschied zu Reallohnniveau und Beschäftigung – 1919 bis 1923 erheblich unter dem Wert von 1913 (1919: um 58%; 1920: um

---

[79] C.-L. Holtfrerich, *Die deutsche Inflation...*, S. 248.
[80] L. Mises, *Die geldtheoretische Seite...*, S. 31. Auch die ausländischen Sachverständigen, unter ihnen der quantitätstheoretisch ausgerichtete schwedische Wirtschaftswissenschaftler Gustav Cassel, die auf Einladung der deutschen Regierung vom 2.–8. 11. 1922 in Berlin über die Stabilisierung der deutschen Währung berieten, stimmten darin überein, daß die Stabilisierung der deutschen Währung unter den gegenwärtigen Reparationslasten nicht möglich sei. Zur Stellungnahme dieser Sachverständigenkonferenz vgl. Walter Lotz, *Valutafrage und öffentliche Finanzen in Deutschland* (= Schriften des Vereins für Sozialpolitik, Bd. 164/1), München–Leipzig 1923, S. 98–112. Daß eine inflationsfreie Reparationsfinanzierung schwerwiegende innenpolitische Konsequenzen gehabt hätte, ist augenblicklich die Meinung auch zumindest eines großen Teils der in diesem Bereich forschenden Historiker. Vgl. z. B. Peter Krüger, *Das Reparationsproblem der Weimarer Republik in fragwürdiger Sicht: Kritische Überlegungen zur neuesten Forschung*, in: Vierteljahreshefte für Zeitgeschichte, 29 (1981), S. 38–40. – Eher als die Reparationslasten war die deutsche Bevölkerung möglicherweise bereit, 1923 die Lasten des passiven Widerstandes an der Ruhr zu tragen. Damit könnte erklärt werden, daß 1923 (und nicht vorher) von industrieller Seite eine schärfere allgemeine Besteuerung zum Ausgleich des Reichshaushalts vorgeschlagen wurde.
[81] Vgl. für die quantitätstheoretische Seite z. B. W. Eucken, *Kritische Betrachtungen...*, S. 22.

39%; 1921: um 26%; 1922: um 20%; 1923: um 48%).[82] Strittig war auch nicht, daß ein erhöhter Verbrauch auf die Dauer inflationsfrei nur durch eine erhöhte Erzeugung zu finanzieren sei.[83] Der entscheidende Auffassungsunterschied lag vielmehr in einem anderen Punkt: Die Quantitätstheoretiker erwarteten von einer Währungsstabilisierung eine zwar empfindliche, aber kurze Krise: Löhne und Preise würden sinken, die Importnachfrage zurückgehen, der Export steigen; der Markt würde Angebot und Nachfrage ins Gleichgewicht bringen.[84] Nach Meinung der Vertreter nicht-monetärer Inflationstheorien verhinderten die genannten institutionellen Regelungen nicht nur kurzfristig einen solchen Ausgleich. Von einer hohen und unbeweglichen Nachfrage (die durch etwaige Reparationsverpflichtungen nur noch vergrößert wurde), der nur eine unbewegliche und verhältnismäßig geringe Erzeugung gegenüberstehe, müsse ein fortwährender Druck auf die geldpolitischen Instanzen zur Ausweitung der Geldmenge ausgehen. Kämen die geldpolitischen Instanzen diesem Verlangen nach Ausweitung der Geldmenge nicht (mehr) nach, so wäre eine weitaus schwerere und dauerhaftere Beschäftigungskrise die Folge, als von den Quantitätstheoretikern vermutet.[85] Inflation oder Dauerkrise konnten nach dieser Auffassung nur vermieden werden, wenn durch politische Eingriffe die Voraussetzung für eine Flexi-

---

[82] Unter Berücksichtigung der Gebietsabtretungen berechnet nach Rolf Wagenführ, *Die Industriewirtschaft. Entwicklungstendenzen der deutschen und internationalen Industrieproduktion 1910 bis 1932*, Berlin 1933, S. 22, 28, 56. Vgl. auch: C.-L. Holtfrerich, *Die deutsche Inflation...*, S. 179.

[83] Vgl. für die quantitätstheoretische Seite z. B. Äußerungen L. A. Hahns und L. Mises' über die Möglichkeit einer inflationsfreien Importfinanzierung. L. A. Hahn, *Handelsbilanz - Zahlungsbilanz - Valuta - Güterpreise ...*, S. 19. L. Mises, *Die geldtheoretische Seite...*, S. 23 f.

[84] Vgl. z. B. W. Eucken, *Kritische Betrachtungen...*, S. 67.

[85] Vgl. zu diesen Unterschieden der quantitäts- und der zahlungsbilanztheoretischen Auffassungen auch C.-L. Holtfrerich, *Die deutsche Inflation...*, S. 159–162. Holtfrerich nennt allerdings neben der unterschiedlichen Einschätzung der institutionellen Bedingungen und damit der Kosten der Stabilisierung noch einen anderen Grund für die unterschiedlichen geldpolitischen Vorschläge der Quantitäts- und der Zahlungsbilanztheoretiker: Für die Quantitätstheoretiker sei Preisstabilität vorrangiges wirtschaftspolitisches Ziel, für die Zahlungsbilanztheoretiker seien Preisstabilität, Wachstum und Vollbeschäftigung gleichrangige wirtschaftspolitische Ziele gewesen. Diese Ergänzung ist m. E. entbehrlich und problematisch. Denn einmal reicht die unterschiedliche Einschätzung der Stabilisierungskosten als Erklärung der verschiedenen geldpolitischen Vorschläge aus. Und zum anderen dürften die unterstellten Unterschiede in den wirtschaftspolitischen Zielen schwer nachweisbar sein.

bilität von Löhnen und Preisen, von Güternachfrage und Gütererzeugung geschaffen wurden. Diese Auffassung war nun nicht von vornherein unrealistisch. Es ist fraglich, ob sie durch die Stabilisierung der Währung 1923/24 und die darauffolgenden inflationslosen Jahre der Weimarer Republik widerlegt worden ist. Denn einmal sind (etwa mit der Lockerung der Arbeitszeitbegrenzung, dem Fortfall des Beschäftigungszwangs) einige der Voraussetzungen für eine kostengünstigere und beweglichere Erzeugung geschaffen worden. Zum anderen konnten die nach wie vor hohen Lohnansprüche, denen mittels des staatlichen Schlichtungssystems entsprochen wurde (die Löhne stiegen 1924–1930 stetig, ohne die Schwankungen der Güternachfrage mitzumachen), nur dadurch inflationsfrei finanziert werden, daß Deutschland sich gegenüber dem Ausland hoch verschuldete: Mit den ausländischen Krediten von insgesamt (1924–1930) RM 24 Mrd. konnten nicht nur die Reparationen (1924–1929 ca. RM 10 Mrd.), sondern auch der Importüberschuß (1924–1929 RM 7,7 Mrd.) bezahlt werden.[86] Rentabilitätsmangel sowie Zins- und Tilgungsverpflichtungen haben dann die Weltwirtschaftskrise in Deutschland erheblich verschärft.

Es soll daher im weiteren davon ausgegangen werden, daß man in den Unternehmen von der Stichhaltigkeit der nicht-monetären Inflationstheorien, sofern man diese vertrat, auch überzeugt war und daß man das Ziel der Preisstabilität mit nicht geringerer Intensität als diejenigen verfolgte, welche die Inflation quantitätstheoretisch erklärten.

Inwieweit lassen sich nun die Entscheidungen, die in den Unternehmen über die Durchführung von Reparations-Sachlieferungen, das Preisfestsetzungsverfahren, die Devisenhaltung und das Verhalten in der Geldmengenpolitik getroffen wurden, aus der vorherrschenden positiven Bewertung der Preisstabilität, der nicht-monetären Inflationserklärung und den Erwartungen des Verhaltens der in der gleichen Lage befindlichen Unternehmen erklären?

---

[86] Zahlenangaben bei Eckhard Wandel, *Kapitalbewegungen, internationale, I: Geschichte,* Artikel in: Willi Albers u. a. (Hrsg.), *Handwörterbuch der Wirtschaftswissenschaft,* Bd. 4, Stuttgart usw. 1978, S. 383.

3. Inflationsfördernde Unternehmensentscheidungen

a) Reparations-Sachlieferungen

Seit Mitte 1922 hatten die Unternehmen der verarbeitenden Industrie die Möglichkeit, den Umfang der inflationsfördernden Reparations-Sachlieferungen zu beeinflussen. Wie ist es dazu gekommen? Wie haben die Unternehmen diese Möglichkeit genutzt? Wie ist ihr Verhalten zu erklären?
Die Maschinenindustrie konnte zu Reparationssachlieferungen aufgrund des Anhangs IV zum Teil VIII des Versailler Vertrages hinzugezogen werden; Anhang IV verpflichtete Deutschland, den Siegermächten auf Anforderung zum Wiederaufbau der zerstörten Gebiete neben Tieren auch Material, Maschinen und Einrichtungen zu liefern. Diese Lieferungen hielten sich indessen bis 1922 in engen Grenzen. Die deutsche Maschinen- (und Elektro-) Industrie war an ihnen bis Mitte 1922 auch nicht sonderlich interessiert. Die Gründe dafür lagen in der Schwerfälligkeit des Angebotsverfahrens, in der Unzufriedenheit mit der Preisfestsetzung und in dem größtenteils hinreichenden Auftragseingang im normalen Exportgeschäft. Nach den Bestimmungen des Versailler Vertrages und später denen des Londoner Ultimatums vom 6. Mai 1921 wurden die Sachlieferungsverträge zwischen den Regierungen und der interalliierten Reparationskommission ausgehandelt. Die deutsche Regierung verteilte die Lieferungen auf die Industrie. Die Preise wurden zuerst laut Versailler Vertrag durch die Reparationskommission, dann laut Londoner Ultimatum durch eine Schätzungskommission festgesetzt, die aus je einem Vertreter Deutschlands und des bestellenden Landes bestand und die bei Nichteinigung der beiden von einem von der Reparationskommission ernannten Schiedsrichter vorgenommen wurde. Die Unzufriedenheit der Unternehmen mit diesem Preissetzungsverfahren ergab sich einmal aus dem Bestreben der deutschen Regierung, für die gelieferten Sachwerte zwar hohe Goldmarkgutschriften auf das Reparationskonto zu erhalten, dem liefernden Unternehmen aber möglichst geringe Papiermarkbeträge auszuzahlen. Zum anderen wurden den Unternehmen bei fallenden Markkursen nur zögernd Gleitpreise oder Festpreisabschlüsse in Goldmark oder Devisen zugestanden;[87] so er-

---

[87] Überblicke über diese Entwicklung und die Probleme der Sachlieferungsbestimmungen geben: Carl Bergmann, *Der Weg der Reparationen. Von Versailles über den Da-*

schienen der M.A.N. Wiedergutmachungsaufträge vom Standpunkt der Firma erst im April 1922 in einem etwas günstigeren Licht, nachdem der Reichskommissar für Wiederaufbau für eine Waggonlieferung nach Jugoslawien (Abschluß in Markwährung) Gleitpreise zugestanden hatte.[88]

Die Bestrebungen der Reichsregierung, nach dem Londoner Ultimatum einen größeren Teil der Reparationsleistungen auf die devisensparenden Sachlieferungen zu verlagern, betrafen allesamt die Lieferung von im Anhang IV des Teils VII des Versailler Vertrags genannten Gegenständen, also Materialien, Einrichtungen und Maschinen, nicht also die nach wie vor nach Versailler Vorschriften bewerkstelligte Lieferung von Schiffen, Kohle und chemischen Produkten. Sie haben aber zunächst das Interesse der Unternehmen an den Sachlieferungen nicht verstärkt. Das zwischen den beiden Wiederaufbauministern ausschließlich für den Geltungsbereich der zerstörten französischen Gebiete am 6./7. Oktober 1921 getroffene Wiesbadener Abkommen führte zwar für Spezialwaren, also den größten Teil der Maschinenbauerzeugnisse, den freien Verkehr von Besteller und Lieferant ein, beseitigte also bürokratische Hemmungen des Vertragsabschlusses. Die aufgrund des Abkommens für das einzelne Unternehmen erzielbaren Preise lagen aber unter den Weltmarktpreisen, die nach den Bestimmungen des Versailler Vertrages möglich gewesen waren: Höchstpreis war nun der französische Inlandspreis. Von ihm sollten Zoll, Frachtkosten (ab französischer Grenze) und die 26% Ausfuhrabgabe der Entente abgezogen werden. Obwohl der niedrige Wechselkurs der Mark den französischen über den deutschen In-

---

wesplan zum Ziel, Frankfurt/M. 1926, S. 25–28, 114–121. B. Gradl, *Die Reparations-Sachlieferungen...*, S. 8–10, 30–33. Emil Guggenheimer, *Das Stinnes-Lubersac-Abkommen*. Vortrag im Überseeklub in Hamburg am 24. 11. 1922 (Ms. *M.A.N. WA Augsburg, Nachl. R. Buz 218/2*). – Ein Beispiel für die Wirkung der Schwerfälligkeit des Verfahrens findet sich bei der M.A.N.: Das Unternehmen scheute im Oktober 1921 (also in einer Zeit lebhafter Exportnachfrage) vor einem Waggongeschäft mit der rumänischen Regierung auf Reparationsbasis zurück, da die Verständigung von Regierung zu Regierung erfolgen müsse, also sehr umständlich sei; Schreiben M.A.N. Werk Nürnberg an R. Buz, 29. 10. 1921 (*WA Augsburg*, Nachl. R. Buz 218).

[88] Schreiben Lippart/Endres an die drei M.A.N.-Werke, 7. 4. 1922 (*WA Augsburg*, Nachl. R. Buz 218).

landspreis stellte, konnte auf diese Weise der tatsächliche Lieferpreis unter den deutschen Inlandspreis sinken.[89]

Von den institutionellen Bedingungen her wurde das Interesse der Unternehmen an Reparations-Sachlieferungen erst durch das Abkommen, das die Reichsregierung am 2. Juni 1922 mit der Reparationskommission (Bemelmans-Cuntze-Abkommen) abschloß, erheblich gefördert. Dieses Abkommen dehnte den freien Vertragsabschluß zwischen Besteller und Lieferant auf die sogenannte Katalogware (zum Beispiel auch Waggons) aus. Regierungen und Reparationskommission spielten nun generell beim Vertragsabschluß keine aktive Rolle mehr; die Reparationskommission und der Reichskommissar für den Wiederaufbau hatten den Sachlieferungen lediglich ihre Genehmigung zu erteilen, die nur in Ausnahmefällen versagt werden konnte. Die Sachlieferungen waren nicht an den Verwendungszweck der Beseitigung von Kriegsschäden gebunden. Die Preise konnten wie bei jedem anderen Ausfuhrgeschäft – lediglich unter Beachtung der Ausfuhrmindestpreisbestimmungen – frei ausgehandelt werden. Insofern waren sie Weltmarktpreise; ihre Höchstgrenze war nicht mehr – wie das Wiesbadener Abkommen es vorgeschrieben hatte – der Inlandspreis des bestellenden Auslandes, der dann noch Fracht, Zoll und Ausfuhrabgabe tragen mußte. Eine Fußangel der Preisbildung, die das Bemelmans-Cuntze-Abkommen bei fallender Markwährung für die Unternehmen enthielt, wurde im Laufe des zweiten Halbjahres 1922 beseitigt: Da die Preise in Goldmark oder ausländischer Währung gestellt werden mußten, kam es für die Unternehmen darauf an, zu welchem Umrechnungskurs sie ihre Papiermarkzahlungen erhielten. Die Reichsregierung fand sich schließlich bereit, die Papiermarkzahlungen an die Lieferanten zum Kurs der in den Zahlungsbedingungen genannten Zahlungstage und nicht, wie im Vertrag vorgese-

---

[89] Vgl. dazu Jakob Reichert, *Rathenaus Erfüllungspolitik. Eine kritische Studie,* Berlin 1922, S. 82–95. Prot. d. ordentlichen Mitgliederversammlung des Motorenverbandes am 14. 3. 1922 (*M.A.N. WA Augsburg.* Unternehmen 1 c/d). Bericht Dr. Tetens über Reparationsleistungen auf der a. o. MV des VDMA am 23. 11. 1921 (*VDMA-Archiv*). – Das Wiesbadener Abkommen trat am 29. 6. 1922 nur mit den wesentlichen Abänderungen, die durch das Bemelmans-Cuntze-Abkommen und das Gillet-Ruppel-Abkommen geschaffen wurden, in Kraft. Text aller drei Abkommen: *Reichsgesetzblatt* vom 14. 7. 1922, S. 625–661. – Die politischen und gesamtwirtschaftlichen Gesichtspunkte des Wiesbadener Abkommens brauchen hier nicht erörtert zu werden. Vgl. dazu: C. Bergmann, *Der Weg der Reparationen...,* S. 122–127. P. Wulf, *Hugo Stinnes...,* S. 317–324.

hen, zum Tageskurs des Vertragsabschlusses, auszuführen.[90] Dem Bemelmans-Cuntze-Abkommen konnten alle alliierten Staaten beitreten. Dies taten 1922 Belgien und Portugal, 1923 Jugoslawien; das Gillet-Ruppel-Abkommen zwischen Frankreich und dem Deutschen Reich vom 15. März und 6./9. Juni 1922 glich für die Wiederaufbaulieferungen nach Frankreich das Wiesbadener an das Bemelmans-Cuntze-Abkommen an. Darüber hinaus hatte das Bemelmans-Cuntze-Abkommen eine Signalwirkung insofern, als offenbar auch in beziehungsweise für Staaten, die ihm (noch) nicht beigetreten waren (wie Jugoslawien 1922 und Italien), den deutschen Lieferfirmen nun eine stärkere Mitwirkung an den Vertragsabschlüssen eingeräumt wurde;[91] offenbar war die Reichsregierung 1922 auch bereit, bei den nach wie vor zwischen den Staaten ausgehandelten, nicht unter den freien Verkehr des Bemelmans-Cuntze-Abkommens fallenden Sachlieferungen den Lieferfirmen Preise zuzugestehen, die nicht unter den auf das Reparationskonto gutgeschriebenen Goldmarkbeträgen lagen.[92]

Infolge der Lockerung des Auftragsvergabeverfahrens, der Angleichung der Preise an die normalen Ausfuhrpreise und des rückläufigen Auftragseingangs im normalen Ausfuhrgeschäft wuchs – zumindest unter kurzfristigen Beschäftigungs- und Gewinngesichtspunkten – das privatwirtschaftliche Interesse an den Sachlieferungen im Laufe des Jahres 1922. Unter finanz- und stabilitätspolitischen Gesichtspunkten sank das Interesse an diesen Lieferungen dagegen: Einmal schwand mit dem von der Reparationskommission am 21. März 1922 gewährten Moratorium die vom Deutschen Reich als Vorteil empfundene, nach den Bestimmungen des Londoner Ultimatums gewährte

---

[90] Zum Bemelmans-Cuntze-Abkommen vgl. C. Bergmann, *Der Weg der Reparationen...*, S. 125–127. E. Guggenheimer, *Das Stinnes-Lubersac-Abkommen...*, B. Gradl, *Die Reparations-Sachleistungen...*, S. 34–37.

[91] E. Guggenheimer, *Das Stinnes-Lubersac-Abkommen...*, S. 10.

[92] So versicherte die Reichsregierung die M.A.N. anläßlich des oben erwähnten jugoslawischen Waggongeschäfts auf Reparationskonto im April 1922, daß sie durchaus nicht beabsichtige, „die Preise für Wiedergutmachungslieferungen zum Schaden des Lieferanten zu drücken". So wie sie einerseits ein Interesse daran habe, einen hohen Goldmarkbetrag gutgeschrieben zu erhalten, sei sie andererseits auch bereit, den Fabrikanten so zu bezahlen, daß er keinen Schaden erleide. Schreiben Lippart/Endres an die 3 Werke der M.A.N., 7. 4. 1922 (*WA Augsburg*, Nachl. R. Buz 218). – Dem Urteil Agnete von Spechts, (*Politische und wirtschaftliche Hintergründe...*, S. 96), daß durch das Bemelmans-Cuntze-Abkommen die Gewinnmöglichkeiten aus Sachlieferungsaufträgen erhöht worden seien, ist zuzustimmen.

Möglichkeit, Barzahlungen durch Sachlieferungen zu ersetzen. Barzahlungs- und Sachleistungskonten wurden voneinander getrennt. Barzahlungen und Sachlieferungen konnten nicht mehr wechselseitig angerechnet werden. Mehrleistungen bei den Sachlieferungen (das heißt Lieferungen über die Gesamtverpflichtungen hinaus, die einschließlich der Schiffs-, Kohle- und Chemikalienlieferungen für 1922 auf GM 1,45 Mrd. festgesetzt worden waren) führten nicht zur Minderung der Barzahlungsverpflichtungen, Minderlieferungen nicht zu deren Erhöhung.[93] Zum anderen bewirkten Haushaltsdefizite und Inflation, daß die Reichsregierung sich zunehmend um Senkung und Stundung der Reparationslasten generell, darunter auch der Sachlieferungen, bemühte. So versuchten die Regierungen Wirth und Cuno im November/Dezember 1922 – vergeblich –, bei den Alliierten Befreiung von allen Sachlieferungen für den Wiederaufbau der zerstörten Gebiete zu erreichen, die nicht aus laufenden Einnahmen oder inneren Anleihen bezahlt werden konnten.[94]

Diese Schritte hätten aber auch nur dann zu einer Senkung der Ausgaben für Sachlieferungen geführt, wenn gleichzeitig das Bemelmans-Cuntze-Abkommen gekündigt oder verletzt worden wäre, es sei denn, die Sachlieferungsverträge wären – durch Zurückhaltung der Besteller oder der Lieferanten – von selber zurückgegangen. Denn das Bemelmans-Cuntze-Abkommen begrenzte den Umfang der Sachlieferungen weder nach oben noch nach unten. Es gestattete jedem deutschen Unternehmen Sachlieferungen in beliebiger Höhe. Reparationskommission und Reichsregierung konnten (Artikel IX) die Genehmigung nur bei Betrug oder Verstoß gegen die normalen Ausfuhrbestimmungen verweigern. Der Umfang der Sachlieferungen hing also ausschließlich von Zahl und Höhe der zwischen Besteller und Lieferant abgeschlossenen Lieferverträge ab; und auf diese hatte die Akquisitionstätigkeit der deutschen Lieferanten einen erheblichen Ein-

---

[93] Vgl. C. Bergmann, *Der Weg der Reparationen...*, S. 152f. E. Guggenheimer, *Das Stinnes-Lubersac-Abkommen...*, S. 5, 10. B. Gradl, *Die Reparations-Sachleistungen...*, S. 22f., 50, 71. W. Lotz, *Valutafrage...*, S. 95.

[94] Am 14. 11. 1922 richtete die Reichsregierung (Wirth) eine entsprechende Note an die Reparationskommission. Wirths Nachfolger Cuno bekräftigte diese Note in seiner Regierungserklärung am 24. 11. 1922 und gegenüber der Reparationskommission. Vgl. z.B.: *Das Kabinett Cuno 22. November 1922 bis 12. August 1923*, bearbeitet von Karl-Heinz Harbeck (= Akten der Reichskanzlei. Weimarer Republik, hrsg. von Karl Dietrich Erdmann und Wolfgang Mommsen), Boppard 1968, S. 16 f., Anm. 5–7.

fluß.[95] Das Bemelmans-Cuntze-Abkommen wurde aus politischen Gründen weder im November 1922 gekündigt noch (sieht man von den Lieferstopps nach Frankreich und Belgien am 12. Januar 1923 ab) bis August 1923 durch einfachen Abbruch der Lieferungen verletzt;[96] die Sachlieferungen und damit die Durchführung des Bemelmans-Cuntze-Abkommens wurden erst am 11. August 1923 eingestellt. Für den Umfang der Sachlieferungen und die durch diese verursachte Geldmengenausweitung in Deutschland war von Mitte 1922 bis August 1923 also entscheidend, wie die Besteller und – durch ihre Akquisitionstätigkeit – die liefernden deutschen Unternehmen den durch das Bemelmans-Cuntze-Abkommen gewährten Handlungsspielraum nutzten.

Die deutschen Lieferfirmen standen vor der Wahl zwischen zwei Möglichkeiten: Sie konnten entweder versuchen, sich zur Aufrechterhaltung der Beschäftigung und Erzielung leidlicher Gewinne möglichst viele Sachlieferungsgeschäfte zu sichern; Sachlieferungsaufträge waren leichter als normale Ausfuhraufträge zu erlangen. Oder sie konnten zur Erreichung des Stabilitätszieles beitragen, indem sie durch Verzicht auf intensive Akquisitionstätigkeit den Umfang der Sachlieferungen und damit die inflationäre Defizitfinanzierung der Reichshaushalte verminderten und indem sie durch den Abschluß normaler Ausfuhr- (anstelle der Reparations-)geschäfte die Handelsbilanz und damit den Markwechselkurs zu verbessern suchten.

Viele deutsche Unternehmen entschieden sich, anfangs offenbar auch durch das Stinnes-Lubersac-Abkommen stimuliert,[97] zur Herein-

---

[95] Daß die auf Reduzierung der Belastungen ausgerichtete Reparationspolitik nur bei Kündigung des Bemelmans-Cuntze-Abkommens Erfolg haben konnte, wurde auch von der Reichsregierung betont. Vgl. dazu das Protokoll der Chefbesprechung vom 25. 11. 1922. *Das Kabinett Cuno...*, S. 15–17.

[96] Vgl. das Protokoll der Chefbesprechung der Reichsregierung von 25. 11. 1922. *Das Kabinett Cuno...*, S. 15–17. Protokoll der Kabinettssitzung vom 4. 5. 1923. A.a.O., S. 462f. Protokoll der Ministerbesprechung vom 25. 5. 1923. A.a.O., S. 503–505.

[97] Das zwischen dem deutschen Schwerindustriellen Hugo Stinnes und dem Präsidenten der französischen Wiederaufbaugenossenschaften, Lubersac, am 30. 8./4. 9. 1922 abgeschlossene private Abkommen hat in der Literatur weit mehr Beachtung als das Bemelmans-Cuntze- und das Gillet-Ruppel-Abkommen gefunden. Da es stets direkt mit dem Wiesbadener Abkommen verglichen wird, entsteht der Eindruck, als habe es dieses abgelöst. Vgl. K. Gossweiler, *Großbanken, Industriemonopole, Staat...*, S. 173f., G. D. Feldman, *Iron and Steel in the German Inflation...*, S. 328–330. Manfred Nussbaum, *Wirtschaft und Staat in Deutschland während der Weimarer Republik*, Berlin [Ost] 1978, S. 96. P. Wulf, *Hugo Stinnes...*, S. 324–329. Der Stinnes-Lubersac-

nahme möglichst vieler Sachlieferungsaufträge. Ein scharfer Preiswettbewerb um Reparationsaufträge setzte ein. Die Unternehmen der Maschinenbau- und elektrotechnischen Industrie bewarben sich über eigene Verteter und ausländische Vermittler intensiv um die Lieferung „aller erdenklichen" Erzeugnisse (von Büroeinrichtungen über elektrische Straßenbahnen bis zu Mühlenbauanstalten) auf Reparationskonto.[98] Einen besonders großen Umfang nahmen die Lieferungen nach Jugoslawien an, wo sich keine einheimische Industrie gegen sie wehrte. Nach Jugoslawien gingen 1922 Reparations-Sachlieferungen (ohne die unter die Anlagen III, V und VI des Teils VIII des Versailler Vertrags fallenden Schiffe, Kohle und chemische Produkte) im Werte von GM 116 Mio. (Italien GM 47 Mio., Frankreich GM 19 Mio., Belgien GM 17 Mio.); bis zum 30. Juni 1924 erhielt Jugoslawien Sachlieferungen von insgesamt GM 264 Mio.; das war weit mehr, als bei der

Vertrag war jedoch nur der erste von mehreren ähnlichen (Guggenheimer spricht von 12 weiteren bis zum 25. 11. 1922), privaten Verträgen, die auf den Bestimmungen des Bemelmans-Cuntze- bzw. Gillet-Ruppel-Abkommens fußten und durch die die dort vorgesehenen Sachlieferungen zum Wiederaufbau der zerstörten französischen Gebiete – mittels Errichtung besonderer Vermittlungsstellen – organisiert werden sollten. Vgl. auch E. Guggenheimer, *Das Stinnes-Lubersac-Abkommen...*, S. 13–18. Infolge der Ruhrbesetzung und der auf sie folgenden Einstellung aller Sachlieferungen nach Frankreich sind aufgrund des Stinnes-Lubersac-Vertrages kaum Lieferungen erfolgt. Der Vertrag hat aber offenbar eine erhebliche indirekte Wirkung ausgeübt, indem er deutsche Unternehmen zu Sachlieferungen auch außerhalb der französischen Wiederaufbaugebiete ermutigte. Der GHH-Direktor Schmerse sah in dem Werben der deutschen Industrie um die Durchführung von Sachlieferungen aller Art und Bestimmungsorte eine „verheerende Wirkung" des Stinnes-Lubersac-Vertrages. (Schmerse an P. Reusch, 9. 11. 1922; *HA/GHH* 308/27). „Stinnes hat sich wohl kaum gedacht, daß sein Abkommen mit Lubersac, daß sich ausschließlich auf die zerstörten Gebiete Nordfrankreichs bezieht, eine solche Auswirkung haben würde. Geht es so weiter, so ertrinkt unsere Wirtschaft in einer Papierflut" (Schmerse an P. Reusch, 16. 11. 1922; *HA/GHH* 300 193 023/0).
[98] Vgl. dazu die Berichte des GHH-Direktors Schmerse an P. Reusch vom 25. 11. 1922 und 10. 3. 1923 (dorther das Zitat); *HA/GHH* 300 193 023/0. Desgl. die Korrespondenz des M.A.N.-Vorstandsvorsitzenden R. Buz über die Sachlieferungen (*WA-Augsburg*, Nachl. R. Buz 218), in der immer wieder vom scharfen, preisdrückenden Wettbewerb der deutschen Firmen die Rede ist, der das alliierte Ausland zu viel zu vielen Bestellungen auf Reparationskonto veranlasse. Nach dem Bericht Schmerses an Reusch vom 16. 11. 1922 (*HA/GHH* 300 193 023/0) jagten die deutschen Industrievertreter bereits 1922 „in zügellosem Wettbewerb" hinter jugoslawischen Reparationsaufträgen her, obwohl Jugoslawien dem Bemelmans-Cuntze-Abkommen noch nicht beigetreten war.

Quotenaufteilung vorgesehen worden war.[99] Und die Überlegungen der Reichsregierung im Mai 1923, die Sachlieferungen wegen Zahlungsunfähigkeit gänzlich einzustellen, gingen auf die umfangreichen Bestellungen und Lieferanträge aus Jugoslawien und Italien zurück.[100]

Die Unternehmen trugen also zum Fortgang der Inflation bei, indem sie sich ausgiebig um – den Reichshaushalt und indirekt auch die Handelsbilanz belastende – Reparations-Sachlieferungen bemühten. Warum verhielten sie sich so? Einerseits strebte man in den Unternehmen Preisstabilität an. Man stand dem Gedanken nicht fremd gegenüber, daß die Ausführung von Sachlieferungen zur direkten Ausweitung der Geldmenge und/oder zum Entgang von Exportdevisen führe. Schließlich war erkennbar, daß eine Zurückhaltung bei der Akquisition von Sachlieferungsgeschäften sich im Einklang mit den reparations- und stabilitätspolitischen Absichten der Reichsregierung befinden würde. Andererseits konnte die Überlegung von Bedeutung sein, daß es sich bei den Sachlieferungen nach Teil VIII, Anhang IV des Versailler Vertrages nur um den kleineren Teil der Reparations-Sachleistungen handle; darüber hinaus mochte man einwenden, daß der Auftragseingang im normalen Exportgeschäft rückläufig, der Entgang an Exportdevisen daher nicht so groß sei. Beide Argumente konnten die Überzeugung schwächen, daß der Verzicht auf die Durchführung von Sachlieferungen ein wesentlicher Beitrag zur Preisstabilisierung sei. Der wichtigere Hinweis für die Erklärung des unternehmerischen Verhaltens dürfte aber in der Darstellung zu finden sein, die der GHH-Direktor Schmerse im November 1922 über die Akquisitionstätigkeit der Unternehmen gab: „Im früheren feindlichen Auslande sitzen Vertreter deutscher Firmen, die ihre Waren zur Lieferung auf Reparationskonto anbieten. So wird der Bedarf erst herangezüchtet! Deutsche Firmen unterbieten sich bei Reparationslieferungen und geben Nachlässe, wenn der deutsche Konkurrent auftritt. Sie geben an ausländische Vermittler die gleiche Provision wie auf normale Geschäfte – *alles unter der Devise: „Wenn ich's nicht ma-*

---

[99] C. Bergmann, *Der Weg der Reparationen...*, S. 126f. B. Gradl, *Die Reparationssachleistungen...*, S. 96–98.
[100] Schreiben des Reichsfinanzministers an das Reichsministerium für Wiederaufbau. Teilabdruck in: *Das Kabinett Cuno...*, S. 504, Anm. 5.

che, macht es meine deutsche Konkurrenz" (Hervorhebung, D. Lb.).[101] Die Erwartung des Gefangenen-Dilemmas, daß das Stabilitätsopfer vergeblich sei, da die anderen Unternehmen nicht mitzögen, vermutlich aber auch die Trittbrettfahrer-Absicht, die Opfer für das angestrebte Stabilitätsziel anderen zu überlassen, waren wohl die wichtigsten währungspolitischen Gesichtspunkte der Unternehmen beim Abschluß der Reparations-Sachlieferungsverträge.

b) Devisenpolitik

Die Unternehmen konnten den Wechselkurs und über diesen das inländische Preisniveau durch Kauf, Hortung und Entäußerung von Devisen beeinflussen. Sie stärkten den Markkurs, wenn sie dem Devisenmarkt (auch durch Deckung des staatlichen Devisenbedarfs) Devisen zuführten; sie schwächten den Markkurs, wenn sie dem Devisenmarkt Devisen entzogen. Haben die Unternehmen dem Devisenmarkt Devisen entzogen und vorenthalten und damit den Markkurs geschwächt? Wenn ja, warum? Die Antwort auf diese Fragen soll wieder in mehreren Abschnitten gegeben werden: Zunächst wird dargestellt, inwieweit die Unternehmen den staatlichen Devisenanforderungen entsprochen haben. Dann wird in einem ersten Schritt zur Erklärung des Unternehmerverhaltens angedeutet, inwieweit den Unternehmen die Abgabe von Devisen möglich, wie hoch also die Devisenbestände der Unternehmen waren. Schließlich wird in einem zweiten Erklärungsschritt die subjektive Abhängigkeit des Stabilitätsziels von der Devisenpolitik der Unternehmen erörtert.

Die Reichsregierung hat die Industrie seit Mitte 1921 mehrfach zur Hergabe von Devisen aufgefordert. Sie benötigte diese Devisen entweder zur Erfüllung der Reparationsverpflichtungen oder zur Bezahlung von Nahrungsmittelimporten; in diesem Falle sollten die Industriedevisen markkursdrückende Devisenkäufe auf dem Devisenmarkt für die Reichsregierung überflüssig machen. Oder aber die Industriedevisen sollten es der Reichsbank ermöglichen, den Markkurs durch Devisenverkäufe zu stützen. Die Industrie ist den verschiedenen Auf-

---

[101] Schmerse: Die deutschen Sachlieferungen. Bericht für P. Reusch, 25. 11. 1922 (*HA/GHH* 300 193 023/0). Am 10. 3. 1923 schrieb Schmerse an Reusch (*HA/GHH* 300 193 023/0), daß Siemens-Schuckert Reparationslieferungen in die Balkanländer unternehme, um gegenüber der AEG, die solche Aufträge in intensiver Weise organisiert habe, kein Terrain zu verlieren.

forderungen zur Zurverfügungstellung von Devisen nur teilweise nachgekommen. Was ist geschehen?

1. Nach dem am 5. Mai 1921 angenommenen Londoner Zahlungsplan hatte das Deutsche Reich in den nächsten Jahren jährliche Reparationen in Höhe von GM 2 Mrd. fest und 26 % des Ausfuhrwertes zu zahlen. Das waren insgesamt etwa GM 3 Mrd. Die festen Annuitäten sollten in Vierteljahresraten von GM 500 Mio. geleistet werden. Die erste Goldmilliarde war am 31. August 1921 fällig. Diesen Devisenbetrag mußte das Reich auf dem Devisenmarkt – durch Markverkäufe – erwerben; Devisenkäufe in Höhe von GM 400 Mio. entfielen dabei auf die Wochen nach dem 31. August 1921, da es dem Reich gelungen war, zum Zahlungstag kurzfristige ausländische Devisenkredite in diesem Umfang zu erhalten. Die Devisenkäufe hatten zur Folge, daß der Markkurs nach einer langen Periode der Stabilität wieder fiel: Der US-Dollar kostete am 31. Mai 1921 M. 63,25; am 29. Juli 1921 M. 80,63; am 31. August 1921 M. 86,37; am 30. September 1921 M. 115,50; und am 31. Oktober 1921 M. 180,50. Die Zahlung der nächsten Reparationsraten, auf die gleiche Art finanziert, ließ einen weiteren Absturz des Markkurses erwarten: Nur die am 15. November 1921 fällige Rate von GM 500 Mio. schien durch Sachlieferungen gedeckt. Die am 15. Februar 1922 fälligen GM 500 Mio. würden in bar zu entrichten sein. Und am 15. Februar 1922 war die erste Rate der Abgabe von 26 % des Ausfuhrwertes (ca. GM 250 Mio.) fällig. Angesichts der eingetretenen und zu erwartenden Zahlungsprobleme ersuchte die Reichsregierung Ende August 1921 den Reichsverband der deutschen Industrie um Hilfe bei der Devisenbeschaffung. Nach längeren internen Auseinandersetzungen bot der RdI Anfang November 1921 der Reichsregierung an, die Garantie für einen größeren ausländischen Devisenkredit (zwischen GM 1 und 2 Mrd.) zu übernehmen; die Industrie erwartete von diesem Angebot, daß es Verhandlungen über die Verringerung der Reparationslasten ermöglichen und Zwangseingriffe des Staates in das Vermögen der Industrie verhindern würde. Der RdI knüpfte an das Garantieangebot aber verschiedene Bedingungen: In die staatliche Finanzwirtschaft müsse strengste Sparsamkeit einkehren; die Wirtschaft müsse von allen produktivitätshemmenden Fesseln befreit werden und die staatlichen Betriebe, vor allem die Eisenbahnen, müßten privatisiert werden, so daß aus ihren Einnahmen schließlich die Zins- und Tilgungsbeträge der geplanten Auslandsanleihe (die die Industrie vorübergehend zu übernehmen hätte) bezahlt werden könnten. Die Privatisierung der Eisenbahnen

schien jedoch politisch nicht durchsetzbar. Die Reichsregierung hat den Vorschlag des RdI daher nicht weiter verfolgt.[102]

Unabhängig von den Verhandlungen über die Haftung für eine langfristige Anleihe und auf Drängen der Reparationskommission wandte sich die Regierung am 12./15. November 1921 indessen noch einmal an den RdI: Sie bat die Industrie, ihr über einen kurzfristigen Auslandskredit für die im Januar und Februar 1922 fälligen Reparationszahlungen GM 500 Mio. in Devisen zur Verfügung zu stellen. Der RdI lehnte mit dem Hinweis ab, die Industrie verfüge nicht über die zur Rückzahlung des Kredits erforderlichen freien Devisen. Er schlug statt dessen eine Vorschußzahlung der Anleihegläubiger auf die geplante langfristige Anleihe vor. Voraussetzung für die Übernahme der Garantie für die langfristige Anleihe waren aber die oben angeführten, als unerfüllbar angesehenen Bedingungen. Damit war auch dieses Kreditgesuch der Reichsregierung gescheitert.[103]

Ein weiteres Mal verhandelten Reichsregierung und RdI über eine Kreditgarantie der Industrie im Mai 1923. Um einer Aufhebung der Ruhrbesetzung näherzukommen, hatte die Reichsregierung den Alliierten am 2. Mai 1923 angeboten, insgesamt eine Reparationslast von GM 30 Mrd. zu übernehmen. Der Betrag sollte durch eine Auslandsanleihe beschafft werden. Der Zinsen- und Tilgungsdienst sollte nach einem vierjährigen Moratorium beginnen. Zur Haftung für die Anleihe sollte die gesamte Wirtschaft herangezogen werden. In den daraufhin einsetzenden Verhandlungen erklärte sich der RdI für die Industrie bereit, auf die Dauer von 30 Jahren für jährlich GM 200 Mio. Zins- und Tilgungszahlungen (von GM 500 Mio., für welche die Gesamtwirtschaft aufkommen könne) zu haften. Er knüpfte an dieses Garantieangebot jedoch Bedingungen, die denen aus dem Jahre 1921 ähnlich waren: Die Staatsbetriebe müßten nach privatwirtschaftlichen Grundsätzen reorganisiert werden und jährlich Zins- und Tilgungszahlungen in Höhe von GM 600 Mio. bis 1 Mrd. überneh-

---

[102] Die Kreditaktion der deutschen Industrie im Herbst 1921 ist ausführlich dargestellt bei P. Wulf, *Hugo Stinnes...*, S. 266–287. Vgl. auch C. Bergmann, *Der Weg der Reparationen...*, S. 102f., 109–113, 130–132.

[103] Vgl. folgende, in: *Die Kabinette Wirth I und II*, Bd. 1, bearbeitet von Ingrid Schulze-Bidlingsmaier (= Akten der Reichskanzlei. Weimarer Republik, hrsg. von Karl Dietrich Erdmann und Wolfgang Mommsen), Boppard 1973, abgedruckten Aktenstücke: Chefbesprechung vom 13. 11. 1921 (S. 392–394); Schreiben Wirth an Bücher (RdI) vom 12./15. 11. 1921 (S. 395, Anm. 3); Schreiben RdI an Wirth 18. 11. 1921 (S. 411, Anm. 1). Vgl. auch P. Wulf, *Hugo Stinnes...*, S. 287f.

men; der Staat müsse sparsam wirtschaften; und alle Vorschriften, welche die Steigerung der Arbeitsleistung in der Wirtschaft hemmten (Demobilmachungsvorschriften), müßten aufgehoben werden. Ein Teil dieser Vorstellungen ging in ein erneutes Memorandum der Regierung für die Alliierten am 7. Juni 1923 ein. Der Garantieplan wurde jedoch nicht weiter verfolgt, da Frankreich an einer Lösung des Reparationsproblems zu diesem Zeitpunkt nicht interessiert war.[104]

2. Das internationale Garantiekomitee, das die Durchführung des Londoner Zahlungsplans vom 5. Mai 1921 überwachen sollte, konnte zur Sicherstellung der variablen Annuität von 26% des Wertes der deutschen Ausfuhr von der Reichsregierung verlangen, die deutsche Exportwirtschaft zur Ablieferung von Devisen in Höhe von 25% des Ausfuhrwertes zu zwingen.[105] Die Reichsregierung zögerte, diese Maßnahme zu ergreifen, da sie zunächst an andere Aufbringungsmöglichkeiten glaubte und – unter dem Eindruck der Einwände aus der Wirtschaft – befürchtete, daß die Pflichtablieferung von Devisen die Fakturierung des Exports in Devisen notwendig mache und diese Maßnahme den Export behindern könne. Sie forderte statt dessen im August 1921 die Exportwirtschaft auf, ihre Devisenerlöse aus dem Export freiwillig an das Reich zu verkaufen. Offenbar hatte sie aber mit dieser Aufforderung nicht viel Erfolg. Nur wenige Unternehmen lieferten freiwillig größere Devisenbeträge ab.[106] Als daraufhin die Reichsregierung die Absicht bekundete, die Erteilung von Ausfuhrbewilligungen davon abhängig zu machen, daß alle nicht für den Eigenbedarf benötigten Exportdevisen abgeliefert wurden, beschlossen die Ausschüsse der Außenhandelsstellen, den Unternehmen ihres Industriezweiges die Ablieferung von Devisen zur Pflicht zu machen. Die Ablieferungssätze wurden aber sehr unterschiedlich und zum Teil gar

---

[104] Vgl. die ausführliche Darstellung bei P. Wulf, a.a.O., S. 379–387. G. D. Feldman, *Iron and Steel in the German Inflation...*, S. 387–390. Das Angebot der Industrie ist in einem Schreiben des RdI an den Reichskanzler vom 25. 5. 1923 enthalten. *Das Kabinett Cuno...*, S. 508–513.

[105] Schreiben des Garantiekomitees der Reparationskommission an den Reichskanzler vom 28. 6. 1921. *Die Kabinette Wirth I und II...*, Bd. 1, S. 111.

[106] So die Aussage des Vorsitzenden des Krupp-Direktoriums, Otto Wiedfeldt, am 5. 11. 1921 auf der Mitgliederversammlung des RdI. Abdruck der Rede Wiedfeldts bei Ernst Schröder, *Otto Wiedfeldt. Eine Biographie* (= Beiträge zur Geschichte von Stadt und Stift Essen, H. 80), Essen 1964, S. 181–188, hier S. 187.

nicht zahlenmäßig festgelegt.[107] Die Fachverbände des Maschinenbaus einigten sich am 22. November 1921, dem Beschluß des Ausschusses ihrer Außenhandelsstelle folgend, auf einen Devisenablieferungssatz von 25% des gesamten Exportwertes;[108] der Ablieferungssatz wurde 1922 für einige Warengattungen auf 30 % beziehungsweise 40 % erhöht.[109] Zur Kontrolle der Devisenablieferung wurde eine doppelte Meldepflicht eingeführt: Die Außenhandelsstellen oder die sonstigen Ausfuhrbewilligungsbehörden mußten der Reichsbank monatlich die bewilligten Ausfuhrwerte mitteilen. Jeder Exporteur hatte der Reichsbank monatlich diejenigen Devisenbeträge zu melden, die er nicht direkt an die Reichsbank, sondern an Privatbanken abgeliefert hatte.[110] Die Ablieferungsvereinbarungen und -kontrollen sind aber offenbar nicht durchweg erfolgreich gewesen. Äußerungen des Reichsbankvizepräsidenten von Glasenapp im Juli 1923 ist zu entnehmen, daß die Wirschaft ihren Devisenablieferungspflichten nicht voll nachgekommen ist.[111] Nimmt man an, daß für die gesamte Exportwirtschaft eine Ablieferung von durchschnittlich 25% des Ausfuhrwertes angemessen beziehungsweise vereinbart war, so gibt ein Vergleich der Ausfuhrwerte mit den Werten der Devisenablieferung zahlenmäßige Anhaltspunkte für diese Vermutung, weniger für das Jahr 1922, sicher aber für das Jahr 1923: 1922 betrugen die tatsächlichen Erlöse der deut-

---

[107] Eine Übersicht über die bis Ende Oktober 1921 beschlossenen Ablieferungsvereinbarungen findet sich in: *Volkswirtschaftliche Chronik* (der *Jahrbücher für Nationalökonomie und Statistik*) *für das Jahr 1921*, Jena 1921/22, S. 671–674 (Oktober 1921). Vgl. auch: G. Krämer, *Die deutsche Außenhandels-Kontrolle...*, S. 56f.

[108] VDMA: Geschäftsbericht für das Jahr 1922, S. 24 *(VDMA-Archiv).* Bericht Dr. Ing. von Klemperer über Devisenbeschaffung auf der a.o. Mitgliederversammlung des VDMA am 23. 11. 1921 *(VDMA-Archiv).*

[109] Vgl. *Der deutsche Maschinenbau 1890–1923* (Ms. VDMA-Archiv), S. 415. Einen für alle Wirtschaftszweige verbindlichen Ablieferungssatz – und zwar von 30% des gesamten Ausfuhrwertes – setzte die Regierung erst am 17. 9. 1923 fest. Vgl. G. Krämer, *Die Außenhandels-Kontrolle...*, S. 58.

[110] Vgl. R. Mallachow, *Die Strömungen der Devisenpolitik...*, S. 383.

[111] Von Glasenapp vor dem Zentralausschuß der Reichsbank am 11. 7. 1923: „Wir werden Kreditrestriktionen, wie wir sie bisher schon geübt haben, in verstärktem Maße eintreten zu lassen genötigt sein, insbesondere dann, wenn wir begründeten Anlaß zu der Annahme haben, daß die Kreditsuchenden ihre Verpflichtungen zur Herausgabe von sogenannten Pflichtdevisen nicht erfüllen oder in bezug auf die Entnahme von Dollarschatzanweisungen gegen Devisen beim Reiche nicht das getan haben, was billigerweise von ihnen erwartet werden kann und erwartet werden muß." *Das Kabinett Cuno...*, S. 598, Anm. 1.

schen Ausfuhr GM 3,97 Mrd.,[112] die Erträge aus den Exportdevisen-Pflichtablieferungen monatlich ca. GM 80 Mio.;[113] damit wäre tatsächlich etwa ein Viertel des Ausfuhrwerts in Devisen abgeliefert worden. 1923 standen Ausfuhrerlösen in Höhe von GM 6,10 Mrd. Exportdevisen-Pflichtablieferungen von (im Juli 1923) GM 2 bis 3 Mio. gegenüber;[114] um auf ein Viertel des Ausfuhrwertes zu kommen, wären im Monatsdurchschnitt GM 127 Mio. notwendig gewesen.

3. Von Februar bis April 1923 versuchte die Reichsbank, den Markkurs zu stabilisieren, indem sie Devisen (in Höhe von insgesamt GM 300 Mio.) gegen Mark verkaufte. Die Devisen erwarb sie zum großen Teil durch Teilverkäufe ihres Gold- und Silberbestandes.[115] Einen weiteren Devisenbetrag zum Zwecke der Markstützung sollte die Dollarschatzanweisungs-Anleihe bringen, zu deren Auflegung das Reich durch ein Gesetz vom 2. März 1923 ermächtigt wurde. Das Publikum konnte die Dollarschatzanweisungen gegen Hergabe von Devisen kaufen. Die Anleihe wurde vom 10. bis 24. März 1923 in Höhe von US-$ 50 Mio. (= GM 210 Mio.) aufgelegt. Gezeichnet wurde in diesem Zeitraum aber nur ein Betrag von US-$ 12,6 (= ca. GM 53 Mio.);[116] die verhältnismäßig umfangreichsten Zeichnungen entfielen dabei offenbar auf die Schwerindustrie.[117] Die Banken, welche die

---

[112] Berechnung der tatsächlich erzielten deutschen Ausfuhrerlöse bei F. D. Graham, *Exchange...*, S. 266.

[113] Schreiben des Staatssekretärs im Reichsernährungsministerium, Heinrici, an den Staatssekretär in der Reichskanzlei, Hemmer, vom 13. 4. 1922. *Die Kabinette Wirth I und II...*, Bd. 2, S. 707, Anm. 2.

[114] Schreiben Reichswirtschaftsminister an Reichskanzler vom 23. 7. 1923. *Das Kabinett Cuno...*, S. 654.

[115] Zum Markstützungsversuch Februar bis April 1923 vgl. C.-L. Holtfrerich, *Die deutsche Inflation...*, S. 308 f. Der Versuch scheiterte, da die schwebende Schuld des Reiches und die Handelswechselkredite der Reichsbank auch zwischen Februar und April 1923 stiegen. Der Geldmarkt blieb also trotz der Markkäufe der Reichsbank flüssig. Zunehmende Devisenkäufe des Publikums drückten auf den Markkurs. Die Reichsbank gab ihre Stabilisierungsbemühungen auf, als sie die Stützung des Markkurses im April 1923 täglich GM 60 Mio. kostete.

[116] *Volkswirtschaftliche Chronik* (der *Jahrbücher für Nationalökonomie und Statistik*) *für das Jahr 1923*, Jena 1923/24, S. 101 (März 1923).

[117] Reichsbankpräsident Havenstein in der Ministerbesprechung vom 19. 4. 1923: Am besten habe noch die Schwerindustrie gezeichnet. *Das Kabinett Cuno...*, S. 400. Reichswirtschaftsminister Becker im Ministerrat am 27. 7. 1923: Die 11 größten Werke der Eisenindustrie hätten sich auf eine Abgabe von US-$ 2,5 Mio. vereinigt. A.a.O., S. 678.

Zeichnung der halben Anleihe garantiert hatten, waren in den Folgemonaten zur Übernahme größerer Beträge gezwungen.[118] Ende Juli 1923 war ein Viertel der Anleihe (= ca. GM 50 Mio.) noch nicht untergebracht. Anfang August 1923 drängte die Reichsregierung die Wirtschaft zur Übernahme dieses Restpostens an Dollarschatzanweisungen, da sie andernfalls die Nahrungsmittelimporte der nächsten beiden Wochen nicht bezahlen könne. Handel, Industrie und Banken sagten die Anleihezeichnung zu. Der Anleihebetrag wurde in 25 Quoten zu £ 100 000 (= GM 2 Mio.) zerlegt und auf die verschiedenen Wirtschaftszweige verteilt. Auf den Maschinenbau entfiel eine dieser Quoten. Um den Betrag von £ 100 000 in der Maschinenindustrie mit einiger Sicherheit aufzubringen, ersuchte der VDMA seine Mitgliedsfirmen, pro Belegschaftsmitglied GM 10 in hochwertigen Devisen zur Verfügung zu stellen.[119] Der Rest der Dollaranleihe wurde auf diese Weise untergebracht. Das bedeutet aber nicht, daß sich alle Wirtschaftszweige und alle Unternehmen (mit den von ihren Verbänden vorgeschlagenen Beträgen) gleichmäßig an der Zeichnung beteiligt haben. Die M.A.N. jedenfalls ist der Aufforderung des VDMA zur Zeichnung der Anleihe nicht in vollem Umfang nachgekommen.[120]

Warum haben die Unternehmen den Aufforderungen der Reichsregierung zur Ablieferung von Exportdevisen, Devisenkrediten und zur Übernahme von Devisenkreditgarantien nicht oder nicht voll entsprochen, obwohl ihnen an einer Stabilisierung von Markwechselkurs und inländischem Preisniveau lag? Standen ihnen die nötigen Devisen nicht zur Verfügung, waren Erwerb und Erhaltung des benötigten Devisenbestandes zu sehr erschwert?

Die Unternehmen konnten Devisen auf drei verschiedenen Wegen erwerben: durch Käufe auf dem Devisenmarkt, durch Ausbedingung von Devisenzahlung im Inlandsgeschäft und durch Erlöse aus dem

---

[118] Ein handschriftlicher Vermerk eines Regierungsbeamten erwähnt, daß bis zum 25. 7. 1923 von den Banken $ 25 Mio., von der Industrie $ 1,46 Mio., von der Schiffahrt $ 1,71 Mio., vom Handel $ 0,24 Mio. und vom Publikum $ 2,1 Mio. übernommen worden seien. *A.a.O.*, S. 710, Anm. 1. Diese Angaben sind interpretationsbedürftig, sofern die o. a. Bemerkungen des Reichswirtschaftsministers Becker über die von der Schwerindustrie gezeichneten Anleihebeträge stimmen. Vermutlich haben die Banken Teile des von ihnen übernommenen Schatzanweisungsbetrages an die Industrie weiterverkauft.

[119] Vgl. dazu den Schriftwechsel vom August 1923 im Nachl. R. Buz *(M.A.N. WA Augsburg)*.

[120] Schreiben L. Endres an E. Guggenheimer, 14. 11. 1923 *(WA Nürnberg* 03.VII).

Exportgeschäft. Der Kauf von Devisen und die Devisenzahlung bei Inlandsgeschäften wurden im Laufe des Jahres 1922 durch Gesetz erheblich erschwert beziehungsweise verboten und damit, nachdem die im Kriege eingeführte Devisenbewirtschaftung im September 1919 aufgehoben worden war, der Devisenverkehr wieder beschränkt. Das Gesetz über den Verkehr mit ausländischen Zahlungsmitteln vom 3. Februar 1922 (Devisenhandelsgesetz) gab der Reichsbank gewisse Möglichkeiten, die inländischen Devisengeschäfte zu kontrollieren und damit die Devisenspekulationen zu erschweren, indem es den Verkauf ausländischer Zahlungsmittel auf die Reichsbank und zugelassene Devisenbanken beschränkte; der Devisenkäufer mußte sich ausweisen und den Verwendungszweck für die Devisen angeben. Von diesem Bankvermittlungs- und Legitimationszwang befreit waren jedoch diejenigen Firmen, denen die zuständige Handelskammer bescheinigte, daß Geschäfte über ausländische Zahlungsmittel in ihren regelmäßigen Geschäftsbetrieb fielen. Devisenzahlung bei Inlandsgeschäften war nach wie vor für beide Firmengruppen möglich, wenn auch bei Firmen ohne Handelskammerbescheinigung nur durch Vermittlung einer Devisenbank.[121] Die Verordnung über die Spekulation mit ausländischen Zahlungsmitteln vom 12. Oktober 1922 (Devisennotverordnung) verbot die Devisenzahlung bei Inlandsgeschäften. Darüber hinaus machte sie den Kauf von Devisen bei Privatpersonen oder Firmen ohne Handelskammerbescheinigung von einer Vorprüfung und Genehmigung durch die Finanzämter abhängig. Alle Firmen hatten ihre Devisenkäufe der materiellen Nachprüfung durch die Reichsbank zu unterwerfen; Devisenkäufe zum Zwecke der Spekulation oder der Vermögensanlage konnten strafrechtlich und – bei Bescheinigungsfirmen – durch Entzug der Handelskammerbescheinigung geahndet werden.[122] Das Devisenhandelsgesetz und die Devisennotverordnung wurden am 8. Mai 1923 durch die Verordnung über Maßnahmen gegen die Valuta-Spekulation ersetzt und verschärft.[123] Folgt man den Äußerungen des Staatssekretärs in der

---

[121] *Reichsgesetzblatt 1922*, I, S. 195–197. Dr. Reichardt, *Zum Gesetz über den Verkehr mit ausländischen Zahlungsmitteln vom 2. Februar 1922*, in: Bank-Archiv, 21 (1921/22), S. 387–391.

[122] *Reichsgesetzblatt 1923*, I, S. 795–797. Otto Bernstein, *Die Verordnung gegen die Spekulation in ausländischen Zahlungsmitteln vom 12. Oktober 1922*, in: Bank-Archiv, 22 (1922/23), S. 15–20.

[123] *Reichsgesetzblatt 1923*, I, S. 275–278. Rudolf Kühne, *Die Devisenzwangswirtschaft im Deutschen Reich während der Jahre 1916 bis 1926. Eine währungsgeschichtliche Reminiszenz*, Frankfurt/M. 1970, S. 24.

Reichskanzlei, Hamm, so war es nicht schwer, diese Bestimmungen zu umgehen. Jeder Geschäftsinhaber, der ein- oder zweimal im Jahr irgendetwas aus dem Ausland beziehe, erhalte die Handelskammerbescheinigung. Jeder könne damit weit über seinen Importbedarf Devisen erwerben, wenn er sich darauf verlasse, daß er der Prüfung der volkswirtschaftlichen Berechtigung seiner Devisenanmeldung entgehe; die Banken würden eine solche Prüfung ablehnen.[124] Reichsbankpräsident Havenstein äußerte denn auch mehrmals die Meinung, daß auch seriöse Wirtschaftskreise sich nicht nur für den zwingenden Bedarf, sondern auf Vorrat mit Devisen eindeckten.[125] Die hier benutzten Quellen bieten weder Illustrationen noch erlauben sie eine Quantifizierung solcher – schwer zu identifizierender[126] Devisenvergehen. Im allgemeinen war die Versuchung, gegen die Devisenbestimmungen zu verstoßen, um so größer, je mehr die Unternehmen zur Anlegung von Devisenreserven (das heißt von Devisenbeständen über den nächsten Importbedarf hinaus) auf den Kauf von Devisen oder die Devisenzahlung bei Inlandsgeschäften angewiesen waren.

Weniger Bedeutung hatten der Devisenkauf und die Devisenzahlung bei Inlandsgeschäften für diejenigen Industriezweige, die über regelmäßige Deviseneinlöse aus dem Exportgeschäft verfügten. Zu ihnen gehörte die Maschinenindustrie. Sie war von den Gesetzen des Jahres 1922 nicht so sehr betroffen: von dem Devisenhandelsgesetz

---

[124] Aufzeichnung des Staatssekretärs Hamm zur Devisenlage, 6. 8. 1923. *Das Kabinett Cuno...*, S. 717 f. Ähnlich Reichsbankpräsident Havenstein in der Kabinettssitzung vom 24. 10. 1922 (*Die Kabinette Wirth I und II...*, Bd. 2, S. 1143): Keine Behörde habe die Zeit, eine wirksame Nachkontrolle auszuüben.

[125] Havenstein in der Sitzung des Reichsbank-Kuratoriums vom 19. 12. 1923. *Das Kabinett Cuno...*, S. 78. Bericht Havensteins vor dem Zentralausschuß der Reichsbank, 23. 4. 1923, a.a.O., S. 425. Emil Schenck betonte rückblickend, daß sein Unternehmen sich streng an die Devisenbestimmungen gehalten habe, während andere Geschäftsleute sich kurzerhand über sie hinweggesetzt hätten. E. Schenck, *Das Werk Carl Schenck...*, S. III 107.

[126] Es war schon schwer, die Grenze zwischen einem Devisenkauf zu Zwecken der Spekulation und einem Devisenkauf zur Bezahlung künftig einzuführender Waren zu ziehen. Vgl. O. Bernstein, *Die Verordnung gegen die Spekulation in ausländischen Zahlungsmitteln...*, S. 18. – Der spektakulärste Verdacht des Verstoßes gegen die Devisenbestimmungen entzündete sich an den Devisenkäufen der Firma Stinnes im April 1923 in Höhe von £ 115 000, die einen großen Anteil am Zusammenbruch der Marktstützungsaktion der Reichsbank am 18. 4. 1923 gehabt haben sollen. Aber der zur Untersuchung dieser Frage eingesetzte Reichstagsausschuß hat gegen diese Käufe (£ 60 000 waren zur Bezahlung von Kohleimporten für die Reichsbahn bestimmt) nicht den Vorwurf der Spekulation erhoben. Vgl. P. Wulf, *Hugo Stinnes...*, S. 481 f.

nicht, weil die meisten Firmen mit einer Handelskammerbescheinigung versehen waren, von der Devisennotverordnung nicht, weil das hauptsächliche Problem für die Unternehmen der günstige Verkauf (und nicht der Ankauf) von Devisen war.[127] Der Aufbau von Devisenreserven aus Exporterlösen unterlag – bis auf die Pflichtablieferung von 25% der Exportdevisen – keinen gesetzlichen Beschränkungen. Die Möglichkeiten, durch Export in den Besitz von Devisen zu kommen, wuchsen im Laufe des Jahres 1922, da seit Ende 1921 Exportgeschäfte zunehmend in Devisen statt (wie vorher) in Mark fakturiert wurden. Begrenzt wurden die Möglichkeiten zum Aufbau von Devisenreserven in vielen Unternehmen jedoch durch abnehmende Gewinne zumindest seit Mitte 1922. Eingehende Umsatzerlöse wurden umgehend zur Bezahlung von Vorprodukten, Löhnen und Gehältern benötigt. So mußte die M.A.N. zwischen Juli 1922 und März 1923 fast alle eingehenden Devisen verkaufen und außerdem ihre Devisenreserven (1. 1. bis 12. 4. 1923 um hfl. 115 000) verringern; es war ihr nicht möglich, den Bestand wieder aufzufüllen.[128] Die Fried. Krupp AG verbrauchte während des Ruhrkampfes bis Oktober 1923 ihren „laufenden Devisenbestand" und anschließend zur Abdeckung der Micum-Lasten auch ihren „eisernen" Devisenbestand.[129]

Haben die gesetzlichen und die durch den Geschäftsgang bedingten Beschränkungen verhindert, daß die Unternehmen Devisenbestände anlegten, die zur Erfüllung der oben dargestellten staatlichen Devisenabgabewünsche ausreichten? Wohl kaum, obwohl die Wirtschaft sicher nicht über die vielen Goldmilliarden an Devisen verfügte, deren Besitz das Ausland ihr gelegentlich unterstellte.[130] Zwar

---

[127] VDMA: Geschäftsbericht über das Jahr 1922, S. 24 *(VDMA-Archiv)*.
[128] Bericht vom 9. 12. 1922 für die Vorstandssitzung der M.A.N. am 11. 12. 1922 *(WA Augsburg* 1313). Bericht L. Endres für den Vorstand vom 12. 4. 1923 *(WA Augsburg* 1312).
[129] *Kriegsdenkschrift,* BI4b, *Die Finanzen der Firma Krupp während der Ruhrbesetzung* (Schäffer), S. 5f., 17f. *(HA Krupp* WA VII f 1079/1080). – Paul Reusch trat im September 1923 Vorwürfen, die Ruhrindustrie habe die Unterstützungen durch das Reich zum Devisenankauf verwendet, mit dem Hinweis entgegen, daß die GHH vom 1. 7.–1. 9. 1923 Devisenreserven in Höhe von hfl. 460 000 geopfert habe, um den Betrieb aufrechtzuerhalten und Lebensmittel zu kaufen. Prot. d. AR-Sitzung der M.A.N. vom 14. 9. 1923 *(M.A.N. WA Nürnberg* 131.2. III). Vgl. auch G. D. Feldman, *Iron and Steel in the German Inflation...,* S. 358, 376.
[130] Stellungnahme gegen die Vermutung solch hoher Devisenbestände in der deutschen Wirtschaft bzw. Industrie: Bericht des Reichsbankpräsidenten Havenstein vor dem Zentralausschuß der Reichsbank. 23. 4. 1923. *Das Kabinett Cuno...,* S. 424. Vgl.

Haben die Unternehmen die Inflation gefördert und warum? 171

legten die Unternehmen, wie ihre Markguthaben zeigen (siehe oben ZWEITES KAPITEL II.1), bis Mitte 1922 höchstens einen Teil ihrer flüssigen Mittel in Devisen an. Die M.A.N. leitete, wie sie im August 1921 betonte, die eingehenden Exportdevisen „im allgemeinen unseren deutschen Bankverbindungen" zu, wodurch sie ohne weiteres zu einem Aktivum in der deutschen Zahlungsbilanz werden;[131] bei Siemens und Halske machten die Devisenbestände im Januar 1922 nur 18%, bei Siemens-Schuckert nur 25% der gesamten liquiden Mittel aus.[132] Das hinderte aber nicht, daß schon Ende 1921/Anfang 1922 Devisenbestände vorhanden waren, die der Industrie – entgegen der Behauptung des RdI[133] – die kurzfristige Rückzahlung eines Devisenkredits in Höhe von GM 500 Mio. vermutlich durchaus ermöglicht hätten. So betrug der Devisenbestand allein der M.A.N. im November 1921 mindestens GM 1 Mio. (bei gleichzeitigen Markguthaben von ca. GM 3 Mio.) und im Februar 1922 GM 2,5 Mio. (bei gleichzeitigen Markguthaben von GM 2,7 Mio.);[134] dem standen Bürgschaftsverpflichtungen im Ausland von höchstens GM 0,5 Mio. gegenüber, die man aber im Eintretensfall ebenfalls aus den laufenden Gewinnen abdecken zu können glaubte.[135] Bei Eintritt in die Hyperinflation im Sommer 1922 verfügten die Unternehmen über gewisse Devisenreserven, die dann, wie erwähnt, im Laufe des Jahres 1923, zum Teil auch schon vorher, angegriffen werden mußten beziehungsweise aufgezehrt wurden. Bei der Motorenfabrik Deutz stiegen die Devisenbe-

---

auch Otto Wiedfeldts Rede auf der Mitgliederversammlung des RdI am 5. 11. 1921; abgedruckt bei E. Schröder, *Otto Wiedfeldt...*, S. 183.
[131] Schreiben Endres/Höss (M.A.N.) an E. Guggenheimer, 8. 8. 1921 (*WA Augsburg*, Nachl. R. Buz 105).
[132] P. Wulf, *Hugo Stinnes...*, S. 475, Anm. 32. Der Devisenanteil an den liquiden Gesamtmitteln stieg bei Siemens und Halske bis Dezember 1922 auf 97%, bei Siemens-Schuckert auf 84%. – Die schwerindustriellen Unternehmungen der Siemens-Rheinelbe-Schuckert-Union verfolgten dagegen eine andere Devisenpolitik: Die Deutsch-Luxemburgische Berwerks- und Hütten-AG hielt offenbar seit Frühjahr 1921 alle flüssigen Mittel in Form von Devisen. Schreiben A. Vögler an C. F. von Siemens, 9. 6. 1922. Abgedruckt in: G. D. Feldman/H. Homburg, *Industrie und Inflation...*, S. 310f. Vgl. auch: G. D. Feldman, *Iron and Steel in the German Inflation...*, S. 312–314.
[133] Schreiben RdI an Reichskanzler, 18. 11. 1921. *Die Kabinette Wirth I und II...*, Bd. 1, S. 411, Anm. 1.
[134] Berechnet aus Angaben in: Bericht für die AR-Sitzung der M.A.N. am 18. 11. 1921 (*WA Augsburg* 1312). Bericht für den AR vom 13. 2. 1922 (*WA Nürnberg* 131.2).
[135] Bericht über die Schweizer Geschäfte (Eberbach/Winkler) für die AR-Sitzung am 15. 2. 1922 (*WA Nürnberg* 116.II.2.).

stände (ohne die aus Anzahlungen herrührenden Devisen) noch in den letzten Monaten des Jahres 1922 (von GM 233 000 am 6. 10. 1922 auf GM 1 Mio. am 12. 12. 1922), um dann bis Ende April wieder beträchtlich (auf GM 265 000) zu sinken.[136] Die Abnahme der Devisenbestände bedeute aber wohl nicht, daß die Kreditwünsche des Reiches im Jahre 1923 unerfüllbar geworden wären. Die Maschinenfabrik Esslingen opferte für die Zeichnung der im März 1923 aufgelegten Dollar-Anleihe nur 10% ihres freien, das heißt für Materialimporte noch nicht festgelegten Devisenbestandes; diese Zeichnung wurde vom stellvertretenden AR-Vorsitzenden Paul Reusch als angemessen, in württembergischen Bankkreisen als im Verhältnis zu anderen Firmen „recht splendid" empfunden.[137] Das RdI-Präsidialmitglied Hans Kraemer schätzte im September 1923 den Devisenbesitz der deutschen Wirtschaft auf über GM 1,5 Mrd.[138]

Die Industrie als Ganzes genommen hat also die Devisenansprüche des Reiches nicht oder nicht voll erfüllt, obwohl ihr dies möglich gewesen wäre; innerhalb der Industrie war die Bereitschaft, Devisen, Devisenkredite und Devisenkreditgarantien zur Verfügung zu stellen, allerdings sehr unterschiedlich ausgeprägt. Desgleichen haben die Unternehmen sich gegen die den Devisenverkehr einschränkenden Gesetze und Verordnungen gewehrt, die im Laufe der Jahre 1922 und 1923 erlassen wurden, aber auch dies in unterschiedlichem Ausmaße: So wurde die Devisennotverordnung vom 12. Oktober 1922, die Devisenzahlung bei Inlandsgeschäften und Devisenkauf zum Zweck der Spekulation und Vermögensanlage untersagte, vom Reichsverband der deutschen Industrie als Ganze verworfen: Der RdI hatte im September 1922 die Devisenhaltung zur Vermögenssicherung ausdrücklich für notwendig erklärt und bei der Devisenzahlung im Inlandsgeschäft lediglich auf deren zwangsweise Durchführung verzichten wollen; nach Erlaß der Verordnung strebte er – vergeblich – deren

---

[136] Berechnet aus: Unterlagen für die AR-Sitzungen der Motorenfabrik Deutz am 13. 1. 1923 und 3. 5. 1923 (*KHD-Archiv* 111.2–2).

[137] Schreiben L. Kessler an P. Reusch, 29. 3. 1923. Schreiben P. Reusch an L. Kessler, 31. 3. 1923 (beide *HA/GHH* 300 193 011/2). Die ME hatte $ 8000 Anleihe gezeichnet.

[138] Hans Kraemer in der Sitzung des wirtschafts- und finanzpolitischen Ausschusses des Vorläufigen Reichswirtschaftsrates am 6. 9. 1923. *Die Kabinette Stresemann I und II*, bearb. von Karl Dietrich Erdmann und Martin Vogt (= Akten der Reichskanzlei. Weimarer Republik, hrsg. von Karl Dietrich Erdmann und Wolfgang Mommsen), Boppard 1978, Bd. 1, S. 173, Anm. 5.

Aufhebung an.[139] In der Schwerindustrie, selbst innerhalb der einzelnen Unternehmen, war man unterschiedlicher Auffassung: So sprach sich das GHH-Vorstandsmitglied Mayer-Etscheit Ende November 1922 für die Aufhebung der Devisenverordnung aus, damit jeder erhaltene Zahlungen in Devisen stabilisieren könne;[140] der Vorstandsvorsitzende Paul Reusch dagegen wollte das Verbot der Devisenzahlung bei Inlandsgeschäften nur in Fällen der indirekten Ausfuhr durchbrochen wissen.[141] Die Maschinenindustrie hat der Devisennotverordnung 1922 keinen heftigen Widerstand entgegengesetzt[142] und sich 1923 offenbar nur darum bemüht, daß im Inlandsgeschäft die importierten beziehungsweise die überwiegend aus Importgütern hergestellten Waren mit Devisen bezahlt werden dürfen.[143] Der Deutsche Industrie- und Handelstag schließlich sprach sich im September 1922 deutlich dafür aus, daß Zahlung im Inlandsverkehr nur in Reichsmark verlangt werden dürfe.[144]

Warum haben sich die Unternehmen – in unterschiedlichem Ausmaß – den Devisenwünschen des Staates versagt, ohne durch Mangel an Devisen dazu gezwungen worden und ohne an einem Fortschreiten der Inflation interessiert zu sein? Warum haben sie – in unterschiedlichem Ausmaß – versucht, die staatlichen Beschränkungen des Devisenverkehrs zu verhindern? Worauf sind Widerspruch gegen und Zustimmung zu den staatlichen Devisenwünschen und -bestimmungen zurückzuführen?

Zunächst: Wie ist der Widerspruch der Unternehmen gegen die staatlichen Devisenanforderungen und Devisenverkehrsbeschränkun-

---

[139] Rundschreiben des RdI vom 28. 9. 1922 betr. Fakturierung in Auslandswährung bei Inlandsverkäufen (*M.A.N. WA Augsburg*, Nachl. R. Buz 248). Schreiben E. Guggenheimer an GHH vom 19. 10. 1922, E. Guggenheimer an M.A.N. Werk Gustavsburg vom 26. 10. 1922 und 9. 11. 1922 (alle *M.A.N. WA Augsburg*, Nachl. R. Buz 248).
[140] Bericht Mayer-Etscheit zur Konzernsitzung am 28. 5. 1922 (*HA/GHH 308/27*).
[141] Schreiben GHH an E. Guggenheimer vom 14. 10. 1922 (*M.A.N. WA Augsburg*, Nachl. R. Buz 248). – Indirekte Ausfuhr sind diejenigen Güter, die der inländische Besteller in Exportaufträgen verarbeitet.
[142] VDMA: Geschäftsbericht über das Jahr 1922, S. 24 *(VDMA-Archiv)*. Schreiben G. Lippart/L. Endres (M.A.N.) an E. Guggenheimer vom 10. 10. 1922 (*WA Augsburg*, Nachl. R. Buz 248).
[143] VDMA: Geschäftsbericht über das Jahr 1923, S. 19 *(VDMA-Archiv)*. Die Valutaspekulationsverordnung vom 8. 5. 1923 wurde am 24. 7. 1923 dann auch durch eine solche Bestimmung ergänzt; vgl. *Reichsgesetzblatt 1923*, I, S. 748.
[144] Vgl. *Volkswirtschaftliche Chronik (der Jahrbücher für Nationalökonomie und Statistik) für das Jahr 1922*, Jena 1922/23, S. 532, Anm. 4 (September 1922).

gen zu erklären? Die Quellen lassen darauf schließen, daß die ablehnende Haltung der Unternehmen in hohem Maße auf eine geringe subjektive Handlungsabhängigkeit des Stabilitätsziels und auf hohe Verlusterwartungen im Falle eines Eigenbeitrags zurückzuführen war: Immer dann, wenn sie ihren Einfluß auf die Erreichung des angestrebten Ziels (das immer auch das Stabilitätsziel einschloß) als gering, ihren individuellen Verlust im Falle eines Eigenbeitrags aber als hoch einschätzten, neigten die Unternehmen zur Ablehnung der staatlichen Devisenwünsche und -verkehrsbeschränkungen; sofern sie die Unterstützung der staatlichen Devisenpolitik zusagten, knüpften sie an diese Zusagen Bedingungen, deren Erfüllung die Erreichung des (Stabilitäts-) Ziels wahrscheinlicher machen, zum Teil auch die erwarteten Verluste verringern, insgesamt also die Gründe für den Widerstand gegen die staatliche Devisenpolitik vermindern sollten. Wie machten sich die geringe subjektive Handlungsabhängigkeit des Stabilitätsziels und die hohen Verlusterwartungen in der Devisenpolitik der Unternehmen bemerkbar?

Wenn die einzelnen Unternehmen den Einfluß ihrer eigenen Devisenpolitik auf die Erreichung des Stabilitätsziels als verhältnismäßig gering veranschlagten, so war dies die Folge einmal ihrer nicht-monetären Inflationserklärung,[145] zum andern ihrer Selbsteinschätzung innerhalb der Gesamtheit der Unternehmen. Im Rahmen der nicht-monetären Inflationserklärung hat man in den Unternehmen der eigenen Devisenpolitik einen gewissen Einfluß auf die Entwicklung der Wechselkurse und damit des inländischen Preisniveaus eingeräumt. So stellte man im Oktober 1922 in der Gutehoffnungshütte fest, daß unter den Maßnahmen zur Stützung der einheimischen Währung der Einschränkung der börsenmäßigen Umsätze in Devisen eine besondere Bedeutung zukomme. „Es ist eines von den wenigen Mitteln, dessen Handhabung ausschließlich in unserer Hand liegt." Der vom RdI vertretene Grundsatz, denjenigen Teil des Betriebskapitals, der nicht durch Papiermarkverpflichtungen (Löhne, Gehälter, inländische Rohstoffe) in Anspruch genommen sei, in Devisen anzulegen, würde die Mark diskreditieren.[146] In der M.A.N. war man – unabhängig von

---

[145] In der Beurteilung der Devisenpolitik des privaten Wirtschaftssubjekts unterscheidet sich die nicht-monetäre allerdings kaum von der quantitätstheoretischen Inflationserklärung. Siehe oben, S. 146.

[146] Schreiben GHH an E. Guggenheimer (M.A.N.) vom 14. 10. 1922 (*M.A.N. WA Augsburg*, Nachl. R. Buz 248).

dieser Stellungnahme – derselben Auffassung.[147] Im Vergleich zu den wichtigsten Faktoren der Inflation, nämlich den Reparationszahlungen, der zu geringen Produktion und (1923) der Belastung des Reichshaushalts durch den passiven Widerstand an der Ruhr, maß man jedoch in den Unternehmen der eigenen Devisenpolitik nur eine untergeordnete Bedeutung bei. Die Übernahme von Garantien für Devisenkredite schien der Industrie nutzlos, wenn nicht zu erwarten war, daß die für unerfüllbar gehaltenen Reparationsverpflichtungen des Londoner Ultimatums erheblich herabgesetzt und die Wirtschaft durch die Befreiung von produktivitätshemmenden Beschränkungen (vor allem der Demobilmachungsverordnungen einschließlich der Arbeitszeitbeschränkungen) in die Lage versetzt würde, einen Teil der verringerten Reparationskosten auch wirklich zu tragen; das war der den meisten Industriellen gemeinsame Standpunkt in den Kreditgarantieverhandlungen September bis November 1921 und im Mai 1923.[148] Die zögernde Zeichnung der Dollarschatzanweisungs-Anleihe im März und auch im August 1923 dürfte zum großen Teil auf den geringen währungsstabilisierenden Einfluß zurückzuführen sein, den man angesichts der inflatorischen Finanzierung des passiven Widerstands an der Ruhr dieser Anleihe zuschrieb. Die Versuche der

---

[147] Schreiben G. Lippart (M.A.N.) an E. Guggenheimer vom 10. 10. 1922 (*M.A.N. WA Augsburg*, Nachl. R. Buz 248): Die Devisenzahlung bei Inlandsgeschäften „über das notwendige Maß der Rohstoffbeschaffung hinaus" habe die Inanspruchnahme fremder Devisen und damit eine unnötige Markverschlechterung zur Folge, „wie das anscheinend zurzeit der Fall ist".

[148] Die Forderung nach Befreiung der Wirtschaft von produktivitätshemmenden Beschränkungen wurde jeweils in dem Schlußangebot der Industrie während der beiden Kreditgarantieverhandlungen gestellt (vgl. Besprechung mit Vertretern der Industrie und Gewerkschaften in der Reichskanzlei vom 10. 11. 1921. *Die Kabinette Wirth I und II...*, Bd. 1, S. 368–373. Schreiben RdI an Reichskanzlei vom 25. 5. 1923. *Das Kabinett Cuno...*, S. 508–513). Diese Forderung wurde offenbar als selbstverständlich empfunden. Gegen sie wurde kein Widerspruch laut, obwohl sie 1921 nicht von Anfang an zu den von der Industrie gestellten Garantiebedingungen gehörte. Der Vorsitzende des Krupp-Direktoriums, Otto Wiedfeldt, der an das Kreditangebot der Industrie 1921 möglicht wenig Bedingungen knüpfen wollte, fand die Forderung nach freier Wirtschaft als zwar abgedroschen, aber richtig. Schreiben O. Wiedfeldt an K. Sorge vom 7. 11. 1921. Abgedruckt in: E. Schröder, *Otto Wiedfeldt...*, S. 187–190, hier S. 189. Die Verringerung der Reparationslasten wurde 1921 von allen für notwendig gehalten und von den Befürwortern der Garantieübernahme für das Frühjahr 1922 (wenn der wechselkursbegünstigte Wettbewerb des deutschen Exports das Ausland verhandlungsbereit gemacht haben würde) erwartet; 1923 war sie die Voraussetzung der Garantieübernahme.

Reichsbank von Februar bis April 1923, den Wechselkurs der Mark zu stützen, hielt man auf die Dauer für aussichtslos.[149] Der Finanzchef der M.A.N. bekannte, die Devisenabgabe vom August 1923 nicht voll erfüllt zu haben, da er „das Geld als zum Fenster herausgeworfen" betrachtete.[150] „Wenn das Reich sich als unfähig erweist, den Kurs zu stabilisieren, hat auch die Hingabe von Devisen seitens der Industrie keinen Sinn mehr."[151] In den vorliegenden Quellen fehlen Hinweise darauf, wie stark die Unternehmen den Einfluß der Devisenverkehrsbeschränkungen auf die Entwicklung der Wechselkurse eingeschätzt haben;[152] aus anderen Stellungnahmen läßt sich jedoch schließen, daß vom zahlungsbilanztheoretischen Standpunkt aus allgemein die Devisenspekulation zum großen Teil nur als eine Folgeerscheinung anderer Sachverhalte (Reparationen, zu geringe Arbeitsleistung) und die gesetzlichen Devisenbeschränkungen daher nur als ein Kurieren am Symptom, nicht als Bekämpfung der Wurzeln des Übels, angesehen wurden.[153]

---

[149] Vgl. z. B. Prot. der Vorstandssitzung der Motorenfabrik Deutz vom 18. 4. 1923 (*KHD-Archiv* I/25).

[150] Schreiben L. Endres an E. Guggenheimer, 14. 11. 1923 (*M.A.N. WA Nürnberg* 03.VII).

[151] Schreiben L. Endres an E. Guggenheimer, 30. 8. 1923 (*M.A.N. WA Augsburg*, Nachl. R. Buz 250). Vgl. auch die Ausführungen des Geschäftsinhabers der Disconto-Gesellschaft (und AR-Mitglieds der M.A.N.) Franz Urbig in der Besprechung über die Schaffung einer neuen, real fundierten Währung im Reichsfinanzministerium am 29. 8. 1923 (*Die Kabinette Stresemann I und II...*, Bd. 1, S. 140): Die neue Devisenerfassung sei schnell verpulvert; entscheidend sei, ob der Reichshaushalt eine zeitlang aufrechterhalten werden könne.

[152] Der Vorstandsvorsitzende der GHH, Paul Reusch, betrachtete im Juli 1923 alle Devisenverordnungen als reif für den Papierkorb. Schreiben P. Reusch an Reichskanzler Cuno, 19. 7. 1923 (*HA/GHH* 400 101 290/119), zitiert nach G. D. Feldman, *Iron and Steel in the German Inflation...*, S. 392.

[153] Vgl. etwa die Ausführungen des Reichsbankpräsidenten Havenstein in der Kabinettsitzung am 24. 10. 1922 (*Die Kabinette Wirth I und II...*, Bd. 2, S. 1142f.). Schreiben des Reichswirtschaftsministers an den Reichskanzler vom 23. 7. 1923 (*Das Kabinett Cuno...*, S. 655f.). Reg.rat Dr. Reichardt, *Zum Gesetz über den Verkehr mit ausländischen Zahlungsmitteln vom 2. Februar 1922*, in: *Bank-Archiv*, 21 (1921/22), Nr. 23 vom 1. 9. 1922, S. 387, 391. O. Bernstein, *Die Verordnung gegen die Spekulation in ausländischen Zahlungsmitteln...*, S. 15. – Auch die Quantitätstheoretiker maßen der Devisengesetzgebung nur eine geringe Bedeutung für die Stabilisierung der Wechselkurse bei. Vgl. Alfred Lansburgh, *Die Politik der Reichsbank und die Reichsschatzanweisungen nach dem Kriege* (= Schriften des Vereins für Sozialpolitik, Bd. 166), München–Leipzig 1924, S. 47 f., 54. L. Mises, *Die geldtheoretische Seite des Stabilisierungsproblems...*, S. 25. Gustav Cassel, *Das Geldwesen nach 1914*, Leipzig 1925, S. 121 f.

Neben der in der Industrie für richtig gehaltenen Inflationserklärung war das Gewicht, das die einzelnen Unternehmen ihrer eigenen Devisenpolitik im Rahmen der Devisenpolitik aller Unternehmen beimaßen, von erheblichem Einfluß auf die subjektive Handlungsabhängigkeit des Stabilitätsziels und damit auf die Devisenpolitik der Unternehmen. Für eine verhältnismäßig geringe Einschätzung der eigenen im Rahmen der Devisenpolitik der Gesamtheit der Unternehmen spricht indirekt die Beobachtung, daß die Unternehmen ihre Devisenpolitik häufig auch von der Devisenpolitik der anderen Unternehmen abhängig machten: So hielten die Befürworter der Kreditaktion von 1921 diese nur für sinnvoll, wenn sich alle Wirtschaftszweige und in ihnen alle Unternehmen an ihr beteiligten.[154] Als der Generaldirektor der Deutsch-Luxemburgischen Bergwerksgesellschaft, Albert Vögler, im März 1923 vorschlug, die großen Ruhrkonzerne sollten 5% der Dollarschatzanweisungsanleihe zeichnen, wollte der GHH-Vorstandsvorsitzende Paul Reusch seine Zusage unter anderem davon abhängig machen, daß alle Werke mitmachten.[155] Und die M.A.N. wollte im August 1923 nur dann Devisen gegen Dollarschatzanweisungen hergeben, wenn dies im gleichen Verhältnis auch die anderen Firmen täten.[156]

Zu der geringen subjektiven Handlungsabhängigkeit trat die Erwartung, daß ein Verzicht auf Devisenkredite, Devisenerwerb und Devisenhaltung hohe individuelle Verluste mit sich bringen würde, als Ursache für den Widerstand der Unternehmen gegen die staatlichen Devisenwünsche. Die Übernahme langfristiger Garantien für Devisenkredite des Auslands 1921 und 1923 wäre für die Industrie insofern ein Opfer gewesen, als die Industrie einen eventuell benötigten Auslandskredit für ihre eigenen Zwecke kaum mehr hätte beanspru-

---

[154] Telegramm des geschäftsführenden Präsidialmitglieds des RdI, Bücher, an den Reichskanzler vom 30. 9. 1921 (*Die Kabinette Wirth I und II...*, Bd. 1, S. 298, Anm. 2). Schreiben RdI an Reichskanzler vom 17. 10. 1921 (a.a.O., S. 325, Anm. 1). Rede Wiedfeldts auf der Mitgliederversammlung des RdI am 5. 11. 1921; abgedruckt bei E. Schröder, *Otto Wiedfeldt...*, S. 187.
[155] Vgl. G. D. Feldman, *Iron and Steel in the German Inflation...*, S. 361.
[156] Schreiben E. Guggenheimer an L. Endres (M.A.N.) vom 18. 8. 1923 (*WA Nürnberg 03.VI*). „Es würde nichts anderes als den Spott derjenigen Firmen eintragen, wenn wir wieder, ohne daß die anderen Firmen folgen, die geforderten Mittel zur Verfügung stellen." Guggenheimer und Endres vermuteten, daß bei der Aufteilung der Anleihequoten auf die verschiedenen Industriezweige die meisten Gruppen Zurückhaltung üben und die hilfsbereiten Kräfte ausnützen würden.

III. Inflationsbewertung und -förderung durch die Unternehmen

chen können.[157] Direkte und wachsende Nachteile entstanden den Unternehmen, wenn diese mit zunehmender Geldentwertung seit Herbst 1921 liquide Mittel in Mark statt in harten Devisen (wie Dollar, Pfund, Gulden, Schweizer Franken) hielten. Diese Nachteile konnten in Form von Gewinnentgang durch Verzicht auf Devisenspekulation und von direkten Entwertungsverlusten der Markguthaben auftreten. Der Entscheidung für die Haltung von Devisenbeständen dürfte dabei meistens die Absicht der Risikominderung, weniger der Erzielung von Spekulationsgewinn zugrunde gelegen haben. Ein wirklicher Spekulations-, das heißt ein Kaufkraftgewinn, setzte voraus, daß der Wechselkurs der Mark schneller fiel als das inländische Preisniveau stieg. Wenn auch in vielen Fällen Spekulationsgewinne erzielt worden sein mögen,[158] so ist doch zweifelhaft, ob die Unternehmen ihren Devisenerwerbungen über den kurzfristigen Bedarf hinaus Spekulationsgewinnerwartungen zugrundegelegt haben. In den unternehmens- und verbandsinternen Quellen werden vielmehr eher unspekulative Zwecke der Haltung von Devisenbeständen betont: die Sicherung des Vermögens (also die Stabilisierung von Kaufkraft) und die Bildung von Reserven für äußerste Notfälle.[159]

Die geringe Einschätzung der eigenen Einflußmöglichkeiten und die Erwartung hoher individueller Verluste im Falle einer eigenen Beitragsleistung zur Zielerreichung erklären gut den Widerstand der Industrie gegen die staatlichen Devisenwünsche und Devisenverkehrs-

---

[157] Vgl. dazu die Äußerungen des Reichskanzlers Wirth und des Wiederaufbau-Ministers Rathenau in der Besprechung mit Parteiführern am 3. 10. 1921. *Die Kabinette Wirth I und II...*, Bd. 1, S. 298f. Jakob Reichert (Geschäftsführer des Vereins der Deutschen Eisen- und Stahlindustriellen), *Rathenaus Erfüllungspolitik. Eine kritische Studie*, Berlin 1922, S. 238.

[158] G. D. Feldman (*Iron and Steel in the German Inflation...*, S. 359) erwähnt ein erfolgreiches Devisenspekulationsgeschäft der GHH im Februar 1923.

[159] Geschäftsbericht der M.A.N. für den Vorstand vom 27. 9. 1922 (*M.A.N. WA Augsburg* 1312): Es sei dringend notwendig, einen gewissen Stand von Devisen zu erhalten, da immer wieder Zeiten kommen können, in denen sie als letzter Notbehelf wirken müssen. Es wäre also falsch, unsere spezielle Lage als weniger gefährdet anzusehen deshalb, weil wir noch über einen gewissen Devisenbestand verfügen können. Dieser Devisenbestand muß als eiserne Ration betrachtet werden, die nur angegriffen werden darf, wenn sonst nichts mehr zu greifen ist. Vgl. ebenfalls: Vorstandsbericht der M.A.N. vom 9. 12. 1922 (*WA Augsburg* 1312). *Die Finanzen der Firma Krupp während der Ruhrbesetzung* (Schäffer), *Kriegsdenkschrift*, B I 4b, S. 5 (*HA Krupp WA* VII f 1081). Mayer-Etscheit (Vorstandsmitglied der GHH): Niederschrift über die Regelung des Auftragswesens zur Konzernsitzung am 28. 11. 1922 (*HA/GHH* 308/27). Mitgliederrundschreiben des RdI vom 28. 9. 1922 (*M.A.N. WA Augsburg*, Nachl. R. Buz 248).

beschränkungen und auch die Bedingungen, welche die Industrie an die Erfüllung der staatlichen Devisenwünsche knüpfte. Gefangenendilemma- und Trittbrettfahrer-Verhalten traten nebeneinander auf, ersteres (da Selbstzeugnisse der Handelnden vorliegen) besser beobachtbar als letzteres. Aus der Situation des Gefangenendilemmas (Mangel an Opferbereitschaft, wenn von den anderen Beteiligten kein stabilitätskonformes Handeln erwartet wurde) lassen sich die Zurückhaltung vieler Unternehmen bei der Zeichnung der Dollaranleihe 1923, der Widerstand vieler Unternehmen gegen die Devisenbestimmungen und schließlich auch die Bedingungen erklären, die der größte Teil der Industrie 1921 und 1923 in den Verhandlungen über die Devisenkreditgarantien stellte. Mithilfe der Trittbrettfahrertheorie könnte zum Beispiel das Verhalten derjenigen Industriellen erklärt werden, die (wie vielleicht die Gruppe um Hugo Stinnes) eine Übernahme von Kreditgarantien 1921 und 1923 auch dann ablehnten (und statt dessen die Garantieleistung allein oder überwiegend den Staatsbetrieben, vor allem der Reichseisenbahn, überlassen wollten), wenn mit der Verringerung der Reparationslasten, einer Produktivitätssteigerung der Wirtschaft und der Beteiligung aller in Frage kommenden Wirtschaftsbereiche (Handel, Banken, Landwirtschaft, Industrie) an der Aktion zu rechnen war.[160]

Wie schon wiederholt betont, zeigt die Beobachtung aber auch, daß die staatlichen Devisenwünsche und -bestimmungen nicht durchweg auf Ablehnung stießen: So war der überwiegende Teil der Industrie 1921 und 1923 zur Übernahme von Kreditgarantien bereit, wenn die

---

[160] Die Trittbrettfahrertheorie würde ausreichen, um den Widerstand der Industriellen-Gruppe um Stinnes, Hasslacher, Silverberg und Hugenberg gegen die Devisenkreditaktionen 1921 und 1923 zu erklären. Das schließt nicht aus, daß dieser Widerstand durch andere Überlegungen verstärkt worden ist; Stinnes z. B. mag an einer weiteren Entwertung der Mark, Hugenberg am Sturz der Regierung interessiert gewesen sein. – In der Literatur wird die Geschichte der Kreditaktionen von 1921 und 1923 vor allem als die Geschichte ihrer Sabotierung durch die Industriellen-Gruppe um Stinnes dargestellt. Vgl. Charles S. Maier, *Recasting Bourgeois Europe. Stabilization in France, Germany, and Italy in the Decade after World War I,* Princeton 1975, S. 265f. G. D. Feldman, *Iron and Steel in the German Inflation...,* S. 285f. P. Wulf, *Hugo Stinnes...,* S. 266–293, 383–387. Dies wird auch hier nicht unbedingt widerlegt. Es soll aber nochmals betont werden, daß die Forderung nach einer von den Demobilmachungsvorschriften befreiten Wirtschaft (die im Forderungskatalog von 1923 eine noch wichtigere Rolle spielte als 1921) auf den inflationstheoretischen Vorstellungen der meisten Industriellen beruhte und von den meisten Industriellen (und nicht nur von Stinnes u. a.) geteilt wurde.

180   *III. Inflationsbewertung und -förderung durch die Unternehmen*

Erfüllung der vermuteten Erfolgsbedingungen (vor allem Verminderung der Reparationslasten, Produktivitätssteigerung der Wirtschaft) erwartet werden konnte; Trittbrettfahrer-Verhalten lag hier also nicht vor. Die Dollarschatzanweisungs-Anleihe vom März 1923 wurde zunächst zumindest teilweise, später ganz gezeichnet. Und der Widerstand gegen die Devisenverkehrsbeschränkungen war nicht einheitlich und durchgängig. In den Fällen, in denen die Unternehmen den staatlichen Devisenwünschen – zum Teil mit daran geknüpften Bedingungen – entgegenkamen beziehungsweise den Devisenverkehrsbeschränkungen zustimmten, muß entweder die Neigung zum Gefangenendilemma- oder Trittbrettfahrer-Verhalten dadurch geschwächt worden sein, daß die Handlungsabhängigkeit des Stabilitätsziels höher und/oder die individuellen Verluste im Falle einer Beitragsleistung niedriger eingeschätzt wurden, oder aber die Geringschätzung des eigenen Einflusses auf die Erreichung des Stabilitätsziels und die negative Bewertung des individuellen Verlustes müssen durch andere Überlegungen (mehr als) wettgemacht worden sein. Tatsächlich sind alle diese Sachverhalte in der Devisenpolitik der Unternehmen zu beobachten, ihre Anteile an den einzelnen devisenpolitischen Entscheidungen aber kaum zu messen.

Eine verhältnismäßig hohe Bewertung der eigenen devisenpolitischen Entscheidung für die Erreichung des Stabilitätsziels hat offenbar einige Industrielle veranlaßt, im Herbst 1921 und im Frühjahr 1923 die Übernahme von Kreditgarantien durch die deutsche Industrie besonders engagiert zu vertreten. Man glaubte 1921, durch angestrengte Versuche der Reparationserfüllung die Alliierten von der Unerfüllbarkeit der Reparationen und der Notwendigkeit ihrer Verringerung überzeugen zu können,[161] und 1923 hoffte man, mit dem Angebot der Garantieübernahme direkt die Reparationslasten verringern und die Ruhrbesetzung beendigen zu können. Den engagierten Befürwortern der Kreditaktion mag auch das Opfer, die Verpfändung des deutschen Industrievermögens an das Ausland, nicht so hoch er-

---

[161] Vgl. Lothar Albertin, *Die Verantwortung der liberalen Parteien für das Scheitern der Großen Koalition im Herbst 1921*, in: *Historische Zeitschrift*, 205 (1967), S. 578 f. Ein Beispiel für solche Überlegungen war der Krupp-Direktor Otto Wiedfeldt. Er hielt die durch das Londoner Ultimatum verfügten Reparationsverpflichtungen für unerfüllbar, rief aber zur Mitarbeit an ihrer Erfüllung auf, um das Ausland von ihrer Unerfüllbarkeit zu überzeugen. Vgl. O. Wiedfeldt, *Wirtschaftliche Folgen des Ultimatums...* (*HA Krupp* WA IV 2566).

schienen sein wie ihren Gegnern.[162] Für die exportorientierten Industriezweige mit verhältnismäßig hohen Deviseneinnahmen, wie den Maschinenbau, bedeuteten die staatlichen Maßnahmen zur Begrenzung des Devisenverkehrs eine weit geringere Einschränkung ihres devisenpolitischen Spielraums als für diejenigen Industriezweige (Textilindustrie, Schwerindustrie), die ihre Erzeugnisse überwiegend im Inland absetzten und daher auf Devisenkauf oder Devisenfakturierung im Inlandsgeschäft angewiesen waren, wenn sie einen Devisenbestand zur Vermögenssicherung und Reservebildung anlegen wollten; die stark exportorientierten Industriezweige haben sich daher an der Bekämpfung des Devisenhandelsgesetzes und der Devisennotverordnung von 1922 weniger beteiligt. Unter den Überlegungen, welche die im ganzen geringe subjektive Handlungsabhängigkeit und die Erwartung hoher individueller Verluste (zum Teil) wettgemacht haben, spielt sicher solidarisches Verhalten in vielen Unternehmen eine Rolle, also der Wille, zur Erreichung des Stabilitätsziels ungeachtet der geringen eigenen Einflußmöglichkeit und der zu erwartenden eigenen Verluste einen Beitrag zu leisten.[163] Vor einer Überschätzung solidarischen Verhaltens mag aber die Beobachtung schützen, daß dort, wo die Unternehmen den Devisenwünschen der Regierung entgegenkamen, häufig auch noch andere kompensierende Sachverhalte, nämlich Gratifikationen außerhalb des angestrebten Stabilitätsziels und die Androhung von Zwang, auftraten. So war die Kreditaktion von 1921 für einige ihrer Befürworter (Wiedfeldt, Sorge, Bücher) schon deshalb notwendig, um das Vertrauen des In- und Auslands in die Geschäftsfähigkeit der Regierung und damit das bestehende Regierungs-

---

[162] Von den Gegnern der Kreditaktion wurde die Schwere eines solchen Opfers besonders betont. Vgl. zu Stinnes: P. Wulf, *Hugo Stinnes...*, S. 282. Weiter: J. Reichert, *Rathenaus Reparationspolitik...*, S. 238.

[163] Eventuell können diejenigen Stellen in den Quellen, in denen von der Pflicht der Wirtschaft zur Erfüllung der staatlichen Devisenwünsche die Rede ist, als Äußerungen solidarischen Verhaltens interpretiert werden. Vgl. etwa den Bericht v. Klemperers auf der a. o. Mitgliederversammlung des VDMA am 23. 11. 1921 *(VDMA-Archiv)*, in dem die Ablieferung von Exportdevisen als Pflicht der Industrie bezeichnet wird. Paul Reusch fand Ende 1922, daß es die „Pflicht der Wirtschaft" sei, die Regierung bei einem Reparationsangebot durch Übernahme einer Anleihegarantie zu unterstützen, vorausgesetzt, das Angebot weiche nicht allzusehr von den Vorschlägen der Sachverständigenkommission (GM 15 Mrd.) ab. Schreiben P. Reusch an den Reichskanzler Cuno vom 31. 12. 1922. *Das Kabinett Cuno...*, S. 101. Diese Willensbekundung schloß zumindest ein Trittbrettfahrer-Verhalten aus.

system selbst zu erhalten.[164] Eine besondere materielle Gratifikation hatten die Ruhrindustriellen im Auge, als sie im März 1923 an die Zeichnung der Dollarschatzanweisungs-Anleihe die Erwartung knüpften, daß die Reichsbank ihnen als Gegenleistung einen höheren Markkredit einräumte,[165] und in der M.A.N. erwartete man im Sommer 1921 eine günstige Regelung der sozialen Ausfuhrabgabe, wenn man zur Ablieferung von Exportdevisen an die Regierung bereit sei.[166] Eine wichtige Ursache für ein Entgegenkommen gegenüber den staatlichen Devisenwünschen dürfte neben solchen Gratifikationen aber auch die Überlegung gewesen sein, mit einer freiwilligen Beitragsleistung schärfere staatliche Zwangsmaßnahmen umgehen zu können. So wurde die Bereitschaft zur Übernahme von Kreditgarantien 1921 vermutlich durch die Furcht vor der Verwirklichung der damals vielfach diskutierten Pläne einer Teilenteignung der Industrie durch den Staat gefördert. Und der Beschluß der Maschinenbauverbände im November 1921, dem Reich 25% des Ausfuhrwertes in Devisen zur Verfügung zu stellen, war wohl auch von der Erwägung geleitet, daß andernfalls Zwangsmaßnahmen ergriffen würden.[167]

c) Preiserhöhungen

Im ZWEITEN KAPITEL, ABSCHNITT II.5 ist dargestellt worden, welche Preisbildungsverfahren die Unternehmen in den Preissteigerungsperioden 1919/20 und ab Herbst 1921 zur Anpassung der Absatzpreise an die Kosten entwickelten und mit welchem Erfolg sie dies taten. Hier interessiert die Entscheidung zur Entwicklung und Anwendung solcher Anpassungsverfahren insofern, als sie immer auch eine Entscheidung zur Förderung der Inflation war. Jede Preiserhöhung, zu der ein Unternehmen sich (ohne Veränderung des Erzeugnisses) entschloß, trug dazu bei, daß das allgemeine Preisniveau stieg oder sich

---

[164] Vgl. G. D. Feldman, *Iron and Steel in the German Inflation...*, S. 285 f. P. Wulf, *Hugo Stinnes...*, S. 283 f.
[165] Vgl. G. D. Feldman, *Iron and Steel in the German Inflation...*, S. 360 f.
[166] Schreiben R. Buz an die M.A.N.-Werke vom 4. 8. 1921 (*WA Augsburg*, Nachl. R. Buz 105).
[167] Bericht v. Klemperer auf der a. o. Mitgliederversammlung des VDMA am 23. 11. 1921 *(VDMA-Archiv)*. Auf mögliche Zwangsmaßnahmen verwies auch der Verein deutscher Eisen- und Stahlindustrieller, als er seinen Mitgliedern im November 1921 die Ablieferung möglichst hoher Exportdevisenbeträge an die Reichsbank empfahl. Vgl. G. Krämer, *Die deutsche Außenhandelskontrolle in der Nachkriegszeit...*, S. 56.

langsamer stabilisierte. In welchem Umfang und unter welchen Bedingungen hat die Wertschätzung stabiler Preisverhältnisse die Unternehmen in der Anwendung preissteigernder Anpassungsverfahren gehemmt? Warum hat die Wertschätzung stabiler Preisverhältnisse die Unternehmen nicht (auf Dauer) von der Anwendung preissteigernder Anpassungsverfahren abgehalten? Zeitgenössische Äußerungen und Debatten innerhalb der Industrie über den Zusammenhang von Preiserhöhungsentscheidungen und allgemeiner Geldentwertung ermöglichen eine Antwort auf diese Fragen. Einige dieser Überlegungen aus den beiden Preissteigerungsperioden 1919/20 und ab Herbst 1921 sollen daher kurz dargelegt werden:

Nachdem es sich im Laufe des Jahres 1919 eingebürgert hatte, entweder Festpreisgeschäfte nur noch unter Einschluß hoher Wagniszuschläge abzuschließen oder (ab Herbst 1919) bei Geschäftsabschluß Preisvorbehalte oder Gleitpreise zu vereinbaren, fand von November 1919 bis Februar 1920 in der bayerischen Industrie und einigen bayerischen Ministerien eine briefliche Diskussion über die Frage statt, ob mit Hilfe einer Gewinnbegrenzung in der gewerblichen Wirtschaft und im Handel eine Preisstabilisierung versucht werden solle. An dieser Diskussion beteiligten sich der Augsburger Textilindustrielle Walter Clairmont (Neue Augsburger Kattunfabrik), der Generaldirektor der M.A.N., Anton von Rieppel, der Direktor der Bayerischen Maschinenfabrik, Eppner, der Geschäftsführer des Bayerischen Industriellen-Verbandes, Wilhelm Kuhlo, der bayerische Handelsminister Eduard Hamm und der bayerische Wirtschaftsminister von Meinel.[168] Clairmont, der die Diskussion eröffnete, sah die Ursachen der fortlaufenden Preissteigerungen in der zu geringen Gütererzeugung und dem Verfall des Markwechselkurses. Er schlug dann aber vor, zur Eindämmung der „katastrophalen Preissteigerungen" die „Gewinnzuschläge" der Industrie- und Handelsunternehmen auf einen bestimmten Prozentsatz der Gestehungskosten festzusetzen; die „Gewinnzuschläge" sollten der behördlichen Genehmigung unterliegen. Die zu reglementierenden „Gewinnzuschläge" sollten dabei offenbar auch die Beträge der eventuell nach dem Datum des Geschäftsabschlusses auftretenden Kostensteigerungen enthalten. Denn Clairmont wollte mit seinem Gewinnbegrenzungsvorschlag die Unternehmen nicht nur hindern, ohne Rücksicht auf die Folgen jede Gewinnchance mitzu-

---

[168] Der Schriftwechsel befindet sich im *Werksarchiv Nürnberg* der M.A.N. (Kasten 03.V).

nehmen, er wollte es den Unternehmen auch unmöglich machen, „das ungebundene Spiel der Lastenüberwälzung, welchem heute Arbeitgeber und Arbeitnehmer fröhnen, noch weiter zu treiben". Statt dessen hoffte er, mit kleineren Opfern, die durch die Begrenzung der „Gewinnzuschläge" in Gestalt anfänglicher Verluste auftreten würden, „tunlichst rasch und schnell in möglichst geordnete Verhältnisse zurückzukehren".[169] Das von Clairmont verfochtene Ziel der Preisstabilisierung stieß auf allgemeine Zustimmung, der von Clairmont vorgeschlagene Weg der behördlich kontrollierten Begrenzung der „Gewinnzuschläge" auf allgemeine Ablehnung. Kuhlo sprach sich gegen jede „Zwangswirtschaft" aus und sah die Lösung des Problems nur in einer Steigerung der Gütererzeugung; die Produktionssteigerung setze eine anfängliche Preissteigerung voraus, führe dann aber dazu, daß sich die Preise von selbst wieder nach unten einregulierten.[170] Rieppel, Eppner, Hamm und Meinel hielten die Begrenzung der „Gewinnzuschläge" für undurchführbar und damit unwirksam; dies schon deshalb, weil die Preisbildung des Handels unkontrollierbar sei.[171] Für Rieppel bestand das Hauptproblem der einzelbetrieblichen Preispolitik darin, daß dieser „jede moralische Grundlage" fehle. „Was will man da mit Maßnahmen, Verordnungen oder Gesetzen viel erreichen? Es scheint, als könnte wirklich nur mehr durch Statuierung von Exempeln Besserung erzielt werden, d.h. durch Vollziehung der Todesstrafe an jedem, gleichviel wer er ist, der die heutige Lage zur eigenen Bereicherung benützt."[172]

[169] Denkschrift Clairmont, Allmähliger Abbau der Preise, 24. 11. 1919.
[170] Schreiben W. Kuhlo an A. v. Rieppel vom 18. 2. 1920. Kuhlo stellte sich damit auf einen Standpunkt, den auch der Geschäftsführer des Vereins Deutscher Eisen- und Stahlindustrieller (VDESt), Jakob Reichert, in seinem Buch *Rettung aus der Valutanot* (Berlin 1919) und in der am 27. 2. 1920 im VDESt geführten Debatte über die Heranführung der deutschen Eisen- und Stahlpreise an die Weltmarktpreise vertrat. Prot. der Hauptvorstandssitzung des VDESt am 27. 2. 1920; abgedruckt bei: G. D. Feldman/H. Homburg, *Industrie und Inflation...*, S. 239–247, insbes. S. 242. Zur Debatte innerhalb des VDESt über die Heranführung an die Weltmarktpreise vgl. auch G. D. Feldman, *Iron and Steel in the German Inflation...*, S. 130–140.
[171] Schreiben Eppner an Rieppel vom 10. 2. 1920, Rieppel an Eppner vom 12. 2. 1920, Hamm an Rieppel vom 25. 1. 1920, Meinel an Hamm vom 22. 2. 1920.
[172] Schreiben Rieppel an Eppner vom 12.2.1920. – Praktisches Ergebnis des Schriftwechsels war lediglich, daß das Bayerische Staatsministerium für Handel, Industrie und Gewerbe in einem Rundschreiben an die Handelskammer und den Bayerischen Industriellen-Verband vom 16.9.1920 (*M.A.N. WA Nürnberg* 03.V) allgemein zur Selbstbeschränkung bei den Gewinnen aufrief.

Der Wechsel von den Festpreis- zu den Gleitpreisgeschäften ab Herbst 1921 wurde mit größtem Unbehagen vollzogen und mit Zwangslagen begründet. In der M.A.N. hatte man gegen die Gleitpreise „zahlreiche schwerwiegende Bedenken..., aber die Verhältnisse können stärker sein als jeder gute Wille";[173] Festpreise in Mark seien ruinöse Spekulation und könnten nicht abgeschlossen werden, bis die Reparationsfrage gelöst und die Mark stabilisiert sei.[174] In der Motorenfabrik Deutz fand man Ende Oktober 1921, daß der Wunsch nach Stabilisierung der Preispolitik „bei den dauernd wachsenden Ziffern unserer Selbstkostenfaktoren erheblichen Schwierigkeiten" begegne.[175] Und das Krupp-Vorstandsmitglied Bruhn sah in der Stahlpreiserhöhung Ende Juli 1922 gleichzeitig die unvermeidliche Folge vorausgehender Kostensteigerungen und die Ursache weiterer Kosten- und Preissteigerungen; „nur eine gründliche Änderung des außen- und innenpolitischen Kurses" könne diese Bewegung aufhalten.[176] Die Geschwindigkeit, in der sich ab Herbst 1921 der Übergang von Fest- zu Gleitpreisgeschäften vollzog, war allerdings von Industriezweig zu Industriezweig und auch innerhalb der einzelnen Industriezweige unterschiedlich. So sind zwar im Maschinenbau noch bis April 1922 Festpreisgeschäfte in größerem Umfange abgeschlossen worden; der Verein Deutscher Maschinenbauanstalten hatte seinen Mitgliedern aber sehr bald, nämlich in der außerordentlichen Mitgliederversammlung am 23. November 1921, allgemein die Verwendung von Preisvorbehaltsklauseln empfohlen.[177] Die Eisen- und Stahlindustrie dagegen hielt trotz der erheblichen Kostensteigerungen im Spätjahr 1921 an Festpreisen fest und entschloß sich erst zu Gleitpreisen, als die seit Dezember 1921 stabilen Kohlepreise auf Drängen von Stinnes am 1. März 1922 um 28% erhöht wurden.[178] Illustrativ für die

---

[173] Schreiben M.A.N. Werk Augsburg an Werk Nürnberg vom 7. 11. 1921 (*WA Augsburg*, Unternehmen 1 c/d).
[174] Schreiben Lippart (M.A.N.) an Guggenheimer (M.A.N.) vom 10. 10. 1922 (*WA Augsburg*, Nachl. R. Buz 248).
[175] Unterlagen zur AR-Sitzung am 28. 10. 1921 (*KHD-Archiv* 111.2-2).
[176] Schreiben Bruhn an Gustav Krupp von Bohlen und Halbach vom 1. 8. 1922 (*HA Krupp* FAH IV C 199).
[177] VDMA: Geschäftsbericht über das Jahr 1922, S. 17 (*VDMA-Archiv*).
[178] Zum Widerstand der Eisen- und Stahlindustrie gegen die Stinnesschen Pläne der Kohlepreiserhöhung in den ersten Monaten des Jahres 1922 vgl. den Bericht des GHH-Direktors Woltmann an Paul Reusch vom 16. 2. 1922 (*HA-GHH* 30019323/8) und die Niederschrift über die Vorstandssitzung des RdI vom 22. 2. 1922; beide abge-

bestehenden Meinungsunterschiede mag ein Gespräch sein, das der Eisen- und Stahlindustrielle Paul Reusch und das M.A.N.-Vorstandsmitglied Gottlieb Lippart in der Aufsichtsratssitzung der M.A.N. am 15. Februar 1922 führten: Reusch drängte unter Hinweis auf die Festpreispolitik der Eisen- und Stahlindustrie die M.A.N., kurzfristige Waggongeschäfte nur mit festen Preisen abzuschließen, „weil man sonst aus dem Elend gar nicht herauskomme". Lippart hingegen hielt Festpreisabschlüsse für verlustbringend und damit für undurchführbar, da zwar die Materialpreise fest seien, die Löhne aber ständig stiegen.[179] Erst nach der Kohlepreiserhöhung vom 1. März 1922 stellte die Eisen- und Stahlindustrie auch Nachforderungen bei früher abgeschlossenen Festpreisaufträgen an ihre Kundschaft. Und auch dies taten – zumindest in der ersten Zeit – offenbar nur wenige Werke. Paul Reusch griff die Rheinischen Stahlwerke heftig an, als diese im März 1922 Lieferverträge mit der Maschinenfabrik Esslingen, die vor dem 1. März 1922 abgeschlossen worden waren, nur erfüllen wollten, wenn Esslingen den Tagespreis des Liefertages zahle. Die Rheinischen Stahlwerke hätten „durch ihr Verhalten in der Preisfrage der gesamten deutschen Eisenindustrie einen schlechten Dienst erwiesen".[180] Der GHH brachte die Erfüllung der Festpreisaufträge erhebliche Verluste ein: Das Unternehmen belieferte zum Beispiel die Maschinenfabrik Esslingen noch im März und April/Mai 1922 zu dem Ende Oktober 1921 vereinbarten Festpreis, nachdem der Preis für Stab- und Formeisen auf mehr als das Doppelte beziehungsweise Dreifache gestiegen war.[181] Reusch widersprach auch der Behauptung des Rheinstahl-Vorstandsvorsitzenden Hasslacher, alle Eisen- und Stahlerzeuger (bis auf die GHH) hätten Nachforderungen bei ihren Kunden beantragt, und die GHH sei von Verlusten infolge Kostensteigerungen nicht so sehr betroffen, da sie den größten Teil ihrer Stahl- und

---

druckt in: G. D. Feldman/H. Homburg, *Industrie und Inflation...*, S. 303–306. Vgl. auch G. D. Feldman, *Iron and Steel in the German Inflation...*, S. 289–293.

[179] Prot. der AR-Sitzung der M.A.N. vom 15. 2. 1922 (*WA Augsburg* 1312).

[180] Schreiben Reusch an Jakob Hasslacher (Rheinstahl) vom 1. 4. 1922 (*HA/GHH* 3001930011/0).

[181] Schreiben GHH-Verbandsbüro an Dickertmann (GHH) vom 19. 6. 1923 (*HA/GHH* 300193011/1). Schon im Januar und Februar 1922 lag der Tagespreis für Stab- und Formeisen um 61 bzw. 99% über dem im Oktober 1921 vereinbarten Preis, zu dem die GHH der ME das Material in diesen Monaten tatsächlich lieferte.

Walzwerkerzeugnisse an eigene Konzernwerke liefere; beides sei nicht der Fall.[182]

Unter welchen Bedingungen haben sich die Unternehmen – bei anhaltender Wertschätzung stabiler Preisverhältnisse – für, unter welchen Bedingungen gegen inflationsfördernde Preiserhöhungen und Preisbildungsverfahren entschieden? Die vorstehend angeführten Vorgänge und Meinungsäußerungen liefern einige empirische Anhaltspunkte für den Versuch, die Preisentscheidungen der Unternehmen mit Hilfe der in diesem Kapitel diskutierten entscheidungstheoretischen Überlegungen zu erklären und damit die zu Beginn dieses Abschnitts gestellten Fragen zu beantworten. Es lassen sich folgende Vermutungen anstellen:

1. Immer dann, wenn die Unternehmen sich zu inflationsfördernden Preiserhöhungen beziehungsweise Preisbildungsverfahren entschieden, scheinen sie sich in der Entscheidungssituation des Gefangenendilemmas gesehen zu haben: Einerseits schätzten sie den Einfluß der eigenen Preispolitik auf die Geldwertentwicklung gering ein und erwarteten nicht, daß die anderen Personen, Personengruppen oder Institutionen, die Einfluß auf die Geldwertentwicklung hatten, ihren (zum Teil gewichtigeren) Stabilitätsbeitrag leisten würden; andererseits erwarteten sie von einem Verzicht auf Preiserhöhungen verhältnismäßig hohe Verluste. In beiden Preissteigerungsperioden glaubte man im allgemeinen nicht an eine Beseitigung derjenigen Sachverhalte, die man – entsprechend der für zutreffend gehaltenen Inflationstheorien – für die eigentlichen Inflationsursachen hielt: Untererzeugung und/oder Reparationslasten. Dazu kam, daß man von den anderen Unternehmen eine stabilisierende Preispolitik nicht erwartete. Belege dafür sind: das generelle Mißtrauen in die Geschäftsmoral der anderen, das einen gewissen Anteil etwa an der Ablehnung der Gewinnzuschlagsbegrenzung Ende 1919/Anfang 1920 hatte, und der Umstand, daß die Eisen- und Stahlindustrie sich 1922 erst dann zu Gleitpreisgeschäften entschloß, als von einem wichtigen anderen Industriezweig, dem Kohlebergbau, kein preisstabilisierendes Verhalten mehr zu erwarten war. Vermeidung von Verlust (oder auch von Gewinnentgang) schließlich war – wie auch im ZWEITEN KAPITEL, ABSCHNITT II.5 ausführlich dargestellt – immer eine entscheidende Ursa-

---

[182] Schreiben Paul Reusch an Jakob Hasslacher vom 10. 4. 1922 (*HA/GHH* 30019390/4).

che der Preiserhöhungen beziehungsweise der Anwendung inflationsfördernder Preisbildungsverfahren.

2. In beiden Preissteigerungsperioden ist aber auch beabsichtigter oder tatsächlicher Verzicht auf Preiserhöhungen beziehungsweise inflationsfördernde Preisbildungsverfahren zu beobachten: in der Debatte über die Begrenzung des „Gewinnzuschlags" 1919/20 und beim Festhalten zum Beispiel der Eisen- und Stahlindustrie und vieler Maschinenbauunternehmen an Festpreisen bis März/April 1922. Zum Teil war dieser Verzicht auf den Widerstand der Abnehmer gegen Preiserhöhungen beziehungsweise preissteigernde Preisbildungsverfahren zurückzuführen; der (vermutete) Widerstand der Abnehmer war zum Beispiel eine der Ursachen für die Beibehaltung von Festpreisen in vielen Maschinenbauunternehmen, aber auch in anderen Industriezweigen zwischen Herbst 1921 und Frühjahr 1922.[183] In diesen Fällen war also die Verwendung preissteigernder Preisbildungsverfahren (subjektiv) nicht möglich; ein intensiverer Wettbewerb mag in diesen Industriezweigen geringe Preisanpassungsspielräume eröffnet haben. Der Hinweis auf den Wettbewerb der Anbieter und den Widerstand der Abnehmer reicht aber zur Erklärung der beschriebenen Verzichtabsichten und -leistungen nicht aus; so wäre es etwa der Eisen- und Stahlindustrie angesichts der starken Nachfrage, die nach ihren Erzeugnissen bestand, ab Herbst 1921 möglich gewesen, bei ihren Abnehmern Gleitpreise durchzusetzen. Welche Sachverhalte können dann zur Erklärung herangezogen werden? Es fällt auf, daß Verzichtabsichten und -leistungen (besonders) dann auftraten, wenn erwartet werden konnte, daß andere, für wichtig gehaltene Inflationsursachen (ebenfalls) behoben wurden: Die industriellen Teilnehmer der Gewinnbegrenzungsdiskussion von 1919/20 wären zur Begrenzung des „Gewinnzuschlags" bereit gewesen, wenn sie der Teilnahme aller anderen Unternehmen sicher gewesen wären, und die Zurückhaltung gegenüber Gleitpreisen von Herbst 1921 bis zum Frühjahr 1922 fiel in eine Zeit, in der von vielen noch eine für Deutschland günstige Regelung der Reparationsfrage erwartet wurde. Die Unternehmen waren also (zum Teil?) bereit, auf das Trittbrettfahren zu verzichten. Möglicherweise ist der Verzicht auf das Trittbrettfahren zum Teil auf

---

[183] So haben Teile der Textilwirtschaft des Widerstands der Abnehmer wegen bis zum Frühjahr 1922 an Festpreisen festgehalten. Vgl. *Volkswirtschaftliche Chronik (der Jahrbücher für Nationalökonomie und Statistik) für das Jahr 1922*, Jena 1922/23, S. 126f. (März 1922).

eine verhältnismäßig hohe subjektive Handlungsabhängigkeit des Stabilitätsziels zurückzuführen: So mag die Eisen- und Stahlindustrie vermutet haben, daß die Preispolitik einer Grundstoffindustrie und damit der eigenen Branche die Preisbildung in der Gesamtwirtschaft besonders stark beeinflusse.[184] Inwieweit auch eine geringere Verlusterwartung den Verzicht auf das Trittbrettfahren erleichtert hat, ist offen; wie oben erwähnt, hat zum Beispiel Paul Reusch dem Rheinstahl-Vorstandsvorsitzenden widersprochen, als dieser das längere Festhalten der GHH an Festpreisen (im März 1922) auf besondere, durch die Konzernstruktur bedingte Vorteile der GHH zurückführte. Eine Rolle beim Verzicht auf das Trittbrettfahren dürfte aber solidarisches Verhalten der beteiligten Unternehmen gespielt haben; es ist jedenfalls dort, wo eine höhere subjektive Handlungsabhängigkeit und eine geringere Verlusterwartung dazu nicht ausreichen, als erklärender Sachverhalt nicht auszuschließen.[185]

---

[184] Vgl. etwa die Begründung, die Paul Reusch im Februar 1922 der M.A.N. für seine Empfehlung gab, kurzfristige Wagengeschäfte nur zu Festpreisen abzuschließen: Festpreisabschlüsse würden der Verarbeitungsindustrie dadurch ermöglicht, daß das Material von der Eisenhüttenindustrie, die ihre Verträge gehalten habe, ebenfalls zu Festpreisen zu erhalten sei. Prot. der AR-Sitzung der M.A.N. vom 15. 2. 1922 (*WA Augsburg* 1312). Ähnlich lauteten die Ausführungen des GHH-Vorstandsmitglieds Klemme auf der Konzernsitzung des GHH-Konzerns vom 27. 2. 1922 (*HA/GHH* 308/27): „Einen wesentlichen Dienst glauben wir unseren Konzernfirmen dadurch geleistet zu haben, daß wir die Abschlüsse (über die Lieferung von Eisen- und Stahlerzeugnissen, D. Lb.) zu den einmal getätigten Preisen auch durchgehalten und sie dadurch bewahrt haben, mit Wünschen nach Preis-Aufbesserung an die eigene Kundschaft herantreten zu müssen."

[185] Auf eine höhere Opferbereitschaft der im Familienbesitz befindlichen Unternehmen wie Krupp und GHH (Familie Haniel) macht Gerald D. Feldman aufmerksam. Reusch (GHH) habe einen größeren Handlungsspielraum als Hasslacher (Rheinstahl) gehabt und sei daher länger (also auch noch im März/April 1922) als dieser in der Lage gewesen, an einmal getätigten Festpreisabschlüssen festzuhalten. G. D. Feldman, *Iron and Steel in the German Inflation...*, S. 297 – Eine alternative Erklärung des langen Festhaltens der Eisen- und Stahlindustrie an Festpreisen wäre eine Erklärung aus typischem Kartellverhalten: Die Eisen- und Stahlindustrie hätte die Aufträge zu überhitzten Festpreisen abgeschlossen und an diesen Festpreisen lange festgehalten, um nicht zu oft neu verhandeln zu müssen; sie hätte dazu die Möglichkeit gehabt, da genügend „Luft" in den Preisen war. Wieviel „Luft" tatsächlich in den Festpreisen der Eisen- und Stahlindustrie war, müßte untersucht werden. Reuschs Votum weckt Zweifel an der Vermutung, daß das „Luftpolster" in den Festpreisen groß war.

d) Handelswechselkredite und Notgeldausgabe

Wie eingangs erwähnt, reichen die für diese Untersuchung benutzten Quellen nicht aus, die Einflußnahme der Industrie auf die Geldmengenpolitik der Reichsregierung und der Reichsbank umfassend darzustellen. Dies gilt vor allem für den Einfluß, den die Industrie auf die inflationäre Verschuldung der Reichsregierung bei der Reichsbank ausübte. Fest steht nur, daß die Unternehmen sich stets intensiv um Staatsaufträge an Lokomotiven, Waggons und ähnlichem bemühten und die diesbezüglichen Handlungsspielräume nutzten; diese Aufträge trugen zum Defizit im Reichshaushalt bei, zu dessen Deckung sich das Reich bei der Reichsbank gegen Hingabe von Reichsschatzanweisungen Geld besorgte. Das Verhalten der Unternehmen könnte wie folgt erklärt werden: Das einzelne Unternehmen schätzte den möglichen Eigenbeitrag zur Preisstabilisierung gering ein, da es einmal nur einer unter vielen Anbietern war und zum andern durch einen Verzicht des Staates auf solche Warenbestellungen wichtige Inflationsquellen (Reparationen, allgemeine Produktionsbedingungen) nicht verstopft worden wären. Ein Verzicht des einzelnen Unternehmens auf Staatsaufträge wäre trotz des Interesses an der Preisstabilisierung, je nach den Erwartungen in das Verhalten der anderen Beteiligten, entweder ein vergebliches oder ein überflüssiges Opfer gewesen.[186]

Etwas mehr Hinweise liegen über die Einflußnahme der Industrie auf die Diskontierung von Handelswechseln durch die Reichsbank seit Mitte 1922 vor. Wie erwähnt (siehe oben ZWEITES KAPITEL, ABSCHNITT II.4.b), waren – bei stark steigenden Preisen (und sehr viel schwächer wachsender Geldmenge) – seit Frühjahr 1922 die Industrieunternehmen in Liquiditätsschwierigkeiten und die Banken in Engpässe bei der Kreditvergabe geraten. Um Beschäftigungseinbrüche zu vermeiden, begann die Reichsbank Mitte 1922, verstärkt Warenwechsel der Privatwirtschaft zu dem niedrigen Reichsbankdiskontsatz zu diskontieren; damit milderte sie die Kreditnot (etwas), sorgte

---

[186] Mit der bewußten Zurückstellung des Stabilitätszieles können dagegen eventuell die Bemühungen der Industrie um staatliche Notstandsaufträge zwecks Arbeitsbeschaffung in den ersten Nachkriegsmonaten erklärt werden. Um solche Aufträge (z. B. Lokomotivreparaturen) hat sich z. B. offenbar mit Erfolg der Ende 1918 gegründete, paritätisch besetzte Fachausschuß für Maschinenindustrie bemüht. Vgl. Prot. d. Gründungsversammlung der Arbeitsgemeinschaft für den Maschinenbau am 7. 3. 1921. *Zwanglose Mitteilungen des VDMA*, 10 (1921), S. 131 (*VDMA-Archiv*).

aber auch für einen weiteren Preisauftrieb. Für die Unternehmen waren die billigen Reichsbankkredite eine willkommene Finanzierungsquelle. Die Wechsel im Portefeuille der Reichsbank stiegen von M 4 Mrd. Ende Juni 1922 auf M 422 Mrd. Ende Dezember 1922 und M 7 Billionen Ende Juni 1922 an.[187] Wenn die hier näher untersuchten Unternehmen von den Handelswechselkrediten (offenbar) weniger Gebrauch machten, so geschah dies wohl mehr aus technischen Gründen (Unbestimmtheit der Liefertermine) als aus grundsätzlichen Erwägungen. Der Vorstand des Reichsverbandes der deutschen Industrie ernannte am 6. September 1922 eine offizielle Delegation, die der Reichsbank den Wunsch nach vermehrter Diskontierung von Handelswechseln vortragen sollte.[188]

Warum nutzten die Unternehmen den Spielraum zur Diskontierung von Handelswechseln, den ihnen die Reichsbank gewährte, obwohl ihnen an einer Preisstabilisierung lag? Das einzelne Unternehmen mußte im Verzicht auf die Einreichung von Handelswechseln bei der Reichsbank bereits dann ein vergebliches Stabilitätsopfer sehen, wenn es von den anderen Unternehmen ein gegenteiliges Verhalten erwartete, und es mußte das Stabilitätsopfer für überflüssig halten, wenn es erwartete, daß alle anderen Unternehmen auf Handelswechselkredite verzichteten und damit Preisstabilität erreicht wurde, das eigene stabilitätswidrige Verhalten dagegen kaum bemerkt würde. Daneben aber dürften für das Verhalten der Unternehmen die Erwartungen bestimmend gewesen sein, die auf den von ihnen vertretenen inflationstheoretischen Vorstellungen beruhten; ohne Hinzuziehung dieser theoretischen Vorstellungen über die Ursachen der Inflation wäre das Verhalten der Industrie als *Gesamtheit*, wie es sich in dem Vorstandsbeschluß des RdI vom 6. September 1922 (bei fast gleichzeitig ausge-

---

[187] Statistisches Reichsamt, *Zahlen zur Geldentwertung...*, S. 52. – Die Reichsbank diskontierte – insbes. offenbar in der zweiten Hälfte des Jahres 1922 – nicht nur Warenwechsel. Hugo Stinnes erklärte 1922 gegenüber dem M.A.N.-Direktor Guggenheimer, bei der Reichsbank seien weitgehend auch reine Finanzwechsel mit Erfolg zum Diskont eingereicht worden. Vgl. Schreiben E. Guggenheimer an L. Endres, 7. 9. 1923 (*HA/ GHH* 300 192 101/14).

[188] Niederschrift über die Sitzung des Vorstandes des RdI am 6. 9. 1922; Teilabdruck in G. D. Feldman/H. Homburg, *Industrie und Inflation...*, S. 313–324. Vgl. auch die Darstellung der Bemühungen der Industrie um Handelswechselkredite in: *A.a.O.*, S. 124f.; G. D. Feldman, *Iron and Steel in the German Inflation...*, S. 316–318.

III. Inflationsbewertung und -förderung durch die Unternehmen

sprochenem Wunsch nach Preisstabilisierung[189]) darstellte, nicht erklärbar. Abgesehen von der sicher von manchen vertretenen bankingtheoretischen Auffassung, daß aus dem Warenverkehr erwachsene Ansprüche an die Reichsbank keine Erhöhung des Preisniveaus zur Folge haben könnten, war man generell der Auffassung, daß die Reparationen und das Mißverhältnis von Erzeugung und Verbrauch die entscheidenden Inflationsursachen seien. Die Abhängigkeit der Preisstabilisierung von der Handelswechseldiskontierung schätzte man dagegen gering ein. Ein Verzicht auf die Einreichung von Handelswechseln mußte also als ein vergebliches Stabilitätsopfer erscheinen, solange bei den Reparationen und Produktionsbedingungen keine Erleichterungen erwartet wurden.[190]

Die Unternehmen haben zur Ausdehnung der Geldmenge und damit zur Fortführung der Inflation beigetragen, indem sie das durch die Niedrig-Zinspolitik der Reichsbank verlockende Angebot der Handelswechseldiskontierung wahrnahmen und indem sie kollektiv die Reichsbank zu einer Ausweitung dieses Angebots drängten. Als Instrument direkter Geldschöpfung stand in der letzten Phase der Inflation zumindest einem Teil von ihnen darüber hinaus die Ausgabe von Notgeld zur Verfügung. Nicht jede Ausgabe von Notgeld war eine zusätzliche Ausweitung der Geldmenge. Der Gesetzgeber hatte seit Beginn des Weltkrieges Gemeinden und Unternehmen mehrfach erlaubt, Notgeld auszugeben, um dem Mangel an Zahlungsmitteln abzuhelfen. Diese Ausgaben von Notgeld waren genehmigungspflichtig. Die Notgeld ausgebenden Stellen mußten den Gegenwert des ausgegebenen Betrages festlegen. Nach den Bestimmungen des Gesetzes über die Ausgabe und Einlösung von Notgeld vom 17. Juli 1922 mußte der Gegenwert des ausgegebenen Notgeldes an die Reichskreditgesellschaft überwiesen oder der Notgeldbetrag der Reichsbank zur Ausgabe übergeben und dort in Reichsschatzanweisungen angelegt werden; die Guthaben bei der Reichskreditanstalt und die Schatzanweisungsdepots wurden für die Laufzeit des Notgeldes zugunsten

---

[189] Vgl. insbes. die Niederschrift über die Sitzung des beim RdI eingesetzten Sonderausschusses für ein Wirtschaftsprogramm am 9. 8. 1922; Teilabdruck in: G. D. Feldman/H. Homburg, *Industrie und Inflation*..., S. 332–343. Siehe auch oben DRITTES KAPITEL, ABSCHNITT I.

[190] Daß ein Verzicht der Reichsbank auf die Diskontierung von Handelswechseln kaum währungsstabilisierende Wirkungen gehabt hätte, solange der Reichsbankkredit dem Reich weiterhin unbegrenzt zur Verfügung stand, betont auch C.-L. Holtfrerich, *Die deutsche Inflation*..., S. 75 f.

des Reichsfinanzministeriums gesperrt. Mit diesen Vorschriften sollte die private Geldschöpfung unterbunden werden. Geldmengenausweitend und damit inflationsfördernd hat diese geplante und genehmigte Ausgabe „gedeckten" Notgeldes nur insofern gewirkt, als sie die Geldschöpfung der Reichsbank (deren Kapazitäten zum Druck von Banknoten mit zunehmender Geldentwertung nicht mehr ausreichten) technisch erleichterte. Zusätzliche Geldschöpfung dagegen bedeutete jeder Notgeldbetrag, den Gemeinden und Unternehmen über das gedeckte Notgeld hinaus ausgaben. Für die ausgebenden Stellen waren diese nichtgenehmigten, ungedeckten Notgeldbeträge zinslose Darlehen, die ihnen solange zur Verfügung standen, bis ihnen das Notgeld zur Einlösung wieder vorgelegt wurde; bei rasch fortschreitender Geldentwertung konnten mit diesen zinslosen Darlehen erhebliche „Schuldnergewinne" erzielt werden.[191]

Gemeinden und Unternehmen gaben ungenehmigtes, ungedecktes Notgeld (vor allem) während der letzten Phase der Inflation im zweiten Halbjahr 1923 aus, und dies in großen Mengen. Als am 15. November 1923 die Rentenbank ihre Tätigkeit aufnahm und mit der Ausgabe von Rentenbankscheinen begann, hatten die umlaufenden Reichsbanknoten einen Wert von GM 155 Mio., die umlaufenden Notgeldscheine dagegen einen Wert von GM 988 Mio.; und davon entfielen GM 970 Mio. auf ungedeckte Notgeldscheine.[192] Der Notgeldumlauf sank, in absoluten Ziffern und im Verhältnis zum übrigen Geldumlauf, nachdem die Behörden einschränkende Maßnahmen ergriffen hatten: Das Reichsfinanzministerium leitete gegen ungedecktes Notgeld ausgebende Stellen Strafverfahren ein. Die Reichsbank wies ihre Kassen an, eingehendes Notgeld nicht mehr zu Zahlungen zu verwenden, sondern dem Emittenten zur Einlösung vorzulegen. Am 17. November 1923 verfügte sie, daß Notgeld durch die Reichsbankkassen nicht mehr angenommen werden dürfe; die ausgebenden Stellen sollten vielmehr ersucht werden, das von ihnen begebene Not-

---

[191] Zur Notgeldausgabe allgemein vgl. *Die Reichsbank 1901–1925*, Berlin o.J., S. 124–126. Karl Elster, *Von der Mark zur Reichsmark. Die Geschichte der deutschen Währung in den Jahren 1914 bis 1924*, Jena 1928, S. 200–203. Friedrich Hesse, *Die deutsche Wirtschaftslage von 1914 bis 1923. Krieg, Geldblähe und Wechsellagen*, Jena 1938, S. 366f.
[192] *Die Reichsbank 1901–1925...*, S. 125. Statistisches Reichsamt, *Zahlen zur Geldentwertung...*, S. 48. In der Darstellung der Reichsbank wird der gesamte Notgeldumlauf auf GM 988 Mio. geschätzt; die Tabelle des Statistischen Reichsamts gibt den Betrag des genehmigten Notgelds (einschließlich Reichsbahnnotgelds) mit GM 18,4 Mio. an.

geld bis zum 26. November 1923 einzulösen. Daraufhin gingen die Notgeldemissionen zurück; die Einziehung der umlaufenden Notgeldbeträge begann. Ende Dezember war noch ungedecktes Notgeld in Höhe von GM 192 Mio. (davon GM 180 Mio. in dem von den Franzosen besetzten Gebiet) im Umlauf, gegen genehmigtes Notgeld in Höhe von GM 7,6 Mio., Reichsbanknoten in Höhe von GM 497 Mio. und wertbeständige Zahlungsmittel in Höhe von GM 1,7 Mrd.[193]

Von den hier näher untersuchten Unternehmen haben Krupp, Deutz und Humboldt Notgeld emittiert, nicht aber Schenck, Esslingen und M.A.N. (wohl aber deren Oberhausener Muttergesellschaft GHH).[194] Nähere Angaben erlaubt die Quellenlage bei Krupp: Das Unternehmen gab im zweiten Halbjahr 1923 ungedecktes Notgeld, und zwar in erheblichem Umfange, aus. Am 28. September 1923 befanden sich M 264 Mio. (= GM 6,9 Mio.) ungedecktes Kruppsches Notgeld im Umlauf. Als unternehmensinterne Deckung des Notgeldbetrages wurde ein eiserner Reservebestand an Effekten angesehen. Am 17. Dezember 1923 berichtete der Finanzchef Busemann, daß das Notgeld bis auf einen kleinen Rest wieder in die Kassen des Unternehmens zurückgewandert sei. Nach Darstellung von Direktor Baur am 11. Januar 1925 hat Krupp aus der Ausgabe von Notgeld, die das Unternehmen in der zweiten Hälfte des Jahres 1923 in den Genuß eines zinslosen Darlehens brachte, einen Inflationsgewinn von insgesamt GM 23 Mio. gezogen; das war, wie schon erwähnt, mehr als der durchschnittliche Monatsumsatz des Geschäftsjahres 1923/24 (= ca. GM 19 Mio.).[195]

[193] *Deutschlands Wirtschaft und Finanzen.* Im Auftrage der Reichsregierung den von der Reparationskommission eingesetzten Sachverständigenausschüssen übergeben, Berlin 1924, S. 66. K. Elster, *Von der Mark zur Reichsmark...*, S. 202, 254. *Die Reichsbank 1901-1925...*, S. 125 f. Statistisches Reichsamt, *Zahlen zur Geldentwertung...*, S. 48 f.

[194] Zu Deutz und Humboldt vgl. Gustav Goldbeck, *Kraft für die Welt. 1864-1964 Klöckner-Humboldt-Deutz AG,* Düsseldorf–Wien 1964, S. 155. Zur GHH vgl. Fritz Büchner, *125 Jahre Geschichte der Gutehoffnungshütte,* o.O. 1935, S. 104. G. D. Feldman, *Iron and Steel in the German Inflation...*, S. 397: Die GHH hatte Mitte August 1923 ungedecktes Notgeld in Höhe von M 750 Trillionen ausgegeben. Dann ordnete der Vorstandsvorsitzende Reusch an, nur durch Stahlfinanzkredite des Reiches gedecktes Notgeld auszugeben.

[195] *Kriegsdenkschrift,* BI4b: *Die Finanzen der Firma Krupp während der Ruhrbesetzung* (Verfasser: Dir. Schäffer) (*HA Krupp WA VII f 1081*). Niederschrift über die Besprechung mit dem Betriebsausschuß am 17. 12. 1923 (*HA Krupp WA 41/6-192*). Vortrag Dir. Baur über die Goldbilanz der Fried. Krupp AG am 11. 1. 1925, S. 14 (*HA Krupp WA VII f 1082*). W. Berdrow, *Die Firma Krupp im Weltkrieg...*, S. 112 f.

Wie ist das unterschiedliche Verhalten der Unternehmen in der Frage der Notgeldausgabe bei doch gemeinsamer Abneigung gegen die Fortführung der Inflation zu erklären? Zur Erklärung der positiven Entscheidung zur Ausgabe ungedeckten Notgeldes bieten sich wiederum die Theorien des Gefangenendilemmas und/oder des Trittbrettfahrens an: Das einzelne Unternehmen schätzte den Beitrag, den es durch Verzicht auf die Notgeldausgabe für die Preisstabilisierung leisten konnte, als sehr gering ein. Erwartete es das Fortbestehen der anderen Inflationsquellen (Defizitfinanzierung des Reichshaushalts durch Notendruck, Notgeldausgabe durch die anderen potentiellen Emittenten), so mußte ihm der durch seinen Verzicht erzielbare Stabilisierungsfortschritt als unerheblich erscheinen; erwartete es das Versiegen der anderen Inflationsquellen, so war das eigene stabilitätsfeindliche Verhalten eine nur schwache und nur kaum bemerkbare Bremse für den Stabilisierungsfortschritt. Auf der anderen Seite war ein Verzicht auf die Ausgabe ungedeckten Notgeldes mit erheblichen Gewinn- und Beschäftigungseinbußen verbunden.[196] Warum aber verhielt sich nur ein Teil der Unternehmen entsprechend den Gefangenendilemma- und Trittbrettfahrer-Theorien? Vermutlich hat ein unterschiedliches Ausmaß an „Solidarität" auch die Entscheidung über die Notgeldausgabe beeinflußt: „Solidarisch" denkende Unternehmen mochten ohne Rücksicht auf die Geringfügigkeit ihres eigenen möglichen Stabilisierungsbeitrags auf das Verhalten der anderen und auf die eigenen Opfer von einer Notgeldausgabe Abstand nehmen. Emil Schenck führte als Grund für den Verzicht seines Unternehmens auf Notgeldausgabe rückblickend allein den Umstand an, die Schencksche Verwaltung habe in der Notgeldausgabe eine künstliche Vergrößerung des Geldumlaufs und demzufolge eine Erweiterung der Inflation gesehen.[197] Das Ausmaß (subjektiv) stabilitätsfördernden beziehungsweise Gefangenendilemma- und Trittbrettfahrer-Verhaltens dürfte aber wesentlich von den Bedingungen beeinflußt worden sein,

---

[196] Der Finanzdezernent der Fried. Krupp AG, Schäffer, schrieb rückblickend über das zweite Halbjahr 1923: „Die Konsumverwaltung einerseits und die Notgeld-Druckerei der graphischen Anstalt andererseits waren die wichtigsten Betriebe des Werks; sie haben das schließliche Durchhalten der Firma und der Bevölkerung in Essen ermöglicht und damit die Existenz derselben gerettet. Daß aus der Herstellung des Notgeldes infolge der Inflation der Firma ein nicht unerheblicher finanzieller Gewinn erwachsen ist, soll nicht verkannt werden..." *Kriegsdenkschrift,* BI4b: *Die Finanzen der Firma Krupp während der Ruhrbesetzung* (Schäffer) (*HA Krupp* WA VII f 1081).
[197] E. Schenck, *Das Werk Carl Schenck...,* S. III 108.

welche Ruhrbesetzung und passiver Widerstand im Jahre 1923 geschaffen haben. Dafür spricht, daß das ungedeckte Notgeld bis auf einen kleinen Teil im besetzten Gebiet ausgegeben worden ist; auch von den hier näher untersuchten Unternehmen lagen die Notgeldemittenten im Unterschied zu den Nichtemittenten im besetzten Gebiet. Die der Notgeldausgabe förderliche Wirkung der Ruhrbesetzung bestand einmal darin, daß im besetzten Gebiet – anders als im unbesetzten Gebiet – eine wirksame Kontrolle der Notgeldausgabe durch die Behörden offenbar fehlte;[198] dies hat die Ausgabe ungedeckten Notgeldes im großen Stil überhaupt erst ermöglicht. Zum anderen mußten die im besetzten Gebiet liegenden Unternehmen im Laufe des Jahres 1923 infolge der Absatzbehinderungen höhere finanzielle Einbußen hinnehmen als die Unternehmen des unbesetzten Gebietes. Ein Verzicht auf die Ausgabe ungedeckten Notgeldes mußte daher als ein besonders hohes Opfer erscheinen; Gewinne aus der Notgeldausgabe konnten dagegen als Entschädigung für im passiven Widerstand erbrachte Leistungen im Dienste der Allgemeinheit gerechtfertigt werden.[199] Daß all diese Bedingungen im unbesetzten Gebiet nicht vorlagen, dürfte dort ein Verhalten im Sinne der Preisstabilisierung erleichtert und die Ausgabe ungedeckten Notgeldes erschwert haben.

[198] Vgl. auch K. Elster, *Von der Mark zur Reichsmark...*, S. 202.
[199] Vgl. die rückblickenden Äußerungen des Krupp-Finanzdezernenten Schäffer über die Gewinne aus der Ausgabe ungedeckten Kruppschen Notgeldes: „Außerdem erscheint es nicht ganz ungerechtfertigt, wenn die bei dem Ruhreinbruch in vorderster Reihe kämpfenden und dadurch vor allen anderen Unternehmungen besonders geschädigten Werke auf diese Weise einen gewissen finanziellen Vorteil erlangen konnten." *Kriegsdenkschrift*, BI4b: *Die Finanzen der Firma Krupp während der Ruhrbesetzung* (Schäffer) (*HA Krupp* WA VII f 1081).

VIERTES KAPITEL
Inflationstheorien und empirischer Befund

I

Vorbemerkungen

Die hier untersuchten Unternehmen sind gering an Zahl. Mit Ausnahme der Kruppschen Gußstahlfabrik, die nach dem Krieg zum kleineren Teil Maschinen baute, zum größeren Teil Eisen- und Stahlprodukte erzeugte, waren sie reine Maschinen-, Lokomotiv- und Wagenbaufabriken, gekennzeichnet durch hohen Fremdbezug an Rohstoffen und durch langfristige Geschäfte; für andere Branchen, so für die mit einer Sonderkonjunktur ausgestattete reine Eisen- und Stahlindustrie, wären die Ergebnisse vielleicht anders. Die überlieferten Quellen zu fast jedem der erörterten Gesichtspunkte sind bruchstückhaft. Die Preisbewegung 1919 bis 1923 wechselte mehrfach in Richtung und Ausmaß; für die Betroffenen gab es keine Vorerfahrung und keine Gewöhnung. Die Inflation wurde von einem anderen Sonderproblem, dem Wiederaufbau nach dem Kriege, begleitet. Diese Sachverhalte nehmen den Beobachtungsfällen entweder ihren Wert als strenge Prüfungsinstanz für die vorgestellten Inflationstheorien oder schränken ihre Repräsentativität ein. Indessen können Untersuchungen wie die vorliegende zeigen, wo die Lösungen zu suchen sind, wenn strengere – ökonometrische – Theorieprüfungen (anhand veröffentlichter Daten), wie hier der Fall, zu widersprüchlichen Ergebnissen führen oder noch gar nicht vorliegen. Inwieweit nun erklären die vorgestellten Theorien die Inflationswirkungen auf die hier untersuchten Unternehmen und deren Beitrag zur Inflation? Inwieweit werden sie durch die hier angestellten empirischen Beobachtungen bestätigt?

II

Die Theorien über Inflationswirkungen und der empirische Befund

Die Theorien der Inflationswirkungen auf die Unternehmen finden sich nicht bestätigt. Die Inflationsinvestitionen (bei Werk Augsburg der M.A.N.: ohne Kriegsgüterinvestitionen 1918/19) erreichten insgesamt kaum die Höhe der Normalabschreibungen und bei weitem nicht den Umfang der Vorkriegsinvestitionen. Differenziert man zwischen Perioden unterschiedlicher Preisbewegung, so stellt sich heraus, daß vergleichsweise hohe Investitionen in oder am Ende einer Zeit (Herbst 1920 bis Herbst 1921) bewilligt wurden, in der verhältnismäßig stabile oder langsam steigende Preise vorausgesagt und verhältnismäßig gute Gewinne (im In- und Auslandsgeschäft) erzielt und erwartet wurden; im Frühjahr 1922, in das noch einige hohe Investitionsbewilligungen fielen, traten, wenn auch in sehr viel geringerem Maße und längst nicht überall, ebenfalls noch Erwartungen positiver Gewinn- und verhältnismäßig ruhiger Preisentwicklung auf. Im Vergleich zu der jeweils vorausgehenden geldwertstabileren Periode geringere, meist auch in absoluten Werten verhältnismäßig geringfügige Investitionen wurden Mitte 1919 bis Mitte/Herbst 1920 und ab Mitte (teils auch schon ab Anfang) 1922 bewilligt, als folgende Bedingungen vorlagen: hohe Preissteigerungen, verhältnismäßig hohe oder unsichere Preiserwartungen, negative Gewinnerwartungen und (auch bei steigenden realen Umsätzen und trotz zeitweiser hoher Ausfuhrgewinne) ein insgesamt schwacher Unternehmenserfolg (Verluste oder nur mäßige Gewinne). Vergleicht man die gesamte Inflationsperiode 1919 bis 1923 mit den letzten Vorkriegsjahren und den ersten fünf Nachinflationsjahren und vergleicht man innerhalb der Gesamtperiode 1919 bis 1923 die Monate starker Preissteigerungen mit den Zeitabschnitten größerer Preisstabilität, so läßt sich eine investitionsfördernde Wirkung der Inflation also nicht feststellen. Diese Feststellung ist ein Einwand gegen die Behauptung einer außerordentlichen Investitionsneigung unter Inflationsbedingungen. Sie besagt nicht unbedingt, daß die Investitionen der Maschinenbauunternehmen in den Jahren 1919 bis 1923 höher gewesen wären, wenn die Inlandspreise und der Wechselkurs 1919 auf das Vorkriegsniveau zurückgeführt worden wären. Eine solche Währungsstabilisierung hätte bei fortbestehenden Reparationsverpflichtungen, wenig geöffneten internationalen Märkten und inflexiblem Lohn- und Beschäftigungsniveau wahrscheinlich zu einer Krise geführt, in der die Investitionen wohl niedriger gewesen wären als sie dann tatsächlich waren. In den Inflationsjahren 1919 bis 1923 ist auch mehr investiert worden als in den Jahren der Weltwirtschaftskrise 1929 bis 1932. Allerdings ist zu bedenken, daß in dem nach dem Ersten Weltkrieg deflationierenden und von einer Depression betroffenen England die Produktionskapazität der Maschinenindustrie 1913 bis 1925 stärker stieg als in dem nach 1919 inflationierenden Deutschland.[1]

Was läßt sich anhand der empirischen Beobachtungen zu den einzelnen Theorien sagen?

Die Geldnachfragetheorie, sofern sie für die Inflation die Wahl der Vermögensgegenstände hauptsächlich von den Preiserwartungen abhängig macht und eine gegenläufige Bewegung von Geldnachfrage- und Sachwertentwicklung behauptet, erklärt das Investitionsverhalten der Unternehmen nicht (inwieweit etwa Vorrats- oder Devisenhaltung besser erklärt werden, soll hier dahingestellt bleiben). Niedrige reale Kassenhaltung und hohe Preissteigerungserwartungen liefen gerade nicht parallel zu hohen Investitionsbewilligungen. Als entscheidend für die Investitionsneigung stellten sich vielmehr Gewinne und Gewinnerwartungen heraus, die sich entgegengesetzt zu den Preisen und den Preiserwartungen entwickelten (da vor allem die Steigerungen der Absatzpreise und Absatzpreiserwartungen hinter den Steigerungen der Beschaffungspreise und Beschaffungspreiserwartungen zurückblieben). In der Betonung der ausschlaggebenden Rolle der Gewinne und Gewinnerwartungen für die Investitionen deckt sich diese Beobachtung durchaus mit den Überlegungen James Tobins; mit der Feststellung, daß Gewinne und Gewinnerwartungen sich entgegengesetzt zu Preisen und Preiserwartungen entwickelten, geht sie aber über diese Überlegungen hinaus.

Die Hypothese, daß ein sinkender Realzins zu Schuldnergewinnen führe (Gläubiger-Schuldner-Hypothese) und dadurch Investitionsanreize schaffe, erwies sich in mehrfacher Weise als nicht zutreffend. Einmal unterschätzt sie die Bedeutung, die – auch bei sinkendem Realzins – die Verfügbarkeit der Mittel und die Differenziertheit der Erwartungen für die Kreditaufnahme haben; es zeigte sich, daß beengte Kreditmöglichkeiten (1922/23), kurzfristige Preiserwartungen (Unterschätzung der Höhe der Preissteigerungen) und mittel-

---

[1] Vgl. S. 32, Anm. 29.

und langfristige Konjunkturerwartungen (Nichtausschließung eines mittel- und langfristig steigenden Realzinses; Mangel an Vertrauen auf die beliebige Rückführung von Sachwerten in flüssige Mittel) die Kreditaufnahme hemmten. Zum anderen unterstellt die Gläubiger-Schuldner-Hypothese irrigerweise eine jederzeit mögliche Weitergabe der Beschaffungskosten in den Absatzpreisen; es stellte sich heraus, daß (zum Teil infolge von Preisanpassungsproblemen) die Eigenschaft als Netto-Schuldner die Unternehmen nicht in die Lage versetzt hat, normale Gewinne auszuschütten und über die normalen Abschreibungen hinaus zu investieren. Diese Beobachtungen stimmen mit einem Grundgedanken in der *Portfolio-Selection*-Theorie James Tobins überein: daß für die Investitionsentscheidungen nicht die (erwartete) absolute Höhe des Realzinses, sondern nur das Verhältnis von erwarteten Gewinnen zu den erwarteten Realzinsen ausschlaggebend ist.[2]

Der Versuch schließlich, aus lohn-*lag*-bedingten Gewinnen eine hohe Investitionsneigung in der Inflation abzuleiten, stößt auf ähnliche Schwierigkeiten: Ein Lohn-*lag* lag nur bedingt vor. Soweit er vorhanden war, führte er bei weitem nicht zu den Gewinnausschüttungen und Investitionen, wie sie in der lohn-*lag*-freieren Vorkriegszeit üblich waren. Hemmend auf die Gewinnerzielung wirkten allgemein ein (hier nicht näher erörterter) Produktivitätsabfall gegenüber der Vorkriegszeit, speziell in den Preissteigerungsperioden, und (zum großen Teil infolge unzutreffender Preiserwartungen) erhebliche Schwierigkeiten, die Preise den Kostensteigerungen anzupassen. Bei plötzlichen Preissteigerungen standen langfristige Geschäfte betreibende Unternehmen (soweit sie sich nicht in einem ausgesprochenen Verkäufermarkt befanden) offenbar vor mindestens ebensolchen Preisanpassungsproblemen wie die Lohn- und Gehaltsempfänger; ein Gewinn-*lag* trat an die Seite des Lohn-*lag*.

Hinzufügen könnte man, daß die Ausschüttung „normaler" Dividenden und hohe Investitionen auch nicht durch die steuerlichen Vorteile ermöglicht wurden, welche die Inflation mit sich brachte, über die aber in den Unternehmen keine Aufzeichnungen erhalten sind. Solche steuerlichen Vorteile entstanden den Unternehmen dadurch, daß einmal Einkommen- und Vermögensteuern erst lange nach Entstehung zur Bezahlung fällig waren und so zum Teil in entwertetem Geld bezahlt wurden, und zum andern dadurch, daß die Unterneh-

---

[2] Vgl. J. Tobin, *Monetary Policies...*, S. 426.

men die an der Quelle erfaßten Lohn- und Verbrauchssteuern ebenfalls in entwertetem Geld, weil zunächst vierteljährlich, dann monatlich an die Finanzämter abliefern konnten.

Der zusammenfassende Abschnitt über die Erklärungskraft der generellen Inflationswirkungs-Hypothesen für die Inflationswirkungen auf die deutschen Maschinenbauunternehmen von 1919 bis 1923 soll nicht abgeschlossen werden, ohne daß die Frage aufgeworfen worden wäre, ob die relative Gewinn- und Investitionsschwäche (und auch die relativ schwachen Gewinnerwartungen), die hier beobachtet wurden, überhaupt eine Wirkung der Inflation oder nicht nur eine Wirkung einer besonderen Wettbewerbssituation waren, in der sich der hier untersuchte Industriezweig, der Maschinenbau, damals befand. Aus den Abschnitten über die Preisbildung bei Inlands- und bei Exportgeschäften geht hervor, in wie hohem Maße die Maschinenbauunternehmen kartelliert waren; die Preise wurden zum großen Teil mit Hilfe der Kartelle an die Kosten angepaßt. Und traditionell kartelliert waren die Lieferanten der Maschinenindustrie: die Eisen- und Stahlindustrie und der Kohlebergbau. Wird die These von der relativen Gewinn- und Investitionsschwäche der Maschinenbauunternehmen als Folge der Inflation systematisch falsch durch die Feststellung, daß die Maschinenindustrie in hohem Maße kartelliert war? Sicher nicht! Denn ohne Kartelle wäre es den Maschinenbauunternehmen vermutlich noch schwerer gefallen, Kostensteigerungen in den Preisen weiterzugeben. Ist die relative Gewinn- und Investitionsschwäche der Maschinenbauunternehmen ausschließlich darauf zurückzuführen, daß die Zulieferindustrien Eisen, Stahl und Kohle weitaus wirkungsvoller als die Maschinenindustrie selbst kartelliert waren, hat sie also mit der Inflation nichts zu tun? Das ist sehr unwahrscheinlich. Denn Eisen, Stahl und Kohle waren – im Unterschied zur Maschinenindustrie – bereits vor dem Ersten Weltkrieg hoch kartelliert, ohne daß damals die für die Jahre 1919 bis 1923 beobachteten Erscheinungen auftraten. Hingegen ist es gut möglich, daß einige besondere Eigenschaften der Maschinenindustrie, und zwar neben dem hohen Fremdbezug an Rohstoffen und den überwiegend langfristigen Geschäften vor allem die schwächere Kartellierung als bei den Zulieferindustrien, in Verbindung mit der Inflation die relative Gewinn- und Investitionsschwäche der Maschinenbauunternehmen hervorgerufen haben. Die Maschinenbauunternehmen (obwohl zum Teil im Konzernverband mit Eisen- und Stahlindustrie und Kohlebergbau) konnten Preissteigerungen auf den Beschaffungsmärkten nicht voll auf den Absatzmärkten weitergeben, da sie sich auf beiden Märkten in einer verhältnismäßig schwachen Wettbewerbssituation befanden; auf den Absatzmärkten war der Wettbewerb intensiver als auf den Beschaffungsmärkten. Die relative Gewinn- und Investitionsschwäche (und die relativ schwachen Gewinnerwartungen) war dann eine Strukturwirkung der Inflation. Die beschriebenen Inflationswirkungen würden dann lediglich auf Industriezweige mit verhältnismäßig hoher Wettbewerbsintensität, hohem Fremdbezug von Rohstoffen und überwiegend langfristigen Geschäften zutreffen. Die These von der investitionshemmenden Wirkung der Inflation müßte dementsprechend eingeschränkt werden. In welchem Umfang die Inflation die Industrie tatsächlich „strukturiert" und inwieweit sie nicht auch allgemeine Wirkungen (etwa durch einen allgemeinen Lohndruck) auf die Gesamtindustrie ausgeübt hat, wird allerdings erst deutlicher werden, wenn ähnliche Untersuchungen für andere Industriezweige, für die Eisen- und Stahlindustrie und den Kohlebergbau sowie auch für andere verarbeitende Industrien vorliegen.

III

Die Theorien über Inflationsursachen und der empirische Befund

1. Die Geldnachfragetheorie

Inwieweit erklären die Geldnachfragetheorie und die Nachfrage- und Anbieterinflationstheorien den Beitrag der Unternehmen zur Inflation? Wird die Geldnachfragetheorie durch das Geldnachfrageverhalten der Unternehmen bestätigt? Die Antwort soll dreigeteilt werden:

1. Sofern in ihr eine stabile Abhängigkeit der Geldnachfrage von der gesamtwirtschaftlichen Geldmenge unterstellt wird, entspricht der Theorie das Geldnachfrageverhalten der Unternehmen voll nur mit Einsetzen der Hyperinflation Mitte 1922, bedingt vielleicht seit Herbst 1921/Anfang 1922: Die Zentralbankgeldmenge (Bargeldumlauf einschließlich Darlehnskassenscheine und Reichsbankeinlagen), die hier als Ersatz für die statistisch nicht erfaßbare gesamtwirtschaftliche Geldmenge verwendet wird, stieg von Anfang 1919 bis Mitte 1922 verhältnismäßig stetig, dann erst sprunghaft an.[3] Die reale Kas-

---

[3] Vgl. Tabellen und Schaubild zur Entwicklung der Geldmenge 1913–1923 in: C.-L. Holtfrerich, *Die deutsche Inflation...*, S. 50–52, 95.

senhaltung der Unternehmen (gemessen an den inländischen Bankguthaben) sank rasch von Mitte 1919 bis Mitte 1920; sie stieg von Herbst 1920 bis Mitte 1921 und blieb ein weiteres halbes Jahr verhältnismäßig hoch; seit der zweiten Hälfte des Jahres 1921 sank sie wieder, ab Frühjahr 1922 rasch. Die Unternehmen haben also 1919/20 und 1922/23 (auch durch die Verschärfung der Zahlungsbedingungen), zum Teil auch schon seit Sommer/Herbst 1921 einen Beitrag zur Erhöhung der Umlaufgeschwindigkeit des Geldes und der Preise, 1920/21 einen Beitrag zu deren Dämpfung geleistet; bis mindestens in das zweite Halbjahr 1921 war das Verhalten der Unternehmen nicht – wie es der Theorie entsprochen hätte – durch die Geldmengenentwicklung bedingt.[4]

2. Waren – der Theorie entsprechend – die Preiserwartungen die entscheidende Bedingung für das Geldnachfrageverhalten der Unternehmen? Der empirische Befund widerspricht dem im großen und ganzen nicht: Hohe/niedrige Preissteigerungserwartungen liefen – mit Abstrichen – zu niedriger/hoher realer Kassenhaltung parallel. Die Geldnachfrage der Unternehmen ist jedoch bis zum Einsetzen der Hyperinflation Mitte 1922 auch ohne Rückgriff auf Preiserwartungen (und statt dessen in Anlehnung an die älteren Kassenhaltungstheorien) erklärbar: Die reale Kassenhaltung sank/stieg stets mit dem Überschuß der Einzahlungen über die Auszahlungen im laufenden Geschäft. Für die Erklärung der Geldnachfrage aus dem Verhältnis von Kosten und Erlösen (und den Zahlungsbedingungen) statt aus

---

[4] Wolfgang Stützel wendet gegen die bisherige quantitätstheoretische Inflationserklärung ein, daß nicht die Kassenhaltung, also der Bestand an Zahlungsmitteln (Kasse, Bankguthaben, Wechsel), sondern das Netto-Geldvermögen, d.h. die Differenz von Geldguthaben (Zahlungsmittel, Forderungen, Anzahlungen an Lieferanten) und Geldschulden (Bankschulden, erhaltene Anzahlungen, Warenschulden) für die Inflationsentwicklung ausschlaggebend seien; sobald die Wirtschaftssubjekte ihr Geldvermögen zu verringern suchten, komme es zur Inflation. Vgl. W. Stützel *Über einige Nachlässigkeiten...*, in: A. Woll (Hrsg.), *Inflation...*, S. 63–65. Die Untersuchung des Netto-Geldvermögens bei einigen Firmen an den Bilanzstichtagen ergibt aber Anhaltspunkte dafür, daß Netto-Geldvermögen und Bankguthaben/-schulden sich ähnlich entwickelten. Reales Netto-Geldvermögen der Motorenfabrik Deutz: 30. 6. 1919 GM 12 203 227, 30. 6. 1920 GM 222 409, 30. 6. 1921 GM 4 932 485, 30. 6. 1922 GM 1 343 786, 30. 6. 1923 GM 1 092 665. Maschinenfabrik Esslingen: 31. 12. 1918 GM 5 637 761, 31. 12. 1919 GM 428 302, 31. 12. 1920 GM 1 550 785, 31. 12. 1921 GM 505 810, 31. 12. 1922 GM 74 563. Eine entgegengesetzte Entwicklung von realen Bankguthaben/-schulden und realem Netto-Geldvermögen fand nur bei Esslingen vom 31. 12. 1919 auf den 31. 12. 1920 statt.

den Preiserwartungen spricht die Beobachtung, daß einige Unternehmen (M.A.N.) von Sommer 1921 bis Frühjahr 1922 ihre reale Kasse verteidigten (und teilweise erhöhten), obwohl sie Preissteigerungen erwarteten: Ursachen dieses Verhaltens waren unter anderem negative Erwartungen in die Möglichkeit der Kreditaufnahme und die beliebige Austauschbarkeit der Vermögensgegenstände (zum Beispiel Vorräte gegen liquide Mittel). Hinzu kommt, daß der Abbau der Bankguthaben auch 1921 und in der ersten Hälfte des Jahres 1922 mehrfach ausdrücklich mit Kostensteigerungen begründet wurde.[5] Es spricht einiges dafür, auch bei Inflationen den Katalog der Bedingungen der Geldnachfrage von Unternehmen über die Preiserwartungen hinaus, zum Beispiel auf Gewinne, Gewinn- und Konjunkturerwartungen zu erweitern. Unberührt davon bleibt die Erklärungsleistung der Preiserwartungen in der Hyperinflation;[6] ein Indiz dafür sind die Versuche der Unternehmen ab Mitte 1922, durch Änderung der Zahlungsbedingungen Gleichzeitigkeit der Einnahmen und Ausgaben zu erreichen. Möglicherweise aber müssen Preissteigerungserwartungen sehr hoch sein, ehe sie die Ursache von Veränderungen in der Geldnachfragepolitik werden.[7]

[5] Schreiben A. Langen (Deutz) an P. Klöckner, 21.1.1922 (*KHD* V/18): Das Bankguthaben der Motorenfabrik Deutz sei langsam von 40 auf 28 Mio. M zurückgegangen; für den Februar werde in Auswirkung der Preissteigerungen ein weiterer Rückgang von 5–8 Mio. M erwartet. Prot. der AR-Sitzung der Maschinenfabrik Esslingen am 15.5.1922 (Bestand ME, *Daimler-Benz-Archiv*): Die flüssigen Mittel seien infolge des 2monatigen Streiks stark zurückgegangen.

[6] Ph. Cagan *(The Monetary Dynamics...)* hat seine Theorie der Erklärung der Geldnachfrage aus den Preiserwartungen auch nur für Hyperinflation konzipiert, ihre empirische Prüfung im Falle der deutschen Inflation dann aber auf die gesamte Inflationszeit ausgedehnt.

[7] Daß die Preissteigerungserwartungen im deutschen Publikum bis zum Frühjahr 1922 noch nicht so hoch waren, als daß sie Änderungen im Geldnachfrageverhalten hervorgerufen hätten, ist auch einer Beobachtung des Bankiers L. Albert Hahn zu entnehmen: „Man ging eben, wie es in normalen Zeiten die Regel ist, mit seinem Gelde erst dann kaufend zu Markte, wenn man infolge der Erschöpfung der Lager kaufen mußte. Von Hamstern, wenigstens von dem systematischen Hamstern der späteren Zeit, war noch nicht die Rede. Das Halten wesentlicher Valutabestände galt als spekulativ. Man rechnete noch durchweg in Mark, und das Verbleiben in der Mark galt als das allein solide." (L. Albert Hahn, *Unsere Währungslage im Lichte der Geldtheorie*, Frankfurt/M. 1924. Wiederabgedruckt in: L. Albert Hahn, *Geld und Kredit. Gesammelte Aufsätze*, Neue Folge, Tübingen 1929, S. 5–25, hier S. 12 f.). Die Flucht in die Devisen war für die Unternehmen bis Ende 1921 aber auch deswegen keine Selbstverständlichkeit, da Exporte erst ab Ende 1921/Anfang 1922 wieder in Devisen fakturiert wurden und bis dahin die Deviseneingänge verhältnismäßig gering waren.

3. Orientierten sich die Preiserwartungen – der Theorie entsprechend – an der Entwicklung der Geldmenge? Der empirische Befund bestätigt die Theorie kaum. Preiserwartungen und Geldmenge entwickelten sich parallel erst in der Hyperinflation ab Mitte 1922, als eine rasche Geldmengenausweitung von verhältnismäßig hohen (wenn auch unsicheren) Preissteigerungserwartungen begleitet wurde. Vorher standen einer stetig wachsenden Geldmenge teils vergleichsweise hohe Preissteigerungserwartungen (1919/20, 1921/22), teils Preisstabilitätserwartungen gegenüber. Es liegt daher nahe, die Preiserwartungen weniger mit der Geldmengenentwicklung und eher mit anderen Sachverhalten in Verbindung zu bringen.[8] Zusammenfassend kann man sagen: Die Geldnachfrage der Unternehmen in der deutschen Inflation läßt sich zwar – der Geldnachfragetheorie entsprechend – aus den Preiserwartungen, aber – mit Ausnahme der Hyperinflation – auch anders erklären. Und die Preiserwartungen der Unternehmen ihrerseits sind – im Widerspruch zu den Annahmen der Geldnachfragetheorie – kaum aus der Entwicklung der Geldmenge zu erklären.

2. Die Nachfrage- und Anbieterinflationstheorien

In den Perioden 1919/20 und 1921/22 (reale Nachfragesteigerung) finden sich die Merkmale einer Nachfrageinflation, in der Periode ab Herbst 1922 die einer Anbieterinflation. Was läßt sich anhand der angestellten Beobachtungen zu den Nachfrage- und Anbieterinflationstheorien sagen?

1. Die kostenorientierten Preise waren nicht starr, sondern reagierten auf Nachfrageschwankungen. Schon insofern übten sie einen preissteigernden beziehungsweise -dämpfenden Einfluß aus. Der Preisspielraum bestand offenbar in den normalen Gewinnzuschlägen, die bei steigender Nachfrage voll, bei sinkender Nachfrage (zum Beispiel durch Anhebung der Rabatte) wenig oder gar nicht genutzt wurden; bei sinkender Nachfrage wurden auch Preisangebote unterhalb der Selbstkosten abgegeben. Für übernormale Gewinnzuschläge im Inlandsgeschäft bei Nachfragesteigerung sind aber keine Belege zu finden, am wenigsten bei den in hohem Maße beschäftigungswirksamen Staatsaufträgen. (Die Ausfuhrpreise dagegen waren stärker marktorientiert.) Ebensowenig gibt es Anhaltspunkte für autonome

---

[8] Siehe dazu unten (ABSCHNITT IV.2).

Gewinnstöße bei sinkender Nachfrage; die Periode ab Herbst 1922 trägt wohl eher die Merkmale einer Kostendruck-, nicht die einer Gewinnstoßinflation.

2. Die Kostenorientierung der Preisbildung selbst bietet eine gewisse Bandbreite, dämpfend oder beschleunigend auf die Preisbewegung einzuwirken. Je schneller die Unternehmen ihre Preise den eingetretenen Kostensteigerungen anpassen, je weniger sie auf den Ersatz der Wiederbeschaffungskosten (statt nur der nominellen Herstellungskosten) verzichten und je mehr nicht nur die eingetretenen, sondern (etwa durch Risikozuschläge) auch die erwarteten Kostensteigerungen in die Preise einkalkuliert werden, um so stärker ist der durch die kostenorientierte Preisbildung bewirkte Preisauftrieb. Die Unternehmen haben solche preissteigernden (Verluste allerdings nicht verhindernden) Anpassungsverfahren 1919/20 und (zunehmend) ab Sommer/Herbst 1921 praktiziert.

Von den eingangs vorgestellten Theoretikern hat Gerald Merkin – meines Erachtens mit Recht – den Einfluß betont, den die Preisentwicklung auf die (wiederum sie selbst beeinflussende, aber eben nicht autonome) Geldmengenentwicklung und den ihrerseits die Preisanpassungsvorgänge auf die (inflationäre) Preisentwicklung haben. Als weniger realistisch dagegen erwiesen sich die in einigen der vorgestellten Theorien getroffenen Annahmen über die Art der Daten, nach denen die Unternehmen ihre Preise ausrichteten; die Wahl der Orientierungsdaten hat aber Einfluß auf die Geschwindigkeit der Anpassung der Absatz- an die Beschaffungspreise. So hat die Wirtschaft bis Sommer/Herbst 1923 nur zum (kleineren?!) Teil ihre Preise den Kostensteigerungen mit Hilfe des Wechselkursindex angepaßt; in großen Teilen der Wirtschaft wurden dagegen bis dahin branchen- oder unternehmensspezifische Teuerungsindizes verwandt. Merkins Versuch, die Übertragung der Wechselkurs- auf die Preisänderungen aus der Kalkulation zu Wiederbeschaffungspreisen mithilfe des Wechselkursindex zu erklären, hat daher wohl nur eine sehr begrenzte Erklärungskraft.[9]

Keine Anhaltspunkte ergaben sich für die These Karl Brunners, daß die Unternehmen ihre Preise an der erwarteten Entwicklung der gesamtwirtschaftlichen Geldmenge ausrichten. Die (inflationäre) Preis-

---

[9] Eine andere Möglichkeit der Übertragung von Zahlungsbilanzänderungen auf die inländische Preisentwicklung wird aber unten (siehe unten, ABSCHNITT IV.2) angedeutet.

entwicklung kann daher nicht einfach über das Preisbildungsverfahren aus der Geldmengenentwicklung erklärt werden. Die Unternehmen richteten ihre Absatzpreise an den tatsächlichen und erwarteten Beschaffungspreisen (und den Marktverhältnissen), nicht nach einem als langfristig konstant eingeschätzten Trend der Geldmengenentwicklung aus. Nur so ist es zu erklären, daß die Preisentwicklung von 1919 bis Mitte 1922 anders verlief als die Geldmengenentwicklung: Hohen Preissteigerungsraten 1919/20 und – mit Abstrichen – auch 1921/22 und verhältnismäßig stabilen Preisen 1920/21 stand eine langsam und stetig wachsende Geldmenge über den gesamten Zeitraum gegenüber; erst ab Mitte 1922 entwickelten sich Preise und Geldmenge parallel zueinander. Der Umstand, daß langfristig (also über den gesamten Inflationszeitraum hinweg) Preise und Geldmenge parallel zueinander verliefen, ist nur eine Bestätigung der Vermutung, daß Preise auf die lange Frist nur steigen können, wenn sie durch eine entsprechende Geldmengenausweitung gestützt werden. Er bedeutet aber nicht, daß die Preis- durch die Geldmengenentwicklung verursacht ist. Vielmehr läßt er es zu, die – nicht in Anlehnung an die Geldmengenentwicklung gebildeten – Preise als Wirkung wie als Ursache der Geldmengenentwicklung zu sehen; als eine Ursache der Geldmengenausweitung (unter mehreren) können die Preise dann angesehen werden, wenn – wie in der deutschen Inflation der Fall – die für die Geldpolitik verantwortlichen Stellen sich entschließen, ein steigendes Preisniveau durch die Vermehrung der Umlaufmittel zu stützen.

3. Die ökonomische Theorie der Politik

Bestätigt die empirische Untersuchung die Inflationserklärung, die durch die ökonomische Theorie der Politik angeboten wird? Die Antwort soll in zwei Teile zerfallen:

1. Von den verschiedenen Hypothesen zur Inflationserklärung, die unter dem Begriff der ökonomischen Theorie der Politik zusammengefaßt werden, bildeten die folgenden den Ausgangspunkt der Untersuchung: Regierungen fördern die Inflation durch die Ausweitung der Geldmenge, da sie damit die Stimmen der Wähler maximieren zu können glauben. Und: Die Interessengruppen drängen die verantwortlichen Stellen auch direkt zur Ausweitung der Geldmenge. Wie schon eingangs betont, können diese Hypothesen in dieser Untersuchung nicht in allen ihnen zugrundeliegenden Annahmen geprüft und damit auch nicht widerlegt werden. Denn die hier ausgewerteten Quellen

gewähren keinen Einblick in die Bewertung der Inflation durch die große Mehrheit der wahlberechtigten Bevölkerung, kaum Einblick in die Erwartungs- und Entscheidungsbildung der Reichsregierung (und der Reichsbank) und auch nur eine begrenzte Einsicht in das Handeln der Interessengruppen. Die Quellen erlauben jedoch, für den Bereich der Industrieunternehmen (vor allem des Maschinenbaues), das heißt besser, für den Kreis der diese leitenden Personen, zwei Punkte zu diskutieren: einmal die beiden genannten Hypothesen zugrundeliegende Annahme, daß die Wirtschaftssubjekte die Inflation positiv bewerten; und zum andern – wenn auch nur anhand von wenigen Vorgängen – die zweite Hypothese selbst, nach der die Wirtschaftssubjekte (über ihre Verbände) die verantwortlichen Stellen zu einer Ausweitung der Geldmenge drängen.

Die Annahme einer positiven Bewertung der Inflation wurde nicht bestätigt. Wie im DRITTEN KAPITEL, ABSCHNITT I dargestellt, haben die Unternehmen die Schwierigkeiten, die sich bei Kalkulation, Gewinnerzielung, Kreditaufnahme und Substanzerhalt ergaben und die im ZWEITEN KAPITEL ausführlich dargestellt wurden, als negative Folgen der Inflation wahrgenommen. Diese negativen Bewertungen wurden durch eventuelle positive Wahrnehmungen der höheren Ausfuhrgewinne und des billigen Zukaufs anderer Unternehmungen (siehe ZWEITES KAPITEL, ABSCHNITT I.1) nicht wettgemacht, so daß sich eine negative Gesamteinschätzung der Inflation ergab. Offenbar kann eine Regierung, die Wählerstimmen maximieren will, in dem die Industrieunternehmen leitenden Personenkreisen nicht ohne weiteres Inflationssympathie in Rechnung stellen.

Auf der anderen Seite haben die Unternehmen durch die Entgegennahme von Handelswechselkrediten und durch die Ausgabe von Notgeld direkt zur Ausweitung der Geldmenge beigetragen. Dieses inflationsfördernde Verhalten kann aber, wie die direkte Beobachtung der negativen Inflationsbewertung zeigt, nicht als ein Indikator für eine positive Einschätzung der Inflation angesehen werden. Und es kann auch nicht aus einer positiven Bewertung der Inflation durch die Unternehmen erklärt werden. Damit ergab sich auch für die Hypothese, daß die Unternehmen die verantwortlichen Stellen zur Geldmengenausweitung drängen, keine Bestätigung, da sie ja auf der Annahme positiver Inflationsbewertung durch die Handelnden beruht. Für die Geldmengenausweitungspolitik der Unternehmen mußte eine andere Erklärung gefunden werden.

2. Die Geldmengenausweitung über die Inanspruchnahme von

Handelswechselkrediten und die Ausgabe von Notgeld war nur eine der Maßnahmen, mit denen die Unternehmen die Inflation förderten. Zu diesen Maßnahmen gehörten auch ein Teil der Reparations-Sachlieferungen, der Erwerb und die Hortung von Devisen und die Preiserhöhungspolitik. Der größte Teil des DRITTEN KAPITELS war dem Versuch gewidmet, für alle diese Unternehmensentscheidungen eine gemeinsame Erklärung zu finden. Die Kernfragen waren: Warum reichte die positive Bewertung der Preisstabilität nicht aus, damit preisstabilisierende Maßnahmen ergriffen wurden? Welche zusätzlichen Bedingungen mußten erfüllt sein, damit die Unternehmen preisstabilisierende Maßnahmen ergriffen?

Zur Erklärung des unternehmerischen Verhaltens wurden zwei Hypothesen herangezogen, die ebenfalls im Rahmen der ökonomischen Theorie der Politik diskutiert werden: Es sind zwei spezielle Versionen der psychologischen Entscheidungstheorie, die als Gefangenendilemma- und Trittbrettfahrer-Hypothesen bekannt geworden sind. Ihr Grundgedanke ist, daß ein Akteur zur Bereitstellung eines öffentlichen Gutes (das er positiv bewertet) keinen Beitrag leistet, wenn er den Einfluß seines Beitrags auf die Bereitstellung des öffentlichen Gutes gering, das mit seinem Beitrag verbundene individuelle Opfer als hoch veranschlagt. Er wird einen eigenen Beitrag unterlassen, wenn er von den anderen Wirtschaftssubjekten keinen Beitrag erwartet; denn er würde dann die Bereitstellung des öffentlichen Gutes durch seinen Beitrag kaum fördern (Gefangenendilemma). Und er wird einen eigenen Beitrag ebenfalls unterlassen, wenn er von den anderen Wirtschaftssubjekten eine Beitragsleistung erwartet; denn das Fehlen seines Beitrags würde dann kaum bemerkt werden (Trittbrettfahren). Die Bereitstellung des öffentlichen Gutes gelingt dann nur noch, wenn die geringe subjektive Handlungsabhängigkeit und die hohen individuellen Opfer durch Zwang (der die Möglichkeiten der Beitragsvermeidung verringert), besondere individuelle Belohnungen und/oder solidarisches Verhalten der Beteiligten wettgemacht werden.

Die Gefangenendilemma- und Trittbrettfahrer-Theorien, faßt man sie weit genug, erwiesen sich für das die Preisentwicklung beeinflussende Verhalten der Unternehmen in der Inflationszeit als sehr erklärungskräftig. Dies gilt für die inflationsfördernden Maßnahmen wie für die beabsichtigten und die tatsächlich unternommenen Schritte der Unternehmen zur Preisstabilisierung: Eine geringe Einschätzung des eigenen Einflusses auf die Preisentwicklung und die Erwartung verhältnismäßig hoher individueller Verluste im Falle eines eigenen Stabilitätsbeitrags stellten sich als entscheidende Ursachen dafür heraus, daß die Unternehmen Schritte unternahmen, welche die Inflation förderten und damit einen negativ bewerteten (weil den Geschäftserfolg mindernden) Sachverhalt nur noch verstärkten.[10] Dort, wo die subjektive Handlungsabhängigkeit niedrig und die individuelle Verlusterwartung hoch waren, konnten Zwang, individuelle Belohnungen, Solidarität als entscheidende Bedingungen für stabilitätskonformes Verhalten der Unternehmen beobachtet oder vermutet werden.

Die Untersuchung bestätigt also die Theorien des kollektiven Handelns in der Form der Gefangenendilemma- und Trittbrettfahrer-Hypothesen. Aber sie gibt möglicherweise auch Hinweise für ihre Weiterentwicklung. Denn sie betont einige Sachverhalte, die für die jeweilige Entscheidung für inflations- oder stabilitätsförderndes Verhalten von Bedeutung sind, bisher aber weniger beachtet wurden; damit legt sie eventuell nahe, den Allgemeinheitsgrad einzelner Hypothesen einzuschränken beziehungsweise ihren Präzisionsgrad zu erhöhen. Solche Sachverhalte sind das unterschiedliche Ausmaß des Opfers, das ein Stabilitätsbeitrag bei den verschiedenen Unternehmen erfordert und das – bei Erreichen des Stabilitätsziels – für diese Unternehmen unterschiedliche Nettonutzenbeiträge erwarten läßt; die unterschiedliche Bedeutung, welche die Unternehmen ihrem Verhalten für die Erreichung des Stabilitätsziels beimessen, als eine der Ursachen für die Entscheidung zugunsten oder zuungunsten eines eigenen Stabilitätsbeitrags; die Abhängigkeit der Veranschlagung des eigenen Einflusses auf die Preisentwicklung nicht nur von der Einschätzung der eigenen Bedeutung innerhalb der Gesamtheit der Unternehmen, sondern auch von den theoretischen Vorstellungen über die Ursachen der Inflation (die etwa in der staatlichen Wirtschaftspolitik liegen mögen), und die steigende Wahrscheinlichkeit stabilitätskonformen Handelns, wenn die Unternehmen gleichzeitig Stabilitätsbeiträge aller anderen Beteiligten erwarteten (also eine geringere

---

10 Ein Schlaglicht auf die geringe subjektive Handlungsabhängigkeit des Stabilitätsziels wirft eine rückblickende Äußerung des Geschäftsführers der Fa: Carl Schenck, Emil Schenck: „Das Betrübende in jener verhängnisvollen Zeit war, daß der Einzelne, obwohl er den Irrsinn der ganzen Geldwirtschaft und deren Auswirkung auf den Warenmarkt und den Warenverkehr am eigenen Leibe täglich spürte, selbst den Dingen gegenüber ganz ohnmächtig war ...". E. Schenck, *Das Werk Carl Schenck...*, S. III 107.

Wahrscheinlichkeit des Trittbrettfahrens als des Gefangenendilemma-Verhaltens).

Die Untersuchung erstreckte sich auf inflationsförderndes und stabilitätskonformes Verhalten der Unternehmen in den Bereichen Reparations-Sachlieferungen, Devisenpolitik, Preispolitik und Geldmengenpolitik. Darstellung und entscheidungstheoretische Erklärung dieses Verhaltens lassen sich wie folgt zusammenfassen:

1. Die geringe Einschätzung des eigenen Einflusses auf die Erreichung der hochgeschätzten Preisstabilität, die neben der Erwartung hoher individueller Verluste bestimmend für die inflationsfördernde Unternehmenspolitik war, hatte, wie gesagt, zwei Bestandteile: die geringe Bewertung der zur Entscheidung anstehenden Maßnahmen im Rahmen der gesamten Inflationsbekämpfung und die geringe Bewertung der eigenen Unternehmensentscheidung im Rahmen der Entscheidungen aller Unternehmen. Die geringe Einschätzung der unternehmerischen Sachlieferungs-, Devisen-, Preis- und Geldmengenpolitik für die Inflationsbekämpfung war eine Folge der zahlungsbilanztheoretischen beziehungsweise nicht-monetären Inflationserklärung, wie sie in den Unternehmen vorherrschte.[11] Ihr Anteil an der geringen subjektiven Handlungsabhängigkeit insgesamt und damit auch an der Unterlassung stabilitätsfördernder unternehmerischer Maßnahmen ist jedoch von dem Anteil, den die Selbsteinschätzung der einzelnen Unternehmen innerhalb der Gesamtheit der Unternehmen daran hatte, kaum zu trennen. Beide Sachverhalte traten meist gemeinsam auf, wenn sie auch in einigen Fällen (neben den individuellen Verlusterwartungen) schon einzeln ausgereicht haben dürften, stabilitätsfördernde Schritte zu verhindern: So können die Durchführung von Reparations-Sachlieferungen seit Mitte 1922 bereits aus der geringen Selbsteinschätzung des einzelnen Unternehmens innerhalb der Unternehmensgesamtheit, die verstärkte Aufnahme von Handelswechselkrediten nach Mitte 1922 bereits aus der Einschätzung der Geldmengenausweitung als einer den eigentlichen Inflationsursachen nachgelagerten Erscheinung erklärt werden. Jedenfalls ist die oben (S.135–137) aufgeworfene Frage, welche der beiden Bestandteile der subjektiven

---

[11] Bei quantitätstheoretischer Erklärung der Inflation hätte die Industrie, soweit sie – wie bei der gemeinsamen Einflußnahme auf die Diskontpolitik der Reichsbank – als Kollektiv vorging, der eigenen Handelswechsel-, Notgeld- und Sachlieferungspolitik eine sehr viel höhere Bedeutung für den Fortgang der Geldentwertung zuschreiben müssen.

Handlungsabhängigkeit und welche Erwartungen in das Verhalten aller anderen Beteiligten das Handeln der Unternehmen in den einzelnen Fällen bestimmt haben, in ihrem ersten Teil nur schwer zu beantworten. Eher legt die Untersuchung eine Antwort auf den zweiten Teil dieser Frage nahe: Inflationsfördernde Entscheidungen scheinen leichter dann getroffen worden zu sein, wenn von den anderen Beteiligten keine Beiträge zur Preisstabilisierung erwartet wurden, als wenn das doch der Fall war; Gefangenendilemmasituationen wurden häufiger beobachtet als Trittbrettfahrerverhalten.[12]

2. Geringe subjektive Handlungsabhängigkeit und hohe individuelle Verlusterwartungen, und beides häufiger bei negativen als bei positiven Erwartungen in die Stabilitätsbeiträge der anderen Beteiligten, waren, wie schon erwähnt, die Ursachen für die inflationsfördernden unternehmerischen Entscheidungen: für die Durchführung von Reparations-Sachlieferungen; für den Widerstand gegen die bedingungslose Übernahme von Devisenkreditgarantien, die Ablieferung von Exportdevisen und die Zeichnung der Dollaranleihe und die bedingungslose Gewinnzuschlagsbeschränkung; für das Abgehen von Festpreisen und für die Inanspruchnahme von Handelswechselkrediten und die Ausgabe von Notgeld. Höhere subjektive Handlungsabhängigkeit, geringere Verlusterwartung, positivere Erwartungen in die Stabilitätsbeiträge der anderen, Zwang, individuelle Anreize und Solidarität konnten gemeinsam oder einzeln beobachtet oder vermutet werden, wenn die Unternehmen stabilitätsfördernde Schritte ins Auge faßten oder unternahmen. Beobachtet werden konnten: eine höhere subjektive Handlungsabhängigkeit bei dem GHH-Votum gegen Reparations-Sachlieferungen, bei der Bereitschaft zur Übernahme von Kreditgarantien 1921 und 1923 oder beim Festhalten der Schwerindustrie an Festpreisen bis zum Frühjahr 1922; eine niedrige Verlusterwartung bei dem geringen Widerstand der Maschinenindustrie gegen die Devisenverordnungen des Jahres 1922 und beim Verzicht auf Notgeldausgabe im unbesetzten Gebiet 1923; die Erwartung oder die Forderung, daß alle anderen Beteiligten ebenfalls ihren Stabilitätsbeitrag

---

[12] Dies dürfte eine im großen und ganzen zutreffende Beobachtung sein, wenn sie auch dadurch begünstigt sein mag, daß sie auf Quellen beruht, die meistens Selbstzeugnisse der Unternehmen oder Verbände sind: Die Unternehmen erwähnen Trittbrettfahrerverhalten nur, wenn sie vom Verhalten der anderen Unternehmen sprechen (vgl. die Äußerungen Wiedtfelds über die unzureichende freiwillige Ablieferung von Exportdevisen im Herbst 1921, die Klagen der M.A.N. über die Drückebergerei der anderen Unternehmen bei der Zeichnung der Dollaranleihe 1923 u.ä.).

leisten, bei der indirekten Bereitschaft zum Verzicht auf Reparations-Sachlieferungen, bei der Bereitschaft zur Übernahme von Devisenkreditgarantien 1921 und 1923, bei der Zeichnung der Dollaranleihe, bei der Bereitschaft zur Gewinnzuschlagsbeschränkung und beim Festhalten an Festpreisen vom Herbst 1921 bis Frühjahr 1922; Ankündigung oder Ausübung von Zwang (und damit die Beschränkung der Möglichkeit zu inflationsfördernden Maßnahmen) bei der Kreditaktion von 1921, bei der Ablieferung von Exportdevisen ab Herbst 1921, bei der Beschränkung des Devisenverkehrs, beim Festhalten an Festpreisen 1921/22 und beim Verzicht auf Notgeldausgabe (im nichtbesetzten Gebiet) und besondere individuelle Anreize bei der Bereitschaft zur Kreditgarantieübernahme und zur Ablieferung von Exportdevisen im Herbst 1921 sowie bei der Zeichnung der Dollaranleihe durch die Schwerindustrie im März 1923. Vermutet werden kann, daß solidarische Einstellung (also der Wille zur Erreichung des Stabilitätsziels ungeachtet der geringen eigenen Einflußmöglichkeit, der zu erwartenden eigenen Verluste und der eventuellen besonderen Gratifikationen) zu allen Stabilisierungsabsichten und -maßnahmen beigetragen hat, wenn sie auch schwer beobachtbar ist.

Es ist kaum möglich, den Anteil der einzelnen Sachverhalte an der Bereitschaft zu Stabilisierungsbeiträgen oder an deren Durchführung zu gewichten oder zwischen notwendigen und hinreichenden Bedingungen für diese zu unterscheiden; das ist schon deshalb nicht möglich, weil die Quellen die auf die einzelnen Entscheidungen wirkenden Sachverhalte kaum immer vollständig aufführen.[13] Es scheint aber, daß die Ankündigung oder die Anwendung von Zwangsmaßnahmen die verläßlichste Bedingung für die Inangriffnahme preisstabilisierender Schritte war und daß die Durchsetzung zwangsweiser wie auch die Entscheidung für freiwillige Stabilitätsbeiträge wesentlich erleichtert wurde, wenn die Unternehmen gleichzeitige Stabilitätsbeiträge aller anderen Beteiligten, also einen Stabilisierungserfolg erwarten konnten.

Abschließend sollen einige (mögliche) Einwände erörtert werden, die vorgeschlagene entscheidungstheoretische Erklärung inflationsfördernden Unternehmerverhaltens sei falsch, unzureichend oder überflüssig:

---

[13] Aus den Quellen nicht zu beantworten ist z.B. auch die Frage, unter welchen (z.B. erzieherischen) Bedingungen erhöht solidarische Einstellung auftrat.

1. Die entscheidungstheoretische Erklärung inflationsfördernden Unternehmerverhaltens unterscheidet sich von der Erklärung, die etwa Feldman und Wulf vorschlagen.[14] Feldman[15] führt inflationsförderndes Verhalten auf Verfolgung des Eigennutzes, stabilitätskonformes Verhalten auf Verfolgung von Gemeinwohl-Zielen in den Unternehmen zurück; ähnlich verfährt Wulf[16] bei der Darstellung der Kreditaktion der deutschen Industrie im Herbst 1921.[17] Beide Erklärungsvorschläge haben gemeinsame Elemente. Die entscheidungstheoretische Erklärung ist meines Erachtens indessen präziser und umfassender. Einmal präzisiert sie, was unter „Gemeinwohl-Verhalten" zu verstehen ist: nämlich ein Verhalten, das nicht am Umfang der subjektiven Handlungsabhängigkeit, der individuellen Verluste und der zusätzlichen Gratifikationen ausgerichtet ist; nur dies ist „solidarisches" Verhalten im Sinne der vorgestellten Variante der Entscheidungstheorie. Darüber hinaus erklärt die Entscheidungstheorie, warum „Gemeinwohl" oder „solidarisches" Verhalten so selten auftraten. Und schließlich erklärt die Entscheidungstheorie, warum es bei „eigennütziger" Einstellung auch zu stabilitätskonformen Handeln kommen konnte. Denn sie führt ja einige stabilitätskonforme Unternehmensentscheidungen wie die Bereitschaft zur Ablieferung von Exportdevisen im Herbst 1921 oder die Zeichnung der Dollarschatzanleihe durch die Schwerindustrie im März 1923 zumindest zum Teil auf die Erwartung privater Belohnungen (zufriedenstellende Lösung der sozialen Ausfuhrabgabe, Mark-Kredite der Reichsbank), also eigennützige Motive zurück.

---

[14] Andererseits stützt sich die entscheidungstheoretische Erklärung dort, wo sie sich nicht auf Vorgänge speziell in der Maschinenindustrie bezieht, zum Teil auf dieselben Quellen wie Gerald D. Feldman und Peter Wulf, die in ihren Arbeiten z. B. die Devisen-, Preis- und Handelspolitik der Industrie ebenfalls behandeln; zum Teil bieten die Arbeiten Feldmans und Wulfs die direkte Quellengrundlage dieser Untersuchung. Vgl. G. D. Feldman, *Iron and Steel in the German Inflation* ... G. D. Feldman/H. Homburg, *Industrie und Inflation* ... P. Wulf, *Hugo Stinnes* ...
[15] G. D. Feldman, *Iron and Steel in the German Inflation* ..., S. 284.
[16] P. Wulf, *Hugo Stinnes* ..., S. 284.
[17] Die Erklärung inflationsfördernden Verhaltens aus „Eigennutz" ist nicht identisch mit der Erklärung dieses Verhaltens aus einer positiven Bewertung der Inflation, einer Bewertung also, wie sie von beiden Autoren für die Industrieunternehmen ebenfalls unterstellt wird (siehe oben S. 121f., 130). Sie kann zutreffen, auch wenn jene (da eine negative Inflationsbewertung beobachtet wurde) nicht zutrifft; denn Inflationsförderung aus „Eigennutz" kann auch bei positiver Wertschätzung der Preisstabilität auftreten.

2. Wird die vorgeschlagene entscheidungstheoretische Erklärung inflationsfördernden Unternehmerverhaltens dadurch unzutreffend oder überflüssig, daß ein selbständiges Geldwertstabilitätsziel neben dem Gewinnerzielungsziel in den Unternehmen kaum zu finden sein wird? Wohl kaum! Die entscheidungstheoretische Erklärung des Unternehmerverhaltens unterstellt nicht, daß das Geldwertstabilitätsziel als ein oberstes Unternehmensziel neben das Gewinnerzielungsziel tritt. Ein entsprechender Wettbewerb oberster Ziele wird vielmehr eher in denjenigen Auffassungen unterstellt, die inflationsförderndes Verhalten aus Eigennutz, stabilitätsorientiertes Verhalten aus Gemeinwohl-Interesse erklären. Die entscheidungstheoretische Erklärung läßt das Gewinnerzielungsziel als oberstes Unternehmensziel unangetastet. Sie erörtert das Preisstabilitätsziel als eine wichtige (langfristige) Gewinnerzielungsbedingung, also als ein der Gewinnerzielung nachgeordnetes Ziel. Ihre Leistung ist, daß sie erklärt, warum die Unternehmen eine positiv bewertete Gewinnerzielungsbedingung nicht herstellen.

3. Man könnte einwenden, daß die Unternehmen die Inflation befürwortet hätten, obwohl sie sich – auch in internen Äußerungen – gegen sie und für die Beseitigung ihrer Bedingungen (Produktionshemmnisse, Reparationen) aussprachen, und daß die inflationsfördernden Maßnahmen daher aus einer letztlich negativen Bewertung der Preisstabilität zu erklären seien. Denn die Unternehmen seien nicht für eine Preisstabilisierung „unter allen Umständen" (zum Beispiel auch mithilfe einer Reparationsfinanzierung allein aus Steuern oder inländischen Anleihen) eingetreten. Ich möchte dem folgendes entgegenhalten: Der Grund, daß die Unternehmen nicht für eine Preisstabilisierung „unter allen Umständen" eingetreten sind, ist – abgesehen von der oben (S. 128–130) beschriebenen, möglicherweise positiven Gesamtbewertung der Inflation in der ersten Zeit der Übergangswirtschaft bis zu dem die Reparationen vorläufig regelnden Versailler Friedensvertrag – für viele von ihnen eine durch einen Reparationstransfer ohne Kapitalimporte und ein befürchtetes Zahlungsbilanzdefizit, wie (S. 151 f.) angedeutet, hervorgerufene schwere und dauerhafte, durchaus unnormale Beschäftigungskrise; sie setzten sie mit Selbstaufopferung gleich. Die Feststellung vermindert aber nicht die Erklärungskraft der hier vorgestellten entscheidungstheoretischen Hypothese. Die inflationsfördernden Maßnamen der Unternehmen aus einer positiven Bewertung der Inflation statt aus der geringen Handlungsabhängigkeit der Preisstabilität zu erklären, wäre nur dann

notwendig, wenn Preisstabilität nur bei gleichzeitiger Bereitschaft zur subjektiven Selbstaufopferung als Unternehmensziel anerkannt würde. Das wäre jedoch ein ungewöhnliches Verfahren. Wirtschaftliche Ziele, so auch einzelwirtschaftliche Ziele, wie etwa höchstmögliche Erzielung von Umsatz, Gewinn oder Rentabilität (und auch alle ihre Unterziele, als deren eines die Preisstabilität angesehen werden kann), werden von den Akteuren im allgemeinen unter dem Vorbehalt formuliert, daß ihre Erreichung nicht die subjektive Selbstaufopferung zur Folge hat. Es erscheint mir daher nicht notwendig, den Unternehmen ein positives Inflationsinteresse statt eines negativen Inflationsinteresses zuzuschreiben.

4. Ist die *second-best*-Hypothese eine alternative Erklärung inflationsfördernden Unternehmerverhaltens? Vermutlich, aber sie ist von geringerer Erklärungskraft! Sicher kann man das inflationsfördernde Verhalten der Unternehmen als *second-best*-Wahl betrachten: Inflation war nicht die beste, aber – angesichts der anderen Alternativen – die zweitbeste Gewinnerzielungsbedingung; Stabilisierung ohne Reparationsverzicht und ohne Steigerung der Gütererzeugung wäre in den Augen der Unternehmen eine noch schlechtere Gewinnerzielungsbedingung gewesen. Auch die entscheidungstheoretische Erklärung enthält die Erklärung inflationsfördernden Unternehmerverhaltens durch eine Wahl der zweitbesten Lösung: Da Preisstabilität nicht erreichbar war, wählte man zwecks individueller Verlustvermeidung und zwecks Vermeidung einer tiefgehenden Krise, die nach zahlungsbilanztheoretischen Vorstellungen bei Stabilisierung ohne Reparationsverzicht und ohne Änderung der Erzeugungsbedingungen entstehen mußte, die Inflation. Darüber hinaus aber vollbringt die Entscheidungstheorie eine zusätzliche Erklärungsleistung. Sie erklärt, *warum* die beste Lösung, nämlich die Preisstabilität, nicht hergestellt wurde und *warum* die Inflationsförderung die zweitbeste Problemlösung für die Unternehmen war.

5. Folgt aus der entscheidungstheoretischen Erklärung inflationsfördernden Unternehmensverhaltens, daß die staatliche Wirtschaftspolitik als Ursache des Unternehmensverhaltens nun gar keine Bedeutung mehr besitzt? Keinesfalls! Das Gegenteil ist der Fall. Die staatliche Wirtschaftspolitik setzt Rahmenbedingungen für das unternehmerische Handeln. Sie war für das unternehmerische Handeln in doppelter Weise von zentraler Bedeutung: Einmal setzt sie den Handlungsspielraum der Unternehmen fest. Damit grenzt sie objektiv und subjektiv die dem Unternehmen zur Verfügung stehenden geschäfts-

politischen Instrumente ein. Die Unternehmen hätten keine Handelswechsel bei der Reichsbank einreichen, kein ungedecktes Notgeld drucken, keine Devisen horten, keine Preise heraufsetzen und nicht Reparations-Sachlieferungen in beliebigem Umfang ausführen können, wenn Reichsbank und Reichsregierung dagegen wirkungsvolle Schranken aufgerichtet hätten. Zum anderen hatte die Wirtschaftspolitik der Regierung einen entscheidenden Einfluß auf die Erwartungen, welche die Unternehmen in die Beeinflußbarkeit ihrer Erfolgsbedingungen hegten; so ist in den vergangenen Abschnitten immer wieder darauf hingewiesen worden, wie sehr die Reparations-, die Sozial- und die Beschäftigungspolitik den Glauben der Unternehmen an einen eigenen erfolgreichen Beitrag zur Preisstabilisierung schmälerten.

Die hier angewendete Variante der Entscheidungstheorie hat den Vorzug, daß sie besonders gut erklärt, in welcher Weise die Unternehmen den durch die staatliche Wirtschaftspolitik gewährten Handlungsspielraum nutzten. Sie erklärt einmal generell, *warum* die Unternehmen Verluste oder Gewinnentgänge, die durch den Verzicht auf Preiserhöhungen, Handelswechseleinreichung, Notgeldausgabe, Devisenhortung und Reparations-Sachlieferungen entstanden wären, nicht zugunsten der Herstellung der Erfolgsbedingung Preisstabilität in Kauf nahmen, so wie sie etwa Verluste durch Unterkostenverkäufe zwecks Marktschließung in Kauf nahmen: Sie nahmen diese Verluste (oder Gewinnentgänge) deshalb nicht in Kauf, weil sie glaubten, daß die staatliche Wirtschaftspolitik die Verluste verewige und von ihnen nicht hinreichend beeinflußt werden könne. Die Entscheidungstheorie erklärt darüber hinaus, *welche* Elemente der staatlichen Wirtschaftspolitik für die Erwartungen der Unternehmen hinsichtlich der Geldwertentwicklung bestimmend waren. Das waren hier die nach der Zahlungsbilanztheorie bedeutsamen Sachverhalte. Die zahlungsbilanztheoretische Orientierung der Unternehmen kann auch erklären, daß die Unternehmen in einigen Fällen (wie bei der kollektiven Bemühung, die Reichsbank zur Erweiterung der Wechseldiskontmöglichkeiten zu bewegen) versuchten, den inflationären Handlungsspielraum zu vergrößern, obwohl sie die Inflation negativ bewerteten. Schließlich bietet die Entscheidungstheorie eine Erklärung für diejenigen Fälle an, in denen (wie bei Preisbildung, Devisenpolitik, Notgeldausgabe) die Unternehmen den durch die staatliche Wirtschaftspolitik ermöglichten inflationären Handlungsspielraum *nicht* voll ausnutzten (oder ausnutzen wollten): Sie erklärt diese Fälle durch höhere subjektive Handlungsabhängigkeit der Ziele, aus der Existenz besonderer Gratifikationen und/oder aus solidarischem Verhalten.

6. Möglicherweise werden spätere Forschungen ergeben, daß die hier vorgefundene positive Bewertung der Preisstabilität für die deutsche Industrie während der Inflation 1919 bis 1923 nicht repräsentativ war. In diesem Falle könnte die hier unternommene Erklärung (der Nichterreichung des positiv bewerteten öffentlichen Gutes Preisstabilität aus der geringen subjektiven Handlungsabhängigkeit des Stabilitätsziels) zwar ebenfalls keine Repräsentativität beanspruchen; ihre Stichhaltigkeit für den Kreis der hier untersuchten und ähnlich ausgerichteten Unternehmen wäre damit jedoch nicht widerlegt.

IV
Wiederkehrende Theorieprobleme

Die Erklärungskraft der erörterten Theorien leidet vor allem darunter, daß verschiedene, wiederkehrende Sachverhalte großenteils unzutreffend oder gar nicht berücksichtigt sind: die tatsächliche und erwartete Entwicklung der unternehmensspezifischen Beschaffungs- und Absatzpreise (und ihre Ursachen), die tatsächliche und erwartete Entwicklung der unternehmensspezifischen Kosten und Erlöse (und ihre Ursachen).

1. Die in den meisten Theorien über die Preiserwartungen getroffenen Annahmen erwiesen sich als nicht hinreichend differenziert. Die meisten Theorien enthalten die Annahme, daß die Unternehmen ihren Entscheidungen allgemeine, einheitliche Preiserwartungen zugrunde legen. Das ist aber kaum der Fall. Wie beobachtet, unterschieden die Unternehmen in den meisten Fällen zwischen Kostenpreis- und Absatzpreiserwartungen und damit (unter Hinzunahme der Nachfrageerwartungen) zwischen (Kosten-) Preis- und Gewinnerwartungen; die (Kosten-) Preiserwartungen waren dabei häufig Erwartungen in die Entwicklung nicht des allgemeinen Preisniveaus, sondern der unternehmens- oder branchenspezifischen Kosten. Wenn in dieser Arbeit trotz der unterschiedlichen Kosten- und Absatzpreiserwartungen häufig von „den" Preiserwartungen der Unternehmen die Rede ist, so nur deshalb, weil die Kosten- und Absatzpreiserwartungen im großen und ganzen gleichgerichtet waren. Ihr – wichtiger – Unterschied bestand aber darin, daß die erwarteten Steigerungsraten

bei den Beschaffungspreisen etwas höher lagen als bei den Absatzpreisen und daß die Wendepunkte von der Preissteigerung zur Preissenkung bei den Absatzpreisen früher erwartet wurden als bei den Beschaffungspreisen. Dieser Erwartungsunterschied war die Quelle negativer Gewinnerwartungen bei Steigerung der erwarteten Beschaffungs- und Absatzpreise. In den vorgestellten Theorien werden diese Spezifikationen der Preis- und Gewinnerwartungen, sieht man von der neueren *Portfolio-Selection*-Theorie James Tobins ab, nicht getroffen.

Die Vernachlässigung der (mit den Kostenpreiserwartungen häufig nicht übereinstimmenden) Gewinnerwartungen führt aber zu Fehleinschätzungen bei der Erklärung der Investitionen (zum Beispiel mithilfe der Geldnachfragetheorie) und der Kreditaufnahme bei Geldentwertung (mithilfe der Gläubiger-Schuldner-Hypothese). Und die irrtümliche Unterstellung allgemeiner Erwartungen statt spezifischer (Kosten-) Preiserwartungen kann zu problematischen Erklärungen zum Beispiel der Preisbildung und damit eines Teils der Inflationsentwicklung führen, wie das bei der Rückführung der Preisbildung auf Erwartungen in die Geldmengenentwicklung der Fall war. Ein ähnliches Problem trat bei der Erklärung der Preise nicht aus der erwarteten, sondern der bereits eingetretenen Kostenentwicklung auf: Die Erklärung der Preis- aus den Wechselkursschwankungen scheiterte an der Beobachtung, daß die Unternehmen ihre Absatzpreise anhand der spezifischen Kosten-, nicht der allgemeinen Preis- oder Wechselkursentwicklung bildeten.

2. Die in den Theorien getroffenen Annahmen über die Ursachen der Preiserwartungen (und damit auch über die Preiserwartungen selbst oder deren Konsequenzen) erwiesen sich teils als mithilfe des hier vorliegenden Materials nicht prüfbar, teils als unzutreffend. Die Theorie der rationalen Erwartungen in ihrer strengen und allein prüfbaren Form fand sich nicht bestätigt. Über weite Strecken der Inflation fehlen zutreffende (Kosten-) Preiserwartungen und damit auch die notwendige Bedingung dafür, daß die Preiserwartungen unter Verwendung aller relevanten Daten und zutreffenden theoretischen Annahmen gebildet worden seien: Die Preissprünge im Herbst 1919, November 1921 und Mitte 1922 sowie die Höhe der jeweiligen Preissteigerungen wurden nicht erwartet; daß sie nicht erwartet wurden, ist eine teilweise Erklärung etwa der zeitweise unzureichenden Absatzpreisanpassung (und damit der Gewinnschmälerungen), der langfristigen Gewinnverwendungsplanung (Bildung von Werkerhaltungsrück-

lagen) und der Vorsicht bei der Kreditaufnahme. Ob in den Unternehmungen Preiserwartungen adaptiv gebildet wurden, also etwa – den Vermutungen Cagans entsprechend – im Abstand von durchschnittlich fünf Monaten der tatsächlichen Preisentwicklung folgten, läßt sich nicht prüfen: Die hier beobachteten Preiserwartungen sind – im Unterschied zu den Angaben Cagans – nicht quantitativer Art; die Höhe der erwarteten Preissteigerungen/-senkungen ist aus den Quellen nicht zu bestimmen. In der Richtung differieren die Caganschen und die hier beobachteten Preiserwartungen kaum.

Preiserwartungen hängen, so sehr sie auch unternehmens- oder branchenspezifische Unterschiede aufweisen, zu einem großen Teil von der Erklärung ab, welche die handelnden Personen für die Inflation allgemein haben. Sie sind also zum Teil eine Folgerung aus inflationstheoretischen Überlegungen. Die handelnden Personen richten ihre Preiserwartungen (abgesehen von den produktkostenspezifischen Erwägungen, die sie anstellen) an der (erwarteten) Entwicklung derjenigen Sachverhalte aus, denen sie den entscheidenden Einfluß auf die Preisentwicklung zuschreiben. Welche Sachverhalte sind das? In mehreren der hier vorgestellten Theorien wird die Entwicklung der Geldmenge als der die Preiserwartungen bestimmende Faktor angenommen. Diese Annahme wird in der Geldnachfragetheorie und in der Erklärung der Preisbildung der Unternehmen durch Karl Brunner getroffen; sie findet sich aber auch in der bei den Vertretern der ökonomischen Theorie der Politik erkennbaren Vorstellung, daß für die handelnden Personen die Geldmenge das wichtigste Instrument im Streit für oder gegen die Inflation sei. Wie gezeigt, entwickelten sich Geldmenge und Preiserwartungen in der deutschen Inflation aber nicht parallel zueinander. Dies kann damit erklärt werden, daß in den Unternehmen nicht quantitätstheoretische, sondern nicht-monetäre, vor allem zahlungsbilanztheoretische Vorstellungen über die Ursache der Inflation vorherrschten. Nach zahlungsbilanztheoretischer Auffassung aber waren vor allem Reparationen und Produktionsbedingungen die entscheidenden auf die Preisentwicklung wirkenden Sachverhalte. An ihnen mußten sich daher die Preiserwartungen in den Unternehmen, soweit sie allgemeiner Art waren, ausrichten. Es gibt Anhaltspunkte dafür, daß dies auch tatsächlich der Fall war: Man begann immer dann verhältnismäßig hohe Preissteigerungen zu erwarten (wenn diese Preissteigerungserwartungen auch immer etwas verzögert auftraten und immer unter den dann tatsächlich eintretenden Preissteigerungen lagen), nachdem hohe oder ungewisse Reparationsbelastungen beschlossen (Versailler Vertrag 28. Juni 1919, Londoner Ultimatum 5. Mai 1921, Rückstellung langfristiger Anleihen an Deutschland bis zu einer Revision der Reparationsforderungen Juni 1922) oder (später) spürbar geworden waren; Preisstabilitätserwartungen (1920/21, Frühjahr 1922) fielen mit Hoffnungen auf eine für Deutschland günstige Regelung der Reparationsfrage zusammen. Und 1920/21 glaubte man offenbar auch zeitweise an eine Erleichterung der im Zuge des Übergangs zur Friedenswirtschaft aufgetretenen, erschwerten Produktionsbedingungen.[18]

Neben der Beobachtung differenzierter Preiserwartungen weckt also auch die Feststellung, daß zahlungsbilanztheoretische Vorstellungen Einfluß auf die Preiserwartungen hatten, Zweifel an der Schlüssigkeit der monetaristischen Erklärung der Preiserwartungen aus der Entwicklung der Geldmenge und der daraus gezogenen Schlußfolgerungen für die Geldnachfrage und die Preisbildung; diese Zweifel sind immer dann angebracht, wenn – wie in unserem Fall – die handelnden Personen die Inflation nicht-monetär erklären, und nicht angenommen werden kann, daß die Geldmenge eine nur verursachende und nicht eine auch verursachte Größe ist. Darüber hinaus hilft die Beobachtung der inflationstheoretischen (hier der zahlungsbilanztheoretischen) Vorstellungen über die Preiserwartungen hinaus auch die „Inflationspolitik" der handelnden Personen erklären und ist damit ein wichtiger Bestandteil innerhalb der ökonomischen Theorie der Politik. Schließlich eröffnet die Erklärung der Preiserwartungen aus zahlungsbilanztheoretischen Vorstellungen die Möglichkeit, eine Antwort auf die von Gerald Merkin gestellte Frage zu finden und noch einen anderen Einfluß der Zahlungsbilanz auf die inländische Preisentwicklung anzunehmen als den über die steigenden Preise der Importgüter: Zwar orientierten die Unternehmen ihre Absatzpreise im einzelnen nicht an den Veränderungen der Wechselkurse, sondern an der Entwicklung der branchen-, unternehmens- oder produktspezifischen Kosten. Aber für die schwierige generelle Entscheidung über die Ersetzung der Fest- durch Gleitpreise Ende 1921/Anfang 1922 etwa war mitbestimmend, ob man die Fortdauer einer als stark einge-

---

[18] Vgl. etwa die Denkschrift *Die Firma Krupp im Weltkrieg und in der Nachkriegszeit 1914–1925. Zur Einführung* (Verfasser: A. Haux), S. 49 (*HA Krupp* WA VII f 1070). – Die Bedeutung solcher Faktoren, insbesondere der Entscheidungen über die Reparationen, stellt auch C.-L. Holtfrerich (*Die deutsche Inflation...*, S. 183–190) heraus. Holtfrerich hebt diese Faktoren als „politische" von anderen Faktoren ab.

schätzten Inflationsbedingung, der Reparationsbelastungen, erwartete. Einfluß auf die Preisfestsetzung der Unternehmen ging also nicht nur von (wechselkursbedingt) steigenden Importgüterpreisen, sondern auch von einer (erwarteten) subjektiven Wechselkursbedingung aus.

3. Die tatsächlichen Gewinne und ihre Erklärung aus der Möglichkeit, steigende Beschaffungspreise in den Absatzpreisen weiterzugeben, spielen in den vorgestellten Theorien, sieht man von Tobins *Portfolio-Selection*-Theorie ab, bisher weder als Ursachen- noch als Wirkungskomponente eine wesentliche Rolle. Das ist ein Mangel. Die Gewinne (die, wie wir sahen, in den Phasen hoher Geldentwertung rückläufig waren) übten allgemein einen großen Einfluß auf die Investitionsneigung aus. Die Gläubiger-Schuldner-Hypothese und die Lohn-*lag*-Hypothese ließen sich gerade anhand der Beobachtungen zur Gewinnentwicklung (und deren Erklärung) nicht bestätigen. Für die Erklärung der Geldnachfrage der Unternehmen über weite Strecken der Inflation bedeutet die Nichtberücksichtigung des Kosten-Erlös-Verhältnisses den Verzicht auf eine alternative Erklärungsmöglichkeit. Schließlich hatte der mangelnde Geschäftserfolg (neben den negativen Gewinnerwartungen) einen erheblichen Anteil daran, daß bei den Unternehmen eine Abneigung gegen die Fortführung der Inflation entstand. Die Beobachtung dieser Abneigung macht aber die generelle Annahme einer positiven Bewertung der Inflation durch die Wirtschaftssubjekte, wie sie in der Inflationserklärung der ökonomischen Theorie der Politik eine Rolle spielt, für den Bereich der Industrieunternehmen fragwürdig. Im vorliegenden Fall zwang sie zu einer anderen Erklärung inflationsfördernder unternehmerischer Maßnahmen; eine solche Erklärung wurde mithilfe der Gefangenendilemma- und Trittbrettfahrer-Theorie versucht.

ANHANG

Tabelle 1

Die Entwicklung des Aktienkapitals bei fünf Maschinenbauunternehmen 1914 bis 1924

	GEB-Aktien-kapital	Vorkriegsaktienkapital und Kapitalerhöhungen 1914–23 nominal (ohne Agio)			Goldwerte (einschl. Agio)	
		Betrag der Kapitalzeichnungen (Mark/Papiermark)	Kapitalzeichnungen in % des gesamten PM-Kapitals Ende 1923/ des GEB-Kapitals	Auf die Mark/PM-Kap. Zeichnungen entfallende GEB-Kapitalbeträge (RM)	Betrag der Einzahlungen (GM)²	Einzahlungen in % d. gesamten Goldaktienkapitals Ende 1923
	1	2	3	4	5	6
M.A.N.	20 000 000					
Vorkriegsaktienkapital		27 000 000	27	5 400 000	27 000 000	66,9
Kapitalerhöhung						
1916/17		9 000 000	9	1 800 000	6 644 439	16,5
1919/20		18 000 000	18	3 600 000	2 122 584	5,3
1920/21		46 000 000	46	9 200 000	4 561 211	11,3
Summe		100 000 000	100	20 000 000	40 328 418	100,0
Maschinenfabrik Esslingen	6 400 000					
Vorkriegsaktienkapital		6 000 000	9,4	600 000	6 000 000	73,2
Kapitalerhöhung						
1919/20		6 000 000	9,4	600 000	462 908	5,6
1920/21		12 000 000	18,8	1 200 000	1 241 379	15,1
1922/23		40 000 000	62,5	4 000 000	493 012	6,1
Summe		64 000 000	100,0	6 400 000	8 197 299	100,0
Fried. Krupp AG	160 000 000					
Vorkriegsaktienkapital		180 000 000	51,4	82 285 600	180 000 000	77,4
Kapitalerhöhung						
1914/15		35 000 000	10	16 000 000	28 000 000	12
1915/16		35 000 000	10	16 000 000	24 137 931	10,4
1921/22		100 000 000	28,6	45 714 400	292 552	0,2
Summe		350 000 000	100,0	160 000 000	232 430 483	100,0
Motorenfabrik Deutz	12 750 000					
Vorkriegsaktienkapital		22 002 000	43,1	5 500 503	22 002 000	89,6
Kapitalerhöhung						
1919/20		3 998 000	7,8	909 498	232 564	0,9
1920/21		14 004 000	27,5	3 500 997	1 386 776	5,7
1921/22		10 996 000	21,6	2 749 002	943 936	3,8
Summe		51 000 000	100,0	12 750 000	24 565 276	100,0

Tabelle 1

	GEB-Aktien-kapital	Vorkriegsaktienkapital und Kapitalerhöhungen 1914–23 nominal (ohne Agio)			Goldwerte (einschl. Agio)	
		Betrag der Kapitalzeichnungen (Mark/Papiermark)	Kapitalzeichnungen in % des gesamten PM-Kapitals Ende 1923/ des GEB-Kapitals	Auf die Mark/PM-Kap. Zeichnungen entfallende GEB-Kapitalbeträge (RM)	Betrag der Einzahlungen (GM)[2]	Einzahlungen in % d. gesamten Goldaktienkapitals Ende 1923
	1	2	3	4	5	6
Maschinenbauanstalt Humboldt	12 750 000					
Vorkriegsaktienkapital		20 100 000	44,7[1]	5 695 000	20 100 000	90,3
Kapitalerhöhung						
1919/20		6 900 000	5,3[1]	1 955 000	631 768	2,8
1920/21		18 000 000	40,0[1]	5 100 000	1 525 000	6,9
Summe		45 000 000	100,0	12 750 000	22 256 768	100,0

Quellen zu Tabelle 1
M.A.N.: Entwicklung des Goldvermögens der M.A.N. von der Kapitalseite aus, 30. 9. 1924 (*WA Nürnberg* 153.3).
Maschinenfabrik Esslingen: Neufestsetzung des Aktienkapitals. Berichte für Direktor Dr. Kessler auf den 1. 1. 1924 (Goldmark-Eröffnungsbilanz); Geschäftsberichte der ME (alles Bestand ME, *Daimler-Benz-Archiv*).
Fried. Krupp AG: Schreiben Gußstahlfabrik an Direktor Baur, 6. 12. 1924 (*HA Krupp* WA IV 2439).
Motorenfabrik Deutz: Protokoll der AR-Sitzungen vom 21. 2. 1920, 5. 11. 1920, 3. 2. 1921, 3. 4. 1922 (alle *KHD-Archiv* I/18 bzw. I/19). Vertraulicher Bilanzbericht für das Geschäftsjahr 1919/20 (*KHD-Archiv* I/12). Schreiben A. Schaaffhausenscher Bankverein an P. Klöckner, 11. 5. 1922; Klöckner an A. Schaaffhausenscher Bankverein, 19. 5. 1922; P. Klöckner an A. Langen, 24. 5. 1922 (alle *Klöckner-Archiv.* Bestand Humboldt-Deutz Nr. 9)
Maschinenbauanstalt Humboldt: Fritz Gräsle: *Der Humboldt,* Bd. 4, Finanzielle Entwicklung, S. 30–33 *(KHD-Archiv).*

Anmerkungen zu Tabelle 1
[1] Die Beträge der Kapitalerhöhungen sind hier nicht auf das gesamte PM-Aktienkapital Ende 1923 (M 51 Mio.), sondern nur auf M 45 Mio. bezogen: Die auf Beschluß der a. o. Generalversammlung am 23. 3. 1920 ausgegebenen Vorzugsaktien wurden Anfang 1924 zum vollen Goldwert der Einzahlung (= GM 581 550) zurückgekauft und nahmen daher an der Zusammenlegung des PM-Kapitals zum GEB-Kapital nicht mehr teil.
[2] Die PM-Werte sind mit dem Großhandelspreisindex möglichst des Einzahlungszeitraums/-termins, andernfalls des Beschlußtermins in GM-Werte umgerechnet. Die Kapitalerhöhung bei Krupp in Höhe von M 100 Mio. wurde im Dezember 1921 beschlossen; da die Einzahlungen sich über das ganze Jahr 1922 erstreckten, wurde der PM-Betrag mit dem Durchschnittsindex des Jahres 1922 umgerechnet. – In den in Goldwerte umgerechneten Einzahlungsbeträgen der Kapitalerhöhungen sind die Agiobeträge mit enthalten.

Tabelle 2
Investitionen in Sachanlagen bei fünf Maschinenbauunternehmen 1909/10 bis 1928/29 (Werte in Goldmark)[1]

	M.A.N. Werk Augsburg[2]	Maschinenfabrik Esslingen[3]	Carl Schenck GmbH[4]	Gußstahlfabrik Essen der Fried. Krupp AG[5] mit Außenverwaltungen	ohne Außenverwaltungen	Motorenfabrik Deutz
1909/10	324 352	1 680 342	14 245	23 723 887	15 836 247	529 849
1910/11	334 916	1 678 940	32 490	22 453 154	9 763 594	1 647 225
1911/12	1 128 080	1 672 652	79 801	21 820 918	15 907 450	1 416 207
1912/13	3 239 123	2 651 194	308 976	21 863 888	10 071 923	842 154
1913/14	697 021	259 181	379 895	34 734 502	18 436 606	655 567
1914/15	72 576	779 580	33 063	29 584 582	26 611 348	693 148
1915/16	–	617 505	117 000	47 283 144	36 576 095	396 854
1916/17	1 310 575	1 181 650	79 663	57 055 829	45 974 935	503 670
1917/18	728 431	1 710 776	69 000	95 514 690	77 854 055	280 222
1918/19	2 510 675	1 593 166	71 569	18 821 996	17 901 473	
1919/20	1 019 308	1 306 987	39 676	5 994 892	3 888 938	
1920/21	510 594	986 481	344 872	7 234 374	4 412 048	
1921/22	377 121	612 245	123 868	6 586 731	3 319 885	
1922/23	425 561	369 870	20 000	6 723 776	3 248 508	
1923/24	435 847	141 309	162 855	8 699 541	6 643 191	
1924/25	1 343 124	291 741	111 274	4 077 387	2 461 319	393 338
1925/26	1 163 224	288 169	90 041	8 587 815	7 730 303	403 422
1926/27	542 097	89 621	42 288	6 133 331	2 141 890	311 747
1927/28	711 696	369 735	126 648	18 789 970	14 922 335	517 658
1928/29	1 068 080	541 428	178 081	9 770 495	9 770 495	533 858
Jahresdurchschnitt:						
1909/10–1913/14	1 144 698	1 588 462	163 081	24 919 270	14 003 164	1 018 200
1914/15–1917/18	527 896	1 176 529	74 682	57 359 561	46 754 108	468 474
1918/19–1922/23	968 652	683 378	119 997	9 072 354	6 554 170	
1923/24–1928/29	877 345	316 139	118 531	9 343 090	7 278 255	432 005

Quellen zu Tabelle 2

M.A.N.: Veröffentlichte Jahresberichte der M.A.N. 1902/03–1918/19 (*WA Nürnberg* 131.5.I). Interne Erläuterungen zu den Jahresabschlüssen 1905/06–1919/20 (*WA Nürnberg* 153.1). Anlagekontenbücher Werk Augsburg 1909/10–1928/29 und Akte „Ausbau Werk Augsburg 1918–23" (*WA Augsburg* B 21).

Maschinenfabrik Esslingen: Revisionsberichte des Aufsichtsrats 1901/02–1920, 1922, 1924–1928. Nachweis des Brutto- und Netto-Ergebnisses 1921. Bericht betr. Goldbilanz auf 1. 1. 1924 (alle Bestand ME im *Daimler-Benz-Archiv*). Volker Hentschel, *Wirtschaftsgeschichte der Maschinenfabrik Esslingen AG 1846–1918*, Stuttgart 1977, S. 90.

Carl Schenck GmbH: Emil Schenck, *Das Werk Carl Schenck*, S. IV 43–62 (*Schenck-Archiv*). Niederschrift über die Beirats-Sitzung am 2. 4. 1921 und die Sitzung der Beauf-

tragten am 20. 9. 1921. Beide in: Beauftragte. Niederschriften und Schriftwechsel vom 8. 12. 1906–30. 9. 1932 *(Schenck-Archiv).*
Krupp: Entwicklung der Immobilien 1909/10–1913/14, Zusammenstellung aus dem Jahre 1938 *(HA Krupp* WA IV 2882). Bilanzunterlagen 1922/23: Zugang an Immobilien 1914/15–1922/23 *(HA Krupp* WA IV 2438). Anlagevermögen der Fried. Krupp AG 1924/25–1934/35 *(HA Krupp* WA IV 3325). Jährliche Bilanzunterlagen 1909/10–1928/29 *(HA Krupp* WA IV 2425–2439, 3315–3319).
Motorenfabrik Deutz: Veröffentlichte Geschäftsberichte 1909/10–1928/29 *(KHD-Archiv* I 36, 37).

Anmerkungen zu Tabelle 2
[1] Die in den Quellen angegebenen Investitionswerte in Mark sind für die Jahre 1914/15–1922/23 mit dem (geschäfts-)jahresdurchschnittlichen Großhandelspreisindex in GM umgerechnet. Spezialindizes sind für die Inflationszeit nicht hinreichend verfügbar: Ein Baukostenindex ist erst ab 1921, der Maschinenpreisindex nicht für alle Monate berechnet. Die Unterschiede zwischen dem Großhandelsindex und den Spezialindizes fallen aber auch nicht allzusehr ins Gewicht. Die Spezialindizes sind Mitte 1921–Mitte 1922 etwas niedriger, 1919/20, 1920/21 und im 2. Halbjahr 1922 etwas höher als der Großhandelspreisindex. Die RM-Werte 1924–1928/29 sind mit einem Mischindex aus dem Preisindex für gewerbliche Betriebseinrichtungen und dem Baukostenindex *(Konjunkturstatistisches Handbuch 1933,* hrsg. vom Institut für Konjunkturforschung, Berlin 1933, S. 122–258) in GM umgerechnet. – Die Zahlenangaben beziehen sich jeweils auf die Geschäftsjahre der Unternehmen.
[2] Geschäftsjahr 1. 7.–30. 6. – Die Zahlen für die Kriegsjahre sind eventuell zu niedrig, da vielleicht ein Teil der Investitionen sofort über Betriebsausgaben abgebucht wurde (vgl. eine diesbezügliche Bemerkung in der Vorstandssitzung vom 1. 12. 1917. *WA Augsburg* 1313). 1918/19–1928/29 wurden die sofort über Betriebsausgaben abgebuchten Aufwendungen in den Anlagekontenbüchern getrennt ausgewiesen, ab 1921/22 auch derjenige Teil dieser Aufwendungen, der „Mehrwert begründend bzw. Anlage gleichzuachtend" war. Für die Jahre ab 1921/22 wurde dieser letztere Betrag in die vorliegende Investitionstabelle eingesetzt. Für die Jahre 1918/19 und 1919/20 wurden Beträge in Höhe von GM 348 008 (Auszählung Lb) bzw. GM 102 804 (Auszählung M.A.N.) nicht berücksichtigt, die lediglich für Instandsetzungen und nicht werterhöhende Umstellungsarbeiten (Umstellung von Kriegsgüter- auf Friedensgüterproduktion) aufgewendet wurden. – Die Investitionsziffern schließen die Aufwendungen für Werkzeuge und Vorrichtungen ein.
[3] Geschäftsjahr bis 1917/18: 1. 4.–31. 3., ab 1918 Kalenderjahr. – In den Zahlen bis 1913/14 sind die Investitionen im italienischen Zweigwerk Saronno, das 1887 errichtet wurde und im 1. Weltkrieg verkauft wurde, nicht enthalten. Der Durchschnitt der Investitionen der Nachinflationszeit ist für die Jahre 1924–1928 (Tabelle: 1924/25–1928/29) berechnet.
[4] Geschäftsjahr 1. 10.–30. 9. In der unveröffentlichten Werkschronik von Emil Schenck sind die Investitionszahlen 1914/15–1923/24 mittels Dollarkurs in GM umgerechnet; hier ist der Großhandelspreisindex zugrunde gelegt. – Die größte Erweiterungsinvestition der Inflationsjahre, die Aufwendungen für einen Gießereineubau, sind offenbar nur zum Teil (mit GM 95 000) auf Anlagekonto verbucht und von E. Schenck als „Investition" berücksichtigt worden. Nach den in der Quellenangabe genannten Sit-

zungsberichten dürften die Gesamtaufwendungen maximal GM 340000 (umgerechnet aus M 4,5 Mio. im April 1921) betragen haben; der Unterschiedsbetrag wurde – auf besonderen Antrag E. Schencks – offenbar sofort unter Betriebsausgaben abgebucht. In der Tabelle ist der Gesamtbetrag berücksichtigt.

[5] Geschäftsjahr bis 1922/23 jeweils 1. 7.–30. 6., ab 1923/24 jeweils 1. 10.–30. 9. – Die Gußstahlfabrik Essen war das Stammwerk der Fried. Krupp AG, die außerdem folgende Werke umfaßte: Germaniawerft, Grusonwerk, Stahlwerk Annen, Friedrich-Alfred Hütte. In die Zahlen der Gfk sind die Investitionen der 1919/20–1924/25 buchhaltungsmäßig von der Gfk getrennten Lokomotiv- und Wagenbauwerkstätten, nicht aber die (in den Inflationsjahren unerheblichen) Grundstücksinvestitionen eingerechnet. Außenverwaltungen waren die Kohlenzechen, Eisenhütten und Eisensteingruben, während die Gfk selbst Eisen- und Stahlwerke und weiterverarbeitende Betriebe umfaßte.

Quellen zu Tabelle 3 (auf S. 230 f.)
 M.A.N. Werk Augsburg: Bilanzunterlagen M.A.N. 1913/14 (*WA Nürnberg* 153.1). Anlagekonten Werk Augsburg (*WA Augsburg,* Bestand Betrieb). Geschäftsberichte 1918/19–1922/23 (*WA Augsburg* 1311). Entwicklung des Goldvermögens der M.A.N., 30. 9. 1924 (*WA Nürnberg* 153.3).
 Gußstahlfabrik Essen: Bilanzunterlagen der Fried. Krupp AG und der Gußstahlfabrik Essen 1913/14, 1918/19–1922/23 (*HA Krupp* WA IV 2429, 2434–2438). Denkschrift: *Die Firma Krupp im Weltkriege,* B. I. 4a: *Finanzgebarung im Kriege 1914–1918,* S. 17–19 (*HA Krupp* WA VII f 1078).
 Maschinenfabrik Esslingen: Revisionsberichte des Aufsichtsrates 1919, 1920, 1922. Nachweis des Brutto- und Nettoergebnisses 1921 (alle Bestand ME, *Daimler-Benz-Archiv*). Schreiben L. Kessler an P. Reusch, 30. 4. 1923 (*GHH* 300308/30).
 Carl Schenck GmbH: E. Schenck, *Das Werk Carl Schenck...,* S. III 99–106. Tabelle VII *(Schenck-Archiv).*
 Motorenfabrik Deutz: Geschäftsberichte 1918/19–1922/23 *(KHD-Archiv).*
 Maschinenbauanstalt Humboldt: F. Gräsle, *Der Humboldt...,* IV. S. 30–33 *(KHD-Archiv).*

Anmerkungen zu Tabelle 3 (auf S. 230 f.)
 [1] Geschäftsjahre der Unternehmen siehe Anmerkungen zu TABELLE 2. Die Goldmarkwerte sind jeweils über den Großhandelspreisindex aus den PM-Werten berechnet. Dabei wurden die Abschreibungen und Gewinne, da sie nicht an einem Tag, sondern im Laufe des ganzen Geschäftsjahres vorgenommen bzw. erzielt wurden, mittels Jahresdurchschnittsindex umgerechnet. Für die Dividenden (Spalte 9) wurde – in Unkenntnis der genauen Auszahlungstermine – der Index derjenigen Monate gewählt, in denen die Ausschüttung von der Generalversammlung beschlossen wurde; bei Schenck und Krupp wurde mit dem Index des Bilanzstichtages umgerechnet. Bei den Aktienkapitalien (Spalte 8) sind die Vorkriegswerte voll als Goldwerte eingesetzt. Das später eingezahlte Kapital ist mit dem Index des Einzahlungsmonats oder des Monats umgerechnet, in dem die Kapitalerhöhung von der Generalversammlung beschlossen wurde. Im Unterschied zu TABELLE 2 sind hier nur die Nennwerte, nicht die Kurswerte der Kapitalerhöhungen umgerechnet.

2 In den Spalten 3, 6, 7 und 9 wurden die Rücklagenveränderungen sowie die bilanzierten und die verteilten Gewinne des Gesamtunternehmens mit ⅔ des Betrags für Werk Augsburg eingesetzt; die geklammerten Zahlen in den Spalten 6 und 9 sind die Werte für das Gesamtunternehmen. Der anteilige Gewinn wird in der Annahme berücksichtigt, daß er und nicht der tatsächlich erwirtschaftete Gewinn Augsburg (wie auch den anderen Teilwerken), soweit er nicht ausgeschüttet wurde, zur Verfügung stand.

3 Die ordentlichen Abschreibungen enthalten – mit Ausnahme des Jahres 1919/20 – auch außerordentliche Abschreibungen (1918/19 GM 9 299 611). – 1922/23 waren die gesamten Abschreibungen (GM 8,86 Mio.) trotz Rücklagenauflösung höher als die Investitionen (GM 6,7 Mio.); das ist darauf zurückzuführen, daß die Abschreibungssumme auch Abschreibungen auf noch nicht fertiggestellte Neuanlagen enthielt. – Spalte 6 führt einmal die Bilanzgewinne bzw. -verluste der Gfk (einschließlich der Lokomotiv- und Wagenbauwerkstätten) und zum anderen (in Klammern) die entsprechenden Ziffern für den Gesamtkonzern (Gfk einschl. Lowa, Grusonwerk, Germaniawerft, Stahlwerk Annen, Friedrich-Alfred-Hütte) auf. Die bereinigten Gewinne in Spalte 7 sind für beide Varianten berechnet. – 1919/20 und 1921/22 wurden aus dem Gewinn hohe Beträge (GM 1 934 236 bzw. GM 2 760 351) für den Bau von Werkswohnungen zurückgestellt; sie sind nur in Spalte 6 und nicht auch in Spalte 3 aufgeführt, um sie nicht doppelt in die Gewinnbereinigungsrechnung (Spalte 7) eingehen zu lassen.

TABELLE 3

Abschreibungen, Gewinne und Dividenden bei sechs Maschinenbauunternehmen 1913/14, 1918/19–1922/23[1]

	1 Ordentliche Abschreibungen	2 Vorbilanzielle Übersteuerungsabsetzungen auf Neuzugänge	3 Veränderung der Werkerhaltungsrücklagen	4 Summe der Abschreibungen (1+2+3)	5 Mehr/Minderabschreibung gegen Friedensabschreibung (Scheinverlust/-gewinn)	6 Bilanzgewinn (ohne Vortrag)	7 Von der Scheinverlusten/-gewinnen bereinigter Gewinn (5+6)	8 Aktienkapital	9 Verteilte Gewinne (Dividenden) Betrag	in % d. Aktienkapitals
	GM	GM	GM	GM	GM	GM	GM	GM		
M.A.N. Werk Augsburg[2]										
1913/14	821584	1343118								
1918/19	312494		–	1655612	834028	564796	1398824	27000000	179328	
1919/20	80160	733389	–	813549	8035	1111991	203397	31580504	(448319)	(1,4)
1920/21	59721	429024	426439	915184	93600	211432	680566	33039868	150000	(1,1)
1921/22	25186	261553	–	286739	– 534845	528580	– 137889	36121498	(375000)	
1922/23	4277	425561	– 1915	427923	– 393661	586966	– 169892	36121498	172068	(1,2)
						1467414			(430169)	
						396956		36121498	6766	–
						992389			(16914)	
						223769			–	
						559423				
Fried. Krupp AG: Gußstahlfabrik Essen[3]										
1913/14	10480288	7341749	–33073930	–11077058	–21557346	20859332	– 698014	(180000000)		
1918/19	14655124	4095343	4835589	9640855	839433	(–14062296)	(–35619642)	(232221453)	–	–
1919/20	501844	3979830	4904051	11695583	1215295	– 8481058	– 9320491	(232221453)	–	–
1920/21	515358	3107602	– 501882	5170908	–5309740	(– 7703871)	(– 6864438)	(232221453)	(1043165)	(0,4)
1921/22	240220	4261431	– 58260	– 8856809	– 1623479	–18332968	–1717673	(235089248)	(318498)	(0,1)
1922/23	3824					(– 6658871)	(– 7874166)	(235089248)	–	–
						5897721	–11207461			
						(– 3708487)	(– 1601253)			
						–59089982	–60713461			
						(–59089982)	(–60713461)			

Tabelle 3

Maschinenfabrik Esslingen										
1914/15	900 000						6 000 000			
1919	240 964	943 806		772 892	461 878	438 122	153 033	285 089	6 000 000	28 087	0,5
1920	201 884	656 035		558 546	1 416 466	516 466	279 033	795 499	7 183 669	134 529	1,9
1921	156 986	387 232		575 615	1 119 833	219 833	328 761	548 594	7 183 669	110 436	1,5
1922	10 259	365 994		409 572	785 825	114 175	238 931	124 756	7 183 669	14 730	0,2
Carl Schenck GmbH										
1918/19							?		1 081 000	19 453	1,8
1919/20							85 687		1 081 000	14 806	1,4
1920/21							88 131		1 081 000	17 879	1,7
1921/22							97 867		1 081 000	2 043	0,2
1922/23							?		1 081 000	4 644	0,43
Motorenfabrik Deutz										
1918/19							937 119		22 002 000	191 798	0,9
1919/20							329 734		22 235 937	161 121	0,7
1920/21							549 471		23 208 437	229 263	1
1921/22							353 740		23 378 706	8 862	–
1922/23							135 973		23 378 706	–	–
Maschinenbauanstalt Humboldt										
1918/19							46 572		20 100 000	125 156	0,6
1919/20						–	214 042		21 120 986	110 625	0,5
1920/21							397 612		22 370 988	197 561	0,8
1921/22							272 630		22 370 988	8 132	–
1922/23							246 076		22 370 988	–	–

Tabelle 4
Kapitalerhöhungen bei fünf Maschinenbauunternehmen 1919 bis 1923

	M.A.N.			Maschinenfabrik Esslingen			Motorenfabrik Deuz			Maschinenbauanstalt Humboldt			Fried. Krupp AG		
	Genauer Zeitraum/-punkt	GM	%	Genauer Zeitraum/-punkt	GM	%	Genauer Zeitraum/-punkt	GM	%	Genauer Zeitraum/-punkt	GM	%	Genauer Zeitraum/-punkt	GM	%
1. Aktienkapital 1918/19	30. 6. 19	33 644 439		31. 12. 18	6 000 000		30. 6. 19	22 002 000		30. 6. 19	20 100 000		30. 6. 19	232 137 931	
2. Kapitalerhöhungen Einzahlungsbeträge 1918/19															
1919/20	Dez. 19 –Apr. 20	2 122 584		Feb. 20	462 908		März 20	232 564		Jan. 20 März 20	631 768 368 637				
1920/21	Aug.–Nov. 20	4 561 711		Aug. 20	1 241 379		Jan. 21	1 386 776		Dez. 20	1 525 000				
1921/22				Jan./Feb. 23	85 012		1. 5. 22	943 936					Jan.–Dez. 22	292 552	
1922/23				Juli 23	408 000										
Summe		6 684 295			2 197 299			2 563 276			2 525 405			292 552	
3. Aktienkapital 1922/23 (Goldwert)	30. 6. 23	40 328 734		31. 12. 23	8 197 299		30. 6. 23	24 565 276			22 625 405			232 430 483	
4. Einzahlungsbeträge in % des Aktienkapitals 1922/23 (Goldwerte)			16,6			26,8			11,7			11,2			0,1

232 *Anhang*

Quellen zu Tabellen 4 und 5 (auf S. 232 u. 234)
M.A.N.: Entwicklung des Goldvermögens der M.A.N. von der Kapitalseite aus, 30. 9. 1924 (*WA Nürnberg* 1953.3).
Maschinenfabrik Esslingen: Geschäftsberichte 1918/19–1923/24 *(KHD-Archiv).* Protokolle der AR-Sitzungen vom 21. 2. 1920, 5. 11. 1920, 3. 2. 1921, 3. 4. 1922 *(KHD-Archiv I/18, I/19).* Vertraulicher Bilanzbericht für das Geschäftsjahr 1919/20 *(KHD-Archiv I/12).* Schreiben A. Schaaffhausen'scher Bankverein an P. Klöckner, 11. 5. 1922, P. Klöckner an A. Schaaffhausen'scher Bankverein, 19. 5. 1922, P. Klöckner an A. Langen, 24. 5. 1922 (alle Bestand Humboldt-Deutz Nr. 9, *Klöckner-Archiv*).
Maschinenbauanstalt Humboldt: Geschäftsberichte 1918/19–1922/23 *(KHD-Archiv).* Fritz Gräsle, *Der Humboldt...,* Bd. 4, Finanzielle Entwicklung, S. 30–33 *(KHD-Archiv).*
Fried. Krupp AG: Schreiben Gußstahlfabrik an Direktor Baur, 6. 12. 1924 *(HA Krupp WA IV 2439).* Kriegsdenkschrift *BI4b: Finanzgebaren 1919–21 (HA Krupp WA VIIf.* 1079, 1080). Geschäftsberichte 1918/19–1922/23 *(HA Krupp WA IV 2434–39).*

Anmerkungen zu Tabelle 4 (auf S. 232)
Bei den Kapitalerhöhungen sind die PM-Werte mit dem Großhandelspreisindex möglichst des Einzahlungszeitraums/-termins, andernfalls des Beschlußtermins in GM-Werte umgerechnet. Die Kapitalerhöhung bei Krupp in Höhe von M 100 Mio. wurde im Dezember 1921 beschlossen; da die Einzahlungen sich über das ganze Jahr 1922 erstreckten, wurde der PM-Betrag mit dem Durchschnittsindex des Jahres 1922 umgerechnet. – In den Einzahlungsbeträgen der Kapitalerhöhungen sind die Agiobeträge mit enthalten.

Anmerkungen zu Tabelle 5 (auf S. 234)
Die Obligationen der Inflationszeit sind mittels Großhandelspreisindex möglichst des Einzahlungstermins/-zeitraums, andernfalls des Beschlußtermins in GM umgerechnet. – Der Aufwertungsbetrag der Goldmark-Eröffnungsbilanz (GEB) (Zeile 4c) ist in RM, nicht GM aufgeführt. – Die Obligationen mußten 1924 mindestens zu 15% aufgewertet werden. Die Aufwertungsbeträge in der Tabelle sind aber nicht immer 15% des Goldeinzahlungsbetrages (vgl. Zeile 5c). Der Grund dürfte in unterschiedlichen Umrechnungsverfahren (unterschiedliche Zeitpunkte der Umrechnung, Dollarkurs statt Großhandelspreisindex), aber auch darin liegen, daß einige Unternehmen die Obligationen evtl. höher als mit 15% aufwerteten. – Der Betrag der aufgewerteten Obligationen bei Krupp enthält die neuen Anleihen des Jahres 1924 nicht.

Tabelle 5
Die Entwicklung der Obligationenschulden bei fünf Maschinenbauunternehmen 1918/19 bis 1923/24

	M.A.N.			Maschinenfabrik Esslingen			Motorenfabrik Deutz			Maschinenbauanstalt Humboldt			Fried. Krupp AG		
	Genauer Zeitraum/ -punkt	GM	%	Genauer Zeitraum/ -punkt	GM	%	Genauer Zeitraum/ -punkt	GM	%	Genauer Zeitraum/ -punkt	GM	%	Genauer Zeitraum/ -punkt	GM	%
1. Bestand 1918/19	1. 1. 18	25 214 000		31. 12. 18	4 828 500		30. 6. 19	5 172 000		30. 6. 19	10 000 000		30. 6. 18	43 643 530	
2. Einnahmen aus Neuausgaben															
1919/20	23. 2. 20	1 428 598					März 20	1 122 355		Jan. 20	636 943		1919–22 Jan./ Apr. 21	2 801 999	
1920/21	30. 11. 20	3 267 064									1 190 476			17 669 280	
1921/22							1. 5. 22	312 159		Juli 21	1 827 419				
Summe		4 695 662			–			1 434 514						20 471 279	
3. Tilgung															
a) 1918/19–1922/23				1. 1. 18– 31. 12. 23	459 000		1. 7. 19– 30. 6. 23	1 040 960		1. 7. 19– 30. 6. 23	1 200 000		1. 7. 18– 30. 6. 23	23 237 930	
b) 1918/19–1923/24	1. 1. 18– 30. 6. 24	755 435					1. 7. 19– 30. 6. 24	3 300 000		1. 7. 19– 30. 6. 24	3 127 000				
4. Bestand															
a) 1922/23 (1+2–3a)		29 154 227		31. 12. 23	4 369 500		30. 6. 23	5 565 554		30. 6. 23	10 627 419		30. 6. 23	40 876 879	
b) 1923/24 (1+2–3b)	30. 6. 24	2 945 818					30. 6. 24	3 306 514		30. 6. 24	8 700 419				
c) nach Aufwertung (GEB) RM					655 425			645 754			1 472 710			6 276 413	
5. a) Einnahmen 1918/19–1922/23															
– in % d. Best. 22/23			16,1						25,7			17,2			50
– in % d. Best. 23/24									43,4			21			53
b) Tilgung in % d. Best. 1918/19															
– 1918/19–1922/23						9,5			20			12			
– 1918/19–1923/24	1. 1. 18– 30. 6. 24		3						63,8			31,3			15,4
c) Aufwertungsbetrag (GEB) in % d.			10,1			15			19,5			16,9			

TABELLE 6

Reallohnentwicklung bei drei Maschinenbauunternehmen 1919 bis 1923
(1913/14 = 100)

		M.A.N. Werk Augsburg	Schenck	Maschinen-fabrik Esslingen			M.A.N. Werk Augsburg	Schenck	Maschinen-fabrik Esslingen
1919	Jan.	79	51		1921	Juli	92	98	
	Feb.		50			Aug.	89	92	
	März		48			Sept.	87	108	
	April		87			Okt.	80	98	
	Mai		82			Nov.	90	87	
	Juni	126	77			Dez.	98	117	88
	Juli		84						
	Aug.		81		1922	Jan.	105	118	
	Sept.		72	85		Feb.	89	106	
	Okt.		68			März	78	101	
	Nov.	109	86			April	94	105	84
	Dez.		81	79		Mai	108	109	
						Juni	116	117	
1920	Jan.		62			Juli	115	114	117
	Feb.	84	74			Aug.	112	101	
	März		65			Sept.	77	103	
	April		60			Okt.	99	87	85
	Mai		82	77		Nov.	54	67	
	Juni	71	83			Dez.	94	92	52
	Juli		85						
	Aug.		88	83	1923	Jan.	90	99	
	Sept.		89			Feb.	86	107	
	Okt.		84			März	97	112	
	Nov.		81			April	112	108	
	Dez.		78	80		Mai	101	96	
						Juni	107	114	
1921	Jan.	90	103			Juli	113	84	
	Feb.	94	106			Aug.	120	92	
	März	104	107			Sept.	126	107	
	April	106	108			Okt.	145	16	
	Mai	107	109			Nov.	45	63	
	Juni	100	105			Dez.	91	82	

Quellen zu Tabelle 6
Die Reallöhne sind für die Monate bis Januar 1920 mithilfe des Calwerschen Index der Lebensmittelpreise und der Berechnungen des Statistischen Reichsamtes geschätzt, für die Monate Februar 1920 bis Dezember 1922 mithilfe des Lebenshaltungsindex des

Statistischen Reichsamtes errechnet. Statistisches Reichsamt, *Zahlen zur Geldentwertung in Deutschland 1914 bis 1923*, in: *Wirtschaft und Statistik*, 5. Jg. Sonderheft 1, Berlin 1925, S. 33 (Lebenshaltungsindex ab Februar), S. 40 (Angaben über Teuerungszahlen 1919, Januar 1920). Carl-Ludwig Holtfrerich, *Die deutsche Inflation 1914–1923*, Berlin–New York 1980, S. 42 (Calwerscher Index der Lebensmittelpreise).

Nominallohnangaben der Unternehmen: *M.A.N.* Werk Augsburg: Werner Foth, *Soziale Chronik aus 100 Jahren M.A.N.*, 1943, Anlage 13 (*M.A.N. WA Augsburg* und *Nürnberg*); die Anlage 13 enthält, offenbar auf einer zeitgenössischen Zusammenstellung (Thierbach) fußend, die Stunden-Durchschnittsverdienste im Werk Augsburg einschließlich der Hausstands-, Teuerungs- und Kinderzulagen. Als Referenzlohn wurde der Durchschnittsstundenverdienst des Geschäftsjahres 1913/14 aus der aufaddierten Lohnsumme (52,1 Pfennige) herangezogen (Monatsbericht für Werk Augsburg, Juli 1914; *WA Augsburg* 132). – *Schenck:* E. Schenck, *Das Werk Carl Schenck...*, S. III 103–105, Tabelle V *(Schenck-Archiv)*. Schenck gibt für die Inflationszeit die tariflichen Stundenlöhne an. Referenzlohn ist der Durchschnittslohn eines Darmstädter Facharbeiters über 25 Jahre im Oktober 1914 (50 Pfennige). – *Maschinenfabrik Esslingen:* Bilanzberichte des Vorstandes auf den 31. 12. 1920 und den 31. 12. 1922 *(Daimler-Benz-Archiv*, Bestand ME). Die Angaben beziehen sich auf den Durchschnittsstundenlohn eines gelernten Arbeiters (1914: 65 Pfennige).

Quelle zum Schaubild auf S. 237

Friedrich Kruspi, *Die Konjunktur der letzten 5 Jahre im deutschen Maschinenbau*, in: *Maschinenbau/Wirtschaft*, 5 (1926), H. 18 vom 16. 9. 1926, S. 859. Kruspis Angaben beruhen auf den vierteljährlichen Befragungen, die der VDMA seit Anfang 1921 unter seinen Mitgliedsfirmen veranstaltete. Kruspi errechnete die Zahlen, indem er den jeweiligen Beschäftigungsgrad mit dem Auftragseingang/Versand je Beschäftigten der tatsächlichen Belegschaft multiplizierte; in den Angaben über den Beschäftigungsgrad sind evt. Kurzarbeitszeiten nicht berücksichtigt.

SCHAUBILD
*Index der Konjunkturentwicklung in der deutschen Maschinenindustrie
1921 bis 1923*

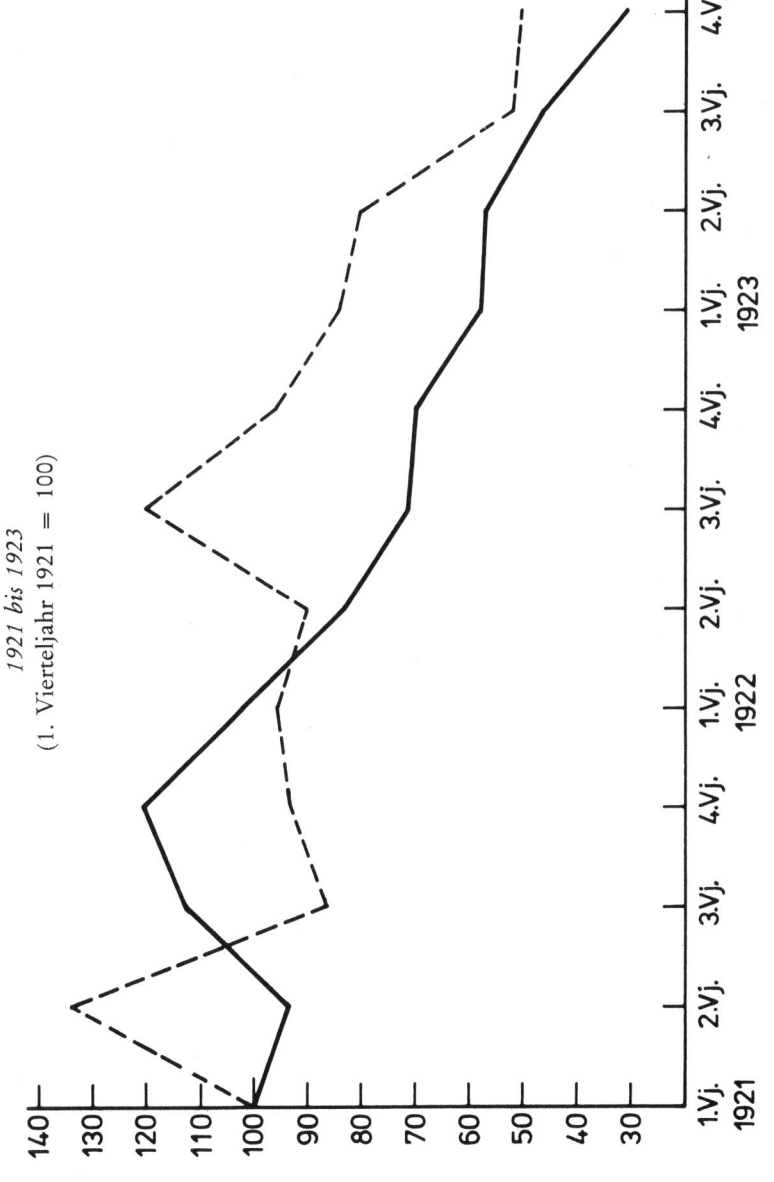

(1. Vierteljahr 1921 = 100)

——— Auftragseingang in t auf 1 Beschäftigten bei voller Belegschaft
- - - - Versand in t auf 1 Beschäftigten bei voller Belegschaft

QUELLEN- UND LITERATURVERZEICHNIS

1. *Unveröffentlichtes Schrifttum*

a) *Benutzte Archivbestände*

Daimler-Benz-Archiv, Stuttgart-Untertürkheim (Bestand Maschinenfabrik Esslingen)
DEMAG AG, Duisburg, Archiv
Gutehoffnungshütte Aktienverein, Oberhausen. Historisches Archiv
Klöckner & Co., Duisburg. Archiv
Klöckner-Humboldt-Deutz AG, Köln-Deutz, Archiv
Fried. Krupp GmbH, Essen. Historisches Archiv
M.A.N. Werkarchiv Augsburg
M.A.N. Werkarchiv Nürnberg
Carl Schenck AG, Darmstadt. Archiv
Verband Deutscher Maschinen- und Anlagenbau, Frankfurt/M. Archiv

b) *Unveröffentlichte Monographien*

Berdrow, Wilhelm, *Die Firma Krupp im Weltkrieg und in der Nachkriegszeit*, Bd. 1: *1914–1919*, Bd. 2: *1919–1926* (*HA Krupp* FAH IV E 10).
Der deutsche Maschinenbau 1890–1945, 3 Bde, Bearbeiter: Schalk/Schartke, Bd. 1: *1820–1923*, Bd. 2: *1924–1931*, Bd. 3: *1932–1945 (VDMA-Archiv)*.
Eschenburg, Theodor, *Politik und Industrieverbände seit der Gründung des VDMA*. Vortrag, gehalten am 10. 5. 1968 (Ms. *VDMA-Bibliothek*)
Foth, Werner, *Soziale Chronik aus 100 Jahren M.A.N.*, 3 Bde, 1943 (Ms. *M.A.N. WA Augsburg* und *Nürnberg*)
Gräsle, E., *Der Humboldt*, 4 Bde, 1956 (*KHD-Archiv* XII/18)
Schenck, Emil, *Das Werk Carl Schenck (1881–1932/33)*, 1945 *(Schenck-Archiv)*.

2. *Veröffentlichte Literatur*

a) *Periodika*

Maschinenbau/Wirtschaft (Hrsg.: Verein Deutscher Maschinenbau-Anstalten), 1 ff., 1922 ff.
Plutus, 1922, 1923.

Reichsgesetzblatt I, 1919–1923.
Statistisches Reichsamt (Hrsg.), *Statistisches Jahrbuch für das Deutsche Reich,* 42.–44. Jg., 1921/22–1924/25, Berlin 1922–1925.
Statistisches Reichsamt (Hrsg.), *Vierteljahreshefte zur Statistik des Deutschen Reiches,* 1922–1925, Berlin 1922–1925.
Statistisches Reichsamt, *Zahlen zur Geldentwertung in Deutschland 1914–1923* (= *Wirtschaft und Statistik,* 5. Jg., Sonderheft 1), Berlin 1925.
Volkswirtschaftliche Chronik (der *Jahrbücher für Nationalökonomie und Statistik*) *für das Jahr 1922 und 1923,* Jena 1922/23 und 1923/24.
Die Wirtschaftskurve der Frankfurter Zeitung, Jg. 1922, 1923.

b) *Selbständig erschienene Schriften, Aufsätze: Maschinenbau-Literatur*

Ahrens, Rudolf, *Die deutsche Landmaschinenindustrie, ihre Entwicklung und ihre heutige Lage,* Diss. Greifswald 1926.
Berdrow, Wilhelm, *Alfred Krupp und sein Geschlecht. Die Familie Krupp und ihr Werk von 1787–1940,* Berlin 1943.
Die Bilanzierung im Maschinenbau, in: Maschinenbau/Wirtschaft, 5 (1926), H. 17 vom 2. 9. 1926, S. 812.
Bonte, Dr.-Ing., *Notleidende Aufträge im Maschinenbau nach der Material- und Lohnklausel,* in: Maschinenbau/Wirtschaft, 2 (1922/23), H. 8 vom 26. 1. 1923, S. 275–277.
Borsig, Ernst von, *Zukunftsaufgaben des deutschen Maschinenbaus.* Ansprache auf der Mitgliederversammlung des VDMA am 12. 5. 1922, in: *Maschinenbau/Wirtschaft,* 1 (1922/23), H. 4 vom 27. 5. 1922, S. 255–257.
Büchner, Fritz, *Hundert Jahre Geschichte der Maschinenfabrik Augsburg-Nürnberg,* o. O., o. J. (1940).
Engelmann, Bernt, *Krupp. Die Geschichte eines Hauses – Legenden und Wirklichkeit,* München 1978.
Ergebnisse der Reichsmarkumstellung bei den Maschinenbau-Aktiengesellschaften, in: Maschinenbau/Wirtschaft, 5 (1926), H. 3 vom 4. 2. 1926, S. 139.
Feldman, Gerald D., *The Large Firm in the German Industrial System: The M.A.N., 1900–1925,* in: Dirk Stegmann/Bernd-Jürgen Wendt/Peter-Christian Witt (Hrsg.), *Industrielle Gesellschaft und politisches System. Beiträge zur politischen Sozialgeschichte. Festschrift für Fritz Fischer zum 70. Geburtstag,* Bonn 1978, S. 241–257.
Gerlach, Oberbaurat, *Die Entwicklung der Preisvorbehalte im Deutschen Kranverband,* in: Maschinenbau/Wirtschaft, 2 (1922/23), H. 18 vom 16. 6. 1923, S. 741–743.
Goldbeck, Gustav, *Arnold Langen und die Motorenfabrik Deutz,* Köln 1963.
Goldbeck, Gustav, *Kraft für die Welt. 1864–1964 Klöckner-Humboldt-Deutz AG.,* Düsseldorf–Wien 1964.
Gröbel, Heinrich, *Die Reichsmarkeröffnungsbilanzen in der Maschinenindustrie,* in: Maschinenbau/Wirtschaft, 4 (1925), H. 24 vom 3. 12. 1925, S. 1195–1199.
Halberstadt, Dr., *Die Lieferbedingungen der Maschinenindustrie,* in: Maschinenbau/Wirtschaft, 1 (1922), H. 6 vom 24. 6. 1922, S. 384–386.
Halberstadt, Dr., *Die Entwicklung der Lieferbedingungen im deutschen Maschinenbau,* in: Maschinenbau/Wirtschaft, 4 (1925), H. 17 vom 27. 8. 1925, S. 843–849.
Henzel, Fritz, *Die Arbeitsleistung vor und nach dem Kriege, untersucht an einem Werke der Maschinen-Industrie,* Stuttgart 1925.

Heptig, Kurt Willi, *Konjunktur und deutscher Maschinenbau,* Würzburg 1935.
Hesse, Albert, *Die wirtschaftliche Lage und Entwicklung der deutschen Maschinenindustrie seit der Stabilisierung,* Köln 1930.
Kirchner, J., *Die Entwicklung der deutschen Ausfuhr in Lokomotiven und der Weltmarkt,* in: Maschinenbau/Wirtschaft, 3 (1923/24), H. 24 vom 22. 9. 1924, S. 916–918.
Klass, Gert von, *Die Drei Ringe. Lebensgeschichte eines Industrieunternehmens,* Tübingen 1966.
Köhn, Heinrich, *Die Produktion der deutschen Maschinenindustrie unter dem Einfluß der Geldentwertung,* Diss. Hamburg 1923.
Kruspi, Friedrich, *Die Konjunktur der letzten 5 Jahre im deutschen Maschinenbau,* in: Maschinenbau/Wirtschaft, 5 (1926), S. 857–861.
Manchester, William R., *Krupp – 12 Generationen,* München 1968.
Das Mißverhältnis zwischen Produktion und Produktionskapazität in der Maschinenindustrie, in: Maschinenbau/Wirtschaftlicher Teil, 8 (1929), H. 14 vom 18. 7. 1929.
Müller-Bernhardt, H., *Gegenwartsfragen der industriellen Preis- und Finanzpolitik,* in: Maschinenbau/Wirtschaft, 2 (1922/23), H. 7 vom 13. 1. 1923, S. 226f.
Oeser, Albrecht, *Kapital und Ertrag im Maschinenbau* (= Wirtschaftshefte der Frankfurter Zeitung. Beiträge zur Wirtschaftserkenntnis, Nr. 4), Frankfurt o.J. (1927), S. 9f.
Peiser, Herbert, *Gleitklausel und Abgeltungsverfahren,* in: Maschinenbau/Wirtschaft, 2 (1922/23), H. 12 vom 10. 3. 1923, S. 475f.
Peiser, Herbert, *Gleitklausel und Zahlungsbedingungen,* in: Maschinenbau/Wirtschaft, 2 (1922/23), H. 4 vom 26. 11. 1922, S. 129–131.
Rüstow, Alexander, *Die Arbeitslosigkeit in der deutschen Maschinenindustrie,* in: Manuel Saitzew (Hrsg.), *Die Arbeitslosigkeit der Gegenwart,* T.3: Deutsches Reich II (= Schriften des Vereins für Sozialpolitik, 185,3), München-Leipzig 1933, S. 1–119.
Schulz-Mehrin, Otto, *Selbstkosten bei schwankender Währung,* in: Maschinenbau/Wirtschaft, 2 (1922/23), H. 23 vom 22. 8. 1923, S. 943–945.
Schulz-Mehrin, Otto, *Vereinfachte Selbstkosten- und Preisberechnung zur Berücksichtigung der Geldentwertung,* in: Maschinenbau/Wirtschaft, 2 (1922/23), H. 24 vom 15. 9. 1923, S. 975–977.
Schulz-Mehrin, Otto, *Goldrechnung im Maschinenbau,* in: Maschinenbau/Wirtschaft, 3 (1923/24), H. 1 vom 11. 10. 1923, S. 13–15.
(Schenck) Carl Schenck Maschinenfabrik GmbH (Hrsg.), *Im Zeichen der Waage. Biographie über Carl Schenck, anläßlich des 75. Jahrestages der Werksgründung,* Darmstadt 1956.
Störiko, Adolf, *Geschichte der deutschen Waggonindustrie und ihrer Verbände von 1877 bis 1977,* Frankfurt/M. 1977.
Ter Meer, G., *Wirtschaftliche Zeitfragen des Deutschen Maschinenbaues,* in: Maschinenbau/Wirtschaft, 2 (1922/23), H. 20 vom 13. 7. 1923, S. 823–825.
Utermann, Wilhelm, *Der Lokomotivbedarf der Deutschen Reichsbahn-Gesellschaft. Ein Beitrag zur Krise in der Lokomotivindustrie,* in: Maschinenbau/Wirtschaftlicher Teil, 8 (1929), H. 8 vom 18. 4. 1929, S. W 85–89.
Verein Deutscher Maschinenbau-Anstalten, *Die Arbeiten auf dem Gebiet der Selbstkostenberechnung im Maschinenbau,* in: Maschinenbau/Wirtschaft, 2 (1922/23), H. 1 vom 14. 10. 1922, S. 27–30.
Verein Deutscher Maschinenbau-Anstalten, *Geschäftsberichte über die Jahre 1922 und 1923,* Berlin 1923 und 1924.

Verein Deutscher Maschinenbau-Anstalten, *Gesichtspunkte für die Aufstellung der Goldmark-Eröffnungsbilanz*, in: Maschinenbau/Wirtschaft, 3 (1923/24), H. 27 vom 13. 11. 1924, S. 1043f.

Verein Deutscher Maschinenbau-Anstalten, *Denkschrift über die Maschinenindustrie der Welt*, Berlin 1926.

Weissenborn, E., *Ursachen, Aufgaben und Wirkungen der deutschen Außenhandelsüberwachung, mit besonderer Berücksichtigung der Verhältnisse in der Maschinenindustrie*, Diss. Berlin 1922.

Weissenborn, E., *Die „Ausfuhrgewinne" des Maschinenbaues*, in: Maschinenbau/Wirtschaft, 1 (1922/23), H. 9 vom 12. 8. 1922, S. 597–600.

Weber, F., *Vertragserfüllung bei Festpreisgeschäften*, in: Maschinenbau/Wirtschaft, 2 (1922/23), H. 4 vom 25. 11. 1922, S. 127–129.

Wissel, Peter, *Kapitalfehlleitungen in der Automobilindustrie*, in: Zeitschrift für handelswissenschaftliche Forschung, 24 (1930), S. 59–73, 97–124, 153–167.

Zahn, Gustav, *Kapitalfehlleitungen in der deutschen Waggonbau-Industrie*, Diss. Köln 1930.

c) *Selbständig erschienene Schriften, Aufsätze: Allgemeine Literatur*

Abel, Andrew/Dornbusch, Rüdiger/Huizinga, John/Marcus, Alan, *Money Demand during Hyperinflation*, in: Journal of Monetary Economics, 5 (1979), S. 97–104.

Abelshauser, Werner, *Inflation und Stabilisierung. Zum Problem ihrer makroökonomischen Auswirkungen auf die Rekonstruktion der deutschen Wirtschaft nach dem Ersten Weltkrieg*, in: Otto Büsch/Gerald D. Feldman (Hrsg.), *Historische Prozesse der deutschen Inflation 1914–1924. Ein Tagungsbericht*, Berlin 1978, S. 161–174.

Abelshauser, Werner/Petzina, Dietmar, *Krise und Rekonstruktion. Zur Interpretation der gesamtwirtschaftlichen Entwicklung im 20. Jahrhundert*, in: Werner Abelshauser/Dietmar Petzina (Hrsg.), *Deutsche Wirtschaftsgeschichte im Industriezeitalter. Konjunktur, Krise, Wachstum*, Königstein 1981, S. 47–93.

Akten der Reichskanzlei. Weimarer Republik, hrsg. von Karl Dietrich Erdmann/Wolfgang Mommsen, Boppard. *Die Kabinette Wirth I und II*, bearbeitet von Ingrid Schulze-Bidlingmaier, 2 Bde, 1973.

Das Kabinett Cuno, bearbeitet von Karl-Heinz Harbeck, 1968.

Die Kabinette Stresemann I und II, bearbeitet von Karl Dietrich Erdmann und Martin Vogt, 2 Bde, 1978.

Albertin, Lothar, *Die Verantwortung der liberalen Parteien für das Scheitern der Großen Koalition im Herbst 1921*, in: Historische Zeitschrift, 205 (1967), S. 566–627.

Altvater, Elmar/Brandes, Volkhard/Reiche, Jochen (Hrsg.), *Handbuch 3. Inflation – Akkumulation – Krise, I: Inflation und Reproduktion des Kapitals*, Frankfurt/M. 1976.

Altvater, Elmar/Brandes, Volkhard/Reiche, Jochen (Hrsg.), *Handbuch 4. Inflation – Akkumulation – Krise, II: Internationale und nationale Bedingungen von Inflation und Krise*, Frankfurt/M. 1976.

Altvater, Elmar/Hoffmann, Jürgen/Künzel, Rainer/Stemmler, Willi, *Krise und Inflation*, in: Altvater, E./Brandes, V./Reiche, J. (Hrsg.), *Handbuch 3: Inflation – Akkumulation – Krise, I*, Frankfurt/M. 1976, S. 102–145.

Ambrosius, Gerold, *Öffentliche Unternehmen in der Inflation 1918–1923. Der Konflikt zwischen der betrieblichen Finanzwirtschaft und den fiskalpolitischen Ansprüchen der Kommunen*, Ms. 1981.
Aron, Arno, *Die Kapitalveränderungen deutscher Aktiengesellschaften nach dem Kriege*, Jena 1927.
Auler, Dr., *Die Selbstkostenrechnung unter dem Einfluß der Geldentwertung*, in: *Zeitschrift für Handelswissenschaft und Handelspraxis*, 15 (1922/23), S. 266–273.
Bach, G. L./James B. Stephenson, *Inflation and the Redistribution of Wealth*, in: *The Review of Economics and Statistics*, 56 (1974), S. 1–13.
Beenken, Heiko, *Sozialkonflikt und Inflation. Untersuchungen zur Theorie der Anspruchsinflation*, Bochum 1977.
Behnsen, Henry/Genzmer, Werner, *Die Folgen der Mark-Entwertung für uns und die anderen*, Leipzig 1921.
Behnsen, Henry/Genzmer, Werner, *Unzureichende Abschreibungen, Scheingewinne und Substanzverluste*, Leipzig 1929.
Bendixen, Friedrich, *Das Wesen des Geldes*, 4. Aufl., München–Leipzig 1926.
Bergmann, Carl, *Der Weg der Reparationen. Von Versailles über den Dawesplan zum Ziel*, Frankfurt/M. 1926.
Bernhard, Georg, *Weisheit der Wirtschaft*, in: *Plutus* vom 15. 2. 1922.
Bernhard, Georg, *Ausfuhrkontrolle*, in: *Plutus* vom 15. 4. 1923, S. 117–120.
Bernholz, Peter, *Freiheit, Staat und Wirtschaft: Auf der Suche nach einer neuen Ordnung*, in: *Zeitschrift für die gesamte Staatswissenschaft*, 133 (1977), S. 575–590.
Bernholz, Peter, *Grundlagen der Politischen Ökonomie*, Bd. 3: *Kapitalistische und sozialistische Marktwirtschaft*, Tübingen 1979.
Bernstein, Otto, *Die Verordnung gegen die Spekulation in ausländischen Zahlungsmitteln vom 12. Oktober 1922*, in: *Bank-Archiv*, 22 (1922/23), S. 15–20.
Blaich, Fritz, *Die Wirtschaftskrise 1925/26 und die Reichsregierung. Von der Erwerbslosenfürsorge zur Konjunkturpolitik*, Kallmünz 1977.
Bonn, Moritz Julius, *Die Stabilisierung der Mark*, Berlin 1922.
Bonus, Holger, *Verzauberte Dörfer, oder: Solidarität, Ungleichheit und Zwang*, in: *Ordo-Jahrbuch*, 29 (1978), S. 49–82.
Borchardt, Knut, *Die Erfahrungen mit Inflationen in Deutschland*, in: Johannes Schlemmer (Hrsg.), *Enteignung durch Inflation? Fragen der Geldwertstabilität*, München 1972, S. 9–22.
Borchardt, Knut, *Wachstum und Wechsellagen 1914–1970*, in: Herman Aubin/Wolfgang Zorn (Hrsg.), *Handbuch der deutschen Wirtschafts- und Sozialgeschichte*, Bd. 2, Stuttgart 1976, S. 685–740.
Born, Karl Erich, *The German Inflation after the World War*, in: *Journal of European Economic History*, 6 (1977), S. 5–48.
Born, Karl Erich, *Die Deutsche Bank in der Inflation nach dem Ersten Weltkrieg*, in: *Deutsche Bank* (= Beiträge zu Wirtschafts- und Währungsfragen und zur Bankgeschichte, Nr. 17), Frankfurt/M. 1979, S. 11–30.
Bortkiewicz, Ladislaus von, *Die Ursachen einer potenzierten Wirkung des vermehrten Geldumlaufs auf das Preisniveau*, in: *Verhandlungen des Vereins für Sozialpolitik in Stuttgart 1924* (= Schriften des Vereins für Sozialpolitik, Bd. 170), München–Leipzig 1925, S. 256–274.
Bresciani-Turroni, Costantino, *The Economics of Inflation. A Study of Currency Depreciation in Post-War Germany*, London 1937, Third Impression: London 1968.

Brunner, Karl, *Alternative Erklärungen hartnäckiger Inflation und Anti-Inflationspolitik*, in: Artur Woll (Hrsg.), *Inflation. Definitionen, Ursachen, Wirkungen und Bekämpfungsmöglichkeiten*, München 1979, S. 99–133.

Büschgen, Hans E., *Investition und Finanzierung im Zeichen der Geldwertverschlechterung*, in: *Die Wirtschaftsprüfung*, 27 (1974), S. 10–19.

Burghardt, Anton, *Soziologie des Geldes und der Inflation*, Wien–Köln–Graz 1977.

Cagan, Phillip, *The Monetary Dynamics of Hyperinflation*, in: Milton Friedman (Hrsg.), *Studies in the Quantity Theory of Money*, Chicago 1956, S. 25–117.

Cagan, Phillip, *Common Stock Values and Inflation. – The Historical Record of Many Countries*, New York 1974.

Cagan, Phillip, *Persistent Inflation. Historical and Political Essays*, New York 1979.

Cagan, Phillip/Lipsey, Robert E., *The Financial Effects of Inflation*, Cambridge, Mass. 1978.

Cassel, Gustav, *Das Geldwesen nach 1914*, Leipzig 1925.

Czada, Peter, *Ursachen und Folgen der großen Inflation*, in: Harald Winkel (Hrsg.), *Finanz- und wirtschaftspolitische Fragen der Zwischenkriegszeit*, Berlin 1973, S. 9–43.

Czada, Peter, *Große Inflation und Wirtschaftswachstum*, in: Hans Mommsen/Dietmar Petzina/Bernd Weisbrod (Hrsg.), *Industrielles System und politische Entwicklung in der Weimarer Republik*, Düsseldorf 1974, S. 386–395.

Dalberg, Rudolf, *Deutsche Währungs- und Kreditpolitik 1923–1926*, Berlin 1926.

Deumer, Robert, *Das Kreditangebot der Industrie*, in: *Zeitschrift für die gesamte Staatswissenschaft*, 77 (1922), S. 74–88.

Deutsche Bundesbank (Hrsg.), *Deutsches Geld- und Bankwesen in Zahlen 1876–1975*, Frankfurt/M. 1976.

Deutsche Bundesbank (Hrsg.), *Währung und Wirtschaft in Deutschland 1876–1975*, Frankfurt/M. 1976.

Deutschlands Wirtschaft, Währung und Finanzen. Im Auftrage der Reichsregierung den von der Reparationskommission eingesetzten Sachverständigenausschüssen übergeben, Berlin 1924.

Duwendag, Dieter, *Einführung in James Tobins „Grundsätze der Geld- und Staatsschuldenpolitik"*, in: James Tobin, *Grundsätze der Geld- und Staatsschuldenpolitik*, Baden-Baden 1978, S. 5–17.

Duwendag, Dieter/Ketterer, Karl-Heinz/Kösters, Wim/Pohl, Rüdiger/Simmert, Diethard B., *Geldtheorie und Geldpolitik. Eine problemorientierte Einführung mit einem Kompendium bankstatistischer Fachbegriffe*, 2. Aufl., Köln 1977.

Ellis, Howard S., *German Monetary Theory 1905–1933*, Cambridge, Mass. 1937.

Elster, Karl, *Von der Mark zur Reichsmark. Die Geschichte der deutschen Währung in den Jahren 1914–1924*, Jena 1928.

Emmerich, Gerhard, *Bilanzierung, Gewinnausschüttung und Substanzerhaltung*, Göttingen 1976.

Endres, Alfred, *Neuere Entwicklungen in der Theorie öffentlicher Güter* (= Fakultät für Wirtschaftswissenschaften und Statistik der Universität Konstanz. Diskussionsbeiträge. Serie B: Finanzwissenschaftliche Arbeitspapiere), Konstanz 1979.

Eucken, Walter, *Kritische Betrachtungen zum deutschen Geldproblem*, Jena 1923.

Faulwasser, Bernd, *Zur Bedeutung von Erwartungen bei Preis- und Mengenreaktionen*, Berlin 1979.

Feldman, Gerald D., *Economic and Social Problems of the German Demobilization 1918–1919*, in: *Journal of Modern History*, 47 (1975), S. 1–47.

Feldman, Gerald D., *Iron and Steel in the German Inflation 1916–1923*, Princeton 1977.
Feldman, Gerald D., *The Political Economy of Germany's Stabilization*, in: Gerald D. Feldman/Carl-Ludwig Holtfrerich/Gerhard A. Ritter/Peter-Christian

Feldman, Gerald D./Homburg, Heidrun, *Industrie und Inflation. Studien und Dokumente zur Politik der deutschen Unternehmer 1916–1923*, Hamburg 1977.
Feldman, Gerald D./Nocken, Ulrich, *Trade Associations and Economic Power: Interest Group Development in the German Iron and Steel and Machine Building Industries, 1900–1933*, in: *Business History Review*, 49 (1975), S. 413–444.
Feldman, Gerald D./Holtfrerich, Carl-Ludwig/Ritter, Gerhard A./Witt, Peter-Christian (Hrsg.), *Die deutsche Inflation. Eine Zwischenbilanz/The German Inflation. A Preliminary Balance*, Berlin–New York 1982.
Frazer, William J., Jr., *The Demand for Money*, Cleveland, N. J. 1967.
Frenkel, Jacob A., *Inflation and the Formation of Expectations*, in: *Journal of Monetary Economics*, 1 (1975), S. 403–421.
Frenkel, Jacob A., *The Forward Exchange Rate, Expectations, and the Demand for Money. The German Hyperinflation*, in: *The American Economic Review*, 67 (1977), S. 653–670.
Frenkel, Jacob A., *Further Evidence on Expectations and the Demand for Money during the German Hyperinflation*, in: *Journal of Monetary Economics*, 5 (1979), S. 81–96.
Frey, Bruno S., *Inflation und Verteilung: Die Sicht der ökonomischen Theorie der Politik*, in: Bruno S. Frey/Meißner, Werner (Hrsg.), *Zwei Ansätze der Politischen Ökonomie. Marxismus und ökonomische Theorie der Politik*, Frankfurt/M. 1974, S. 154–166.
Frey, Bruno S., *Entwicklung und Stand der Neuen Politischen Ökonomie*, in: Hans Peter Widmaier (Hrsg.), *Politische Ökonomie des Wohlfahrtsstaates*, Frankfurt/M. 1974, S. 30–63.
Frey, Bruno S., *Moderne politische Ökonomie. Die Beziehungen zwischen Wirtschaft und Politik*, München–Zürich 1977.
Friedman, Milton, *The Quantity Theory of Money – A Restatement*, in: Milton Friedman (Hrsg.), *Studies in the Quantity Theory of Money*, Chicago 1956, S. 3–21.
Friedman, Milton, *Money: Quantity Theory*, Artikel in: *International Encyclopedia of Social Sciences*, Bd. 10 (1968), S. 432–447.
Gordon, R. J., *The Demand for and the Supply of Inflation*, in: *Journal of Law and Economics*, 18 (1975), S. 807–836.
Gossweiler, Kurt, *Großbanken, Industriemonopole, Staat. Ökonomie und Politik des staatsmonopolistischen Kapitalismus in Deutschland 1914–1932*, Berlin [Ost] 1971.
Gradl, Baptist, *Die Reparations-Sachleistungen von Versailles bis zur BIZ*, Diss. Halle–Wittenberg 1930, Berlin 1933.
Graham, Frank D., *Exchange, Prices and Production in Hyper-Inflation: Germany, 1920–1923*, Princeton 1930.
Gürtler, Max, *Schweizerische Bilanzen unter dem Einfluß von Konjunktur und Scheingewinn*, Berlin–Wien 1925.
Guttmann, William/Meehan, Patricia, *The Great Inflation. Germany 1919–1923*, Westmead 1975.
Hahn, L. Albert, *Diskussionsbeitrag in den Verhandlungen des Vereins für Sozialpolitik in Stuttgart 1924 über die theoretische und ökonomisch-technische Seite des Währungspro-*

blems (= Schriften des Vereins für Sozialpolitik, Bd. 170), Leipzig–München 1925, S. 301–306.

Hahn, L. Albert, *Geld und Kredit – Gesammelte Aufsätze*, Tübingen 1924.

Hahn, L. Albert, *Geld und Kredit. Gesammelte Aufsätze*, Neue Folge, Tübingen 1929.

Haller, Max, *Kapital und Arbeit im industriellen Betrieb. Volkswirtschaftliche Studie*, 2. Aufl., Berlin 1926.

Hardach, Karl, *Zur zeitgenössischen Debatte der Nationalökonomen über die Ursachen der deutschen Nachkriegsinflation*, in: Hans Mommsen/Dietmar Petzina/Bernd Weisbrod (Hrsg.), *Industrielles System und politische Entwicklung in der Weimarer Republik*, Düsseldorf 1974, S. 368–375.

Hardach, Karl, *Wirtschaftsgeschichte Deutschlands im 20. Jahrhundert*, Göttingen 1976.

Hasenack, Wilhelm, *Unternehmertum und Wirtschaftslähmung*, Berlin 1932.

Hauschildt, Jürgen, *Stabilität in der Zielkonzeption der Unternehmung*, in: Hans Karl Schneider/Walter Wittmann/Hans Würgler (Hrsg.), *Stabilisierungspolitik in der Marktwirtschaft* (= Schriften des Vereins für Sozialpolitik, N.F. 85, 1), Berlin 1975, S. 277–297.

Hax, Herbert, *Korreferat zu: Stabilität in der Zielkonzeption der Unternehmung?*, in: Hans Karl Schneider/Walter Wittmann/Hans Würgler (Hrsg.), *Stabilisierungspolitik in der Marktwirtschaft*, Berlin 1975, S. 299–303.

Heizmann, Willi, *Geldentwertung und Aktienkurse*, in: Zeitschrift für handelswissenschaftliche Forschung, 18 (1924), S. 360–378.

Helfferich, Karl, *Die Politik der Erfüllung*, München 1922.

Helfferich, Karl, *Das Geld*, 6. Aufl., Leipzig 1923.

Hentschel, Volker, *Wirtschaftsgeschichte der Maschinenfabrik Esslingen AG 1846–1918*, Stuttgart 1977.

Henzel, Fritz, *Planung bei Konjunkturschwankungen und Inflation. Ergebnisse empirischer Forschung*, in: Zeitschrift für Betriebswirtschaft, 45 (1975), S. 689–712.

Hesse, Friedrich, *Die deutsche Wirtschaftslage von 1914 bis 1923. Krieg, Geldblähe und Wechsellagen*, Jena 1938.

Hirsch, Julius, *Wandlungen im Aufbau der deutschen Industrie*, in: Bernhard Harms (Hrsg.), *Strukturwandlungen der Deutschen Volkswirtschaft*, Bd. 1, Berlin 1928, S. 191–226.

Hölzler, Heinrich/Almsiek, Josef van, *Der Einfluß der Inflation auf die Verteilung von Einkommen und Vermögen*, in: Wirtschafts-Studium, 5 (1976), S. 351–356.

Hofmann, Wilhelm, *Kriegsgewinnverschleierung bei Aktiengesellschaften. Zu ihrer Technik und Politik*, Berlin 1920.

Holtfrerich, Carl-Ludwig, *Die deutsche Inflation 1914–1923. Ursachen und Folgen in internationaler Perspektive*, Berlin–New York 1980.

Holtfrerich, Carl-Ludwig, *Erwartungen des In- und Auslandes und die Geldnachfrage während der Inflation in Deutschland 1920–1923*, in: Bankhistorisches Archiv, 6 (1980), S. 3–16.

Jacobs, Otto H./Schreiber, Ulrich, *Betriebliche Kapital- und Substanzerhaltung in Zeiten steigender Preise*, Stuttgart 1978.

Jeck, A., *Wer gewinnt, wer verliert bei einer Inflation?*, in: Johannes Schlemmer (Hrsg.), *Enteignung durch Inflation? Fragen der Geldwertstabilität*, München 1972, S. 90–102.

Jöhr, Walter Adolf, *Die kollektive Selbstschädigung durch Verfolgung des eigenen Vorteils*, in: E. Neumark/K. C. Thalheim/H. Hölzler (Hrsg.), *Wettbewerb, Konzentration und wirtschaftliche Macht. Festschrift für Helmut Arndt zum 65. Geburtstag,* Berlin 1976, S. 127–159.

Kalveram, Wilhelm, *Goldmarkbilanzierung und Kapitalumstellung als Grundlage zukünftiger Bilanzgestaltung,* 2. Aufl., Berlin 1925.

Katona, Georg, *Ergebnisse der Goldbilanzen,* in: Wirtschaftskurve der Frankfurter Zeitung, 1925, S. 71–73.

Koblitz, Hans Georg, *Einkommensverteilung und Inflation in kurzfristiger Analyse,* Berlin–New York 1971.

Kösters, Wim, *Theoretische und empirische Grundlagen der Geldnachfrage,* Göttingen 1974.

Koll, Willi, *Inflation und Rentabilität. Eine theoretische und empirische Analyse von Preisschwankungen und Unternehmenserfolg in den Jahresabschlüssen deutscher Aktiengesellschaften,* Wiesbaden 1979.

Kraak, Bernhard, *Handlungs-Entscheidungs-Theorien. Anwendungsmöglichkeiten und Verbesserungsvorschläge,* in: Psychologische Beiträge, 18 (1976), S. 505–515.

Kraak, Bernhard/Lindenlaub, Sabine, *Einstellung und Verhalten: Entwurf einer Theorie,* in: Archiv für Psychologie, 125 (1973), S. 274–287.

Kracht, Peter J., *Die Geldnachfrage der Produktionsunternehmen. Theoretische und empirische Überprüfung ausgewählter Hypothesen über die Bestimmungsfaktoren der Geldnachfrage,* Meisenheim 1975.

Krämer, Georg, *Die deutsche Außenhandelskontrolle in der Nachkriegszeit,* Diss. Frankfurt/M. 1928.

Krohn, Claus-Dieter, *Stabilisierung und ökonomische Interessen. Die Finanzpolitik des Deutschen Reiches 1923–1927,* Düsseldorf 1974.

Krohn, Claus-Dieter, *Helfferich contra Hilferding. Konservative Geldpolitik und die sozialen Folgen der deutschen Inflation 1918–1923,* in: Vierteljahrschrift für Sozial- und Wirtschaftsgeschichte, 62 (1975), S. 62–92.

Krüger, Peter, *Das Reparationsproblem der Weimarer Republik in fragwürdiger Sicht: Kritische Überlegungen zur neuesten Forschung,* in: Vierteljahreshefte für Zeitgeschichte, 29 (1981), S. 21–47.

Kühn, Bruno, *Rationale Erwartungen in der Wirtschaftspolitik,* Baden-Baden 1979.

Kühne, Rudolf, *Die Devisenzwangswirtschaft im Deutschen Reich während der Jahre 1916 bis 1926. Eine währungspolitische Reminiszenz,* Frankfurt 1970.

Lansburgh, Alfred, *Die Politik der Reichsbank und die Reichsschatzanweisungen nach dem Kriege* (= Schriften des Vereins für Sozialpolitik, 166, 2), München–Leipzig 1924, S. 1–54.

Laursen, Karsten/Pedersen, Jørgen, *The German Inflation 1918–1923,* Amsterdam 1964.

Lehmann, Friedrich, *Der Einfluß der Geldwertänderungen auf das Betriebsleben auf Grund der Untersuchung von Bilanzen der AEG...,* in: Zeitschrift für Handelswissenschaft und Handelspraxis, 15 (1922/23), S. 173–181.

Leibenstein, Harvey, *Beyond Economic Man. A New Foundation for Microeconomics,* Cambridge, Mass.–London 1976.

Lindenlaub, Dieter, *Firmengeschichte,* Artikel in: W. Albers u. a. (Hrsg.), *Handwörterbuch der Wirtschaftswissenschaft,* Bd. 3, Stuttgart usw. 1980, S. 293–302.

Lindenlaub, Dieter, *Die Anpassung der Kosten an die Beschäftigungsentwicklung bei deutschen Maschinenbauunternehmen in der Weltwirtschaftskrise 1928–1932. Unternehmenshistorische Untersuchungen zu Schmalenbachs Theorie der Fixkostenwirkungen,* in:

Hermann Kellenbenz (Hrsg.), *Wachstumsschwankungen. Wirtschaftliche und soziale Auswirkungen (Spätmittelalter bis 20. Jahrhundert)*, Stuttgart 1981, S. 273–311.

Lindenlaub, Dieter, *Maschinenbauunternehmen in der Inflation 1919–1923: Unternehmenshistorische Überlegungen zu einigen Inflationstheorien*, in: Gerald D. Feldman/Carl-Ludwig Holtfrerich/Gerhard A. Ritter/Peter-Christian Witt (Hrsg.), *Die deutsche Inflation. Eine Zwischenbilanz/The German Inflation. A Preliminary Balance*, Berlin–New York 1982, S. 49–106.

Lotz, Walther, *Valutafrage und öffentliche Finanzen in Deutschland* (= Schriften des Vereins für Sozialpolitik, 164, 1), München–Leipzig 1923.

Mahlberg, Walter, *Bilanztechnik und Bewertung bei schwankender Währung*, 2. Aufl., Leipzig 1922.

Mahlberg, Walter, *Goldkreditverkehr und Goldmark-Buchführung*, Berlin 1923.

Maier, Charles S., *Recasting Bourgeois Europe. Stabilization in France, Germany, and Italy in the Decade after World War I*, Princeton 1975.

Maier, Charles S., *Die deutsche Inflation als Verteilungskonflikt: soziale Ursachen und Auswirkungen im internationalen Vergleich*, in: Otto Büsch/Gerald D. Feldman (Hrsg.), *Historische Prozesse der deutschen Inflation 1914–1924. Ein Tagungsbericht*, Berlin 1978, S. 329–342.

Maier, Charles S., *The Politics of Inflation in the Twentieth Century*, in: Fred Hirsch/John Goldthorpe (Hrsg.), *The Political Economy of Inflation*, London 1978, S. 37–72.

Mallachow, Rudolf, *Die Strömungen der Devisenpolitik seit 1914 und unsere Reparationsverpflichtungen*, in: Zeitschrift für die gesamte Staatswissenschaft, 77 (1922), S. 357–399.

Mannheimer, Walter, *Die Sanierung. Ein Handbuch für die Praxis*, Berlin 1924.

Mattersdorf, Wolfgang, *Die Preisbildung am Aktienmarkt der Berliner Börse während der Inflation*, Diss. Rostock 1925.

Meltzer, Allan H., *The Demand for Money: A Cross-Section Study of Business Firms*, in: The Quarterly Journal of Economics, 77 (1963), S. 405–422.

Meyer, Georg C., *Der Goldwert der Papiermarkaktien und die Frage der Kapitalzusammenlegungen*, Würzburg 1924.

Meyer-Krahmer, Frieder, *Politische Entscheidungsprozesse und ökonomische Theorie der Politik*, Frankfurt–New York 1979.

Merkin, Gerald, *Towards a Theory of the German Inflation. Some Preliminary Observations*, in: Gerald D. Feldman/Carl-Ludwig Holtfrerich/Gerhard A. Ritter/Peter-Christian Witt (Hrsg.), *Die deutsche Inflation. Eine Zwischenbilanz/The German Inflation. A Preliminary Balance*, Berlin–New York 1982, S. 25–48.

Minz, W., *Das deutsche betriebswirtschaftliche Schrifttum über die Maschinenindustrie. Übersicht und kritische Betrachtung*, Leipzig 1927.

Mises, Ludwig, *Die geldtheoretische Seite des Stabilisierungsproblems* (= Schriften des Vereins für Sozialpolitik, 164, 2), Leipzig–München 1923.

Mitchell, Brian R., *European Historical Statistics 1750–1970*, London 1975.

Mommsen, Hans/Petzina, Dietmar/Weisbrod, Bernd (Hrsg.), *Industrielles System und politische Entwicklung in der Weimarer Republik*, Düsseldorf 1974.

Müller, Norbert W., *Anspruchsverhalten sozialer Gruppen und Inflation*, Köln 1976.

Mückl, Wolfgang, *Die Wirkungen der Inflation auf die Einkommens- und Vermögensverteilung. Literaturstudie*, in: Wolfgang J. Mückl/Richard Hauser, *Die Wirkungen der*

Inflation auf die Einkommens- und Vermögensverteilung. Zwei Literaturstudien, Göttingen 1975, S. 1–174.

Mückl, Wolfgang, *Die Verteilungswirkungen der Inflation auf die personelle Verteilung und die Vermögensverteilung. Literaturexpertise im Auftrag der Kommission für wirtschaftlichen und sozialen Wandel,* Tübingen 1975.

Muth, John F., *Rational Expectations and the Theory of Price Movements,* in: *Econometrica,* 29 (1961), S. 315–335.

Naphtali, Fritz, *Im Zeichen des Währungselends. Das Wirtschaftsjahr 1922 und seine Lehren,* Frankfurt/M. 1923.

Neisser, Friedrich, *Kreditnot und Warenpreise,* in: *Plutus* vom 16. 8. 1922.

Neumann, Manfred J. M., *Rationale Erwartungen in Makromodellen. Ein kritischer Überblick,* in: *Zeitschrift für Sozialwissenschaft,* (1979), S. 370–401.

Nussbaum, Manfred, *Unternehmenskonzentration und Investstrategie nach dem ersten Weltkrieg. Zur Entwicklung des deutschen Großkapitals während und nach der großen Inflation unter besonderer Berücksichtigung der Schwerindustrie,* in: *Jahrbuch für Wirtschaftsgeschichte,* 1974, T. II, S. 51–75.

Nussbaum, Manfred, *Wirtschaft und Staat in Deutschland während der Weimarer Republik,* Berlin [Ost] 1978.

Oberhauser, Alois, *Liquiditätstheorie des Geldes als Gegenkonzept zum Monetarismus,* in: Jürgen Badura/Otmar Issing (Hrsg.), *Geldtheorie,* Stuttgart 1979, S. 63–77.

Ogrisseck, Hans G., *Geldentwertung und Produktivvermögen,* Köln 1975.

Olson Jr., Mancur, *Die Logik des kollektiven Handelns. Kollektivgüter und die Theorie der Gruppen,* Tübingen 1968.

Palyi, Melchior, *Referat in den Verhandlungen des Vereins für Sozialpolitik in Stuttgart 1924 über die theoretische und ökonomisch-technische Seite des Währungsproblems* (= Schriften des Vereins für Sozialpolitik, Bd. 170), Leipzig–München 1925, S. 249–255.

Petzina, Dietmar, *Die deutsche Wirtschaft in der Zwischenkriegszeit,* Wiesbaden 1977.

Petzina, Dietmar, *Staatliche Ausgaben und derer Umverteilungswirkungen – das Beispiel der Industrie- und Agrarsubventionen in der Weimarer Republik –,* in: Fritz Blaich (Hrsg.), *Staatliche Umverteilungspolitik in historischer Perspektive. Beiträge zur Entwicklung des Staatsinterventionismus in Deutschland und Österreich,* Berlin 1980, S. 54–105.

Petzina, Dietmar/Abelshauser, Werner, *Zum Problem der relativen Stagnation der deutschen Wirtschaft in den zwanziger Jahren,* in: Hans Mommsen/Dietmar Petzina/Bernd Weisbrod (Hrsg.), *Industrielles System und politische Entwicklung in der Weimarer Republik,* Düsseldorf 1974, S. 57–76.

Pfleiderer, Otto, *Die Reichsbank in der Zeit der großen Inflation, die Stabilisierung der Mark und die Aufwertung der Kapitalforderungen,* in: Deutsche Bundesbank (Hrsg.), *Währung und Wirtschaft in Deutschland 1876–1975,* Frankfurt/M. 1976, S. 157–201.

Pommerehne, Werner W./Schneider, Friedrich, *Wie steht's mit dem Trittbrettfahren? Eine experimentelle Untersuchung,* in: *Zeitschrift für die gesamte Staatswissenschaft,* 136 (1980), S. 286–306.

Prion, Willi, *Die Finanzpolitik der Unternehmung im Zeichen der Scheingewinne,* 2. Aufl., Jena 1922.

Prion, Willi, *Die deutsche Kreditpolitik 1919–1922,* in: *Schmollers Jahrbuch,* 47 (1924), S. 163–205.

Prion, Willi, *Kreditpolitik. Aufsätze und Reden,* Berlin 1926.

Prion, Willi, *Die Preisbildung an der Wertpapierbörse, insbesondere auf dem Aktienmarkt der Berliner Börse*, 2. Aufl., München–Leipzig 1929.

Prion, Willi, *Kapital und Betrieb. Finanzierungsfragen der deutschen Wirtschaft*, Leipzig 1929.

Prion, Willi, *Selbstfinanzierung der Unternehmungen*, Berlin 1931.

Ramser, Hans J., *Rationale Erwartungen und Wirtschaftspolitik*, in: Zeitschrift für die gesamte Staatswissenschaft, 134 (1978), S. 57–92.

Reichardt, Dr., *Zum Gesetz über den Verkehr mit ausländischen Zahlungsmitteln vom 2. Februar 1922*, in: Bank-Archiv, 21 (1921/22), S. 387–391.

Reichart, Jakob, *Rathenaus Erfüllungspolitik. Eine kritische Studie*, Berlin 1922.

Reiche, Jochen, *Zur Kritik bürgerlicher Inflationstheorien*, in: E. Altvater/V. Brandes/J. Reiche (Hrsg.), *Handbuch 3: Inflation – Akkumulation – Krise, I*, Frankfurt/M. 1976, S. 64–101.

Die Reichsbank 1901–1925, Berlin o.J. (1925).

Die Reichsmarkumstellung der Aktiengesellschaften nach den Eintragungen bis September 1925, in: Wirtschaft und Statistik, 5 (1925), S. 769–774.

Renell, Erich, *Der Warenwechsel in Deutschland in der Geldentwertungszeit 1919–1923*, Diss. Berlin 1926.

Rödel, Ulrich/Brandes, Volkhard, *Inflation – Die historische Perspektive*, in: E. Altvater/V. Brandes/J. Reiche (Hrsg.), *Handbuch 3: Inflation – Akkumulation – Krise, I*, Frankfurt/M. 1976, S. 25–63.

Rupieper, Hermann Josef, *Industrie und Reparationen. Einige Aspekte des Reparationsproblems 1922–1924*, in: Hans Mommsen/Dietmar Petzina/Bernd Weisbrod (Hrsg.), *Industrielles System und politische Entwicklung in der Weimarer Republik*, Düsseldorf 1974, S. 582–592.

Salemi, Michael K., *Adaptive Expectations, Rational Expectations, and Money Demand in Hyperinflation Germany*, in: Journal of Monetary Economics, 5 (1979), S. 593–604.

Salemi, Michael K./Sargent, Thomas J., *The Demand for Money during Hyperinflation under Rational Expectations: II*, in: International Economic Review, 20 (1979), S. 741–758.

Sargent, Thomas J., *The Demand for Money during Hyperinflation under Rational Expectations: I*, in: International Economic Review, 18 (1977), S. 58–82.

Scherf, Harald, *Inflation*, Artikel in: Willi Albers u.a. (Hrsg.), *Handwörterbuch der Wirtschaftswissenschaft*, Bd. 4, Stuttgart usw. 1978, S. 159–184.

Scherf, Harald, *Fragen des Theoretikers zur historischen Forschung über die Inflation im Deutschen Reich*, in: Newsletter zum Projekt: Inflation und Wiederaufbau in Deutschland und Europa 1914–1924, Nr. 3, August 1981.

Schieck, Hans, *Der Kampf um die deutsche Wirtschaftspolitik nach dem Novemberumsturz 1918*, Diss. Heidelberg 1958.

Schildbach, Thomas, *Geldentwertung und Bilanz. Kritische Analyse der Eignung verschiedener Erhaltungs- und Bewertungskonzeptionen in Zeiten steigender Preise auf der Grundlage der Aufgaben von Erfolgsbilanzen sowie auf der Basis des Konsumstrebens als Ziel der Wirtschaftssubjekte*, Düsseldorf 1979.

Schindler, Rosemarie, *Die Marktpolitik des Roheisen-Verbandes während der Weimarer Republik*, Bielefeld 1978.

Schlemmer, Johannes (Hrsg.), *Enteignung durch Inflation? Fragen der Geldwertstabilität. 13 Beiträge nach einer Sendereihe des „Studio Heidelberg" Süddeutscher Rundfunk*, München 1972.

Schmalenbach, Eugen, *Finanzierungen*, 3. Aufl., Leipzig 1922.
Schmalenbach, Eugen, *Die steuerliche Behandlung der Scheingewinne*, 2. Aufl., Jena 1922.
Schmalenbach, Eugen, *Über die Umlaufgeschwindigkeit des Geldes*, in: Zeitschrift für handelswissenschaftliche Forschung, 18 (1924), S. 81–95.
Schmidt, Fritz, *Der Wiederbeschaffungspreis des Umsatztages in Kalkulation und Volkswirtschaft*, Berlin 1923.
Schmidt, Fritz, *Bilanzwert, Bilanzgewinn und Bilanzumwertung*, Berlin 1924.
Schmidt, Fritz, *Die organische Tageswertbilanz*, 3. Aufl., Leipzig 1929.
Schmidt, Fritz, *Betriebswirtschaftliche Konjunkturlehre*, Berlin–Wien 1933.
Schneider, Hans Karl/Wittmann, Walter/Würgler, Hans (Hrsg.), *Stabilisierungspolitik in der Marktwirtschaft* (= Schriften des Vereins für Sozialpolitik, N.F. 85, 1), Berlin 1975.
Schröder, Ernst, *Otto Wiedfeldt. Eine Biographie* (= Beiträge zur Geschichte von Stift und Stadt Essen, H. 80), Essen 1964, S. 1–200.
Schröder, Ernst (Hrsg.), *Otto Wiedfeldt als Politiker und Botschafter der Weimarer Republik. Eine Dokumentation zu Wiedfeldts 100. Geburtstag am 16. 8. 1971* (= Beiträge zur Geschichte von Stadt und Stift Essen, H. 86), Essen 1971, S. 157–238.
Schui, Herbert, *Verteilungsaspekte der Inflation: Ein Überblick*, in: WSI-Mitteilungen, 28 (1975), S. 331–338.
Seicht, Gerhard, *Unternehmensführung und Inflation. Betriebliches Rechnungswesen und Unternehmungspolitik in Zeiten chronischen Geldwertschwundes*, Wien o.J. (1977).
Somary, Felix, *Diskussionsbeitrag in den Verhandlungen des Vereins für Sozialpolitik in Stuttgart 1924 über die theoretische und ökonomisch-technische Seite des Währungsproblems* (= Schriften des Vereins für Sozialpolitik, Bd. 170), Leipzig–München 1925, S. 244–249.
Specht, Agnete von, *Politische und wirtschaftliche Hintergründe der deutschen Inflation*, Frankfurt/Main–Bern 1982.
Steeg, Matthias, *Einwirkungen der Geldentwertung auf die Verkaufsbedingungen der Leder- und Schuhbranche*, in: Zeitschrift für handelswissenschaftliche Forschung, 18 (1924), S. 21–45.
Steffen, Franz, *Bayerische Vereinsbank 1869–1969. Eine Regionalbank im Wandel eines Jahrhunderts*, München 1969.
Stegmann, Dirk/Wendt, Bernd-Jürgen/Witt, Peter-Christian (Hrsg.), *Industrielle Gesellschaft und politisches System. Beiträge zur politischen Sozialgeschichte. Festschrift für Fritz Fischer zum 70. Geburtstag*, Bonn 1978.
Stern, Julius, *Inflationserscheinungen auf dem Gebiete der Gründungen, Umwandlungen und Kapitalerhöhungen*, Diss. Köln 1926.
Ströbele, Wolfgang, *Inflation. Einführung in Theorie und Politik*, München–Wien 1979.
Stützel, Wolfgang, *Über einige Nachlässigkeiten beim ersten Aufriß der Struktur des Inflationsproblems am Beispiel gängiger Inflationstheorien*, in: Artur Woll (Hrsg.), *Inflation. Definitionen, Ursachen, Wirkungen und Bekämpfungsmöglichkeiten*, München 1979, S. 38–67.
Szyperski, Norbert, *Geldwertstabilität aus der Sicht privater Unternehmungen – Situative und strukturelle Aspekte*, in: Hans Karl Schneider/Walter Wittmann/Hans Würgler (Hrsg.), *Stabilisierungspolitik in der Marktwirtschaft* (= Schriften des Vereins für Sozialpolitik, N.F. 85, 1), Berlin 1975, S. 247–272.
Timmermann, Vincenz, *Lieferantenkredit und Geldpolitik*, Berlin–New York 1971.

Tobin, James, *The Interest Elasticity of Transactions Demand for Cash*, in: *The Review of Economics and Statistics*, 38 (1956), S. 241-247. Wiederabgedruckt in: James Tobin, *Essays in Economics*, Vol. 1: *Macroeconomics*, Amsterdam–London 1971, S. 229–241.

Tobin, James, *A General Equilibrium Approach to Monetary Theory*, in: *Journal of Money, Credit, and Banking*, 1 (1969), S. 15–29. Wiederabgedruckt in: James Tobin, *Essays in Economics*, Vol. 1: *Macroeconomics*, Amsterdam–London 1971, S. 322–338.

Tobin, James, *Monetary Policies and the Economy: The Transmission Mechanism*, in: *Southern Economic Journal*, 44 (1977/78), S. 421–431.

Tobin, James, *Grundsätze der Geld- und Staatsschuldenpolitik*, Baden-Baden 1978.

Tobin, James, *Asset Accumulation and Economic Activity. Reflections on Contemporary Macroeconomic Theory*, Chicago 1980.

Tobin, James/Brainard, William C., *Asset Markets and the Cost of Capital*, in: Bela Balassa/Richard Nelson (Hrsg.), *Economic Progress, Private Values, and Public Policy. Essays in Honour of William Fellner*, Amsterdam usw. 1977, S. 235–262.

Töpperwein, Karl Heinz, *Einfluß der Inflation auf die Unternehmensfinanzierung. Empirische Analyse auf der Grundlage von Jahresabschlüssen deutscher Aktiengesellschaften*, Berlin 1980.

United States Department of Commerce, *Statistical Abstract of the United States 1928*, Washington 1928.

Vereinigung der Deutschen Arbeitgeberverbände, *Geschäftsberichte 1921–1924*, Berlin 1922–1925.

Verhandlungen des Vereins für Sozialpolitik in Stuttgart 1924. Theorie des Klassenkampfs. Handelspolitik. Währungsfrage (= Schriften des Vereins für Sozialpolitik, Bd. 170), München–Leipzig 1925.

Wagenführ, Rolf, *Die Industriewirtschaft. Entwicklungstendenzen der deutschen und internationalen Industrieproduktion 1860 bis 1932* (=Vierteljahreshefte zur Konjunkturforschung, Sonderheft 31), Berlin 1933.

Wandel, Eckhard, *Kapitalbewegungen, internationale, I: Geschichte*, Artikel in: Willi Albers u. a. (Hrsg.), *Handwörterbuch der Wirtschaftswissenschaft*, Bd. 4, Stuttgart usw. 1978, S. 378–388.

Wicke, Lutz, *Die Gläubiger-Schuldner-Hypothese. Theorie und wirtschaftliche Realität*, in: *Zeitschrift für die gesamte Staatswissenschaft*, 131 (1975), S. 212–230.

Wicke, Lutz, *Vermögensverteilung und schleichende Inflation. Eine Analyse der Begünstigung bzw. Benachteiligung verschiedener sozioökonomischer Gruppen durch Wertveränderungen des bestehenden Vermögens infolge schleichender Inflation in der BRD*, Meisenheim 1975.

Wicksell, Knut, *Geldzins und Güterpreise*, Jena 1898.

Wicksell, Knut, *The Monetary Problem of the Scandinavian Countries*, in: *Ekonomisk Tidskrift*, (1925), S. 205–222.

Wied-Nebbeling, Susanne, *Zur Problematik der administrierten Preise*, in: *Wirtschafts-Studium*, 5 (1977), S. 219–223.

Willms, Manfred, *Ende der Konjunkturpolitik?*, in: *Wirtschaftsdienst*, 57 (1977), S. 65–67.

Willms, Manfred, *Inflationsursachen*, in: Artur Woll (Hrsg.), *Inflation. Definitionen, Ursachen, Wirkungen und Bekämpfungsmöglichkeiten*, München 1979, S. 19–23.

Witt, Peter-Christian, *Bemerkungen zur Wirtschaftspolitik in der „Übergangswirtschaft" 1918/19. Zur Entwicklung von Konjunkturbeobachtung und Konjunktursteuerung in Deutschland*, in: Dirk Stegmann/Bernd-Jürgen Wendt/Peter-Christian Witt (Hrsg.),

Industrielle Gesellschaft und politisches System. Beiträge zur politischen Sozialgeschichte. Festschrift für Fritz Fischer zum 70. Geburtstag, Bonn 1978, S. 79–96.

Wolf, Hans, *Inflationswirtschaft und Kreditmarkt. Dargestellt an der Entwicklung der deutschen Kreditkrise der Jahre 1922–1923,* Diss. Frankfurt/M. 1925.

Woll, Artur (Hrsg.), *Inflation. Definitionen, Ursachen, Wirkungen und Bekämpfungsmöglichkeiten,* München 1979.

Wulf, Peter, *Hugo Stinnes. Wirtschaft und Politik. 1918–1924,* Stuttgart 1979.

Ziemer, Gerhard, *Inflation und Deflation zerstören die Demokratie. Lehren aus dem Schicksal der Weimarer Republik,* Stuttgart 1971.

Ziercke, Manfred, *Die redistributiven Wirkungen von Inflationen,* Göttingen 1970.

Zörner, Richard, *Die Geldentwertung und ihre Rückwirkung auf unsere Industrie* (= Sonderbeilage zu Nr. 14 der „Vertraulichen Nachrichten" des Verbandes deutscher Dampfkessel- und Apparatebau-Anstalten vom 19. 1. 1921).

Zörner, Richard, *Bilanz und Steuerrecht,* in: *Technik und Wirtschaft,* 15 (1922), S. 449–461, 488–506.

Zsigmond, L., *Zur deutschen Frage 1918–1923. Die wirtschaftlichen und internationalen Faktoren der Wiederbelebung des deutschen Imperialismus und Militarismus,* Budapest 1964.

SACHREGISTER

Abgeltungsverfahren 92, 98—100
Abschreibungen 25, 36, 38—41, 45, 59—63, 66 f., 85, 94, 198, 200, 229 f.
Adaptive Preiserwartungen 5 f., 11, 200
Administrierte Preise 13, 90, 107 f., 111, 183, 205 f.
Aktienbesitz s. Sachwertbesitz
Aktienkapitalerhöhungen 24—30, 67—69, 72, 81, 224 f., 232 f.
Aktienkurse 9—11, 27—30
Allgemeine Elektricitäts-Gesellschaft (AEG) 161
Anbieterinflationstheorien s. Nachfrage- und Anbieterinflationstheorien
Anschaffungskosten (-preise) 15, 35, 58 f., 90, 96, 114, 206
Arbeitszeit 87 f., 142, 147, 175
Auffüllungsverfahren 92, 97 f., 101, 102
Aufwertung 28, 83
Ausfuhr, Ausfuhrgewinne 52, 86, 90, 101—123, 125, 128, 131, 143—145, 151, 153 f., 156, 158, 162, 164—170, 175, 201, 205
Ausfuhrabgabe 104, 106, 109, 116, 118, 142, 154, 214
Ausfuhrpreisbildung 103—116, 118
Auslandsanleihen 37, 54, 152, 162—164
Außenhandelskontrolle 108 f., 116, 117

Bankguthaben (der Unternehmen) s. Geldnachfrage
Bankkredite 48 f., 51, 68, 70—77, 79, 82, 84, 124, 190, 204
Bayerische Maschinenfabrik 183
Bayerischer Industriellen-Verband 183
Bemelmans-Cuntze-Abkommen 155—159
Berliner Handels-Gesellschaft 73

Beschäftigung (in der Maschinenindustrie) s. Konjunktur (in der Maschinenindustrie)
Bruttosubstanzrechnung s. Scheingewinnermittlung

Chemische Industrie 92, 131
Collet & Engelhardt Werkzeugmaschinenfabrik AG 44

Dampfmaschinen-Ausfuhr-Verband 110
Demobilmachungsverordnungen 85, 88 f., 147, 149, 152, 164, 175, 179
Deutsch-Luxemburgische Bergwerks- und Hütten-AG 46, 50, 171, 177
Deutsche Bank AG 144
Deutsche Hypothekenbank (Meiningen) 69
Deutscher Industrie- und Handelstag 173
Deutscher Kran-Verband 90, 98 f., 103, 113
Devisen, Devisenpolitik (der Unternehmen) 22, 70 f., 74, 78, 83, 132, 135—138, 143, 145—147, 152—154, 160—182, 199, 204, 209, 211, 217
Devisenablieferung (-spflicht) 164—167, 170, 176, 182, 212—214
Devisengesetzgebung 167—174, 176, 178—181, 212
Devisenterminkurse 7
Dividenden 34, 61, 63—65, 85, 200, 229 f.
Dollarschatzanweisungs-Anleihe 166 f., 172, 175, 177, 179, 180, 182, 212—214

Eisen- und Stahlindustrie 32, 34, 93, 96, 122, 131, 166, 173, 181, 185—189, 197, 201 f., 212 f.
Elektroindustrie 92, 153, 159
Entschädigungszahlungen des Reiches 70 f.

Sachregister

Entscheidungstheorie 133 f., 136 f., 147, 187, 209, 213—216 s. a. Gefangenen-Dilemma, Trittbrettfahrer-Verhalten
Ersatzinvestitionen 25, 33, 38, 41, 46, 61
Erwartungen s. Gewinnerwartungen, Preiserwartungen

Fehlinvestitionen 25 f.
Festpreise 22, 91, 98, 100, 103, 113, 123, 153, 183, 185 f., 188 f., 212 f., 221
Festverzinsliche Wertpapiere 2, 26, 28, 71, 83 f.

Gasmotorenfabrik Deutz s. Motorenfabrik Deutz
Gebäudeinvestitionen 33 f.
Gefangenen-Dilemma 134—136, 161, 179 f., 187, 190—192, 195, 209—213, 222 s. a. Entscheidungstheorie
Gehälter 87, 100, 125, 142, 170, 200
Geldmenge, Geldmengenpolitik V, 2, 6, 11 f., 14—18, 75, 80, 132, 137—140, 146 f., 149, 151, 158, 160, 190—196, 202—208, 211, 219—221
Geldnachfrage V, 1—8, 11 f., 14, 22, 47—52, 70—74, 81, 84, 132, 179, 199, 202—205, 221 f.
Geldnachfragetheorie V f., 1—8, 11 f., 21, 48, 50, 199, 202—205, 219 f.
Gesamtkapitalrentabilität 84
Gewinnbegrenzungsplan 183 f., 188, 212 f.
Gewinne 11, 22, 25, 30, 36, 48, 57—68, 71, 84—86, 89 f., 90, 100 f., 103—106, 116—121, 124 f., 128, 134, 148, 152, 158, 183 f., 187 f., 195 f., 198—202, 204 f., 219, 222, 229 f.
Gewinnerwartungen 3, 8, 10, 22, 48, 51—57, 64, 198 f., 201, 218 f., 222
Gewinnstoßtheorie 12—14, 101, 205 f.
Gillet-Ruppel-Abkommen 155 f., 158, 159
Gläubiger-Schuldner-Hypothese V, 8—10, 22, 199 f., 219, 222
Gleitpreise 22, 91 f., 94 f., 98, 100 f., 123, 132, 153 f., 183, 185, 187 f., 221
Goldmarkeröffnungsbilanzen 26—29, 34—38, 224 f., 234
Großgasmaschinenverband 97

Großhandelspreise 15, 27, 50, 59, 64, 74, 76 f., 93, 104, 109, 111, 120, 227, 233
Gutehoffnungshütte VIII, 19, 27, 30, 46, 72, 76 f., 79, 95, 144, 159 f., 170, 173 f., 177, 186, 189, 194, 212

Handelsbilanz 135 f., 139, 158, 160
Handelswechselkredite (der Reichsbank) 77 f., 80, 132, 138, 140, 146 f., 166, 190—192, 208 f., 211 f., 217
Herstellungskosten s. Anschaffungskosten
Hyperinflation 4 f., 14, 51, 65, 78, 82 f., 171, 203—205

Industrieobligationen 69, 80—84, 233 f.
Inflationsbewertung (durch die Unternehmen) 17 f., 21 f., 121—132, 137, 148—152, 173, 180, 182, 208 f., 211, 214—217, 222
Inflationstheoretische Vorstellungen (der Unternehmen) 22, 137—152, 179, 210 f., 217, 220 f.
Inflationsbilanzen 39, 42 f., 58—67
Inflationsgewinner 1, 9, 27, 29
Inflationstheorien V, 1—18, 21, 137—152, 197—222
Investitionen s. Sachanlageinvestitionen

Janssen & Schmilinski (Schiffswerft) 44

Kartelle 19, 90 f., 109, 111, 140, 201
  s. a. Dampfmaschinen-Ausfuhr-Verband, Großmaschinenverband, Motorenverband, Prüfmaschinenverband, Verband der Dampfkraftmaschinen-Fabrikanten, Vereinigung Deutscher Druckmaschinenfabriken
Kassenhaltung s. Geldnachfrage
Kleinhandel 96
Klöckner-Gruppe VIII, 19 f., 30, 77
Klöckner-Humboldt-Deutz AG VIII
  s. a. Maschinenbauanstalt Humboldt
  Motorenfabrik Deutz
  Motorenfabrik Oberursel

Sachregister

Kohlebergbau 32, 35, 93, 130 f., 185, 187, 201 f.
Konjunktur (in der Maschinenindustrie) 55, 70, 79, 85 f., 89 f., 102–104, 125, 128 f., 156, 160, 198, 205
Konzentration (Unternehmenskonzentration) 30
Kostenanpassung der Preise 10, 13–15, 84, 90–103, 123 f., 182 f., 199–202, 206, 219, 222
Kostendrucktheorie 12–14, 102, 202, 206
Kreditgarantieaktionen der deutschen Industrie 162–164, 167, 172, 175, 177, 179–182, 212–214
Kriegsgüterproduktion 20, 40 f., 44 f., 63, 70, 198, 227
Fried. Krupp AG (GmbH) IX, 19 f., 29, 37, 42–44, 46 f., 49, 57, 59, 61–63, 66, 70–74, 78, 82–85, 88, 96, 102 f., 142, 170, 185, 194, 196 f., 224–226, 228–234

Lederindustrie 93
Leverage-effect 84
Liquidität (der Unternehmen) 65, 70–74, 78, 81, 83, 89, 99 f., 128, 190
Löhne 10, 13, 52 f., 67, 70 f., 86 f., 91, 94, 97, 100 f., 125, 129, 142, 147, 149–152, 170, 186, 199 f., 235 f.
Lohn-lag-Hypothese V, 10 f., 14, 22, 101, 121, 124 f., 200, 222
Lokomotivindustrie 31 f.
Londoner Ultimatum 153–156, 162, 164, 175, 180, 221

Mannesmann AG 71
Maschinenbauanstalt Humboldt 19 f., 43, 47, 67, 69, 74, 76–78, 82, 103, 124, 194, 225, 229–231, 234
Maschinenfabrik Augsburg-Nürnberg AG (M.A.N.) VIII, 19, 27, 30, 37, 40–46, 48 f., 57, 59–63, 65 f., 68, 70, 72, 74, 76, 78–82, 84, 86, 88–90, 102–104, 111, 113, 117, 124, 126 f., 129 f., 141–143, 154, 156, 167, 170 f., 174, 176, 182, 185 f., 189, 191, 194, 198, 204, 212, 224, 226 f., 229–231, 234 f.

Maschinenfabrik Esslingen 19, 29 f., 42, 45–47, 57, 59, 61–63, 66, 69 f., 72 f., 76, 79, 83 f., 87, 90 f., 95, 103, 172, 186, 194, 224, 226 f., 229–232, 234 f.
Methodologischer Individualismus 16, 23
Micum-Verträge 71, 170
Motorenfabrik Deutz 19 f., 30, 42–45, 47, 49, 57, 61, 67, 69 f., 73, 76–79, 82, 84, 102, 111, 118, 143, 171, 185, 194, 204, 224, 226, 229–232, 234
Motorenfabrik Oberursel 19 f., 44
Motorenverband 90, 94, 97, 99, 102, 110, 112, 119

Nachfrage- und Anbieterinflationstheorien VI, 12–15, 22, 144 f., 202, 205–207
Nahrungs- und Genußmittelindustrie 34
Nettosubstanzrechnung s. Scheingewinnermittlung
Neue Augsburger Kattunfabrik 183
Neumeyer AG 43
Notgeld 78, 82 f., 132, 190, 192–196, 208 f., 211 f., 217

Ökonomische Theorie der Politik VI, 15–18, 22, 207–218, 220, 222

Portfolio-Sellection-Theorie 1, 200, 219, 222
Preisbildung der Unternehmen 11–15, 18, 22, 51, 90–104, 123 f., 131 f., 137, 143, 145, 147, 152, 182 f., 187–189, 206 f., 209, 211, 217
    s. a. Administrierte Preise, Anschaffungskosten, Ausfuhrpreisbildung, Festpreise, Gleitpreise, Kostenanpassung der Preise, Preisvorbehalte, Risikozuschläge, Wiederbeschaffungskosten
Preiserwartungen 3–8, 11 f., 22, 48, 51–57, 64, 67, 72, 79 f., 100, 198 f., 203–205, 218–221
Preisstabilität als öffentliches Gut 133–136, 148, 209 f.
    s. a. Gefangenendilemma, Trittbrettfahrer-Verhalten
Preisvorbehalte 91, 183, 185
Produktionskapazität (in der Maschinenindustrie) 32 f.

Sachregister

Produktionskosten 8, 16, 52—54, 56, 70 f., 82, 85—105, 107, 111, 113, 121, 123—125, 128, 134, 140, 185 f., 200, 203—205, 219, 221 f.
  s. a. Kostenanpassung der Preise, Untererzeugung (als Inflationsursache)
Produktivität (in der Maschinenindustrie) 31, 73, 87 f., 120, 142, 162, 175, 200
Prüfmaschinen-Verband 90, 99, 100

Quantitätstheorie V, 138 f., 144, 146 f., 149—151, 174, 176, 203, 211, 220

Rationale Erwartungen 5—7, 11, 219 f.
Reale Geldkapitalrechnung s. Scheingewinnermittlung
Reale Kassenhaltung s. Geldnachfrage
Reichsanleihen 70
  s. a. Dollarschatzanweisungs-Anleihe
Reichsbankpolitik 138—140, 144, 150, 161, 166, 168 f., 176, 190—194, 207, 217
  s. a. Handelswechselkredite (der Reichsbank)
Reichshaushalt 138 f., 141, 143, 145—147, 150, 158, 160, 162, 166, 175 f., 190
Reichsverband der Deutschen Industrie 46, 91, 122, 131 f., 140, 142, 146, 162 f., 171 f., 174, 191
Reparationen 54, 116, 121, 135, 138—148, 150—164, 175 f., 179 f., 185, 187 f., 190, 192, 198, 215, 217, 220—222
Reparations-Sachlieferungen 132, 137, 144 f., 147, 152—162, 209, 211—213, 217
Reserven für die Übergangswirtschaft 65 f.
Rheinische Stahlwerke AG 186, 189
L. A. Riedinger, Maschinenfabrik 43 f.
Risikozuschläge (im Preis) 98—101, 107, 117, 183
Rohstoffkosten 52 f., 93 f., 100, 105, 185—187, 189, 201 f.
Ruhrbesetzung, Ruhrkampf 69, 143, 150, 159, 170, 175, 180, 196

Sachanlageinvestitionen V f., 1—8, 18, 21 f., 24—85, 121, 125, 198—202, 219, 226 f.
Sachwertbesitz (Aktienbesitz) 24—30, 81

Scheingewinne 57—67, 84, 129, 229 f.
Scheingewinnermittlung 58—62
Carl Schenck GmbH (AG) IX, 19 f., 40, 42, 45, 47, 49, 65, 74, 76, 80 f., 84, 86, 90, 194, 210, 226—231, 235
Schiffbau 32
John Henry Schroder & CO (London) 73
Schuhindustrie 93
Schuldnergewinne 8 f., 22, 58, 67—85, 124 f., 193
Siemens-Rheinelbe-Schuckert-Union 46, 50, 80, 100, 161, 171
Staatsaufträge 103, 140, 190, 205
Statistisches Reichsamt 26, 33, 35, 119
Steuern 34, 39, 59 f., 140, 145, 200 f., 215
Stille Reserven 38, 40 f., 60 f., 65
Stinnes-Lubersac-Abkommen 158
Substanzgewinne 59, 61, 64
Substanzverluste 14, 45, 57—67

Tagespreise 36
Teilzahlungen 92, 96—100, 123, 131
Terms of Trade 119 f.
Textilindustrie 34, 46, 93, 181
Trittbrettfahrer-Verhalten 134—136, 161, 179 f., 188—192, 195, 209—213, 222
  s. a. Entscheidungstheorie

Überfremdung (des Aktienbesitzes) 30
Übertheuerungsabschreibungen 39, 59 f., 229 f.
Umlaufgeschwindigkeit des Geldes s. Geldnachfrage
Untererzeugung (als Inflationsursache) 141—144, 147 f., 150—152, 162, 164, 175 f., 180, 184, 187, 190, 192

Verband der Dampfkraftmaschinen-Fabrikanten 105, 113
Verband Deutscher Maschinen- und Anlagenbau s. Verein Deutscher Maschinenbauanstalten
Verein Deutscher Eisen- und Stahlindustrieller 146, 182, 184
Verein Deutscher Maschinenbauanstalten (Verband Deutscher Maschinen- und Anlagenbau) VII, 18, 85—87, 93, 97 f., 105, 108, 112, 128, 167, 185

Vereinigung Deutscher Druckmaschinenfabriken 115
Versailler Vetrag 20, 115, 153 f., 160, 221
Vorräte 3, 35 f., 58—60, 66 f., 72 f., 78—80, 82, 87, 170, 199, 204

Waggonbauindustrie 32, 35
Wechselkurse 14 f., 51—54, 86, 93 f., 104—107, 109, 111, 113—120, 122—124, 127 f., 130, 138—141, 143, 145 f., 149, 153—155, 158, 161 f., 167, 175 f., 183, 198, 206, 219, 221 f., 233
Weltmarktpreise 104 f., 107—109, 112, 154 f., 184
Werkerhaltungsrücklagen 59, 67, 219 f., 229 f.

Wiederbeschaffungskosten (-preise) 2 f., 15, 57—59, 90, 93—96, 101, 114, 206
Wiesbadener Abkommen 154—156, 158

Zahlungsbedingungen 96—101, 203 f.
s. a. Festpreise, Gleitpreise, Preisvorbehalte, Teilzahlungen
Zahlungsbilanztheorie 138—141, 144 f., 147—152, 174 f., 211, 217, 220 f.
Zahnräderfabrik Renk 27
Zentralbankgeldmenge 75, 202
Zentralverband der elektrotechnischen Industrie 98
Zinsen 2 f., 8 f., 25, 57, 67, 75—77, 80, 82, 84, 125, 199 f.

PERSONENREGISTER

Abel, Andrew 6 f.
Abelshauser, Werner 24 f., 31, 32, 33, 68
Ahrens, R. 28
Albertin, Lothar 180
Altvater, Elmar 11, 13
Ambrosius, Gerold 93
Aron, Arno 27, 38
Auler, Dr. 93

Bach, G. L. 10
Bach, Julius Carl von 129
Baur, Georg 38, 83, 194, 225
Becker, Johann Baptist 166 f.
Becker (Kalker Maschinenfabrik) 52, 105, 107, 112, 115, 141
Behnsen, Henry 24, 57
Bendixen, Friedrich 140
Bergmann, Carl 153, 155—157, 160, 163
Berndt 49
Berdrow, Wilhelm 20, 47, 54, 63, 70, 74, 194
Bernhard Georg 57, 146
Bernholz, Peter 16 f.
Bernstein, Otto 168 f., 176
Blaich, Fritz 24
Bonn, Moritz Julius 139 f., 145
Bonte, Dr.-Ing. 91, 98
Bonus, Holger 134 f.
Borchardt, Knut 25, 67, 122
Born, Karl Erich 67, 121 f.
Borsig, Conrad 108
Borsig, Ernst von 54, 122, 125, 128, 141
Bortkiewicz, Ladislaus von 4
Brandes, Volkhard 11
Bresciani-Turroni, Costantino 24 f, 28, 31 f., 34, 36, 57, 81
Bruhn, Bruno 54, 56, 124 f., 142, 185
Brunner, Karl 15, 206, 220

Buchler 53
Bücher, Hermann 123, 131, 142, 163, 177, 181
Büchner, Fritz 20, 44, 194
Büchner, Dr. 49
Büschgen, Hans F. 10
Burghardt, Anton 9
Buschfeld, Wilhelm 44
Buz, Richard 27, 38, 41, 56, 64, 72, 74, 77 f., 83, 97, 111, 124, 141, 143, 154, 159, 182

Cagan, Phillip 5, 7, 11 f., 23, 204, 220
Cassel, Gustav 138, 150, 176
Clairmont, Walter 141, 183 f.
Cramer-Klett, Theodor Frh. von 124
Cuno, Wilhelm 143, 157, 166, 176, 181
Czada, Peter 31

Deutsch, Felix 127 f.
Dickertmann 186
Dornbusch, Rüdiger 6 f.
Downs, Anthony 16
Duwendag, Dieter 1 f.

Eisenbruch, Walter 49, 76, 77
Ellis, Howard S. 138
Elster, Kurt 193 f., 196
Endres, Ludwig 34 f., 44, 52—54, 56, 64, 72, 74, 77—79, 81, 83, 89, 97, 99 f., 103, 106 f., 115, 122, 124—126, 141, 143, 154, 156, 167, 170, 173, 176 f., 191
Engelmann, Bernt 20
Eppner 183 f.
Eschenburg, Theodor 20
Eucken, Walter 138 f., 145, 150 f.

Faulwasser, Bernd 6

Feldman, Gerald D. 20, 46, 79, 108, 121 f., 130 f., 143, 148, 158, 170 f., 176—179, 182, 184, 186, 189, 191, 214
Fichtner, R. 129
Frazer, William J. 3 f.
Frenkel, Jacob A. 6, 7, 12
Frey, Bruno S. 16, 134 f.
Frey, Julius 128, 144
Friedman, Milton 1, 3
Frölich, Friedrich 75, 108, 122, 126 f., 141 f.
Frowein, Abraham 131, 142
Fürstenberg, Carl 73
Funcke, Oskar 131
Fux, Dr. 125

Genzmer, Werner 24, 57
Gerlach, Oberbaurat 91
Gertung, Otto 107, 111
Glasenapp, Otto von 165
Goldbeck, Gustav 20
Gossweiler, Kurt 121, 148, 158
Gordon, R. J. 17
Gradl, Johann Baptist 144 f., 154, 156 f., 160
Gräsle, Fritz 20, 43, 64, 88, 103, 225, 228, 233
Graham, Frank D. 24 f., 119, 166
Grauenhorst 55
Gröbell, Heinrich 35
Gürtler, Max 39
Guggenheimer, Emil 115, 131, 154, 156 f., 159, 167, 173, 177, 185, 191
Guttmann, William 29
Gwinner, Arthur von 144

Hahn, L. Albert 75, 138 f., 146, 151, 204
Halberstadt, Dr. 91, 96
Haller, Max 36, 50, 80, 100
Hamm, Eduard 169, 183 f.
Haniel, Familie 189
Hardach, Karl 24 f., 57, 138
Hasenack, Wilhelm 26
Hasslacher, Jakob 131, 179, 186 f., 189
Havenstein, Rudolf von 166, 169 f., 176
Heizmann, Willi 82
Helfferich, Karl 139 f., 145
Hentschel, Volker 226
Henzel, Fritz 87
Heptig, Kurt Willi 26
Hermes, Andreas 143
Hesse, Albert 26
Hesse, Friedrich 193
Höß 141
Hoffmann, Jürgen 13
Hoffmann, Johannes 129
Holtfrerich, Carl-Ludwig 5 f., 25 f., 68, 70, 75, 86 f., 104 f., 119, 127, 138, 144, 149—151, 166, 192, 202, 221, 236
Hugenberg, Alfred 179
Huizinga, John 6 f.

Jacobs, Otto H. 58, 84
Jeck, Albert 9
Jöhr, Walter Adolf 134
Jordan, Paul 131, 142

Käferlein 117
Kalveram, Wilhelm 34, 57, 68
Katona, Georg 38
Kaulla, Alfred von 124
Kessler, Ludwig 46, 49, 56, 76 f., 95, 99—101, 124 f., 172, 225, 228
Klass, Gert von 20
Klemme 189
Klemperer, von, Dr.-Ing. 165, 181 f.
Klöckner, Peter 49, 55, 204, 225, 233
Knocke, J. O. 105, 107, 112 f.
Koblitz, Hans Georg 10, 13
Köhn, Heinrich 91, 98, 109, 117
Köttgen, Carl 145
Koll, Willi 58
Kophamel 113, 117
Kraak, Bernhard 133
Kracht, Peter J. 1, 4, 48
Krämer, Georg 108, 165, 182
Kraemer, Hans 172
Kreyssig, Gerhard 32
Krohn, Claus-Dieter 23 f., 34
Krüger, Peter 150
Krupp von Bohlen und Halbach, Gustav 47, 53 f., 56, 69, 73, 80 f., 124, 131, 142 f., 185
Kruspi, Friedrich 85 f., 103, 236
Kühn, Bruno 6 f.
Kühne, Rudolf 168
Kuhlo, Wilhelm 141, 183 f.

Personenregister

Künzel, Rainer 13

Langen, Arnold 49, 55 f., 98, 204, 225, 233
Lansburgh, Alfred 176
Laursen, Karsten 24 f., 57
Lauster, Imanuel 41, 89
Lehmann, Friedrich 68
Leibenstein, Harvey 23
Lindenlaub, Dieter 23
Lindenlaub, Sabine 133
Lippart, Gottlieb 42, 78, 125, 129, 141, 154, 156, 173, 175, 185 f.
Lotz, Walter 150, 157

Maier, Charles S. 121, 134, 179
Mallachow, Rudolf von 115, 165
Manchester, William R. 20
Mannheimer, Walter 25, 28
Marcosson, Isaac 130
Marcus, Alan 6 f.
Mayer-Etscheit, Josef 173, 178
Meehan, Patricia 29
ter Meer, G. 122, 127 f.
Meinel, Wilhelm Karl Ritter von 183 f.
Meltzer, Alan H. 3
Menck, Carl 141
Merkin, Gerald 4, 14, 221
Metzeltin, Baurat 32
Meyer-Krahmer, Frieder 16
Mises, Ludwig von 127 f., 149 f., 151, 176
Mitchell, B. R. 113
Moos, Felix 56
Mückl, Wolfgang J. 9, 11
Müller, Norbert W. 14
Müller-Bernhardt, Dr.-Ing. 81
Muth, J. F. 6

Naphtali, Fritz 24, 36
Neisser, Fritz 75
Neumann, Manfred J. 6
Nocken, Ulrich 20
Nußbaum, Manfred 67, 158

Oberhauser, Alois 4
Oeser, Albrecht 28
Olson, Manceur, Jr. 134

Palyi, Melchior 147

Pedersen, Jørgen 24 f., 57
Peiser, Herbert 94, 98
Petzina, Dietmar 25, 68
Pfleiderer, Otto 67
Prion, Willi 24 f., 36, 38, 54, 57, 68, 75 f., 78, 94, 127

Ramser, Hans J. 6
Rathenau, Walter 130, 178
Rech, Dr. 87
Reichardt, Dr. 168, 176
Reiche, Jochen 11, 13
Reichert, Jakob 141, 146, 155, 178, 181, 184
Reusch, Paul 37, 46, 49, 56, 76 f., 83, 95, 99—101, 122—125, 131, 143—145, 159, 161, 170, 172, 176 f., 181, 185—187, 189, 194, 228
Reuter, Wolfgang 36
Rieppel, Anton von 52, 55, 72, 79, 88 f., 107, 114, 123 f., 126, 128, 141, 183 f.
Robinson, Joan 57
Rohde, Carl 98
Roser, Dr.-Ing. 106
Rupieper, Homann Josef 142

Salemi, Michael K. 6
Sargent, Thomas K. 6
Schäffer, Hugo 50, 170, 178, 194, 196
Schenck, Emil 21, 42, 47, 49, 53, 54, 64, 74, 76, 80, 86, 100, 127, 169, 195, 210, 226, 228, 236
Scherf, Harald 9, 11 f., 13 f., 133
Schildbach, Thomas 58
Schindler, Rosemarie 93
Schlitter, Oskar 83
Schmalenbach, Eugen 15, 57 f., 64
Schmerse, Paul 112, 122, 144 f., 159, 160 f.
Schmidt, Fritz 15, 24, 58
Schreiber, Ulrich 58, 84
Schröder, Ernst 164, 171
Schui, Herbert 16, 17
Schulz-Mehrin, Otto 94
Semmler, Willi 13
Sempell, Oscar 46
Siemens, Carl Friedrich von 50, 80, 100, 171
Silverberg, Paul 131, 142, 179
Somary, Felix 24
Sorge, Kurt 175, 181

Specht, Agnete von 57, 68, 71, 131, 148, 156
Steeg, Matthias 93
Stephenson, James B. 10
Stern, Julius 26
Stinnes, Hugo 130, 131, 158 f., 169, 179, 185, 191
Ströbele, Wolfgang 13
Stützel, Wolfgang 13, 203
Szyperski, Norbert 23

Tetens, Dr. 155
Tobin, James 1, 2, 3, 199 f., 219, 222

Urbig, Franz 52, 143, 176
Utermann, W. 32

Vögler, Albert 50, 131, 142, 171, 177

Wagenführ, Rolf 68, 105, 151

Walz 80
Wandel, Eckhard 152
Weber, F. 53
Weissenborn, E. 109, 115
Wicksell, Knut 4
Wiedfeldt, Otto 53, 73, 118, 131, 164, 171, 175, 177, 180 f., 212
Wied-Nebbeling, Susanne 13 f.
Willms, Manfred 6, 13, 17
Wirth, Max 157, 163, 171, 177 f.
Wirtz, Adolf 46
Woltmann, Arnold 131, 185
Wulf, Peter 50, 130 f., 155, 158, 163 f., 169, 179, 181, 214

Zahn, G. 35, 38
Ziercke, Manfred 9, 11
Zörner, R. 67, 124

HISTORISCHE KOMMISSION ZU BERLIN

Vorstand

WOLFGANG TREUE (Vorsitzender)

PETER BAUMGART / OTTO BÜSCH

PETER CZADA / HELMUT ENGEL

WOLFRAM FISCHER / GERD HEINRICH

STEFI JERSCH-WENZEL / GEORG KOTOWSKI

ILJA MIECK / WOLFGANG RIBBE

HENRYK SKRZYPCZAK / WILHELM TREUE

WERNER VOGEL / KLAUS ZERNACK

Kirchweg 33 ('Mittelhof'). D-1000 Berlin 38 (Nikolassee)

VERÖFFENTLICHUNGEN DER HISTORISCHEN KOMMISSION ZU BERLIN

Beiträge zu Inflation und Wiederaufbau in Deutschland und Europa 1914 bis 1924, Band 1-3

Die deutsche Inflation
Eine Zwischenbilanz

The German Inflation Reconsidered
A Preliminary Balance

Herausgegeben von G. D. Feldman, C. L. Holtfrerich, G. A. Ritter, P. C. Witt
Geleitwort zur Schriftenreihe von Otto Büsch
Groß-Oktav. XXIII, 431 Seiten, 2 Tafeln. 1982. Ganzleinen DM 82,-
ISBN 3 11 008721 9 (Band 54)

Die Erfahrung der Inflation im internationalen Zusammenhang und Vergleich

The Experience of Inflation: International and Comparative Studies

Herausgegeben von G. D. Feldman, C. L. Holtfrerich, G. A. Ritter
Groß-Oktav. XII, 426 Seiten. 1984. Ganzleinen DM 98,-
ISBN 3 11 009679 X (Band 57)

MERITH NIEHUSS
Arbeiterschaft in Krieg und Inflation
Soziale Schichtung und Lage der Arbeiter in Augsburg und Linz 1910-1925

Groß-Oktav. XIV, 308 Seiten. 1985. Ganzleinen DM 98,-
ISBN 3 11 009660 9 (Band 59)

Preisänderungen vorbehalten

Walter de Gruyter   **Berlin · New York**